신들의 전쟁, 인간들의 전쟁

THE WARS OF GODS AND MEN
Copyright ⓒ 2007 by Zecharia Sitchin
All rights reserved.

No part of this book may be reproduced or transmitted in any form or by any means without the prior written permission of the author. Korean translation copyright ⓒ 2009 by eMorning Book Pub.

이 책의 한국어판 저작권은 저작권자와의 독점계약으로 도서출판 이른아침에 있습니다. 신저작권법에 의해 한국 내에서 보호를 받는 저작물이므로 무단전재와 복제를 금합니다.

시친의 지구연대기 III THE EARTH CHRONICLES

신들의 전쟁
인간들의 전쟁

제카리아 시친 지음 | **이재황** 옮김

AK
Alternative Knowledge

인간들이 서로 싸우기 훨씬 전에 신들이 서로 싸웠다.
사실 인간들의 전쟁이 시작된 것은 신들의 전쟁이 시작되면서부터였다.

그리고 이 지구의 지배권을 둘러싼 신들의 전쟁은
신들의 행성에서부터 시작되었다.

인류 최초의 문명이 핵 재앙을 맞은 것은 그 때문이었다.

이는 허구가 아니라 사실이다.
그 내용들은 모두 아주 오래 전에 '지구 연대기'에 기록되었다.

| 저자 서문 |

인간들의 전쟁은 신들의 전쟁 때문에 시작되었다

왜 인류의 역사는 매 장(章)마다 전쟁들을 묘사한 책처럼 보이는 걸까? 20세기에 두 차례 세계대전이 끝나고 그 가운데 적어도 하나는 모든 전쟁을 끝장낸 전쟁이었음에도 불구하고, 왜 21세기는 전례 없는 대규모 테러 행위들로 시작되었고 전쟁 및 핵 참사의 공포가 여전히 이어지고 있는 걸까?

인간은 전사(戰士)로 태어났고 본성 자체가 싸우고 피를 흘리도록 정해진 것일까? 아니면 인간은 전쟁을 일으키도록 교육받고 훈련된 것일까?

『신들의 전쟁, 인간들의 전쟁 The Wars of Gods and Men』은 과거를 연구함으로써 현재를 평가하는 일에 나서서, 인간들끼리 전쟁을 벌이기 훨씬 전에 신들끼리 전쟁을 벌였으며 인간들의 전쟁이 시작된 것은 신들의 전쟁 때문이었음을 보여줄 것이다. 그리고 지구의 지배권을 둘러싼 신들의 전쟁은 자기네 고향 행성에서 시작되었음도 보여줄 것이다. 그들의 행성 니비루(Nibiru)에서 지구로 온 아눈나키(Anunnaki)의 이야기는 '전쟁의 책'이라고도 할 수 있다.

지구상과 천상에서 일어난 사건들을 재구성하기 위한 자료들 가운데는 목격자들이 쓴 기록들도 있다. 일부는 신들 스스로가 남긴 실제의 보고서다. 구약의 「창세기」에 실린 그 이야기의 일부는 훌륭한 보너스다. 구약의 정확성을 받아들이는 데 도움이 되는 풍부한 암시를 담고 있는 것이다.

더욱 충격적이고 절망스러운 것은, 이 책에서 신들 사이의 대립과 경쟁, 그리고 야망이 걷잡을 수 없이 확산되어 결국 지구에서 처음으로 핵무기를 사용했었음을 차근차근 설명하고 있다는 사실일 것이다. 이는 지금으로부터 4,000년 전의 일이다. 이런 참사가 발생함으로써 결과적으로, 의도하지는 않았지만 인류의 첫 문명은 붕괴하고 말았다.

이것은 사실이다. 허구가 아니다. 그리고 이 책이 처음 출판된 이후의 과학적인 연구들을 통해 그 사건의 배경뿐만 아니라 기원전 2024년이라는 구체적인 연대까지도 확인되었다.

현재의 기원후 21세기는 기원전 21세기의 사건들을 되풀이하게 될까? 신들과 인간들의 전쟁에 관한 그 장은 아직 쓰이지 않았다.

2006년 10월, 뉴욕에서
제카리아 시친

| 차 례 |

저자 서문 | 인간들의 전쟁은 신들의 전쟁 때문에 시작되었다 06

1 인간의 전쟁 12

2 호루스와 세트의 대결 55

3 제우스와 인드라의 미사일 90

4 지구 연대기 125

5 구세대 신들의 전쟁 154

6 인류의 출현 183

7 지구의 분할 215

8 두 차례의 피라미드 전쟁 249

9 지구에 온 평화 281

THE EARTH CHRONICLES

10 피라미드 속에 갇힌 자 326

11 "나는 여왕이다!" 367

12 재앙의 서곡 401

13 아브라함 : 운명의 시간들 444

14 핵으로 인한 전멸 489

에필로그 548

지구 연대기 연표 552
주요 신들의 가계도 558
역자 후기 559
참고 문헌 564

| 일러두기 |

1. 인용된 『성서』 번역은 역본에 따라 빠진 장·절도 있고 뉘앙스도 조금씩 다르게 되어 있기 때문에 특정 국역본에 맞추지 않고 여러 국역본을 참조해 저자가 인용한 영역본에 충실하게 번역했다.

2. 『성서』에 나오는 고유명사는 일반적인 독음과 다른 경우 괄호 안에 병기했다. 기타 고유명사도 이 (異)표기를 괄호 안에 병기했다.

3. 중동 지역 말에 들어 있는 sh는 뒤에 모음이 이어지지 않는 경우 '쉬'로 통일하고, 그리스어 y는 '뉘'로 표기했다.

신들의 전쟁,
인간들의 전쟁

1 인간의 전쟁

　1947년 봄, 근동(近東) 지방의 사해(死海)가 내려다보이는 야트막한 벼랑 근처에서 잃어버린 양을 찾던 양치기 아이가 동굴을 하나 발견했다. 그 안에는 오지항아리가 있었고, 항아리에는 히브리어로 쓰인 두루마리 문서들이 숨겨져 있었다. 그 문서들과 이후 그 지역에서 발견된 여러 문서들을 뭉뚱그려 '사해문서'라고 부르는데, 거의 2,000년 전 유대(Judea) 사람들이 강대한 로마 제국에 맞서 싸우던 혼란기에 조심스레 거기에 넣어 숨긴 것이었다.

　그것은 서기 70년 예루살렘(Jerusalem) 신전이 함락되기 직전에 안전한 곳으로 옮겨진 공공 장서(藏書)의 일부일까, 아니면 많은 학자들이 추정하듯이 구세주 신앙을 갖고 있던 은둔 종파 에세네(Essene)파의 문서들일까? 견해는 엇갈리고 있다. 그 문서들은 전통적인 구약 구절들과 함께 에세네파의 독특한 관습과 조직, 그리고 신앙을 얘기해 주는 글들도 포함하기 때문이다.

그 가운데 가장 길고 온전한, 그리고 아마도 가장 흥미로운 축에 속하는 두루마리 글은 미래의 전쟁을 다루고 있다. '최후의 전쟁'이라고 할 수 있는 전쟁이다. 학자들이 「빛의 자손들과 어둠의 자손들 사이의 전쟁」이라고 부르는 이 글은 가열되는 싸움을 묘사하고 있다. 그것은 처음에 유대 인근 지역들만이 개입한 국지전으로 시작하지만, 곧 더욱 격렬해지고 범위도 고대 세계 전체로 확산된다.

> 어둠의 자손들, 곧 벨리알(Belial, 벨리아르)의 군대에 맞서
> 빛의 자손들이 벌이는 첫 교전은
> 에돔(Edom) 및 모아브(Moab, 모압)의 군대와
> 암몬(Ammon)인과 펠리시테(Pelishte, 블레셋)인 지역에 대한 공격이 될 것이다.
> 이어 아시리아(Assyria, 앗수르)의 키티아(Kittia)인들의 군대를 공격하며,
> 그 다음에 그들을 돕는 율법 파괴자들을 공격할 것이다.

그리고 그 전투들 이후에 '그들은 이집트의 키티아인들을 향해 진격할 것'이고, '때가 되면 (…) 북쪽의 왕들과도 싸우게 될 것'이다.
두루마리 글은 이 '인간들의 전쟁'에서 이스라엘의 신이 적극적인 역할을 할 것이라고 예언한다.

> 키티아인들이 패망하는 날,
> 이스라엘의 신이 보는 앞에서
> 치열한 전투가 벌어지고 대량 살육이 일어날 것이다.
> 그날은 바로 이스라엘의 신이
> 어둠의 자손들에 맞서 최후의 일전을 벌이는 날로

예전에 정해놓은 날이기 때문이다.

구약의 선지자 에제키엘(Ezekiel, 에스겔)은 이미 '마지막 때에' 곡(Gog)과 마곡(Magog)이 뛰어드는 '최후의 전쟁'에 대해 예언한 바 있다. 거기서는 신이 직접 나선다.

(…) 네 활을 쳐서 왼손에서 떨어뜨리고,
네 오른손에서는 화살을 떨어뜨리게 만들겠다. (…)

_「에제키엘」 39:3

그러나 사해문서는 더 구체적이다. 여러 신들이, 생명이 유한한 인간과 어깨를 나란히 하고 실제로 전투에 참가해 싸우게 된다는 것을 예견한다.

그날에 신들의 무리와 인간의 무리는
나란히 전투와 살육에 참가할 것이다.
요란한 함성 속에서
신들과 인간들이 내지르는 공격의 함성 속에서
빛의 자손들은 신과 같은 힘을 보여주며
어둠의 자손들에 맞서 싸울 것이다.

십자군들과 이슬람교도들, 그리고 역사상 많은 사람들이 '신의 이름으로' 전쟁터에 나갔지만, 어떤 전쟁에서 실제로 신이 직접 싸움터에 나온다거나 신들이 인간과 함께 나란히 싸운다는 믿음은 환상이거나 기껏해야 은유적인 표현으로 받아들여졌을 뿐이다. 그러나 그것은 겉으로 드러나는 것처럼 그렇게 이상한 이야기는 아니다. 예전에는 '인간들의 전쟁'이 신들에 의해 정해진 것일 뿐만 아니라 실제로 신들이 직접 개입해 싸우는 것이라고 생각되었기 때문이다.

'사랑이 수천 척의 배를 띄운' 가장 낭만적인 전쟁 중 하나가 그리스의 아카이아(Achaea)인과 트로야(Troja, 트로이)인 사이에 벌어진 트로야 전쟁이었다. 그 전쟁은 우리가 알고 있는 것처럼 그리스인들이 아름다운 헬레네(Helene)를 그녀의 정당한 배우자에게 돌려주기 위해 트로야인들을 상대로 일으킨 것이었다. 그러나 그리스의 서사시 「퀴프리아 *Kypria*」는 그 전쟁을 위대한 신 제우스(Zeus)가 꾸민 계략으로 묘사하고 있다.

> 수많은 사람들이
> 지구의 넓은 품을 꽉꽉 메우고 있던 때가 있었다.
> 그들을 유감스럽게 생각한 제우스는
> 기발한 지혜를 짜내 지구의 짐을 덜어주려고 했다.
> 그래서 그는 그런 목적으로
> 일리온(Ilion), 곧 트로야에서 분쟁을 일으켰고
> 인간들의 죽음을 통해 그 수를 줄이려 했다.

「일리아스 *Ilias*」를 통해 트로야 전쟁을 소개한 그리스 작가 호메로스(Homeros)는 신들의 변덕으로 분쟁이 야기되었고 그것이 결국 엄청난 규모로 커졌다고 비난했다. 여러 신들은 직접적 또는 간접적으로, 때로는 보이거나 때로는 보이지 않게 움직이면서 이 인간의 드라마에 나오는 주요 등장인물들을 그 운명 속으로 밀어 넣었다. 그리고 이 모든 것의 뒤에는 제우스가 있었다.

평원에 있는 다른 신들과 무장한 전사들이
곤히 잠자고 있을 때 제우스는 깨어 있었다.
어떻게 하면 아킬레우스(Achilleus)를 영예롭게 만들고
아카이아의 배에 타고 있는 인간들을 괴멸시킬까
궁리하고 있었던 것이다.

교전이 이루어지기 전부터 아폴론(Apollon) 신은 적대 행위를 시작했다.

그는 밤처럼 시커먼 얼굴로
배에서 멀찍이 떨어져 앉았다.
그가 그들(아카이아인들) 사이로 화살을 쏠 때마다
그의 은으로 만든 활은 죽음의 종을 울렸다. (…)
아흐레 동안 내내
그는 사람들에게 활을 쏘았다. (…)
그리고 시체를 태우는 불길은
종일토록 꺼질 줄을 몰랐다.

교전 양측이 대표의 일대일 대결로 문제를 결정짓기로 하면서 적대 행위를 중지키로 합의하자, 불만을 품은 신들은 미네르바(Minerva) 여신에게 이렇게 지시했다.

당장 트로야와 아카이아 진영으로 가서,
트로야가 먼저 약속을 깨고
아카이아인들을 공격하도록 만들라.

미네르바는 그 임무를 수행하기 위해 열심히 움직였다.

미네르바는 밝게 빛나는 유성처럼
재빨리 하늘을 가로질러 날아갔다. (…)
그녀가 날아간 자리에는
불처럼 빛나는 줄이 그어졌다.

그 뒤 미네르바는 치열한 전투가 밤이 되더라도 멈추지 않도록 하기 위해 전쟁터를 밝게 비추어 밤을 낮으로 바꾸어놓았다.

그녀는 그들의 눈에서 어둠의 짙은 장막을 거두었고
더 많은 빛을 그들에게 퍼부었다.
배들이 있는 곳과 싸움이 벌어지고 있는 곳 모두를 비추었다.
헥토르(Hektor)와 그의 병사들 모두를
아카이아인들은 똑똑히 볼 수 있었다.

치열한 전투가 계속되는 동안 신들은 개개 전사들을 계속 주시하면서 때로는 어떤 인물을 다른 인물에게 집어던지기도 하고, 포위된 인물을 구해내거나 몰이꾼을 잃은 전차를 안정시키기 위해 내려 덮치기도 했다. 그러나 신들이 서로 다른 편에 가담해 상대방을 다치게 하는 지경에까지 이르자 제우스는 중지를 요구하면서 신들에게 인간들의 싸움에 관여하지 말라고 명령했다.

휴전은 오래가지 않았다. 주요 전투원 상당수는 신들이 인간과의 사이에서 낳은 자식들이었기 때문이다. 특히 아레스(Ares)는 단단히 화가 났다. 자신의 아들인 아스칼라포스(Askalaphos)가 아카이아인들의 창에 찔려 죽었기 때문이다. 아레스는 다른 신들에게 이렇게 말했다.

> 그대들 천상에 사는 신들이여,
> 내가 아카이아인들의 배로 가서
> 내 아들의 죽음을 복수하더라도
> 뭐라고 하지 마시오.
> 내가 결국 제우스의 번개에 맞아
> 피와 먼지에 범벅이 된 채
> 시체들 사이에서 누워 있더라도 말이오.

호메로스는 이렇게 썼다.

> 신들이 인간 전사들의 싸움에 관여하지 않는다면
> 승리는 아카이아인들의 것이었다.
> 오랫동안 참전을 거부해 왔던 아킬레우스가
> 이제 그들 편에 섰기 때문이다.

그러나 신들의 분노가 커지고 이제 아카이아인들이 반신반인인 아킬레우스의 지원을 얻게 되자 제우스가 생각을 바꾸었다.

"나는 여기 머물 것이다.
올륌포스(Olympos) 산에 앉아 조용히 지켜볼 것이다.

그러나 다른 신들은 트로야인과 아카이아인들에게로 가라.

가서 어느 쪽이든 내키는 편을 도와주어라."

제우스는 이렇게 말하며 전쟁을 선언했다.

그러자 신들은 각자의 편을 택해

전쟁터로 나갔다.

트로야 전쟁, 그리고 트로야 자체는 아주 오랫동안 흥미롭지만 믿기는 어려운 그리스 전설 가운데 하나로 생각되어 왔다. 학자들은 그것을 점잖게 '신화'라고 불렀다. 1822년으로 거슬러 올라가 매클래런(Charles McLaren, 1782~1866)이, 터키 동부의 히사를리크(Hisarlik)라는 언덕을 두고 호메로스의 이야기에 등장하는 트로야 유적지라고 주장했을 때만 해도 트로야 및 그와 연관된 일들은 여전히 순전한 신화라고 생각되었다. 그러다가 1870년에 슐리만(Heinrich Schliemann, 1822~1890)이라는 사업가가 자기 돈을 들여 그 언덕을 발굴하고 엄청난 발견을 해낸 후에야 학자들은 비로소 트로야의 존재를 인정하기 시작했다. 이제는 트로야 전투가 기원전 13세기에 실제로 있었던 일이라는 사실이 받아들여지고 있다. 그리스의 기록은 바로 그때 신과 인간이 어깨를 나란히 하고 함께 싸웠다고 전한다. 그런 믿음은 단지 그리스인들만이 가졌던 것은 아니었다.

당시에 유럽과 에게 해를 마주하고 있던 소아시아 변경에는 그리스 출신자들의 이주지가 산재해 있었지만, 소아시아 본토는 히타이트(Hittite)인들이 지배하고 있었다. 처음에 그저 구약 기록을 통해 현대 학자들에게 먼저 알려졌고 그 후 이집트 새김글[銘文]들에 의해 알려진 히타이트인들과 그들의 왕국 하티(Hatti)는 고고학자들이 그 고대 도시들을 발굴하면서 실체가 드러나기 시작했다.

히타이트 문자와 인도유럽어 계통인 그들의 언어가 해독되면서 히타이트인들의 기원은 기원전 제2천년기까지 거슬러 올라갈 수 있게 되었다. 그때 아리아인들은 카프카스(Kavkaz) 지역으로부터 일부는 동남쪽 인도로, 다른 일부는 서남쪽 소아시아로 이동하기 시작했다. 히타이트 왕국은 기원전 1750년 무렵에 번성했다가 그로부터 500년 후에 쇠퇴하기 시작했다. 히타이트인들이 에게 해를 건너온 침입자들로부터 시달리게 된 것이 바로 그 무렵이었다. 히타이트인들은 그 침입자들을 아히야와(Ahhiyawa)라고 불렀는데, 많은 학자들은 호메로스가 아키오이(Achioi)라고 불렀던 사람들이 바로 그들이라고 생각한다. 바로 그가 「일리아스」에서 되살려낸 소아시아 서쪽 변경 공격의 주인공 아카이아인들이다.

트로야 전쟁이 있기 전 수백 년 동안 히타이트인들은 자신들의 영토를 제국 규모로 확장했다. 그들은 영토 확장이 자신들의 최고신인 '폭풍신' 타르훈(Tarhun, 태슙Teshub)의 명령에 따른 것이었다고 주장했다. 그 옛 칭호는 '죽음을 불러올 힘을 지닌 폭풍신'이었는데, 히타이트 왕들은 종종 그 신이 실제로 전투에 개입했다고 주장했다. 히타이트 왕 무르실리(Mursili)는 '우리 하느님 강대한 폭풍신께서' 적에게 '그 신통력을 보여주시고 벼락을 때리셔서' 그들을 물리치도록 도와주었다고 적었다. 또 '전쟁터의 귀부인'이라는 통칭으로 불린 이쉬타르(Ishtar, 인안나Inanna) 여신도 전투에서 히타이트인들을 도왔다고 한다. 수많은 전투에서 승리한 것은 그녀의 '신통력' 덕분으로 여겨졌으며, 그녀는 '적국을 섬멸하기 위해 하늘로부터 내려왔다'고 한다.

구약의 여러 구절에서 나타나듯이 히타이트의 영향력은 남쪽으로 카나안(Canaan, 가나안) 지역까지 뻗쳤다. 그러나 그들은 그곳에 정착민으로 간 것이었지 정복자로 간 것은 아니었다. 히타이트인들은 카나안을 중립 지역으로 간주해 영토권을 주장하지는 않았지만, 이집트인들의 태도는 그렇지가 않았다. 이집트 파라오들은 끊임없이 자기네 지배권을 북쪽의 카나안과 '삼나무 지대'(레바논)까지 넓히고자 했는데, 기원전 1470년 무렵 이집트가 메깃도(Megiddo, 므기또/므깃도)에서 카나안 왕들의 연합군을 격퇴하면서 그 뜻을 이루었다.

구약과 히타이트의 적들이 남긴 기록들을 보면 히타이트인들은 고대 근동에서 전차를 완벽하게 사용할 수 있었던 전문적인 전사들이었다. 그러나 히타이트인들 스스로 남긴 기록들을 보면 그들은 신들의 명령이 있을 때만 전쟁을 했으며, 싸움이 시작되기 전에 인명 피해를 입는 일 없이 항복할 기회를 적에게 주었다고 한다. 그리고 히타이트인들은 전쟁에서 이기면 공물을 받고 포로를 잡아가는 것으로 만족했지, 도시를 약탈하거나 사람들을 학살하지는 않았다.

그러나 메깃도 전투에서 승리한 이집트의 파라오 토트메스(Thothmes) 3세는 그의 새김글에서 이렇게 떠벌렸다.

이제 폐하께서 북쪽으로 올라가
도시들을 약탈하고 진지들을 쑥밭으로 만드셨다.

그는 자신이 굴복시킨 왕에 대해서는 이렇게 적었다.

나는 그의 도시를 파괴하고
그 진지에 불을 질러 폐허로 만들었다.
거기에 다시는 사람이 살 수 없을 것이다.
나는 사로잡은 자들을 모두 포로로 끌고 왔다.

그들의 수많은 가축들을 데려왔고, 물건들 역시 가져왔다.
나는 살아가는 데 필요한 모든 것을 빼앗았으며,
곡물을 베어버리고 모든 숲과 나무들을 없애버렸다.
나는 그 나라를 완전히 파괴해 버렸다.

그리고 토트메스 3세는 이 모든 일들이 자신의 신인 아멘라(Amen-Ra)의 명령에 따른 것이라고 썼다.

이집트인들의 전쟁이 지닌 이런 악랄한 특성과 그들이 패배한 적들에게 가한 무자비한 파괴는 그들이 자랑스레 적어놓은 새김글들의 주제였다. 예를 들어 파라오 페피(Pepi) 1세는 아시아의 '사막민(沙漠民)들'에게 승리를 거둔 것을 기념하는 한 시에서 자신의 군대를 이렇게 칭찬했다.

사막민들의 땅을 난도질하고 (…)
무화과나무와 포도 줄기를 잘라버리고 (…)
집들을 모두 불태우고
수만의 사람들을 죽였다.

그 기념비에는 전투 장면을 생생하게 묘사한 그림도 함께 그려져 있었다.【그림 1】

하(下)이집트의 반란을 진압하기 위해 상(上)이집트에서 군대를 파견했던 파라오 피안키(Pi-Ankhy)도 이런 잔인한 전통을 고수해, 전투에서 살아남은 적들을 살려주자는 자기네 장군들의 건의에 몹시 화를 냈다. 파라오는 '영원한 파괴'를 맹세하면서 자신이 직접, 항복한 도시에 내려가 '남아 있는 모든 것들을 없애버리겠다'고 했다. 그렇게 해야 '내 아버지 아멘이 칭찬하

【그림 1】 페피 1세의 사막민 정복을 묘사한 그림

실 것'이라고 그는 말했다.

이집트인들은 자신들의 잔인성을 아멘 신의 전쟁 명령 탓으로 돌렸는데, 그에 필적할 만한 신이 이스라엘의 신이었다. 선지자 예레미야(Jeremiah)의 말을 들어보자.

모든 자의 주인, 이스라엘의 하느님께서 말씀하셨다.
"내가 테베(Thebae)의 신 아멘과
그를 믿는 자들에게 벌을 내릴 것이다.
이집트와 그 신들,
그 파라오와 왕들에게도 벌을 내릴 것이다."

_「예레미야」 46:25

구약을 보면 알 수 있듯이 이것은 늘 있어왔던 대결이었다. 이보다 거의

1,000년 가까이 전인 이집트 탈출 시대에 이스라엘의 신인 야훼(Yahweh)는 연속적인 재앙을 이집트에 퍼부었다. 이집트 지배자의 기를 꺾어놓을 뿐만 아니라, '이집트의 모든 신들을 심판'하기 위한 것이었다.

구약을 보면 이스라엘 사람들이 이집트에서의 노예 생활을 벗어나 기적적으로 '약속의 땅'으로 떠날 수 있었던 것은 야훼가 중대한 사건들에 직접 개입한 덕분이었다.

> 그들은 수코트(Succoth, 수꼿/숙곳)에서 길을 떠나
> 광야 끝에 있는 에탐(Etham, 에담)에 장막을 쳤다.
> 야훼께서는 그들을 앞서 가시며
> 낮에는 구름 기둥으로 길을 인도하시고
> 밤에는 불기둥으로 빛을 비추어주셨다.
>
> _「출애굽기」 13:20~21

그 후에 바다에서 전투가 벌어지지만 파라오는 아무런 기록도 남기지 않는 쪽을 택했다. 우리가 알고 있는 것은 「출애굽기」를 통한 것이다.

> 파라오와 그 신하들의
> 이 백성들에 대한 생각이 바뀌었다. (…)
> 이집트인들이 그들을 뒤쫓아
> 바닷가에 진을 치고 있는 그들을 따라잡았다.
>
> _「출애굽기」 14:5~9

> 야훼께서 강한 동풍으로

밤새도록 바닷물을 뒤로 밀어내고 물을 말리셨다.
그리고 바닷물이 갈라져
이스라엘 자손은 바다 한가운데 마른 땅을 밟고 지나갔다.

_「출애굽기」 14:21~22

새벽녘이 되자 이집트인들은 무슨 일이 일어났는지를 깨달았다. 파라오는 전차 부대에 명해 이스라엘 사람들을 뒤쫓게 했다. 그러나…

아침이 되자
야훼께서 불기둥과 구름 기둥에서
이집트 군대를 내려다보셨다.
그러고는 이집트 진영을 혼란 속에 빠뜨리시고
그들의 전차 바퀴를 풀리게 해서
앞으로 나아가기 어렵게 만드셨다.
그러자 이집트 사람들이 이렇게 말했다.
"이스라엘 사람들을 놔두고 도망가자.
야훼가 그들 편이 되어 이집트와 싸운다."

_「출애굽기」 14:24~25

그러나 이스라엘 사람들을 쫓던 파라오는 자기네 전차 부대에게 계속 추격할 것을 명령했다. 그 결과는 이집트인들에게 재앙이었다.

물결이 도로 밀려와
전차들과 기병들을 덮쳐버렸다.

【그림 2】 람세스 2세의 카데쉬 전투를 묘사한 그림

그들의 뒤를 따라왔던 파라오의 군대는
하나도 살아남지 못했다. (…)
이스라엘은 그 큰 힘을 보았다.
야훼께서 이집트를 상대로 보여주신 힘을.

_「출애굽기」 14:28~31

   이 구약의 표현은 그 뒤의 파라오 람세스(Ramses) 2세가, 기원전 1286년 히타이트인들과 벌인 결정적인 전투에서 아멘라가 기적적으로 나타나 자신들을 도와준 일을 묘사하면서 사용했던 것과 거의 같다.
   레바논의 카데쉬(Kadesh) 요새에서 벌어진 전투에서 람세스의 네 사단은 히타이트 왕 무와탈리(Muwatalli)가 제국 전체에서 끌어모은 대군과 맞붙었다. 그 결과는 이집트 군의 퇴각으로 끝나, 시리아(Syria)와 메소포타미아(Mesopotamia) 방면을 향한 이집트의 북방 진출이 갑자기 중단되었다. 그러나 히타이트 역시 많은 자원을 소진해 결과적으로 약해지고 말았다.

히타이트는 바로 람세스를 거의 생포할 뻔했다. 그랬다면 히타이트의 승리는 더욱 결정적인 게 되었을 것이다. 이 사건을 다룬 히타이트 기록들은 단편적으로밖에 발견되지 않는다. 그러나 람세스는 이집트로 돌아온 뒤 자신의 기적적인 탈출에 대해 자세히 기록하는 것이 좋겠다고 생각했다.

그가 신전 벽에 남긴 새김글은 자세한 그림【그림 2】과 함께, 이집트 군대가 카데쉬에 도착해 그 남쪽에 진을 치고 전투를 준비했음을 설명하고 있다. 이상하게도 히타이트 군대는 먼저 싸움을 걸어오지 않았다. 그래서 람세스는 자신의 군대 두 사단에게 요새로 진격할 것을 명령했다. 바로 그때 히타이트의 전차들이 갑자기 나타나 진군하던 부대들을 뒤에서 공격하고 야영지에 남아 있던 다른 두 사단도 혼란에 빠뜨렸다.

이집트 군사들이 혼란에 빠져 도망치기 시작하자, 람세스는 자신이 '경비병과 함께 고립되어 있다는 사실'을 퍼뜩 깨달았다.

왕이 뒤를 돌아보니
자신은 2,500대의 전차에게 둘러싸여 있었다.

자신들의 전차가 아니라 히타이트의 것이었다. 부하들과 전차 부대, 그리고 보병대를 잃어버린 람세스는 자기네 신을 향해, 자신이 오로지 신의 명령을 따르다가 그런 곤경에 처했음을 호소했다.

폐하께서 말씀하셨다.
"나의 아버지 아멘이여, 이제 어떻게 해야 하나요?
아버지께서 아들을 잊으셨나요?
제가 아버지를 무시하고 무슨 일을 한 적이 있나요?

제가 어떤 일을 하건 혹은 하지 않건
아버지의 명령에 따르지 않은 적이 있나요?"

람세스는 적들이 다른 신들을 숭배하고 있음을 지적하며 자신의 신에게 계속 물었다.

"오, 아멘이시여,
저 아시아 놈들이 당신과 무슨 관계가 있습니까?
당신에 대해 눈곱만큼도 모르는 저 형편없는 것들이 말입니다.
오, 신이시여!"

람세스가 '수백만의 보병과 수십만의 전차병'보다 더 큰 힘을 가진 자신들의 신 아멘에게 계속 살려달라고 호소하자 마침내 기적이 일어났다. 아멘 신이 전쟁터에 나타난 것이다!

내가 아멘 신을 부르자 신께서 그 소리를 들으셨다.
신께서 내게 손을 내미셨고, 나는 환호했다.
신께서 내 뒤에 서서 소리치셨다.
"전진하라! 전진하라!
아멘이 사랑하는 람세스야, 내가 너와 함께 있다!"

아멘의 명령에 따라 람세스는 적진으로 뛰어들었다. 아멘 신이 손을 쓰자 히타이트인들은 이상하게도 힘이 빠졌다.

그들의 손은 아래로 처졌고,
활을 쏘거나 창을 들 수도 없었다.

그리고 그들은 서로 수군거리기 시작했다.

"여기 있는 것은 인간이 아니다.
힘센 신이다.
그의 행동은 인간의 행동이 아니다.
그의 사지에는 신이 들어 있다."

이렇게 람세스는 아무런 저항도 받지 않고 좌우의 적들을 베며 도망쳐 나올 수 있었다.

무와탈리가 죽은 뒤 이집트와 히타이트 왕국은 평화 협정을 맺었고, 파라오는 히타이트 공주를 자신의 정부인으로 삼았다. 이 평화는 히타이트뿐만 아니라 이집트 역시 크레타(Creta) 섬 등 그리스 여러 섬에서 쳐들어온 '바다 사람들'의 공격을 갈수록 심하게 받고 있었기 때문에 필요했다. '바다 사람들'은 카나안 지역의 지중해 연안에 발판을 마련해 구약에서 말하는 펠리시테인들이 되었는데, 그들은 이집트 본토를 공격했지만 파라오 람세스 3세에 의해 격퇴당했다. 람세스 3세는 그 전투 장면을 신전 벽에 남겨 놓았다. 【그림 3】 그는 자신의 승리가 '만물의 주인이자 나의 존엄하고 신성한 아버지인 모든 신의 왕이 세운 계획'을 충실히 따른 덕분이라고 말했다. 람세스는 승리의 영광을 자기네 신인 아멘라에 돌려야 한다고 적었다. 라가 승리를 주었다는 것이다. '적들을 추격해 궤멸시킨 것은 아멘라'였기 때문이다.

【그림 3】 람세스 3세의 '바다 사람들' 격퇴 장면

신들을 대신해 같은 인간들끼리 벌였던 전쟁의 핏자국은 '강 사이의 땅'인 메소포타미아까지 거슬러 올라간다. 유프라테스(Euphrates) 강과 티그리스(Tigris) 강 사이에 있는, 구약에 나오는 쉬나르(Shin'ar, 시날) 땅이다. 「창세기」 11장에 나오듯이 그 지역에는 벽돌로 지어진 건물과 하늘을 찌를 듯이 높이 솟은 탑이 있는 최초의 도시들이 들어서 있었다. 기록된 역사가 시작된 곳도 이곳이었고, '구세대 신들'이 정착하면서 인류의 선사 시대가 시작된 곳도 바로 이곳이었다.

이제 곧 아주 먼 옛날 이야기가 펼쳐지겠지만, 그에 앞서 흥미진진한 이집트 람세스 2세의 시기보다 1,000년 전으로 거슬러 올라가 보자. 그때 머나먼 메소포타미아에서는 야심에 가득 찬 한 청년이 왕권을 이어받았다. 그는 샤르루킨(Sharru-Kin), 곧 '진정한 왕'으로 불렸는데, 보통 교과서에서는 그를 사르곤(Sargon) 1세라고 부른다. 그는 새로운 수도를 건설했고 그곳을 아가데(Agade)라고 불렀으며, 아카드(Akkad) 왕조를 개창했다. 쐐기 모양의 쐐기문자로 기록된 아카드어는 모든 셈계 언어의 뿌리가 되었으며, 그 가운데 히브리어와 아랍어가 지금도 사용되고 있다.

기원전 24세기의 절반 이상을 통치했던 사르곤 1세는 '높은 신들'이 자신에게 준 특별한 지위 덕분으로 54년에 이르는 오랜 재위 기간을 유지했다고 생각했다. 신들이 그를 '이쉬타르의 수호자이며, 신이 임명한 아누(Anu, 안An)의 사제이고, 위대하고 적법한 엔릴(Enlil)의 목자(牧者)'로 삼았다는 것이다. 사르곤은 '아무도 자신에게 대항할 수 없도록 만든 것'이 바로 엔릴이며, 엔릴은 자신에게 '위쪽 바다(지중해)에서 아래 바다(페르시아만)까지의 영토'를 주었다고 적었다. 그래서 사르곤은 사로잡은 적국 왕들의 목을 밧줄로 묶어 '엔릴 신전 문 앞'으로 데려왔던 것이다.

사르곤은 자그로스(Zagros) 산맥 너머에서 벌어진 한 전투에서, 트로야 전쟁에 참가했던 사람들이 보았던 바로 그 신들의 손길을 직접 체험했다.

> 그는 와라쉬(Warahshi) 땅으로 들어갔다. (…)
> 그가 어둠 속에서 진군할 때 (…)
> 이쉬타르가 그에게 빛을 비춰주었다.

이렇게 해서 사르곤은 군대를 이끌고 오늘날의 로레스탄(Lorestān) 산악의 고개들을 넘어 '어둠 속을 통과'할 수 있었다.

사르곤에 의해 시작된 아카드 왕조는 그의 손자 나람신(Naram-Sin) 치세에 전성기를 맞았다. 나람신은 달의 신인 '신(Sin, 난나르Nannar)이 사랑하는 사람'이라는 뜻이다. 그는 자기 신이 자신에게 아주 특별한 무기, 곧 '신성한 무기'를 주었고, 다른 신들도 그들의 영역에 자기가 들어갈 수 있도록 명시적으로 허락하거나 심지어 초대했기 때문에 자신의 정복이 가능했다고 그의 기념비에 적었다.

나람신은 주로 북서쪽 방면으로 진출했다. 그 가운데 도시국가 에블라

(Ebla)도 포함되는데, 그곳에서 최근 발견된 점토판 문서들이 큰 과학적 관심을 불러일으켰다.

인류가 흩어진 이후로
그 어떤 왕도 아르만(Arman)과 이블라(Ibla, 에블라)를 쳐부수지 못했지만,
네르갈(Nergal) 신이 힘센 나람신에게 길을 열어
그에게 아르만과 이블라를 주었다.
네르갈은 그에게 선물로
아마누스(Amanus)와 '삼나무 산', 그리고 '위쪽 바다'도 주었다.

나람신이 전투에서 거둔 승리를 신들의 명령에 충실했던 덕으로 돌렸던 것과 마찬가지로, 그의 몰락도 그가 신들의 말을 어기고 전쟁에 나갔기 때문으로 해석되었다. 학자들은 여러 판본의 조각을 묶어 「나람신의 전설」이라는 문서를 만들어냈다. 그 비극적인 기록에서 나람신은 화자로 등장해서, 그의 불행은 이쉬타르 여신이 '계획을 바꾸고' 다른 신들이 '일곱 왕과 형제들, 귀족들, 그리고 36만 명에 이르는 그들의 군대에게' 축복을 내리면서 시작되었다고 설명한다. 그들은 현재 이란이 위치한 곳에서 나와 메소포타미아 동쪽 지역인 구티움(Gutium)과 엘람(Elam)의 산악지대로 쳐들어갔고, 아카드까지 위협했다. 나람신이 신들에게 어떻게 해야 할지를 묻자, 신들은 그에게 전투에 나가는 대신 무기를 내려놓고 부인과 함께 잠자리에 들라고 했다(그러나 어떤 이유에선지 애정 행위는 하지 말라고 했다).

신들이 그에게 대답했다.
"나람신아, 우리의 밀을 들으라.

너에게 맞선 이 군대는 (…)

네 무기를 묶어 구석에 세워놓으라!

무모하게 덤비지 말고 집 안에 머물라!

아내와 함께 침대에 누워 잠을 자라.

그러나 아내와 (…) 해서는 안 된다.

네 땅을 떠나 적에게로 가서는 안 된다."

그러나 나람신은 자기가 가진 무력만으로도 충분하다고 호언장담하며 신들의 충고를 거스르고 적들을 공격하기로 했다. 나람신은 자신의 새김글에서 이렇게 고백했다.

첫해가 되자 나는 12만 명의 군대를 보냈다.

그 가운데 살아 돌아온 사람은 아무도 없었다.

더 많은 군대가 두 번째 해와 세 번째 해에 궤멸당했고, 아카드는 죽음과 굶주림에 시달렸다. 독단으로 시작한 전쟁의 네 해째가 되자 나람신은 높은 신 에아(Ea, 엔키Enki)에게, 이쉬타르를 누르고 자기 문제를 다른 신들에게 얘기해 달라고 애원했다. 신들은 나람신에게 더 이상 싸움에 나서지 말라고 충고하면서, '엔릴이 악마의 자손들에게 파멸을 안겨줄 것'이며 아카드는 안정을 찾을 것이라고 약속했다.

약속된 평화의 시대는 약 300년 동안 이어졌다. 그 사이에 메소포타미아의 오래된 지역인 수메르(Sumer)는 다시 한 번 왕권의 중심지로 떠올랐고, 고대 세계의 가장 오래된 중심 도시들인 우르(Ur)·니푸르(Nippur)·라가쉬(Lagash)·이신(Isin)·라르사(Larsa) 등이 다시 번성했다. 우르의 왕들이 통치하던 시대의 수메르는 고대 근동 전체를 아우르는 제국의 중심지였다. 그러나 기원전 제3천년기가 끝나갈 무렵, 수메르는 서로 다투는 귀족들과 군대들의 전쟁터로 변했다. 인류 최초의 것으로 알려진 이 찬란한 문명은 이때 전례 없는 규모의 대파국을 맞고 말았다.

구약 속의 이야기로 남아 있는 그 사건은 숙명적인 것이었던 듯하다. 그것은 오랫동안 인류의 기억 속에서 사라지지 않고 남아 있었으며, 수많은 애가(哀歌)를 통해 비탄을 전해오고 있다. 그런 기록들을 읽으면 이 찬란한 고대 문명의 심장부가 어떻게 파괴되었고 황폐해졌는지를 생생하게 엿볼 수 있다. 메소포타미아의 기록들을 보면 수메르를 파멸시킨 그 재앙은 높은 신들의 회의를 통해 결정되었음을 알 수 있다.

재앙이 지나간 후에 한 세기 가까이 지나서야 남부 메소포타미아에 사람이 다시 살게 되었고, 천벌에서 완전히 회복되는 데는 또다시 한 세기가 더 걸렸다. 그때쯤에는 메소포타미아의 권력 중심지가 북쪽인 바빌론(Babylon)으로 옮겨졌다. 거기서 새로운 제국이 일어났는데, 그들은 야심만만한 신 마르둑(Marduk)을 최고신으로 내세우고 있었다.

법전을 만든 것으로 유명한 함무라비(Hammurabi) 왕은 기원전 1800년 무렵에 바빌론의 왕좌에 올라 영토를 확장하기 시작했다. 그가 남긴 새김글들에 따르면 신들은 그에게 전쟁에 나갈지의 여부와 나간다면 언제 나갈지를 알려주었을 뿐만 아니라, 사실상 그의 군대를 이끌기까지 했다.

높은 신들의 힘을 빌려
마르둑 신이 사랑하는 왕은
수메르와 아카드의 토대를 다시 일으켜 세웠다.
이누의 명령을 받들고

엔릴이 앞장서는 그의 군대는

높은 신들이 그에게 준 엄청난 힘으로 무장해

에무트발(Emutbal)의 군대나

그 왕인 림신(Rim-Sin)이 대적할 수 없었다. (…)

마르둑 신은 함무라비가 더 많은 적을 물리칠 수 있도록 '마르둑의 거대한 힘'이라는 '강력한 무기'를 주었다.

마르둑이 승리를 보장하는 '강력한 무기'를 가지고

영웅 함무라비는 전투에 나서

에쉬눈나(Eshnunna)와 수바르투(Subartu)와 구티움의 군대를 물리쳤다. (…)

'마르둑의 거대한 힘'을 가지고

그는 수티움(Sutium)과 투루쿠(Turukku)와

카무(Kamu)의 군대를 물리쳤다. (…)

아누와 엔릴이 그에게 준 '강한 힘'을 가지고

그는 모든 적들을 물리쳐

멀리 수바르투 땅까지 정복했다.

그러나 오래 지나지 않아 바빌론은 북쪽의 새 경쟁국 아시리아와 권력을 나눠야 했다. 아시리아에서는 마르둑이 아니라 수염이 난 신 아슈르(Ashur), 곧 '모든 것을 보는 자'가 최고신으로 숭배되고 있었다. 바빌론이 남쪽과 동쪽의 땅들을 두고 다투는 사이에, 아시리아는 서쪽과 북쪽으로 지배권을 확대해 '큰 바다(지중해) 연안의 나라 레바논'까지 진출했다. 그 땅들은 닌우르타(Ninurta)와 아다드(Adad)라는 신들의 영역이었는데, 아시리아 왕들은 자신들이 그 높은 신들의 분명한 명령에 따라 전쟁을 시작했다고 말했다. 그래서 기원전 12세기의 아시리아 왕이었던 티글라트필레세르(Tiglath-Pileser) 1세는 자신이 치룬 전쟁들을 이렇게 묘사하고 있다.

> 티글라트필레세르는 정당한 왕이자 세계의 왕이며, 아시리아의 왕이고 지구상 네 구역 모두의 왕이다.
> 이 용감한 영웅은 높은 신들이자 그의 주인인 아슈르와 닌우르타가 내린 믿음직한 명령에 따라 그의 적들을 물리쳤다. (…)
> 나의 주인이신 아슈르의 명령에 따라 자브(Zab) 강 하류 건너편에서부터 서쪽에 있는 '위쪽 바다'에 이르는 땅을 나의 손으로 점령했다. (…) 나는 나이리(Nairi) 땅에 있는 서른 명의 왕을 내 발아래 굴복시켰다. 나는 그들로부터 인질을 잡았으며, 길들여진 말들을 공물로 받았다. (…)
> 높은 신이며 나의 주인인 아누와 아다드의 명령에 따라, 나는 레바논의 산맥지대로 갔다. 나는 아누와 아다드의 신전을 짓기 위해 삼나무를 잘랐다.

'세계의 왕이며 지구상 네 구역 모두의 왕'이라는 칭호를 사용함으로써 아시리아 왕들은 바빌론에 직접 도전했다. 바빌론이 수메르와 아카드의 옛 영역을 차지하고 있었기 때문이다. 아시리아 왕들은 자신들의 주장을 뒷받침하기 위해 옛날에 '높은 신들'의 처소가 있었던 고대 도시들에 대한 통제권을 획득할 필요가 있었다. 그러나 그런 도시들로 가는 길은 바빌론이 막고 있었다. 그 공적을 이룬 것은 기원전 9세기의 샬마네세르(Shalmaneser) 3세였다. 그는 자신의 새김글에서 이렇게 말했다.

나는 복수하기 위해 아카드를 향해 행군했고 (…) 패배를 안겨주었다. (…) 나는 쿠타(Kutha)와 바빌론, 그리고 보르시파(Borsippa)로 들어갔다.

나는 아카드의 신성한 도시들의 신들에게 제물을 바쳤다. 나는 더 하류로 칼데아(Chaldea, 갈대아)까지 내려가 칼데아의 모든 왕들로부터 공물을 받았다. (…) 그때 위대한 주인 아슈르께서 (…) 내게 홀(笏)과 지팡이를 주셨다. (…) 모두가 백성을 지배하기 위해 필요한 것들이었다.

나는 나를 사랑하는 위대한 주인 아슈르께서 내리신 믿을 만한 명령에 따라서만 행동했다.

살마네세르는 자기가 치룬 여러 전투를 묘사하면서, 자신의 승리가 두 신이 준 무기들 덕분에 가능했다고 강조한다.

나는 나의 주인 아슈르께서 내게 주신 '강한 힘'을 갖고 싸웠으며,
나의 인도자인 네르갈이 내게 주신 강력한 무기들을 갖고 싸웠다.

아슈르의 무기는 '무서운 빛'을 뿜는 것으로 묘사되었다. 아디니(Adini)와의 전쟁에서 적들은 '아슈르의 무서운 빛'을 보고는 모두 도망쳤는데, '그것이 적들을 무찌른' 것이었다.

바빌론은 기원전 689년 몇 번의 저항 끝에 아시리아 왕 센나케리브(Sennacherib, 산헤립)에게 점령당했는데, 바빌론의 멸망은 그곳의 신인 마르둑이 바빌론의 왕과 백성들에게 화가 나서 '70년 동안 그곳은 황폐해질 것이다'라고 말한 뒤에야 이루어질 수 있었다. 마치 훗날 이스라엘의 신이 예루살렘에 대해 말한 것과 똑같았다. 센나케리브는 메소포타미아 전역을 점령함으로써 '수메르 및 아카드 왕'이라는 소중한 칭호를 얻을 수 있었다.

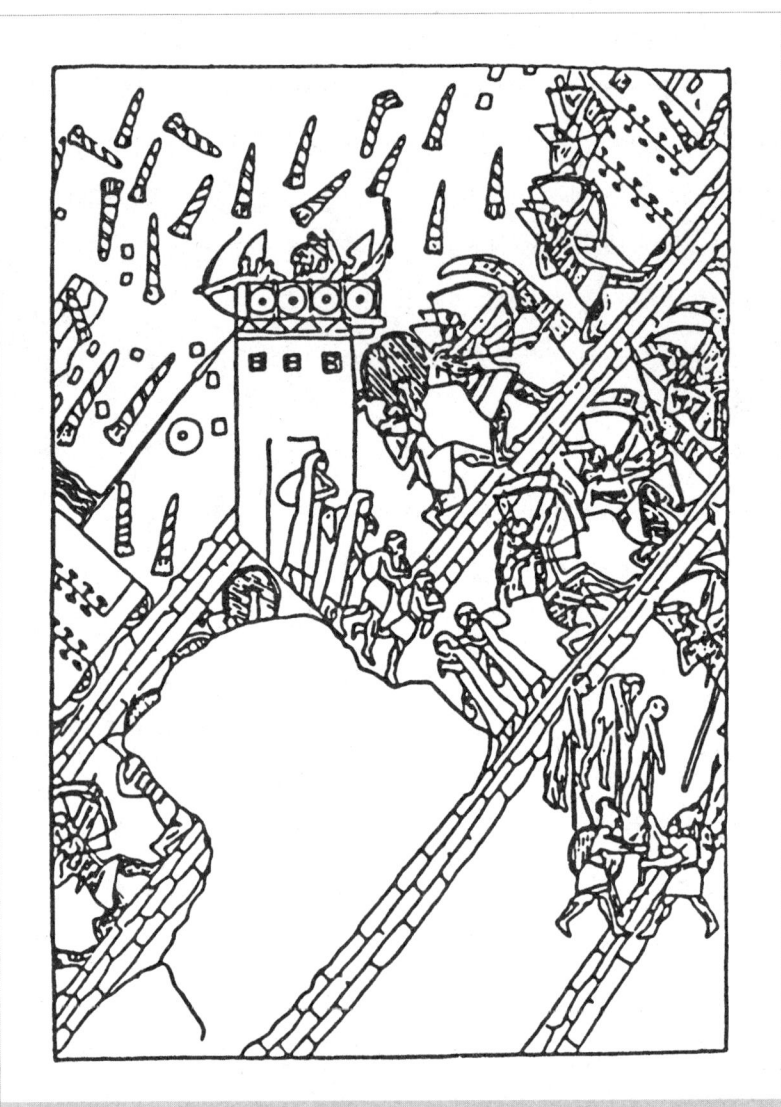

【그림 4】 센나케리브의 라키쉬 공격 장면

센나케리브의 새김글에는 또 지중해 연안을 따라 이루어진 그의 군사 원정이 묘사되어 있고, 그것은 시나이(Sinai) 반도 입구에서 벌어진 이집트인들과의 전투들로까지 이어진다. 그가 점령한 도시들의 명단을 보면 마치 구약의 한 장을 읽는 것 같다. 센나케리브는 시돈(Sidon)·튀레(Tyre)·뷔블로스(Byblos)·아코(Akko)·아쉬도드(Ashdod, 아스돗)·아쉬켈론(Ashkelon) 같은 '강한 도시들'을 '나의 주인 아슈르의 무기인 무시무시한 빛'의 도움을 받아 '궤멸'시켰다. 그의 전투를 묘사한 부조(浮彫)들에는 라키쉬(Lachish, 라기스) 공격 장면을 그린 것[그림 4]에서 나타나듯이, 공격하는 군사들이 적에게 로켓 같은 미사일을 퍼붓는 모습을 볼 수 있다. 센나케리브는 함락된 도시들을 이렇게 다루었다.

> 그 신하들과 귀족들을 죽이고 (…)
> 그들의 시체를 장대에 달아 도시 둘레에 내걸었으며,
> 일반 백성들을 전쟁 포로로 삼았다.

'센나케리브의 기둥'으로 알려진 유물에는 센나케리브가 어떻게 유대를 복속시키고 예루살렘을 공격했는지에 대한 사실적인 기록이 남아 있다. 센나케리브가 유대 왕 헤제키야(Hezekiah, 히즈키야/히스기야)와 전쟁을 하게 된 것은 헤제키야가 '아슈르 신에게 한 맹세를 잘 지키던' 펠리시테의 도시 에크론(Ekron, 에그론)의 왕 파디(Padi)를 포로로 잡아갔기 때문이었다. 센나케리브는 이렇게 썼다.

> 유대인 헤제키야는 내게 복종하지 않아서
> 그의 강한 도시 마흔여섯 개와 성벽을 둘러친 요새들,

그 주변의 수많은 작은 마을들을 내가 포위 공격했다. (…)
나는 헤제키야를 그의 왕실이 있는 예루살렘에 가두었다.
나는 토루(土壘)를 쌓아서 마치 새장 속의 새처럼 그를 가두었다. (…)
내가 점령한 도시들은 그의 땅에서 떼어내
아쉬도드 왕 미틴티(Mitinti)와 에크론 왕 파디,
가자(Gaza, 가사) 왕 실리벨(Sillibel)에게 나누어주었다.
그렇게 내가 그의 땅을 줄였다.

예루살렘 포위 공격에서는 여러 가지 흥미로운 점이 발견된다. 그 전쟁에는 직접적인 원인은 없고 오직 간접적인 이유만이 있었다. 충직한 에크론 왕이 그곳에 강제로 잡혀가 있다는 것이었다. 또 페니키아(Phoenicia)와 펠리시테의 '강한 도시들을 궤멸'시키는 데 썼던 '아슈르의 무기인 무시무시한 빛'은 예루살렘에서는 사용되지 않았다. 그리고 '나는 그들과 싸워 그들에게 패배를 안겨주었다'는 상투적인 결말 묘사가 예루살렘의 경우에는 보이지 않는다. 센나케리브는 단지 유대의 외곽 지역을 주변의 왕들에게 나누어줌으로써 그 영토를 줄였을 뿐이다.

게다가 예루살렘의 경우에는 아슈르 신의 '믿을 만한 명령'에 따라 그 땅이나 도시를 공격했다는 통상적인 주장도 나타나지 않는다. 이 모든 사실로 미루어, 혹시 예루살렘 공격이 신의 허가 없이 이루어진 게 아니었을까 하는 의문이 들 수밖에 없다. 신의 뜻이 아니라 센나케리브 자신의 기분에 따른 것이 아니었을까?

이런 흥미로운 가능성은 동일한 이야기에 대해 반대쪽에서 남긴 기록을 읽어보면 상당히 신빙성이 있는 것으로 드러난다. 그런 다른 쪽의 기록이 구약에 남아 있다.

센나케리브는 예루살렘 점령 실패를 대충 얼버무리고 넘어갔는데, 구약의 「열왕기(列王記) 하」에는 그 이야기가 자세하게 나온다. 구약의 기록을 보자.

> 헤제키야 왕 14년에 아시리아의 센나케리브 왕이 쳐들어와서
> 성벽을 두른 유대의 모든 도시를 공격해 점령했다.
> _「열왕기 하」 18:13

그리고 센나케리브는 자신의 두 장군에게 많은 군사를 주어 유대의 수도 예루살렘으로 보냈다. 그러나 아시리아 장군 랍샤케(Rab-Shakeh, 랍사게)는 도시를 공격하는 대신에 예루살렘의 신하들과 대화를 하기 시작했다. 그는 이 대화를 히브리어로 하자고 고집해 예루살렘의 모든 백성들이 들을 수 있도록 했다.

그는 도대체 예루살렘 백성들이 알아야 할 무슨 얘기를 하려던 것이었을까? 구약에서 명백히 밝히고 있듯이 그들 사이의 대화 주제는 과연 야훼 신이 아시리아인들의 유대 공격을 허락했느냐 하는 것이었다!

> 랍샤케가 그들에게 말했다.
> "헤제키야에게 전하라.
> 위대한 왕이신 아시리아의 왕께서 이렇게 말씀하신다.
> '너는 무엇을 믿고 이렇게 자신만만하냐?'"
> _「열왕기 하」 18:19

"너희는 나에게

'우리는 우리 하느님 야훼를 믿소' 할지 모르지만 (…)
자, 이제 그러면
내가 이곳을 쳐서 멸망시키려 하면서
야훼께 묻지도 않고 왔겠느냐?
야훼께서 내게 말씀하시기를
'그 땅에 가서 그곳을 멸망시켜라!'고 하셨다."

_「열왕기 하」 18:22~25

    헤제키야의 신하들이 도시 성벽 위에 서서 랍샤케에게, 히브리어로 거짓말을 하지 말고 당시의 외교 언어였던 아람(Aram)어로 이야기하자고 항변하면 할수록 랍샤케는 성벽으로 더 다가가 예루살렘 백성들이 모두 들을 수 있도록 히브리어로 더 크게 소리쳤다. 또 그는 헤제키야의 신하들에 대해 욕설을 퍼붓고, 헤제키야 왕까지 깎아내리기 시작했다. 자신의 얘기에 도취한 랍샤케는 결국 예루살렘을 공격하도록 야훼의 허락을 받았다는 자신의 주장마저 팽개치고 야훼까지 헐뜯었다.
    신을 모욕했다는 말을 전해 들은 헤제키야의 반응은 이러했다.

그는 자신의 옷을 찢고 베옷을 두른 뒤
야훼의 신전으로 들어갔다. (…)
그리고 선지자 이사야(Isaiah)에게 이런 말을 전하게 했다.
"오늘은 환난의 날이고, 질책의 날이고, 모욕의 날이다. (…)
그대의 하느님 야훼께서는
랍샤케가 한 말을 모두 들으셨을 것이다.
랍샤케는 살아 계신 하느님을 모욕하려고

그의 주인인 아시리아 왕이 보낸 자다."

_「열왕기 하」 19:1~4

그러자 선지자 이사야는 다음과 같이 야훼의 말을 전했다.

"아시리아 왕에 대해 이렇게 말씀하셨소.
'(…) 그는 왔던 길로 되돌아갈 것이다.
이 도시 안으로는 들어오지 못한다. (…)
내가 이 도시를 보호하고 지킬 것이다.'"
그날 밤이 되자
야훼의 천사가 나타나서
아시리아 군의 진영을 치고
18만 5,000명을 죽였다.
해가 뜬 뒤에 보니
그들은 모두 주검으로 발견되었다.
그러자 아시리아의 센나케리브 왕은
그곳을 떠나 니네베(Nineveh, 니느웨)로 돌아가서 머물렀다.

_「열왕기 하」 19:32~36

구약은 센나케리브가 니네베로 돌아간 뒤의 일을 이렇게 전한다.

어느 날, 그가 자기네 신 니스로크(Nisroch, 니스록)의 신전에서 예배하고 있을 때 그의 아들 아드람멜레크(Adrammelech, 아드람멜렉)와 샤레제르(Scharezzer, 사례셀)가 그를 칼로 찔러 죽이고 아라라트(Ararat, 아라랏) 땅으로 도망쳤다.

그의 아들 에사르핫돈(Esarhaddon, 에살하똔/에살핫돈)이 그 뒤를 이어 왕위에 올랐다.

_「열왕기 하」 19:37

아시리아의 기록들도 구약의 내용과 일치한다. 즉 센나케리브가 실제로 그렇게 살해당했고, 그의 막내아들 에사르핫돈이 왕위를 이어받았다는 것이다.

'기둥 B'로 알려진 에사르핫돈의 새김글에는 당시의 정황이 보다 상세하게 묘사되어 있다. 센나케리브는 높은 신들의 명령에 따라 막내아들 에사르핫돈을 후계자로 공표했다.

> 그(센나케리브)는 아시리아의 백성들을
> 젊으나 늙으나 모두 한자리에 불러모은 뒤
> 나의 형제들, 곧 아버지의 남자 소생들에게
> 아시리아의 신들 앞에서 맹세를 하도록 했다. (…)
> 나의 왕위 승계를 확실하게 하기 위해서였다.

에사르핫돈의 형제들은 맹세를 깨고 센나케리브를 죽인 뒤 에사르핫돈까지 죽이려 했다. 그러나 신들이 그를 빼돌렸다.

> 나를 은신처에 머물게 하고 (…)
> 내가 왕권을 물려받도록 보호했다.

혼란의 시간이 지난 뒤 에사르핫돈은 '신들의 믿을 만한 명령'을 받았다.

지체하지 말고 가라!
우리가 너와 함께 갈 것이다!

에사르핫돈과 동행하도록 파견된 신은 이쉬타르였다. 에사르핫돈의 수도 공격을 격퇴하기 위해 그 형제들의 군사가 니네베로부터 나왔다.

나를 자신의 고위 사제로 삼고 싶어한
전쟁의 여신 이쉬타르가 내 곁에 붙어 섰다.
그녀가 적의 활을 부러뜨리고 적군의 대오를 흐트러뜨렸다.

니네베의 군사들이 혼란에 빠지자 이쉬타르가 에사르핫돈을 대신해 그들에게 소리를 질렀다. 에사르핫돈은 이렇게 썼다.

그녀의 지엄한 명령이 떨어지자
적들은 대거 내게로 투항해 내 뒤로 모여들었고,
나를 자신들의 왕으로 받아들였다.

에사르핫돈과 그의 아들이자 계승자였던 아슈르바니팔(Ashurbanipal, 오스납발)은 모두 이집트로 진출하려 했고, 둘 다 전투에서 '빛의 무기'를 사용했다. 아슈르바니팔은 이렇게 썼다.

무시무시한 아슈르의 빛이
파라오의 눈을 멀게 해 그를 미치게 했다.

아슈르바니팔이 남긴 다른 새김글들을 보면, 눈을 뜰 수 없을 정도로 강렬한 빛을 내뿜는 그 무기는 신들이 머리에 쓰는 것이었음을 알 수 있다. 어떤 곳에는 적이 '신의 머리에서 나오는 빛 때문에 눈이 멀었다'고 했다. 다른 곳에는 이렇게 되어 있다.

> 아르벨라(Arbela)에 사는 이쉬타르가
> '신의 불'을 걸치고 머리에 '빛나는 투구'를 쓴 채
> 아라비아에 화염을 퍼부었다.

구약에서도 사람들의 눈을 멀게 하는 그런 '빛의 무기'에 대해 말하고 있다. 소돔을 파괴하기 전에 신의 천사들(문자 그대로 '전령들')이 그곳에 갔을 때 그곳 사람들이 그들이 머물고 있는 집의 문을 부수려 한 적이 있었다. 그때 천사들이 무기를 사용했다.

> 그 집 대문 앞에 모여든 사람들을 쳐서
> 눈을 뜰 수 없게 하니 (…)
> 그들은 문을 찾을 수 없었다.
>
> _「창세기」 19:11

아시리아가 패권을 잡고 심지어 하이집트 지역에까지 지배력을 확장하자 그 왕들은 자기네가 신의 도구에 불과하다는 사실을 잊고 말았다. 그래서 신은 선지자 이사야를 통해 이렇게 말했다.

> (…) 아, 아시리아는 내 분노의 채찍이다!

그들 손에 들려 있는 것은 내 천벌의 회초리다.

불경한 나라들을 치라고 내가 그들을 보냈고,

나를 거역하는 자들에게는 벌을 내리라고 했다. (…)

_「이사야」 10:5~6

그러나 아시리아 왕들은 단순한 처벌에서 그치지 않고 한발 더 나아갔다.

여러 민족들을 멸망시키고 쓸어버릴 생각을 품고 있었다.

_「이사야」 10:7

그것은 신의 의도에서 벗어난 것이었다. 그래서 하느님 야훼는 이렇게 말했다.

내가 아시리아 왕의 책임을 묻겠다.

그 마음이 갈수록 교만해지는 대가다.

_「이사야」 10:12

아시리아의 멸망을 예언한 구약의 말은 실제로 이루어졌다. 북쪽과 동쪽으로부터 온 침략자들과 남쪽에서 반란을 일으킨 바빌로니아인들이 힘을 합쳐 아시리아의 종교 중심지인 아슈르를 기원전 614년에 함락시켰고, 그로부터 2년 후에 왕도인 니네베를 점령했다. 거대한 아시리아는 이제 지도에서 사라졌다.

아시리아 제국이 붕괴하자 이집트와 바빌로니아의 속국 왕들은 그 기회에 자신들의 지배권을 회복하려 했다. 이집트와 바빌로니아 사이의 땅들이

다시 한 번 좋은 먹잇감이 되었고, 파라오 네카우(Nekau)가 이끄는 이집트인들이 재빨리 그 땅으로 쳐들어갔다.

바빌로니아에서는 네부카드네자르(Nebuchadnezzar, 느부갓네살) 2세가 마르둑의 명령에 따라 자신의 군대를 몰고 서쪽으로 진격한 사실이 그의 새김글에 나와 있다. 이 원정은 원래 그 지역을 관장했던 '또 다른 신'이 더 이상 '삼나무 땅을 원하지 않았'고 지금은 '외지에서 온 적들이 그 땅을 약탈하고 지배'했기 때문에 가능했다.

예루살렘에서 야훼 신은 선지자 예레미야의 말을 통해 바빌론의 편을 들어주었다. 야훼는 네부카드네자르를 '나의 종'이라 부르며 그를 도구로 삼아 이집트 신들을 처벌하기로 했던 것이다.

모든 자의 주인이자 이스라엘의 하느님인 야훼는 이렇게 말한다.
"내가 나의 종 네부카드네자르에게 기별해 그를 데려오겠다. (…)
그가 이집트 땅을 칠 것이다.
그러면 죽게 될 자는 죽고,
포로가 될 자는 포로가 되고,
칼에 맞을 자는 칼에 맞을 것이다.
그리고 나는 이집트 신들의 신전에 불을 질러
그로 하여금 태우게 할 것이다. (…)
그는 이집트 땅에 있는
헬리오폴리스(Heliopolis)의 돌기둥들을 부술 것이다.
그는 이집트 신들의 신전에 불을 지를 것이다."

_「예레미야」 43:10~13

야훼 신은 이 원정에서 예루살렘 역시 그 백성들이 저지른 죄 때문에 처벌을 받을 것이라고 말했다. '하늘의 여왕'과 이집트 신들을 섬겼기 때문이었다.

나의 무서운 분노가 이 땅으로 쏟아져서 (…)
그것이 불타고 꺼지지 않을 것이다. (…)
내 이름이 불리는 도시에서 나는 심판을 시작할 것이다. (…)
_「예레미야」 7:20, 25:29

그리고 기원전 586년에 실제로 그런 일이 일어났다.

바빌론 왕의 근위대장 네부자랏단(Nebuzaraddan, 느부사라단)이
예루살렘으로 와서
야훼의 신전과 왕궁, 그리고 예루살렘의 모든 집을 불태웠다. (…)
그리고 바빌론 군사들은 예루살렘의 사면 성벽을 모두 헐어버렸다.
_「예레미야」 52:12~14

그러나 야훼는 이런 예루살렘의 폐허가 단지 70년 동안만 이어질 것이라고 약속했다.

이 약속을 실현시켜 예루살렘 신전을 재건할 수 있도록 한 왕은 퀴로스(Kyros, 키루스/고레스)였다. 인도유럽어 계통의 언어를 사용한 그의 조상들은 카스피 해 지역으로부터 남하해 페르시아 만 동쪽 해안의 안샨(Anshan) 지역으로 이주했던 것으로 보인다. 거기서 이주민들의 지도자인 '현명한 자' 하캄아니쉬(Hakham-Anish)가 아케메네스(Achaemenes) 왕조라 불리는

나라를 열었다. 그리고 그의 후손들인 퀴로스와 다레이오스(Dareios, 다리우스Darius), 그리고 크세르크세스(Xerxes) 등이 페르시아 제국의 왕으로서 이름을 남겼다.

기원전 549년에 퀴로스가 안샨의 왕위를 물려받았을 때 그의 영토는 엘람과 메디아(Media)의 변방에 불과했다. 당시 권력의 중심지였던 바빌론의 왕은 나부나이드(Nabunaid, 나보니두스Nabonidus)였는데, 그가 왕이 된 상황이 매우 특이했다. 그는 관례대로 마르둑 신의 선택에 따라서가 아니라 나부나이드의 어머니였던 고위 여사제와 신(Sin)이라는 신 사이의 특이한 약속에 따라 왕위에 올랐다. 그래서 부분적으로 깨진 점토판 기록에는 나부나이드를 고발하는 내용이 들어 있다.

> 그는 기단 위에 이교도의 조각상을 세우고 (…)
> 그것을 신(Sin) 신이라고 불렀다. (…)
> 그는 새해 행사를 해야 할 때에도
> 의식을 치르지 않을 것이라고 통고했다. (…)
> 그는 관례를 어지럽히고 법령을 무력화했다.

퀴로스가 소아시아 지역의 그리스인들과 싸우느라 정신이 없을 때, 마르둑은 바빌론의 국가신이라는 자신의 지위를 회복하려 했다.

> 마르둑은 온 나라를 뒤지며
> 자신의 뜻을 따를 적법한 통치자를 찾고 있었다.
> 그리고 마르둑은 안샨의 왕인 퀴로스를 지명해
> 그가 모든 땅의 통치자가 될 것이라고 선언했다.

퀴로스의 첫 조치들은 마르둑의 뜻에 맞는 것으로 드러났다.

마르둑은 그에게
자신의 도시인 바빌론으로 진격하라고 명령했다.
그는 퀴로스로 하여금 바빌론을 향해 떠나도록 했고,
친한 친구처럼 그의 곁에서 동행했다.

이렇게 바빌로니아의 신과 정말로 동행하게 된 퀴로스는 피 한 방울 흘리지 않고 바빌론을 점령할 수 있었다. 기원전 538년 3월 20일, 퀴로스는 바빌론의 신성 구역에서 '벨(Bel, 주인) 마르둑의 손을 잡았다'. 그리고 새해 첫날에 퀴로스의 아들인 캄뷔세스(Cambyses)가 재개된 마르둑 찬양 행사를 집전했다.

퀴로스는 후계자들에게 딱 한 나라를 제외한 모든 초기의 제국들과 왕국들을 아우르는 거대한 제국을 물려주었다. 메소포타미아의 수메르·아카드·바빌론·아시리아, 동쪽의 엘람·메디아, 북쪽의 땅들, 소아시아의 히타이트와 그리스 땅들, 페니키아·카나안·펠리시테 등이었다. 이 모든 나라가 이제 한 최고 군주와 한 최고신인 '진실과 빛의 신' 아후라마즈다(Ahura-Mazda)의 통치를 받게 된 것이다. 아후라마즈다는 고대 페르시아에서 날개 달린 원반을 타고 하늘을 날아다니는 수염 달린 신으로 묘사된 바 있는데【그림 5a】, 아시리아인들이 자신들의 최고신 아슈르를 묘사한 것과 매우 흡사한 방식이었다【그림 5b】.

기원전 529년에 퀴로스가 죽었을 때 자신들의 신들을 지키며 독립을 유지하고 있던 지역은 오직 이집트뿐이었다. 그로부터 4년 뒤 퀴로스의 아들이자 계승자인 캄뷔세스가 시나이 반도의 지중해 연안을 따라 군대를 이끌

【그림 5a】 페르시아의 최고신 아후라마즈다

【그림 5b】 아시리아의 최고신 아슈르

고 가서, 펠루시움(Pelusium)에서 이집트인들을 무찔렀다. 몇 달 뒤 그는 이집트의 왕도인 멤피스(Memphis)에 입성했으며 자신을 파라오로 선포했다.

그러나 이런 승리에도 불구하고 캄뷔세스는 이집트에 남긴 비문에서 '위대한 신 아후라마즈다께서 나를 선택하셨다'는 통상적인 도입 문구를 애써 피하고 있다. 그는 이집트가 아후라마즈다의 관할이 아니라고 생각한 것이다. 캄뷔세스는 이집트의 독자적인 신들에 존경을 표하기 위해 스스로 그들의 조각상 아래 무릎을 꿇음으로써 그 신들의 지배권을 인정했다. 그

답례로 이집트 사제들은 그에게 '라(Ra)의 자손'이라는 칭호를 주어 이집트에 대한 그의 지배를 정당화시켜 주었다.

이제 고대 세계 전체가, '위대한 진실과 빛의 신'이 선택했고 이집트 신들이 받아들인 한 명의 왕 아래 통일된 셈이었다. 어떤 인간들이나 신들도 서로 다툴 이유가 없어졌다. 마침내 지구에 평화가 찾아왔다!

그러나 평화는 오래가지 못했다. 지중해 건너편에서 그리스인들이 부와 힘과 야망을 키워가고 있었다. 소아시아와 에게 해, 그리고 동부 지중해에서는 끊임없이 국지적·국제적 충돌이 일어났다. 기원전 490년에 다레이오스 1세는 그리스를 침공하려다가 마라톤(Marathon)에서 패배했다. 9년 뒤 크세르크세스 1세도 살라미스(Salamis)에서 패배했다. 그로부터 150년이 지난 뒤 마케도니아(Macedonia)의 알렉산드로스(Alexandros, 알렉산더) 대왕이 유럽에서 건너와 정복 전쟁을 시작했고, 멀리 인도에까지 이르는 당시의 세계 전역에 사람들의 피를 뿌렸다.

알렉산드로스는 신들의 '믿을 만한 명령'을 수행한 것일까? 그렇지 않다. 자신이 이집트 신의 아들이라고 믿었던 알렉산드로스는 처음에는 절반이 신으로부터 왔다는 자신의 근본을 신의 계시로 확인받기 위해 이집트를 침공했다. 그러나 계시는 그가 일찍 죽을 것이라는 예언도 했고, 그때부터 알렉산드로스는 '생명의 물'을 찾아 그것을 마시고 자신의 운명을 피하기 위해 여행과 정복을 계속하게 된 것이다.

그렇게 많은 사람을 죽였지만, 알렉산드로스는 젊어서 한창 나이에 죽었다. 그리고 그 후 '인간들의 전쟁'은 단지 인간들만의 전쟁이 되었다.

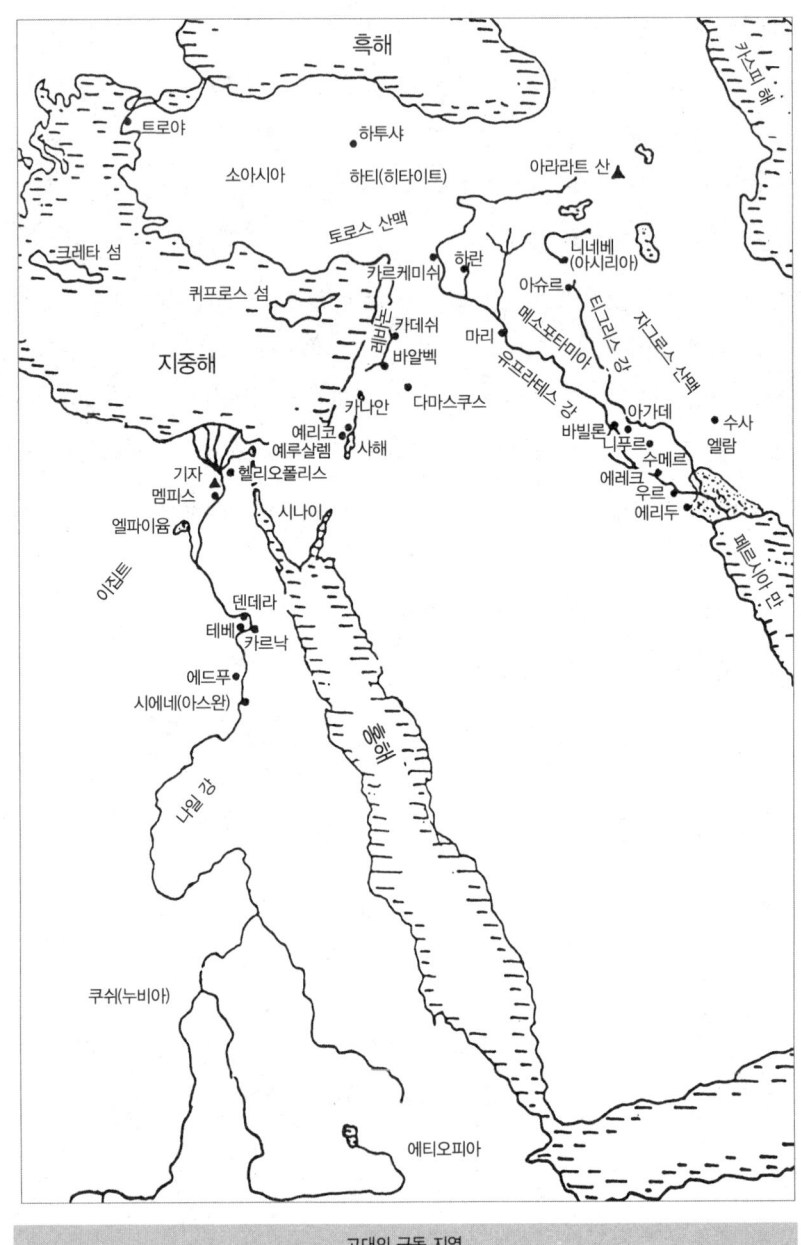

고대의 근동 지역

2 호루스와 세트의 대결

 구세주를 믿는 에세네파 사람들은 '인간들의 마지막 전쟁'에서는 신들의 무리가 인간들의 무리와 뒤섞이고 '신들과 인간들이 내지르는 공격의 함성'이 전쟁터에서 뒤섞일 것이라고 묘사했는데, 그것은 전쟁의 역사에 대한 비통한 논평이었을까?
 결코 그렇지 않다. 「빛의 자손들과 어둠의 자손들 사이의 전쟁」이 그려낸 것은 바로 인간의 전쟁이 시작된 것과 같은 모습으로 끝나리라는 사실이다. 즉, 신들과 인간들이 함께 섞여 싸운다는 것이다.
 믿기 어려울지 모르겠지만, 신들이 인간들을 전쟁에 끌어들인 최초의 전쟁을 묘사한 새김글이 실제로 남아 있다. 그것은 호루스(Horus) 신에게 바쳐진 고대 이집트의 성스러운 도시 에드푸(Edfu)에 있는 대(大)신전 벽에 기록되어 있다. 이집트인들의 전승에 따르면 호루스는 에드푸에 '신성한 쇠'를 만드는 주물 공장을 지었으며, 거기에 특별한 울타리를 치고 하늘을 날아다니는 거대한 날개 달린 원반을 보관했다고 한다. 한 이집트 문서는 이렇게 썼다.

주물 공장의 문이 열리면

원반이 하늘로 올라간다.

𓇳 𓉴 𓉶

 놀랄 만한 지리학적 정확성을 보여주는 이 기록[그림 6]은 특정한 날짜로 시작하는데, 그 날짜는 인간들의 날짜가 아니라 신들의 날짜다. 기록은 파라오 시대 훨씬 이전에 신들이 직접 이집트를 다스리던 때의 사건들을 다루고 있다.

 363년에 신성한 존재이시고 지평선의 매이시며 영원히 사시는 불멸의 존재이신 라(Ra) 폐하께서는 켄(Khenn) 땅에 계셨다. 그는 전사들을 대동하고 계셨다. 거기서 적들이 그에 대항해 반란을 일으켰기 때문이다. 그곳은 그때부터 우아우아(Ua-Ua)라고 불리게 되었다.
 라는 배를 타고 그 땅으로 가셨고, 전사들도 함께 갔다. 라는 그 지역의 서쪽, '켄누(Khennu)의 집' 동쪽에 있는 호루스의 영지에 내렸다. 그때부터 그곳은 '왕의 켄누'라고 불리게 되었다.
 '날개 달린 측량자' 호루스가 라의 배로 왔다. 호루스는 라에게 말했다.
 "오, 지평선의 매이시여, 적들이 당신의 영도에 반기를 들고 빛나는 왕관을 빼앗아가려고 음모를 꾸미는 것을 제가 보았습니다."

 단 몇 줄의 문장으로 고대의 기록자는 이제 막 벌어지려는 특이한 전쟁의 배경을 설명하고 그것을 그려낼 준비를 했다. 우리는 라와 호루스에 대항해 '빛나는 왕관'을 빼앗아가려는 어떤 '적들'의 음모 때문에 싸움이 일어나게 되었음을 바로 알 수 있다. 그러나 이런 일은 분명히 다른 신이나

【그림 6】 신들의 전쟁에 관한 새김글 시작 부분

신들이 주도한 것일 수밖에 없다. 라는 음모를 진압하기 위해 '전사들을 대동해' 배를 타고 호루스가 본부를 설치한 지역으로 간 것이었다.

라의 '배'는 다른 여러 기록을 통해 알려졌듯이 하늘 꼭대기까지 올라갈 수 있는 '천상의 배'였다. 이때 라는 그 배를 타고 물과는 전혀 관계가 없는 우아우아의 '서쪽 지역'에 내렸다. 그는 호루스의 영지 동쪽에 내렸고, 호루스는 그를 마중하러 나와 '적들'이 군사를 모으고 있다고 그에게 보고했다.

그러자 신성한 존재이시고 지평선의 매이신 라는
날개 달린 측량자 호루스에게 이렇게 말씀하셨다.
"고귀한 라의 자손, 나의 후손이여,
어서 가서 네가 본 적들을 물리쳐라."

명령을 받은 호루스는 날개 달린 원반을 타고 날아가 하늘에서 적들을 찾았다.

그래서 날개 달린 측량자 호루스는
라의 날개 달린 원반을 타고 지평선으로 날아올랐다.
그런 이유로 호루스는 이때부터
'높은 신이자 하늘의 주인'으로 불리게 되었다.

날개 달린 원반을 타고 올라간 호루스는 하늘에서 적군을 발견했고, 그들을 향해 보이지도 않고 들리지도 않지만 곧바로 죽게 만드는 '폭풍'을 퍼부었다.

하늘 꼭대기 날개 달린 원반에서
호루스는 적들을 보았고, 뒤에서 그들에게 다가갔다.
그의 앞쪽에서 그는 폭풍을 내뿜었다.
그들의 눈에 보이지도 않고 귀에 들리지도 않는 것이었다.
그러자 적들은 한순간에 모두 죽어버렸으며,
여기서 살아남은 자는 한 명도 없었다.

이에 호루스는 '알록달록한 색으로 빛나는' 날개 달린 원반을 타고 라의 배로 돌아왔으며, 마법의 신 토트(Thoth)가 그의 승리를 공식 선언했다.

그러자 날개 달린 측량자 호루스가
알록달록한 색으로 빛나는 날개 달린 원반에서 다시 나타났다.
그리고 그는 지평선의 매이신 라의 보트로 돌아갔다.
이때 토트가 말했다.
"오, 신들의 주인이시여!
알록달록한 색으로 빛나는 거대한 날개 달린 원반을 타고
날개 달린 측량자가 돌아왔습니다." (…)
그래서 그때부터 호루스는 '날개 달린 측량자'라는 이름으로 불렸다.
그리고 그때부터 후트(Hut)라는 도시는
날개 달린 측량자 호루스의 이름을 따서
'베후테트(Behutet)'라는 이름으로 불렸다.

위에 말한 호루스와 '적들' 사이의 첫 번째 전투는 상이집트 지역에서 벌어진 것이었다. 이미 1870년에 『날개 달린 태양 원반의 전설 *Die Sage von der geflügelten Sonnenscheibe*』에서 최초로 이 비문 내용을 발표한 브룩쉬(Heinrich Karl Brugsch, 1827~1894)는 '켄 땅'이 누비아(Nubia)였으며 호루스는 오늘날의 아스완(Aswan)에 해당하는 시에네(Syene)에서 적을 발견했다고 주장했다. 에머리(Walter Bryan Emery, 1902~1971)의 『누비아와 이집트 *Egypt in Nubia*』(1965) 같은 보다 최근의 연구도 타켄(Ta-Khenn)이 누비아였다는 데 동의했고, 우아우아는 나일 강의 제1폭포와 제2폭포 사이에 있는 그 북쪽 지역의 명칭일 것으로 보았다. 누비아 남부는 쿠쉬(Kush)라 불렸

다. 이런 비정(比定)들은 타당하다고 보는데, 첫 승리의 상으로 호루스에게 주어졌던 도시 베후테트가 바로 줄곧 호루스에게 바쳐졌던 도시 에드푸였기 때문이다.

전승에 따르면 에드푸는 호루스가 '신성한 쇠' 주물 공장을 지은 곳으로, 거기서 신성한 쇠로 만드는 특별한 무기들을 제작했다고 한다. 호루스가 메스니우(mesniu), 곧 '쇠의 사람들'이라는 군대를 훈련시킨 곳도 그곳이었다. 에드푸의 신전 벽에 그려진 모습을 보면 그들은 높은 깃이 달린 짧은 웃옷을 입고 두 손에 무기를 든 빡빡머리들이었다. 뭔지는 모르지만 작살처럼 생긴 무기 ⚔ 가 '신성한 쇠'와 '쇠의 사람들'을 나타내는 상형문자 단어에 들어 있다.

이집트 전승에 따르면 메스니우는 신들이 쇠로 만든 무기로 무장시켰던 최초의 인간들이었다. 또 앞으로 이어질 얘기를 통해 보게 되듯이 그들은 신들이 자신들끼리의 싸움에 동원했던 최초의 인간들이기도 했다.

아스완과 에드푸 사이의 지역이 이제 확보된 데다 무장되고 훈련받은 인간 전사들도 갖추어져, 신들은 이집트 중심부인 북쪽을 향해 진군할 준비를 끝냈다. 최초의 승리는 분명히 신들의 동맹도 더욱 강화시켰다. 아시아의 여신 이쉬타르가 합류한 것이다. 이집트 기록에서는 그녀를 카나안식 이름인 아쉬토레트(Ashtoreth)로 불렀다. 호루스는 하늘을 날면서 라에게 아래의 땅을 살필 것을 요청했다.

그리고 호루스는 말했다.
"오, 라이시여, 앞으로 나아가소서! 저 아래 땅 위에 있는 적들을 살피소서!"
그러자 신성한 존재이신 라는 앞으로 나아갔다. 아쉬토레트(이쉬타르)도 함께 갔다. 그리고 그들은 땅에 있는 적들을 살폈지만, 그 적들은 모두 숨어 있었다.

땅에 있는 적들이 모두 눈에 띄지 않도록 숨어 있었기 때문에 라는 꾀를 냈다.

그러자 라는 수행한 신들에게 이렇게 말했다.
"적들이 땅에 숨어 있으니 우리 배를 물로 끌고 가자."
따라서 그들은 그때부터 그 물을 '지나간 물'이라고 부르게 되었다.

라의 배는 수륙 양용의 기능을 갖추고 있었지만, 호루스에겐 물에서 사용할 배가 없었다. 그래서 신들은 그에게 배를 주었고, '오늘날까지 그 배는 마크아(Mak-A), 곧 위대한 수호자로 불리게 되었다'.
인간이 참가하는 최초의 전투가 벌어진 것이 바로 그때였다.

그러나 적들 역시 물로 들어와서 악어와 하마로 위장했다. 그리고 그들은 지평선의 매이신 라의 배를 공격했다. (…)
바로 그때 날개 달린 측량자 호루스가 부하들과 함께 왔다. 그들은 전사들로 모두 이름이 있었으며, 손에 신성한 쇠와 사슬을 들고 악어와 하마를 물리쳤다.
그들은 거기서 651명의 적들을 끌어냈으며, 도시가 보이는 곳에서 그들을 처형했다.
그리고 지평선의 매이신 라는 날개 달린 측량자 호루스에게 말씀하셨다.
"바로 이곳이 남쪽 땅에서 네가 승리를 거둔 곳임을 남들이 알게 하라."

하늘과 땅, 그리고 물에서 모두 적을 물리친 호루스의 승리는 완벽한 것으로 여겨졌다. 그래서 토트는 이렇게 찬양했다.

토트가 다른 신들에게 말했다.

"오, 천상의 신들이시여, 기뻐하시오! 오, 지상의 신들이시여, 기뻐하시오! 젊은 호루스가 이 싸움에서 대단한 공을 세워 평화를 가져왔습니다."

바로 그때 날개 달린 원반이 승리한 호루스의 상징으로 채택되었다.

그때부터 쇠로 된 호루스의 상징물이 만들어졌다. 호루스는 날개 달린 원반을 그의 상징으로 삼고 그것을 라의 배 이물에 달았다. 그리고 두 마리의 뱀으로 상징되는 남의 여신과 북의 여신을 그 옆에 두었다.
그리고 호루스는 신성한 쇠와 사슬을 손에 들고 라의 배에 있는 그 상징물 뒤에 섰다.

토트는 호루스가 평화를 가져왔다고 선언했지만, 평화는 아직 정착된 것이 아니었다. 신들의 무리는 계속해서 북쪽으로 진격했다.

그들은 테베 동남쪽 평원에서 두 개의 밝은 빛을 얼핏 보았다.
그러자 라가 토트에게 말했다.
"이건 적이다. 호루스로 하여금 저들을 치게 하자. (…)"
그에 따라 호루스는 그들을 섬멸했다.

호루스는 다시 한 번 그가 훈련시키고 무장시킨 인간 군대의 도움을 받아 승리를 거두었다. 그리고 토트는 승리를 거둔 전쟁터들에 계속해서 이름을 붙여나갔다.
첫 번째로 하늘에서 벌인 전투를 통해 이집트와 누비아를 분리시키는 시에네(아스완)의 경계선을 허물었고, 그 이후 뒤이은 땅과 물에서 벌인 전투를 통해 호루스는 테베에서 덴데라(Dendera)에 이르는 나일 강 만곡(彎曲) 지역을 확보했다. 이후 그 지역에는 거대한 신전들과 왕궁들이 수없이 건설된다. 이제 이집트의 심장부를 향한 길이 열렸다.

며칠 동안 신들은 계속해서 북쪽으로 나아갔다. 호루스는 날개 달린 원반을 타고 하늘에서 계속 정찰을 했으며, 라와 그 일행들은 배를 타고 나일 강을 따라 내려갔다. 그리고 '쇠의 사람들'은 뭍에서 그들의 양옆을 호위했다. 짧지만 격렬한 교전이 몇 차례 이어졌고, 이집트 고(古)지리학에서 잘 정리된 지명들로 확인되듯이 공격하는 측의 신들은 고대에 홍해에서 지중해까지 이어져 있던 호수지대(그중 일부는 지금도 남아 있다)로 들어섰다.

그러자 적들은 그에게서 멀찍이 떨어져 북쪽으로 더 물러났다. 그들은 물의 지대로 들어가 등 뒤에 지중해를 두게 되었고, 그에 대한 공포로 질려 있었다.
그러나 날개 달린 측량자 호루스는 신성한 쇠를 손에 들고 라의 배를 탄 채 그들을 바짝 뒤쫓았다.
그리고 쇠로 만든 무기를 든 그의 모든 부하들이 빈틈없이 배치되었다.

그러나 적들을 포위해 덫에 빠뜨리려는 계획은 실패로 돌아갔다.

호루스는 나흘 밤낮 내내 적을 쫓아 물에서 헤맸지만
적은 한 명도 발견되지 않았다.

그러자 라가 호루스에게 날개 달린 원반을 타고 하늘로 올라가 살펴보라고 권했고, 그제야 호루스는 도망치는 적들을 볼 수 있었다.

호루스는 가지고 있던 신성한 창을 적들에게 던져
그들을 죽이고 큰 승리를 거두었다.
그는 또한 라의 배 앞으로 142명의 포로를 잡아왔다.

잡혀온 포로들은 그곳에서 곧바로 처형되었다.
에드푸 신전의 벽에 새겨진 글은 이제 새로운 서판으로 넘어간다. 그 '신들의 전쟁'도 거기서 실제로 새로운 부분이 시작되는 것이다. 거기에 겨우 몸을 피해 달아난 적들에 대한 이야기가 있다.

그들은 북쪽 호수 부근에서 지중해로 가려고 방향을 잡았다.
물의 지대를 통해 배를 타고 가려는 것이었다.
그러나 그들의 가슴속은 호루스에 대한 두려움으로 가득했다.
적들은 도망치면서 물의 중간에 이르러 서쪽 호수로부터
메르(Mer) 지방의 호수들과 연결되는 물 쪽으로 방향을 틀었다.
거기서 세트(Seth)의 땅에 있는 적들과 합류하려는 것이었다.

이 부분은 지리적인 정보를 알려줄 뿐만 아니라, 처음으로 '적들'에 대해서도 밝히고 있다. 이제 전투 장소는, 고대에 지금보다 더 이집트 본토와 시나이 반도를 물리적으로 갈라놓고 있던 여러 개의 호수 지역으로 옮겨졌다. 동쪽으로 이 물의 장벽 건너에 과거 호루스의 아버지 오시리스(Osiris)를 죽인 적 세트의 영토가 놓여 있었다. 이제 우리는 그 세트가, 바로 호루스가 남쪽에서부터 추격해 올라왔던 군사들의 우두머리인 '적'이라는 사실을 알 수 있다. 그리고 호루스는 이제 이집트와 세트의 땅을 구분하는 경계선에 다다랐다.

잠시 전투가 소강상태에 머물렀다. 그 사이에 호루스는 무장한 자신의 '쇠의 사람들'을 일선으로 데려왔고, 라도 자기 배를 타고 현장에 도착했다. 적들 역시 전열을 가다듬어 다시 물을 건너왔고, 이어 커다란 전투가 벌어졌다. 이번에는 적 381명을 잡아 처형했다(이 기록에는 호루스 쪽 희생자 통계는 전혀 나와 있지 않다). 그리고 호루스는 급히 추격에 나서 물을 건너 세트의 영토로 진격해 들어갔다.

에드푸 대신전의 비문에 따르면 바로 이때 화가 머리끝까지 뻗친 세트는 땅과 하늘에서 여러 차례 호루스와 직접 일대일 대결을 벌였다고 한다. 앞으로 보게 되는 것처럼 이 싸움에 대해서는 여러 가지 설명이 나와 있다. 이러한 관점에서 흥미로운 것이 버지(Ernest Alfred Wallis Budge)가 『이집트의 신들 The Gods of the Egyptians』(1904)에서 지적한 내용이다. 인간이 신들의 전쟁에 처음 끌려들어 갔을 때 호루스가 승리를 거둔 이유는 그가 인간을 신성한 쇠로 무장시켰기 때문이라는 것이다.

호루스가 승리할 수 있었던 가장 중요한 이유는 그와 그의 군대가 무장한 무기, 그리고 그 무기를 만든 재료가 월등히 우수했기 때문임이 너무도 명백하다.

이집트 기록들에 따르면 인간은 이리하여 다른 인간에 대해 무기를 사용하는 법을 배우게 되었다.

모든 싸움이 끝나자 라는 '호루스가 훈련시킨 이 쇠의 사람들'이 이루어낸 성과에 만족을 표시했다. 그리고 그들이 '호루스 신의 적들을 거꾸러뜨렸기 때문에 그 상으로' 앞으로는 '성스러운 장소에서 살 것'이며 신들에게 바치는 술과 음식을 먹게 될 것이라고 선포했다. 그들은 호루스의 상이집트 수도 에드푸와, 그리스어로는 타니스(Tanis)이고 구약에는 조안(Zo'an, 소안)

으로 나오는 하이집트 수도 티스(This)에 정착했다. 시간이 지나면서 그들은 단순한 군인 역할에서 벗어나 호루스의 인간 보좌관 겸 전령 역할을 하는 샴수호르(Shamsu-Hor), 곧 '호루스의 시종'이라는 칭호를 얻었다.

현재 밝혀진 바에 따르면 에드푸 신전 벽의 새김글은 더욱 오래된 기록을 이집트 기록자가 베낀 것이다. 그러나 언제 누가 원래의 기록을 만들었는지는 아무도 확실하게 얘기할 수 없다. 원래의 기록을 연구한 학자들은 그 기록이 보여준 지리적 정확성과 다른 자료들을 근거로 이런 결론을 내리고 있다. 버지의 말로 들어보자.

그것은 우리가 전적으로 신화적인 사건을 다루고 있는 것이 아님을 보여준다. 그리고 호르베후테트(Hor-Behutet), 곧 '에드푸의 호루스'가 이루어냈다고 하는 승전 과정에 대한 기록은 분명히 아주 오래 전에 에드푸를 점령한 어떤 정복자의 위업에 근거한 것임이 거의 틀림없다.

다른 모든 이집트의 역사적 기록들과 마찬가지로 이 새김글 역시 '363년에'라는 정확한 연대로 시작하고 있다. 이런 연대는 언제나 사건이 일어난 당시에 통치하고 있던 파라오의 통치 기간을 가리킨다. 각 파라오에겐 자신의 재위 1년이 있고 2년이 있으며, 그런 식으로 계속된다. 그러나 우리가 살펴보고 있는 문서는 왕들과 관계되는 사건이 아니라 신들의 문제, 곧 신들 사이의 전쟁에 대한 것이다. 따라서 '363년'이라는 말은 어떤 신의 통치 기간 중 '363년째'에 일어난 일을 가리키며, 그것은 인간이 아니라 신들이 이집트를 통치하던 아주 먼 옛날에 일어난 일이다.

이집트 전승에 따르면 실제로 그런 시절이 분명히 있었다. 기원전 5세기

경 그리스의 역사가였던 헤로도토스(Herodotos)는 이집트 곳곳을 여행하던 중에 사제들로부터 파라오들의 왕조와 통치에 대한 아주 자세한 정보를 얻었다. 그는 '사제들에 따르면 멘(Mên)이 이집트 최초의 왕이었는데, 그가 제방을 쌓아 나일 강의 범람으로부터 멤피스를 보호'하고 강의 물길을 바꾸었으며 그렇게 해서 생긴 땅에 멤피스를 건설하기까지 했다고 썼다.

이런 일들 외에, 멘은 또한 멤피스 안에 있는 거대한 건축물로서 매우 언급할 만한 가치가 있는 프타(Ptah) 신전도 지었다고 사제들은 말했다.
그러고 나서 사제들은 멘의 뒤를 이어 왕위에 오른 330명의 왕들 이름을 파피루스에서 읽어주었다. 그 가운데 18명은 에티오피아 출신이었고 한 명은 이집트 출신 여왕이었으며, 나머지는 모두 이집트 출신의 남자 왕들이었다.

그러고 나서 사제들은 헤로도토스에게 수많은 파라오들의 조각상들을 보여주었고, 그중 몇몇 파라오들과 관련된 자세한 이야기들이나 자신들이 신의 자손이라는 주장들도 들려주었다. 헤로도토스는 '그런 조각상으로 표현된 존재들은 신과는 정말로 거리가 먼 것이었다'고 평하면서도 다음과 같이 덧붙이고 있다.

그러나 파라오 이전 시대에는 사정이 달랐다. 그때에는 이집트를 다스리던 신들이 있었는데, 그들은 인간과 함께 지구에 살았고 그 신들 중 하나가 언제나 다른 신들 위에 있는 최고신이었다.
그들 가운데 마지막 신이 오시리스의 아들 호루스였는데, 그리스인들이 아폴론(Apollon)이라고 부르는 신이다. 호루스는 세트를 물리치고 신왕(神王)으로는 마지막으로 이집트를 다스렸다.

1세기의 유대인 역사가 요세푸스(Titus Flavius Josephus)는 「아피온에게 보내는 반론 Contra Apionem」에서 자신이 쓴 이집트 역사의 근거 기록 중 하나로 마네토(Manetho)라는 이집트 사제의 저작들을 인용했다. 그의 저작들이 발견된 적은 없으나, 마네토라는 역사가의 실존에 대해서는 의심할 여지가 없다. 후대 그리스 역사가들의 몇몇 저술들이 그의 저작을 바탕으로 하기 때문이다. 지금까지 밝혀진 바에 따르면 마네토(상형문자 상으로 '토트의 선물'이라는 뜻이다)는 고위 사제이자 뛰어난 학자였고, 기원전 270년 무렵에 당시 파라오였던 프톨레마이오스 2세(Ptolemios Philadelphos)의 명령에 따라 이집트 역사를 몇 권으로 편수했다. 그 원본은 알렉산드리아의 대(大)도서관에 소장되어 있었는데, 서기 642년에 이슬람 정복자들이 도서관 건물과 소장 자료들을 불태웠을 때 다른 수많은 귀중한 기록들과 함께 소실되고 말았다.

마네토는 우리가 알고 있는 한 이집트 파라오들을 왕조로 구분한 최초의 역사가였고, 그런 분류법은 지금까지도 사용되고 있다. 그가 정리한 파라오 명부는 파라오의 이름과 재위 기간, 승계 순서, 그리고 기타 관련 정보 등으로 이루어져 있는데, 주로 3~4세기 역사가들인 아프리카누스(Julius Africanus) 및 카이사레아(Caesarea)의 에우세비오스(Eusebios) 등의 저작들을 통해 전해진다. 이들과 마네토의 저작에 기초한 다른 여러 저작들은 모두, 마네토가 그리스어로는 메네스(Menes)라고 하는 멘을 이집트 제1왕조의 첫 번째 파라오로 올렸다는 데 일치하고 있다. 헤로도토스가 독자적으로 이집트에서 직접 조사해서 적어놓은 파라오의 이름과 같다.

이런 사실은 그 뒤 '아비도스(Abydos) 서판' 같은 현대의 고고학적 발견을 통해서도 확인되었다. 이 서판[그림 7]에는 세티(Seti) 1세와 그의 아들 람세스 2세가 그려져 있고 그 이전 75명의 파라오 이름이 나열되어 있는데,

【그림 7】 파라오들의 이름이 나열된 아비도스 서판

첫 번째 파라오 이름이 메나(Mena)다.

만약 이집트 파라오들의 왕조에 대한 헤로도토스의 말이 맞는다면, '파라오 이전 시대'에 '이집트를 다스리던 것은 신들'이었다는 말 역시 맞지 않을까?

마네토는 이 문제에 대해서도 헤로도토스의 말에 동조하고 있다. 마네토는 파라오들의 왕조 이전에 네 개의 왕조가 있었는데, 그 가운데 두 개는 신들의 것이었고 하나는 반신반인의 것, 그리고 다른 하나는 일종의 이행기였다고 썼다. 맨 처음에는 일곱 명의 높은 신들이 이집트를 다스려 모두 1만 2,300년 동안 이어졌다고 그는 적었다.

프타(Ptah)	9,000년
라(Ra)	1,000년
슈(Shu)	700년
게브(Geb)	500년
오시리스(Osiris)	450년
세트(Seth)	350년
호루스(Horus)	300년
일곱 명의 신들	1만 2,300년

마네토는 신들의 제2왕조에 12명의 신들이 이어 다스렸으며, 그 가운데 첫 번째가 토트 신이었다고 적었다. 이들은 1,570년 동안 이집트를 다스렸다. 두 왕조 합쳐 19명의 신들이 1만 3,870년을 다스렸다고 그는 말했다. 그 뒤 30명의 반신반인들이 다스리던 3,650년 동안 지속된 왕조가 이어졌

다. 세 왕조 모두 합쳐 49명에 이르는 신 또는 반신반인들이 도합 1만 7,520년 동안 이집트를 다스렸다. 그 이후 350년 동안에는 전체 이집트를 다스리는 통치자가 없었다. 이른바 혼돈의 시기였다. 그동안에 열 명의 인간 왕들이 티스에서 왕권을 이어갔다. 그런 후에야 멘이 첫 번째 인간 파라오 왕조를 열고 프타 신에게 바치는 새로운 수도를 건설했다.

150년에 걸친 고고학적 발굴과 상형문자 해석을 통해 학자들은 이집트의 파라오 왕조가 기원전 3100년 무렵에 시작되었을 것으로 확신한다. 실제 상형문자로 멘이라는 이름을 가진 파라오에 의해서다. 그는 상–하 이집트를 통일하고 '멘의 아름다움'이란 뜻의 멘네페르(Men-Nefer)라는 신도시에 수도를 건설했다. 그리스어로 멤피스라 부르는 도시다. 그가 통일된 이집트의 왕좌에 오르기 전에는 실제로, 마네토가 말한 것처럼 이집트가 분할되어 혼란스러운 시기였다. '팔레르모(Palermo) 석판'으로 알려진 유물의 새김글에는 메네스 이전에 하이집트만을 다스렸던 최소 아홉 명의 왕들 이름이 남아 있다. 그런 고대의 왕들과 관련된 고분들과 실제 유물들을 보면 그들은 '전갈'이나 카(Ka)·제세르(Zeser)·나르메르(Narmer)·스마(Sma) 등의 이름을 갖고 있었음을 알 수 있다. 저명한 이집트학 연구자인 페트리(Flinders Petrie, 1853~1942)는 『이집트 제1왕조의 왕릉들 The Royal Tombs of the First Dynasty』과 다른 저작들에서, 이 이름들이 혼란기에 타니스를 다스렸다고 마네토가 말했던 열 명의 인간 통치자들 이름과 일치한다고 주장했다. 페트리는 제1왕조에 앞서 있었던 이 부류를 '0왕조'라고 부를 것을 제안했다.

흔히 「토리노 파피루스 Torino Papyrus」라고 부르는 이집트 왕들에 대한 중요한 고문서가 있는데, 이 문서는 라·게브·오시리스·세트·호루스로 이어지는 신들의 왕조로 시작하며 뒤이어 토트·마아트(Maat) 등이 나온다.

그리고 마네토가 그랬듯이 호루스가 300년 동안 다스렸다고 적고 있다. 람세스 2세의 시대에 기록된 이 파피루스는 신들의 왕조가 지난 뒤에 등장한 반신반인 통치자 38명도 열거하고 있다. '흰 성벽을 다스린 19명의 족장들과 북부를 다스린 19명의 존자(尊者)들'이다. 「토리노 파피루스」는 반신반인들의 왕조가 끝나고 메네스가 등장하기 전까지의 과도기에 인간 왕들이 호루스의 지도 아래 이집트를 다스렸다고 했는데, 그들의 통칭이 바로 샴수호르였다!

대영박물관의 이집트 유물 책임자였던 버치(Samuel Birch, 1813~1885) 박사는 「토리노 파피루스」와 그 조각들에서 330개의 이름을 읽어냈다고 1843년 영국 왕립문학회에 보고했는데, 그 숫자는 '헤로도토스가 말한 330명의 이집트 왕의 숫자와 정확하게 일치'하는 것이었다.

세부 사항에서는 다소 이견이 있지만, 현재 이집트학 연구자들은 메네스로부터 시작되는 왕조들에 대해 고대 역사가들이 제시한 내용들이 고고학적 발견을 통해 입증된다는 데 동의한다. 그 이전에는 약 열 명의 통치자들이 분열된 이집트를 다스리던 혼란기가 있었고, 또 그 이전에는 바로 호루스와 오시리스 등의 이름을 가진 신들의 통치 아래 이집트가 통일되어 있던 '이전 시기'가 있었다고 한다. 그러나 이 통치자들이 '신들'이었다는 사실을 받아들이지 못하는 학자들은 그들이 '신격화된' 인간들이었을 것이라고 생각한다.

이 문제에 대해 좀 더 분명히 알기 위해 메네스가 재통일된 이집트의 수도로 선택한 곳인 멤피스를 살펴보기로 하자. 멤피스를 선택한 것은 결코 우연이 아니었다. 멤피스는 신들과 관련된 어떤 사건들과 연결된 장소였다. 또한 멤피스가 건설된 방법도 매우 상징적이었다. 메네스는 그 지점에서 나일 강의 물길을 돌리고 다양하게 둑을 쌓거나 간척을 해서 만들어낸 인공 언덕 위에 멤피스를 건설했다. 이집트 자체가 만들어진 방식을 그대로 모방하기 위해서였다.

이집트인들의 믿음에 따르면 '태초에 온 아주 위대한 신이' 이집트에 도착해 보니 그 땅은 물과 진흙에 덮여 있었다고 한다. 신은 둑을 쌓고 간척을 하는 대역사를 벌여 문자 그대로 이집트를 물속에서 건져 올렸다고 하는데, 그래서 이집트가 '들어 올려진 땅'이라는 별칭을 얻게 되었다는 것이다. 그 오래된 신은 '천상과 지상의 신'인 프타였다. 그는 위대한 기술자이자 숙련 기능공이었던 것으로 여겨지고 있다.

이 '들어 올려진 땅' 전설의 신빙성은 거기에 담긴 기술적 측면을 보면 상당히 높아질 수 있다. 나일 강은 시에네(아스완)까지는 잔잔하고 배가 다닐 만하지만, 그곳을 지나 강의 남쪽으로 내려가면 위험스러운 데다가 거대한 폭포들로 가로막혀 있다. 오늘날의 나일 강 수위가 아스완의 댐들을 통해 조절되듯이, 고대에도 나일 강은 분명히 그렇게 통제되고 있었다. 이집트의 전설에 따르면 프타는 자신의 운영 기지를 아부(Abu) 섬에 두었다고 한다. 그리스 시대로부터 코끼리를 닮았다고 해서 엘레판티네(Elephantine) 섬이라고 불렸던 곳인데, 아스완에 있는 나일 강의 제1폭포 바로 위에 있었다. 뱀으로 상징되는 프타는 여러 기록과 그림에서, 지하 동굴에 있으면서 나일 강의 물을 통제하는 모습으로 묘사된다. 【그림 8】

홍수를 막는 문을 지키고 있고
적당한 때에 나사를 죄는 자는 바로 프타다.

기술적인 용어로 표현하자면 프타는 공학적인 관점에서 가장 적당한 장소에 '두 개의 동굴'(연결된 두 개의 저수지)을 만들고 거기에 열고 잠그며 죄

【그림 8】 지하 동굴에서 나일 강의 물을 통제하는 프타

고 풀 수 있는 수문을 두어 나일 강의 수위와 흐름을 인공적으로 조절할 수 있도록 했다는 것이다.

프타와 다른 신들은 이집트어로 네테르(Ntr), 곧 '수호자/관찰자'라고 불렸다. 이집트인들은 그들이 타우르(Ta-Ur), 곧 '머니먼/이국 땅'에서 이집트로 왔다고 적었다. 여기서 '우르'는 '오래된'이라는 뜻도 있지만 메소포타미아와 구약의 기록을 통해 잘 알려진 실제 지명일 수도 있다. 바로 남부 메소포타미아의 고대 도시 우르(Ur)다. 그리고 메소포타미아와 이집트를 연결하는 홍해 해협은 타네테르(Ta-Neter), 곧 '신들의 땅'이라고 불렸는데, 그곳을 통해 신들이 이집트로 왔다는 것이다. 최초의 신들이 구약에서 말하는 셈(Sem)의 땅으로부터 왔다는 것은 이 옛 신들의 이름이 '셈어(아카드어)'에 뿌리를 둔다는 까닭 모를 사실에서도 다시 한 번 드러난다. 예컨대 프타라는 이름도 이집트어로는 아무런 뜻이 없지만, 셈어로는 '조각하고 열어 사물을 창조해 내는 자'라는 뜻이다.

결국(마네토에 따르면 9,000년 뒤에) 프타의 아들 가운데 하나인 라가 이집트의 통치자가 된다. 그의 이름 역시 이집트어로는 아무런 뜻도 없지만, 학자들은 그가 밝게 빛나는 천체와 연관이 있다는 이유로 '라'가 '밝음'을 의미한다고 추측했다. 그러나 그의 별명 중 하나인 템(Tem)이 셈어로 '완전하고 순수한 자'라는 의미를 지님은 너무도 분명하다.

이집트인들은 라 역시 '영겁의 행성'으로부터 천상의 배를 타고 지구로 온 신이라고 믿었다. 원뿔 모양인 그 배의 윗부분은 벤벤(Ben-Ben), 곧 '피라미드 새'라고 불렸으며, 신성한 도시 아누(Anu)에 특별히 지어진 사당에 보관되었다. 아누는 구약에서 온(On)이라 했고, 그리스어 이름인 헬리오폴리스로 더 잘 알려져 있다. 왕조 시대에 이집트인들은 라 및 그의 천체 여행과 관련된 벤벤 등 여러 유물들을 보기 위해 이 사당을 순례했다. 구약에는 피톰(Pi-Tom, 비돔)이라는 도시 건설에 이스라엘 사람들이 강제 동원된 얘기가 나오는데, '템의 출입구'라는 뜻의 피톰은 바로 라(템)를 위한 것이었다.

이집트 신들에 관한 전승을 처음으로 기록하고 라가 이끄는 신들의 첫 '집단'이 아홉 명의 '수호자'들로 구성되었음을 얘기한 것은 헬리오폴리스 사제들이었다. 그 아홉 명은 라와 그를 뒤이은 네 쌍의 부부 신들이었다.

라가 이집트에 머무르는 데 싫증을 느낀 뒤 이집트를 다스렸던 최초의 부부 신은 라의 자식들이었다. 남자는 '건조함'이라는 뜻의 슈(Shu)였고, 여자는 '습기'라는 뜻의 테프누트(Tefnut)였다. 이집트 전승에 따르면 그들의 주요 임무는 라를 도와 지구 위의 하늘을 통제하는 것이었다.

슈와 테프누트는 훗날 인간 파라오들이 자신의 이복누이를 왕비로 맞는 전통의 모델이 되었다. 이 신들의 왕권은 그들의 자식이며 역시 남매간인 '땅을 쌓아올린 자' 게브(Geb)와 '펼쳐진 하늘' 누트(Nut) 부부로 이어졌다는 것이 이집트 전승과 마네토 기록의 일치된 증언이다.

순수 신화학적 접근법은 원시인들이 자연을 관찰하다가 자연 현상들 속에서 '신'을 찾아냈다고 본다. 이런 방식으로 접근하는 학자들은 이 이집트 신들에 대한 이야기 역시, 게브는 지구를 신격화한 것이고 누트는 하늘을 신격화한 것으로 본다. 이집트인들은 게브와 누트가 이후 이집트를 통치한 신들의 아버지와 어머니라고 하면서 신들이 하늘과 땅의 결합에 의해 태어났다고 믿었다는 것이다. 그러나 「피라미드 문서들 *Pyramid Texts*」과 「죽은 자의 책 *The Book of Dead*」에 기록된 전설들과 시구들을 글자 그대로 해석해보면, 게브와 누트라는 이름은 벤누(Bennu)라는 새의 주기적 출현과 관련된 활동으로 인해 붙여졌음을 알 수 있다. 그리스인들의 불사조(Phoenix) 전설의 기원이 된 벤누는 붉은색과 금색 깃털을 가진 독수리로, 수천 년에 한 번씩 죽었다가 다시 살아나는 새다. 또한 라가 지구에 내릴 때 타고 있던 장치와 똑같은 이름을 가졌다. 그 새를 위해 게브는 거대한 토목 공사를 벌였고 누트는 '하늘을 길게 펼쳤다'. 두 신은 이 대역사를 '사자(獅子)의 땅'에서 이루어냈다고 한다. '길게 펼쳐진 하늘'로부터 내려와 수평선에서 나타난, 커다란 공 모양의 물체를 위해 게브가 '땅을 연' 곳이 바로 그곳이었다.

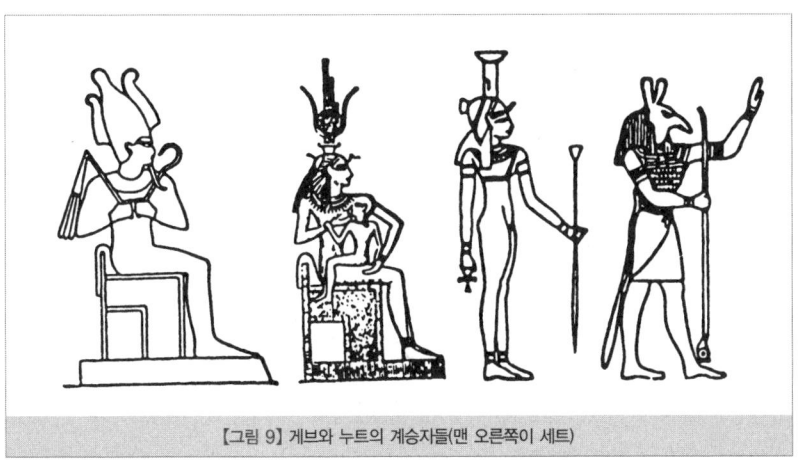
【그림 9】 게브와 누트의 계승자들(맨 오른쪽이 세트)

이 대역사가 끝난 뒤 게브와 누트는 이집트 통치권을 네 명의 자식들에게 물려주었다. '모든 것을 보는 자' 아사르(Asar)와 그의 누이이자 부인인 아스트(Ast), 그리고 세트와 그의 아내이자 이시스의 여자 형제인 '집의 여주인' 넵트하트(Nebt-Hat)가 그들이었다. 아사르는 그리스인들이 오시리스라고 불렀고, 아스트는 이시스(Isis)라는 이름으로 더 잘 알려져 있으며, 넵트하트는 바로 넵튀스(Nephtys)다. 이집트의 이야기들이 주로 다루는 것은 진정한 이집트의 신들이었던 이 네 명의 신들이다. 그러나 이들을 묘사한 그림들을 보면 세트는 언제나 동물 가면을 쓴 채 나타나고 있다. 【그림 9】 그의 얼굴은 결코 드러난 적이 없으며, 또한 그의 이름이 지닌 의미도 아직껏 이집트학 연구자들을 당혹스럽게 하고 있다. 구약에 나오는 아담과 하와(Hawwāh, 이브Eve)의 세 번째 아들 이름과 똑같기는 하지만 말이다.

그런데 형제가 모두 자신의 누이들과 결혼했기 때문에 신들은 누가 왕위를 계승할 것인가 하는 어려운 문제에 봉착했다. 유일하게 현실적인 해결책은 왕국을 분할하는 것이었다. 오시리스에게는 북쪽의 평지(하이집트)가 주어졌고, 세트에게는 남쪽의 산악지대(상이집트)가 주어졌다. 이런 협정이 얼마나 지속되었는지에 대해서는 단지 마네토의 연대기를 통해 추측할 수밖에 없다. 그러나 한 가지 분명한 사실은 세트가 이런 왕권 분할에 대해 불만을 품고 전체 이집트의 통치권을 얻기 위해 여러 가지 술책을 꾸몄다는 것이다.

학자들은 그런 세트의 유일한 동기가 권력에 대한 갈망이었다고 해석하고 있다. 그러나 신들에게는 계승 원칙이 있었다. 이 원칙은 신들 사이에 일어난 일에 중대한 영향을 미쳤을 뿐 아니라, 나중에는 인간 왕들 사이에 일어난 일에도 상당한 영향을 미쳤다. 신들(그리고 인간들)은 정식 부인 외에 한 명 또는 그 이상의 첩을 둘 수 있었고 혼외정사를 통해서도 아이를 가질 수 있었다. 계승의 첫 번째 원칙은 정부인이 낳은 첫 번째 아들이 왕위를 물려받는 것이다. 정부인에게 아들이 없다면 어떤 첩에게서라도 가장 먼저 태어난 아들이 계승자가 된다. 그러나 계승권이 있는 맏아들이 태어난 이후라도 통치자가 자신의 이복누이와 낳은 아들이 있다면 그 아들이 정부인의 맏아들보다 우선해서 적통 상속자가 된다.

이런 관습 때문에 천상과 지상의 신들 사이에서는 수많은 갈등과 반목이 있었고, 그것이 세트로 하여금 왕권에 집착하게 만든 근본 동기를 설명해 준다고 우리는 생각한다. 우리가 이런 추측을 하게 된 근거는 서기 1세기의 역사학자이자 전기 작가인 플루타르코스(Ploutarchos)의 「이시스와 오시리스에 대하여 *De Iside et Osiride*」라는 글이다. 그는 당시의 그리스인들과 로마인들을 위해 고대 근동 신들의 전설적 역사에 대한 글을 썼는데, 그가 자료로 삼았던 이집트 기록들은 당시에는 토트 신이 직접 쓴 것으로 받아들여졌다. 토트는 신들의 필경사로, 지구에서 일어난 신들의 역사와 행적을 모두 기록했다고 한다.

플루타르코스는 '이시스와 오시리스의 이야기는 지금 가장 핵심적인 부분만 남고 주변적인 이야기들은 빠져 간략하게 설명되어 있다'고 운을 뗀 뒤 이야기를 시작한다. 그리스인들이 레아(Rhea) 여신과 비교하는 누트가 세 명의 아들을 낳았는데, 맏이가 오시리스고 막내가 세트였다. 누트는 또 딸도 두 명 낳았다. 바로 이시스와 넵튀스다. 그러나 이들이 모두 게브와의 사이에서 낳은 것은 아니었고, 세트와 넵튀스만이 게브의 핏줄이었다. 오시리스와 둘째아들의 실제 아버지는 자신을 숨기고 손녀딸인 누트에게 찾아온 라였으며, 이시스의 아버지는 토트였다. 토트는 그리스 신화의 헤르메스(Hermes)에 해당하는데, '역시 누트에게 반해 있었고' '누트가 베푼 친절들에 대한 보답으로' 갖가지 선물을 주고받았다.

상황을 정리해 보자면 이렇다. 맏아들은 오시리스였고, 그는 비록 게브의 아들은 아니었지만 바로 위대한 신인 라의 핏줄이었기 때문에 더욱 강력하게 승계권을 주장할 수 있었다. 그러나 정당한 승계자는 세트였다. 통치자인 게브와 그의 이복누이인 누트 사이에 태어난 아들이었기 때문이다. 그리고 이것도 부족하다는 듯이 상황은 더욱 복잡해졌다. 형제가 각기 자기 아들들을 정당한 다음번 승계자로 만들기 위해 경쟁을 벌였기 때문이다. 이를 위해 세트는 반드시 자신의 이복누이인 이시스와의 사이에서 아들을 얻어야 했지만, 오시리스는 이시스나 넵튀스 어느 쪽에서든 아들을 얻기만 하면 되었다. 이시스와 넵튀스는 둘 다 오시리스에게 이복누이였기 때문이다. 그러나 오시리스는 이시스를 부인으로 맞아들임으로써 세트의 자식들이 이집트를 다스릴 기회를 원천봉쇄해 버렸다. 그래서 세트는 넵튀스와 결혼했지만, 자신과 친남매 간이었기 때문에 그들이 낳은 자식은 누구도 통치자의 자격을 가질 수 없었다.

이것이 오시리스에 대한 세트의 분노가 갈수록 커진 배경이었다. 왕위는 물론이고 자식의 승계권까지 빼앗겼으니 말이다.

플루타르코스에 따르면, 세트는 '아소(Aso)라는 이름을 가진 에티오피아의 여왕'이 이집트를 방문했을 때 복수의 기회를 잡았다. 세트는 부하들과 음모를 꾸미고는 여왕을 환영하는 잔치를 열어 모든 신들을 초대했다. 세트는 미리 짠 대로 오시리스가 들어갈 정도로 크고 호화로운 궤(櫃)를 만들었다.

그는 그 궤를 연회장으로 가지고 들어갔다. 참석한 신들이 모두 찬탄하자 세트는 마치 농담처럼 그 궤에 딱 맞는 몸을 가진 신에게 그것을 주겠다고 약속했다. 이에 따라 모든 신들이 차례차례 그 궤 안으로 들어갔다.
마지막으로 오시리스가 그 안으로 들어갔다. 그러자 음모를 꾸민 자들이 곧바로 한꺼번에 달려들어 궤의 뚜껑을 덮고 밖에서 단단히 못을 친 뒤 그 위에 녹인 납까지 부었다.

그러고 나서 그들은 오시리스가 갇혀 있는 궤를 바닷가로 가져갔다. 그러고는 나일 강이 지중해로 흘러들어 가는 타니스에서 궤를 바다에 빠뜨렸다.
상복을 입고 슬픔의 표시로 머리카락을 자른 이시스는 궤를 찾아 나섰다. '마침내 이시스는 궤가 조류에 쓸려 뷔블로스 해안으로 떠내려갔다는 더욱 자세한 소식을 듣게 되었다.' 뷔블로스, 곧 게발(Gebal)은 지금의 레바논 지역이었다. 이시스는 오시리스의 몸이 담긴 궤를 되찾은 뒤, 오시리스를 부활시킬 방법을 찾을 때까지 그것을 외딴 곳에 숨겨두었다. 그러나 세트가 어떻게 그런 사실을 모두 알아내고 궤를 가져다가 오시리스의 몸을 열네 조각으로 자른 뒤 이집트 전역에 흩어버렸다.

이시스는 다시 한 번 자신의 오라비이자 남편인 오시리스의 흩어진 사지를 찾아 나섰다. 어떤 판본에 따르면 이시스는 자신이 찾은 오시리스의 사지를 찾은 곳에 묻었고, 이에 따라 그런 곳들에서 오시리스 숭배가 시작되었다고 한다. 또 다른 판본에 따르면 이시스는 자신이 찾은 오시리스의 사지를 하나로 묶어, 거기서 미라를 만드는 관습이 생겼다고도 한다. 그녀가 오시리스의 남근을 제외하고 다른 부분들을 모두 찾아냈다는 데는 모든 판본이 일치한다.

어쨌든 이시스는 오시리스의 몸을 최종적으로 처리하기 전에 그의 몸에서 '정수(精髓)'를 빼낼 수 있었고, 그의 씨로 자가수정을 해서 임신을 하고 아들 호루스를 낳았다. 그녀는 세트를 피해 아들을 나일 강 삼각주 갈대 늪에 숨겼다.

그 이후 이어진 일들에 대해서는 많은 전설이 전해지고 있다. 그런 전설들은 파피루스에 베껴지고 다시 베껴져 「죽은 자의 책」의 일부를 이루거나 「피라미드 문서들」에 편입되기도 했다. 그런 전설들을 모아보면 합법적인 책략과 나라를 차지하기 위한 납치, 죽은 자의 마법적인 부활, 동성애, 그리고 마지막으로 대규모 전쟁 등이 들어 있는 거대한 한 편의 드라마를 재구성해 볼 수 있다. 그 드라마는 바로 신들의 왕좌를 둘러싼 것이었다.

오시리스가 후계자 없이 죽었다는 사실을 모두가 믿는 것처럼 보이자 세트는 이제 기회가 왔다고 생각했다. 이시스를 윽박질러 그녀를 취한 뒤 적법한 후계자를 얻으려는 것이었다. 그는 이시스를 납치해 동의를 강요하며 감금했다. 그러나 이시스는 토트의 도움을 받아 겨우 탈출에 성공했다. 이른바 '메테르니히(Metternich) 석비(石碑)'에 실려 있는 판본에는 이시스의 육성(肉聲)으로 듣는 이야기가 실려 있다. 이시스는 밤중에 탈출해 난관을 헤치고 호루스를 감춰놓은 늪지대에 도착했다. 도착해 보니 호루스가 전갈

【그림 10】 전갈에 물린 호루스

에 물려 죽어가고 있었다. 【그림 10】 이시스가 탈출하게 된 것도 호루스가 죽어가고 있다는 말을 들었기 때문임을 기록에서 짐작할 수 있다. 늪지대에 살던 사람들이 이시스의 통곡 소리를 듣고 달려나왔지만, 어떤 도움도 줄 수 없었다. 그때 우주선에서 도움의 손길이 내려왔다.

그때 이시스가 하늘을 향해 통곡하면서 '영겁의 배'에 호소했다.
그러자 '천상의 원반'이 정지했고, 그 자리에서 움직이지 않았다.
그리고 토트가 내려왔다. 그는 마법의 힘을 부여받고,
말만 하면 실제로 이루어지는 엄청난 힘을 갖고 있었다.
그가 말했다.
"오, 이시스 여신이여,
그대는 영광스러운 자이며, 입의 지혜를 갖고 있는 자라오.
보시오, 어떤 재앙도 이 아이 호루스를 덮치지 못할 것이오.

라의 배에서 그를 지켜줄 것이기 때문이오.
나는 오늘 천상의 원반 배를 타고 왔소. 그것이 어제 있던 곳에서 말이오.
밤이 되면 이 '빛'이 독을 없애 호루스를 살릴 것이오. (…)
나는 하늘에서 이 아이를 살리기 위해 왔소. 그 어머니를 위해서요."

솜씨 좋은 토트에 의해 죽었다가 살아난, 그리고 어떤 기록에 따르면 토트의 치료 덕분에 영원히 면역을 갖게 된 호루스는 자라서 네치아테프(Netch-atef), 곧 '아버지의 복수를 하는 자'가 되었다. 호루스는 오시리스의 편이었던 남녀 신들로부터 교육을 받고 무술을 배워, 천상의 사회에 적합한 '신의 왕자'로서 훌륭하게 자랐다. 그러던 어느 날, 그는 신들의 각의(閣議)에 나가 오시리스가 갖고 있던 왕권을 요구했다.

그의 등장에 여러 신들이 모두 놀랐지만, 그 가운데서도 세트의 놀라움은 더욱 컸다. 모두들 의문스러워했다. 정말로 오시리스가 이 아이의 아버지일까?「체스터 비티(Chester Beatty) 파피루스 1」이라고 알려진 기록에 나오는 대로, 세트는 자신이 새로 생긴 조카와 그 문제에 대해 평화적으로 상의해 보겠다며 신들의 논의를 중지해 달라고 요청했다. 그는 호루스에게 '우리 집에 와서 하루 편하게 지내자'고 청하고 호루스도 이에 응했다. 그러나 세트의 마음속에 있던 것은 화해가 아니었다. 그는 농간을 부릴 생각이었다.

그리고 저녁이 되자
그들을 위해 침소가 준비되고 그들은 자리에 누웠다.
그리고 밤이 깊어지자 세트는
자신의 성기를 단단하게 세워 호루스의 몸속에 넣었다.

신들이 다음번 회의를 위해 모이자, 세트는 호루스가 자격을 상실했기 때문에 통치자의 권력이 호루스가 아닌 자신에게 있다고 주장했다. 즉, 호루스가 오시리스의 자식이건 아니건 간에 이제 세트의 씨가 호루스 안에 있기 때문에 호루스는 자신의 자리를 이어받을 수는 있지만 자신보다 앞서 왕위에 오를 수는 없다는 것이었다!

그러나 이번에는 호루스가 신들을 놀라게 했다. 호루스는 세트가 정액을 배출했을 때 '내 손에 그것을 받았다'고 말했다. 그는 아침에 그것을 어머니 이시스에게 보여주고 자초지종을 얘기했다는 것이다. 그러자 이시스는 호루스의 성기를 세우게 해서 정액을 잔에 채우도록 했다. 그런 다음 이시스는 세트의 정원으로 가서 호루스의 정액을 상추에 뿌렸고, 세트는 그 사실을 까맣게 모른 채 그것을 먹었다. 이에 따라 호루스는 이렇게 선언했다.

세트의 씨는 내 몸 안에 없고
오히려 나의 씨가 그의 몸 안에 있다!
자격을 상실한 것은 세트다!

혼란스러워진 신들은 토트에게 이 문제를 해결해 달라고 청했다. 토트는 호루스가 어머니에게 넘긴 정액을 검사했다. 이시스가 그것을 단지에 넣어 보관하고 있었다. 그것은 정말로 세트의 정액으로 밝혀졌다. 그리고 토트는 세트의 몸을 투시해 그 안에 호루스의 정액이 들어 있음을 확인했다.

화가 잔뜩 난 세트는 이어지는 논의를 기다릴 수 없었다. 그는 자리를 박차고 떠나면서, 이제는 문제를 해결하기 위해 죽을 때까지 싸울 수밖에 없다고 소리를 질렀다.

마네토에 따르면, 세트는 그때까지 350년을 권좌에 있었다. 거기에 이시스가 오시리스의 절단된 신체 열세 조각을 찾는 데 걸린 시간(우리는 13년으로 추정한다)을 더하면 바로 '363년째 해'가 되는 것이다. 그때 라가 누비아에서 호루스에게 합류했고, 거기서부터 '적들'과 전쟁을 하는 호루스와 동행한다. 머서(S. B. Mercer)는 『이집트의 신왕 호루스 Horus, Royal God of Egypt』라는 책에서 이 주제에 대한 학자적 견해를 이렇게 단호하게 정리하고 있다.

호루스와 세트의 갈등 이야기는 역사적 사건을 묘사한 것이다.

에드푸 신전의 기록에 따르면, 호루스와 세트가 처음으로 맞붙은 전투는 '신들의 호수'에서 벌어졌다. 이때부터 그 호수는 '전투의 호수'로 알려지게 되었다. 호루스는 들고 있던 '신성한 창'으로 세트를 찔렀다. 세트가 쓰러지자 호루스는 그를 붙잡아 라 앞으로 데려갔다.

호루스의 창이 세트의 목에 박혀 있었고,
악한 자의 다리는 쇠사슬로 묶여 있었다.
그리고 그의 입은 호루스 신의 곤봉에 맞아 다물려 있었다.

라는 이시스와 호루스가 세트를 비롯한 사로잡힌 다른 '음모자'들을 원하는 대로 처리해도 좋다고 판결했다.
그러나 호루스가 포로들의 목을 쳐 죽이기 시작하자 이시스는 자신의 오라비인 세트에게 연민을 느껴 그를 풀어주었다. 그 이후 일어난 일에 대해서는 「제4 살리에르(Sallier) 파피루스」를 비롯한 몇 가지 다른 이야기가 전해지는데, 대부분의 이야기에 따르면 세트를 풀어준 것에 격분한 호루스가

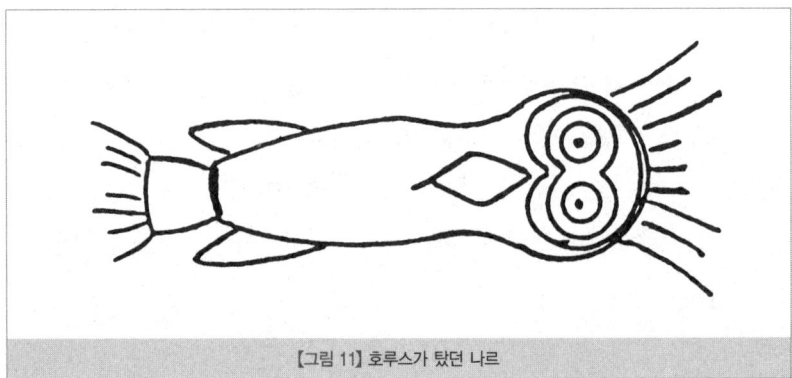

[그림 11] 호루스가 탔던 나르

어머니인 이시스의 목을 잘랐다고 한다. 그러나 토트 신이 이시스의 잘린 목을 다시 붙여 그녀를 살려냈다. (이 사건은 플루타르코스의 책에도 기록되어 있다.)

탈출한 세트는 처음에는 지하 동굴에 숨었다. 조용하던 엿새가 지난 뒤 공중에서 여러 차례 전투가 벌어졌다. 호루스는 나르(Nar), 곧 '불을 뿜는 기둥'을 타고 하늘로 올라갔다. 나르는 지느러미처럼 생긴 짧은 날개가 달린 긴 원통형 모양으로 그려졌다. 그 머리 부분에는 붉은색과 푸른색을 번갈아 내는 두 개의 '눈'이 달려 있고, 꼬리 쪽에는 제트 분사의 흔적 같은 것이 있었다. 또 머리 앞으로는 빛을 뿜어냈다. 【그림 11】 (이집트의 기록은 모두 호루스 숭배자들이 적은 것으로, 세트가 타고 하늘로 올라간 물체에 대한 묘사는 전혀 남아 있지 않다.)

기록들은 넓은 지역에서 벌어진 전투를 묘사하고 있는데, 먼저 타격을 입은 이는 호루스였다. 세트가 쏜 빛에 맞은 것이다. 그래서 나르는 한쪽 '눈'을 잃었고, 호루스는 라의 날개 달린 원반을 타고 전투를 계속했다. 날개 달린 원반에서 호루스는 세트를 향해 '작살'을 쐈았다. 이번에는 세트가

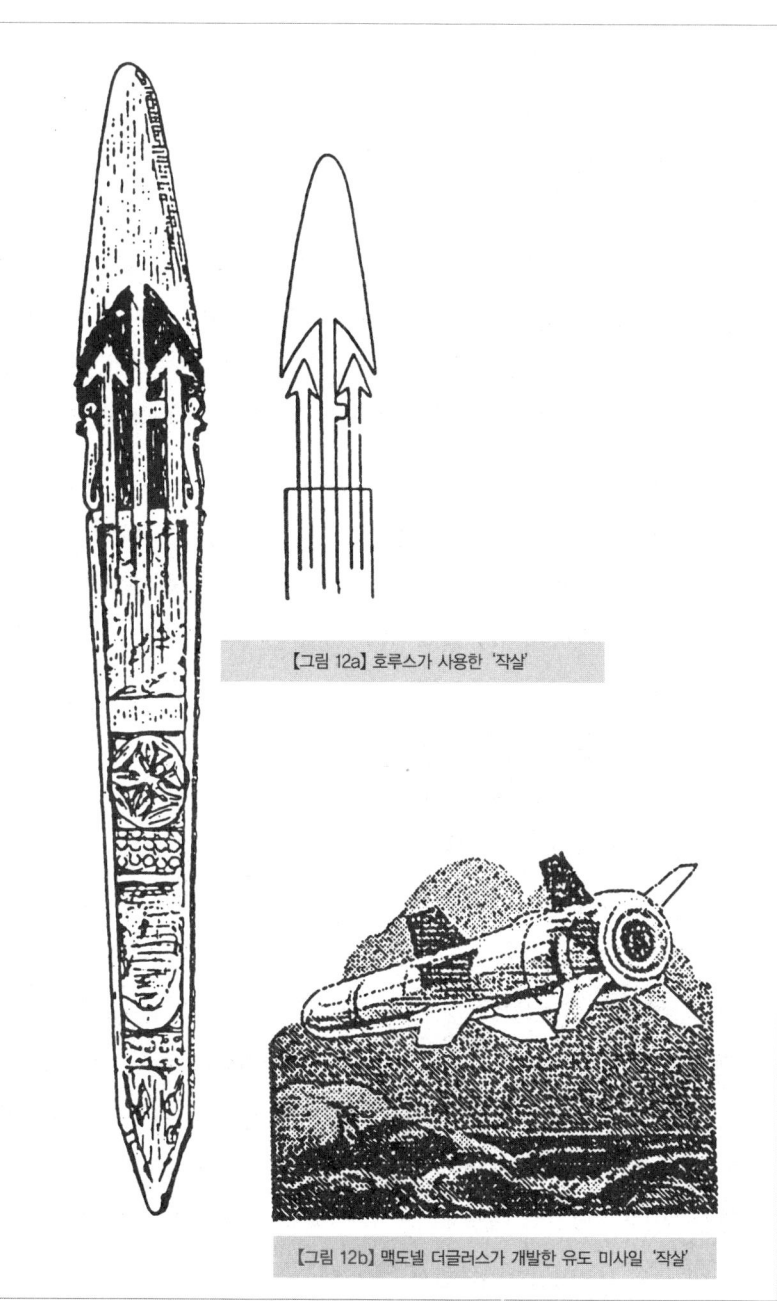

【그림 12a】 호루스가 사용한 '작살'

【그림 12b】 맥도넬 더글러스가 개발한 유도 미사일 '작살'

그것에 맞아 고환을 잃었다.

그 무기의 특성에 대해 천착했던 뮐러(W. Max Müller)는 『이집트 신화 Egyptian Mythology』에서 그것이 '이상하고 실제로는 불가능한 머리'를 갖고 있었으며, 상형문자 기록에서 '30개의 무기'라는 별명으로 불렸다고 적었다. 고대의 그림[그림 12a]에서 볼 수 있듯이, 그 '작살'은 정말로 독창적인 3연발 미사일이었다. 먼저 커다란 미사일이 발사되면 작은 두 미사일이 발사될 길이 열리는 것이다. '30개의 무기'라는 별명은 아마도 오늘날 우리가 다탄두 미사일이라고 부르는 것과 마찬가지로 그 작살에 장착된 미사일 각각에 탄두가 열 개씩 들어 있다는 사실을 암시한다.

미국의 맥도넬 더글러스(McDonnell Douglas)사가 개발한 해군용 유도 미사일[그림 12b]의 이름을 '작살'이라고 명명한 것은 단순한 우연이겠지만, 아마도 비슷한 상황에서 비슷한 용어를 사용한 것일 수 있다.

높은 신들은 휴전을 선언하고 분쟁 당사자들을 다시 한 번 신들의 각의에 소환했다. 우리는 거기서 일어난 자세한 내용을 기원전 8세기의 파라오 샤바카(Shabaka)가 돌기둥에 새겨놓은 기록을 통해 알 수 있다. 샤바카는 그 기록이 멤피스의 프타 대신전에서 발견된 아주 오래된 가죽 두루마리에 새겨진 내용을 베낀 것이라고 밝혔다(그 두루마리는 땅속에 묻혀 있었고 '좀이 먹은' 것이었다). 각의는 처음에 이집트를 오시리스 때 그어진 경계선에 따라 재분할해 호루스와 세트에게 나누어주려고 했다. 그러나 게브가 재고를 한 뒤 결정을 뒤집었다. 게브는 지속성 문제를 우려했다. 누가 다음 세대를 위해 '몸을 열' 수 있을 것인가? 세트는 고환을 잃어 더 이상 자식을 낳을 수 없었다. 그래서 '지구의 주인'인 게브는 이집트 전체를 '호루스에게 유산으로 주었다'. 그리고 세트에게는 이집트로부터 멀리 떨어진 땅이 주어졌다. 이후로 그는 이집트인들에게 아시아의 신으로 간주되었다.

신들은 게브의 권고를 만장일치로 받아들였다. 그들의 마지막 조치는 「후네페르(Hunefer) 파피루스」에 이렇게 기록되었다.

호루스는 모든 신들이 모인 자리에서 승리했다.
세상에 대한 지배권이 그의 손에 주어졌다.
그리고 그의 영토는 지구의 가장 먼 곳까지 뻗쳐 있다.
게브 신의 왕좌가 그에게 주어졌다.
그리고 슈가 세운 지위도 그에게 주어졌다.

이런 조치에 대한 파피루스의 기록은 이렇게 이어진다.

그대의 정통성은 '기록의 방'에 보관되는 법령에 의해 공식 확인되었다.
그것은 그대의 아버지 프타의 명령에 따라 금속판에 새겨졌다. (…)
천상의 신들과 지상의 신들은 이제 그대의 아들 호루스에게 충성할 것이다.
그들은 호루스를 따라 '법령의 방'으로 들어갈 것이다.
호루스가 그들을 지배할 것이다.

3
제우스와 인드라의 미사일

 헤로도토스는 기원전 5세기에 이집트를 방문한 뒤, 그리스인들이 신들에 대한 개념과 믿음을 이집트인들로부터 얻었다는 사실을 확신했다. 그는 그리스인들을 위해 글을 쓰면서 이집트 신들을 묘사하기 위해 그에 상응하는 그리스 신들의 이름을 사용했다.

 그리스 신화가 이집트에서 기원한다고 헤로도토스가 믿게 된 이유는 이집트와 그리스의 신들을 부르는 이름의 뜻과 그들에 대한 묘사가 비슷했고, 특히 그들에 관련된 이야기가 유사했기 때문이었다. 그중에서도 한 가지 섬뜩한 유사성은 단순한 우연으로 치부하기 어려웠을 것이다. 대권을 둘러싼 투쟁에서 한 신이 다른 신을 거세했다는 얘기 말이다.

 헤로도토스가 인용했던 그리스 원전들은 다행히 지금도 읽을 수 있다. 호메로스의 「일리아스」나 테바이(Thēbai) 출신 핀다로스(Pindaros)의 「송시(頌詩)Epinikia」처럼 헤로도토스 시대 직전에 쓰였고 널리 알려졌던 다양한 문학 작품들이다. 특히 손꼽히는 것은 기원전 8세기에 활동하던 중부 그리스 아스카라(Askara) 출신의 헤시오도스(Hesiodos)가 쓴 「신들의 계보 *Theogonia*」다. 그는 이 작품과 함께 「일과 나날 *Erga kai Hēmérai*」도 썼다.

시인이었던 헤시오도스는 「신들의 계보」를 음악·문학·예술의 신인 무사(Musa)들의 작품으로 돌리면서, 무사들이 자신을 이렇게 격려했다고 적었다.

노래를 통해
존엄한 신족(神族)의 역사를 맨 처음부터 찬미하고 (…)
그 뒤에 인류와 힘센 거인들을 노래해
올림포스 산에 있는 제우스를 기쁘게 하라.

이 모든 일은 그가 어느 날 신들의 처소인 올림포스 산 근처에서 '양을 치고 있을 때' 일어났다는 것이다.

이런 목가적인 서문에도 불구하고, 헤시오도스에게 계시된 신들의 이야기는 주로 걱정과 반란, 속임수, 상해(傷害) 등으로 점철되어 있다. 투쟁과 세계대전도 빠질 수 없다. 찬송을 통해 제우스를 찬양하기는 했지만, 그를 지배자의 자리에 오를 수 있도록 한 일련의 피비린내 나는 사건들을 은폐하려는 노골적인 시도는 없었다. 헤시오도스는 무사들이 노래하는 것은 모두 받아 적었다. 그리고 '제우스가 낳은 아홉 명의 딸들인 무사들이 이 일들을 노래했다'고 썼다.

진실로 처음에 카오스(Chaos)가 생겨났고
그리고 다음에는 넓은 가슴을 가진 가이아(Gaea)가 나왔다. (…)
그리고 넓게 뚫린 지구의 심연에서 어둠의 타르타로스(Tartaros)가 나왔고 영원히 사는 신들 가운데 가장 아름다운 에로스(Eros)가 나왔다. (…)
카오스로부터 에레보스(Erebos)와 검은 닉스(Nyx)가 나왔고
아이테르(Aether)와 헤메라(Hemera)가 나왔다.

하늘의 신들 가운데 첫 번째 집단은, '지구(땅)' 가이아가 '별이 총총한 하늘' 우라노스(Uranos)를 낳고 자신의 장남(우라노스)과 결혼해 그를 신들의 제1왕조에 편입시킴으로써 완성되었다. 우라노스 외에도, 가이아는 우라노스를 낳은 직후 우아한 여동생 우라이아(Uraea)와 '거센 파도의 바다 없는 심해(深海) 폰토스(Pontos)'를 낳았다.
그 후에 다음 세대 신들이 태어나기 시작했다. 가이아가 우라노스와 관계해 낳은 자식들이다.

그 뒤에 그녀는 우라노스와 누워
깊이 소용돌이치는 오케아노스(Okeanos)와
코이오스(Koios)와 크레이오스(Kreios)와
휘페리온(Hyperion)과 이아페토스(Iapetos),
테이아(Theia)와 레아(Rhea), 테미스(Themis)와 므네모쉬네(Mnemosyne),
그리고 황금 왕관을 쓴 포이베(Phoebe)와
사랑스러운 테튀스(Thetys)를 낳았다.
그들 다음에 교활한 크로노스(Cronos)가 태어났다.
가이아의 아이들 중 가장 어리지만 가장 끔찍한 아이였다.

이 아이들(여섯 명은 남자였고 여섯 명은 여자였다)은 비록 어머니가 자기 자식과 동침해 낳기는 했지만, 신의 혈통으로서 손색이 없었다. 그러나 우라

노스의 욕정이 점점 더 강해지면서 그 이후에 낳은 자식들은 괴력을 지녔지만 여러 가지 장애를 갖고 태어났다. 그런 '괴물들' 중 최초로 태어난 것이 '천둥신' 브론테스(Brontes)와 '번개를 치는 자' 스테로페스(Steropes), '빛을 쏘는 자' 아르게스(Arges) 등 세 명의 퀴클롭스(Cyclops)들이었다.

그들은 다른 모든 점에서는 신들과 같았지만,
눈이 하나밖에 없었고 그것이 이마 한복판에 붙어 있었다.
둥근 눈 하나가 이마에 붙어 있었기 때문에
'둥근 눈이 달린 자', 곧 퀴클롭스라는 이름이 붙은 것이다.

그리고 다시 가이아와 우라노스 사이에서
장대하고 이루 말할 수 없이 용맹한 세 아들이 태어났다.
코토스(Cottos)와 브리아레오스(Briareos)와
귀게스(Gyges, 귀에스Gyes)라는 대담한 아이들이었다.

이 세 아들은 장대한 크기 때문에 헤카톤케이르(Hekatoncheir), 곧 '100개의 팔을 가진 자'라고 불렸다.

그들의 어깨에서 100개의 팔이 나와 있어서 접근할 수 없었으며,
어깨 위로는 각기 50개의 머리가 달려 있었다.

헤시오도스는 '크로노스가 그렇게 욕정에 불타는 아버지를 증오했지만 우라노스는 자신의 악행을 즐겼다'고 적었다.
그때 가이아가 '커다란 낫 하나를 만들어 자기 자식들에게 보여주며 계

획을 얘기했다'. 그들의 '사악한 아버지'는 그것으로 '더러운 행동'에 대한 벌을 받아야 한다는 것이었고, 우라노스의 성기를 잘라 그의 성적 충동을 없애버린다는 계획이었다. 그러나 '그들은 모두 두려움에 사로잡혔다'. 오직 '교활한 크로노스만이 용기를 냈다'.

그래서 가이아는 자신이 잿빛 돌로 만든 낫을 크로노스에게 주고 그를 자신의 처소에 '매복'시켰다. 처소는 지중해 연안에 있었다.

그리고 밤에 우라노스가 사랑을 바라고 찾아왔다.
그는 가이아 옆에 누워 그녀를 덮쳐왔다.
그러자 크로노스가 숨어 있던 곳에서 나와
왼손을 쭉 뻗어 아버지를 잡았다.
그가 오른손에 든 것은
뾰죽뾰죽 이빨이 나 있는 길고 커다란 낫이었다.
크로노스는 재빨리 자기 아버지의 성기를 잘랐고,
그것을 자신의 등 뒤로 던져버렸다. (…)
그것은 파도치는 바닷속으로 떨어졌다.

거사는 성공했다. 그러나 우라노스가 거세되었다고 해서 그의 자손이 이것으로 끝은 아니었다. 우라노스에게서 뿜어져 나온 피가 가이아에게 튀어 그녀를 임신시켰고, 가이아가 '힘센 복수의 여신들인 에리뉘스(Erinys)들과, 번쩍이는 갑옷을 입고 손에 긴 창을 든 거대한 기가스(Gigas)들과, 물푸레나무의 요정인 멜리아스(Melias)들'을 낳았기 때문이다. 잘려나간 성기는 파도에 밀려 거품을 흔적으로 남기면서 퀴프로스(Kypros) 섬으로 갔다.

거기서 장엄하고 아름다운 여신이 태어났다. (…)
신들과 인간들은 그녀를 아프로디테(Aphrodite), 곧 '거품의 여신'이라 불렀다.

거세를 당한 우라노스는 괴신(怪神)들에게 복수를 부탁했다. 자기 자식들이 '제멋대로 생각하고 뻔뻔스럽게도 끔찍한 짓을 저지른' 티탄(Titan)이 되었다고 울부짖으면서, 이제 다른 신들이 '그에 뒤따르는 복수'를 틀림없이 해야 한다고 말했다. 겁을 먹은 크로노스는 퀴클롭스들을 가두고 다른 괴신들을 멀리 보내, 누구도 우라노스의 복수를 하지 못하도록 했다.

우라노스가 열심히 자식들을 낳는 동안에, 다른 신들도 자식들을 낳았다. 그 자식들은 자기의 특징을 나타내는 이름들을 갖고 있었다. 대개 선한 신들이었다. 그러나 크로노스가 악행을 저지른 뒤 뉙스는 악한 신들을 낳아 우라노스의 청에 응했다.

그녀는 무자비하게 응징하는 모이라(Moira, 운명)들을 낳았다.
모이라들은 클로토(Clotho, 실 잣는 자)와 라케시스(Lachesis, 운명 할당자),
그리고 아트로포스(Atropos, 피할 수 없는 자)다. (…)
뉙스는 모로스(Moros, 파멸)와 케르(Ker, 암담한 운명)와 타나토스(Thanatos, 죽음)와 (…) 모모스(Momos, 비난)와 오이쥐스(Oizys, 고뇌)와 (…) 아파테(Apate, 속임수)와 (…) 에리스(Eris, 불화)를 낳았다.

그리고 그녀의 딸인 에리스는 '리모스(Limos, 굶주림)와 알게아(Algea, 슬픔들), 휘스미나이(Hysminai, 싸움들), 마카이(Makhai, 전쟁들), 포노이(Phonoi, 학살들), 안드록타시아이(Androctasiai, 살인들), 네이케아(Neikea, 말다툼들), 프세우데아(Pseudea, 거짓말들), 암필로기아이(Amphillogiai, 분쟁들), 뒤스노미아(Dysnomia, 무법), 아테(Ate, 파멸)'를 세상에 탄생시켰다. 뉙스가 마지막으로 낳은 것은 '네메시스(Nemesis, 인과응보)'였다. 우라노스의 청은 받아들여졌다. 다툼과 전투와 전쟁이 신들 사이에 벌어진 것이다.

  티탄들은 이렇게 위험한 세계에 세 번째 세대의 신들을 낳아놓았다. 보복이 두려웠던 그들은 자신들끼리만 통혼해서 여섯 명의 남자 형제들 가운데 다섯 명이 여섯 명의 여자 형제들 가운데 다섯 명과 짝을 지었다. 이 신들의 형제-자매 짝들 가운데 가장 중요한 짝은 크로노스-레아의 짝이었다. 크로노스는 그 대담한 행위로 인해 신들 사이에서 지도자의 위치를 차지하고 있었기 때문이다. 레아는 크로노스와의 사이에서 세 명의 딸과 세 명의 아들을 낳았다. 딸은 헤스티아(Hestia)·데메테르(Demeter)·헤라(Hera)였고, 아들은 하데스(Hades)·포세이돈(Poseidon)·제우스(Zeus)였다.

  그러나 아이들이 태어나자마자 크로노스는 이상한 짓을 했다.

> 위대한 크로노스는 그들을 집어삼켰다. (…)
> 자랑스러운 하늘의 아들들 가운데 다른 어느 누구도
> 영원히 사는 신들 사이에서
> 왕의 자리를 차지하지 못하도록 하려는 것이었다.

  자식들을 집어삼켜 자기 자식들을 없앤 것은 그가 들은 예언 때문이었다. '크로노스는 강하지만 바로 자기 아들에 의해 제압될 운명'이라는 예언이었다. 운명은 크로노스에게 반복되어 자신이 아버지에게 한 일을 똑같이 당한다는 것이다.

  그러나 운명은 피할 수 없었다. 크로노스의 수작을 깨달은 레아는 막내아들 제우스를 크레타 섬에 감추었다. 크로노스에게는 아기 대신에 '배내

옷에 싼 커다란 돌덩이'를 주었다. 속임수를 눈치 채지 못한 크로노스는 그것이 아기 제우스라고 생각하고 돌을 삼켰다. 그리고 크로노스는 곧바로 토악질을 시작했으며, 결국 전에 삼켰던 아이들을 하나씩 모두 게워냈다.

'세월이 흐르면서 왕자(제우스)의 힘은 세지고 그의 멋진 팔다리는 빠르게 자라났다.' 얼마 동안 제우스는 욕정에 가득 찼던 할아버지 우라노스의 손자답게 아름다운 여신들에게 치근거렸고, 그들의 남편인 다른 신들과 종종 다툼을 벌이기도 했다. 그러나 그는 곧 마음을 다잡았다. 나이 많은 티탄들과 젊은 신들은 지난 10년 동안 전쟁을 벌이고 있었다. '위엄 있는 티탄들은 높은 오튀레스(Othryes) 산에 자리 잡고 있었고' (그곳이 그들의 거처였다), '머릿결 고운 레아가 크로노스와의 사이에서 낳은' 젊은 신들은 맞은편의 올륌포스 산에 살고 있었다.

그들은 격렬한 분노를 안은 채 꼬박 10년 동안 서로 싸웠다.
그리고 이 힘겨운 싸움은 어느 쪽으로도 기울지 않았고,
전쟁은 여전히 팽팽했다.

이 싸움은 그저 서로 인근에 살던 신들의 관계가 나빠진 끝에 생긴 것일까, 아니면 어머니가 아들과 잠자고 삼촌이 조카를 임신시키던 여러 타락한 신들 사이의 경쟁심에서 비롯된 것일까? 그것도 아니면 옛 체제에 대한 젊은이들의 영원불변하는 저항의 첫 사례일까? 「신들의 계보」는 분명한 답을 제시하지 않고 있지만, 후대의 그리스 전승들과 연극들은 이 모든 요인들이 합쳐져 젊은 신들과 나이 든 신들 사이의 지루하고 '격렬한 전쟁'이 일어났으리라고 암시하고 있다.

제우스는 당시 진행되고 있던 이 전쟁을, 신들의 주인 자리를 차지하고

결과적으로 자기 아버지인 크로노스를 물러나게 함으로써 의식적이든 무의식적이든 그가 타고난 운명을 실현할 기회로 보았다.

제우스는 먼저 '꽁꽁 묶여 있던 아버지의 형제들, 곧 우라노스의 아들들을 풀어주었다. 그들은 자기 아버지인 크로노스의 어리석음 때문에 묶여 있었다'. 이에 대한 보답으로 세 명의 퀴클롭스들은 가이아가 우라노스로부터 감춰놓았던 신성한 무기들을 그에게 주었다. '천둥과 불을 뿜는 벼락, 그리고 번개'였다. 또한 그들은 머리에 쓰면 남들이 볼 수 없게 되는 마법 투구를 하데스에게 주었고, 포세이돈에게는 땅과 바다를 흔들 수 있는 마법 삼지창을 주었다.

제우스는 오랫동안 갇혀 있던 헤카톤케이르들이 원기를 회복하고 활력을 되찾도록 하기 위해 그들에게 '신들이 먹는 바로 그 넥타르(Nectar)와 암브로시아(Ambrosia)'를 주었다. 그러고는 이렇게 말했다.

내 말을 들으시오.
오, 우라노스와 가이아의 명민한 자손들이여.
내 가슴이 내게 명령하는 바를 말할 테니 들어보시오.
아주 오래 전부터 지금까지
크로노스에게서 태어난 우리들과 티탄 신들이
승리를 얻고 지배하기 위해
매일매일 서로 싸우고 있습니다.
이제 이 힘겨운 싸움에서 티탄 신들에 맞서
당신들의 강력한 힘을 보여주지 않겠소?

그러자 100개의 팔을 가진 신 중 하나인 코토스가 대답했다.

신이여,
그대가 말하는 것을 우리도 잘 알고 있소. (…)
그대의 책략 덕분에
우리는 음산한 암흑과 잔혹한 속박에서 벗어났소.
그러니 이제 우리는 분명한 목표를 갖고 조심스럽게 의논해
이 무시무시한 싸움에서 당신 편을 들기로 했소.
힘겨운 전투에서 티탄들에 대항해 싸우겠소.

그리하여 '크로노스에게서 태어난 모든 신과 제우스가 해방시켜 준 엄청난 힘을 가진 무시무시한 자들은 (…) 남자건 여자건 가릴 것 없이 모두가 그날 치열한 전투에 뛰어들었다'. 올륌포스 산 신들에 맞서 포진한 티탄들도 '열심히 전열을 강화했다'.
교전이 벌어지자 땅과 하늘을 가릴 것이 없었다.

끝없는 바다는 무섭게 포효했고
땅은 굉음을 내며 무너졌다.
드넓은 하늘은 떨며 신음했고
영원히 사는 신들이 돌격하자
높은 올륌포스 산이 바닥으로부터 흔들렸다.
둔탁한 신들의 발소리와
그들이 사나운 미사일로 퍼붓는 무시무시한 공격으로
맹렬한 떨림은 멀리 타르타로스까지 이르렀다.

사해문서의 내용을 상기시키기라도 하듯이 「신들의 계보」의 한 시는 전투에 나선 신들의 공격 함성을 들려준다.

이제 그들은 이렇게 서로를 향해
타격력이 큰 불덩이를 발사했다.
그리고 양쪽 군대가 내지르는 울부짖음은
그들이 커다란 공격 함성과 함께 격돌할 때
별이 빛나는 하늘까지 다다랐다.

제우스 자신도 신성한 무기를 최대한 사용하면서 온 힘을 다해 싸웠다.

올림포스 산 맞은편 하늘에서
그가 곧바로 나오면서 번개를 쏘았다.
그의 강한 손에서 불덩이가 강하고 빠르게 튀어나왔고,
천둥과 번개도 한데 합쳐져
무시무시한 불꽃으로 소용돌이쳤다.
비옥한 땅은 곳곳이 불타 무너져 내렸고,
거대한 숲은 온통 불에 타면서
우지직우지직 커다란 소리를 냈다.
땅은 온통 펄펄 끓어올랐고,
물이 흐르는 내와 바다 역시 마찬가지였다.

그러자 제우스는 오튀레스 산을 향해 '뇌석(雷石)'을 쏘았다. [그림 13] 그것은 정말로 핵폭발과 조금도 다르지 않았다.

[그림 13] 뇌석을 쏘는 제우스

가이아의 소생인 티탄들 주위를 뜨거운 증기가 휘감았다.
엄청난 불길이 번쩍 하고 일어나 하늘로 치솟았다.
뇌석의 번쩍이는 섬광과 그 빛이 그들의 눈을 멀게 했다.
그것은 그토록 강렬했다.

꼼짝 못할 열기가 카오스를 덮쳤다. (…)
마치 지구와 그 위의 드넓은 하늘이 부딪치기라도 한 듯했다.
지구가 파국으로 내던져진 듯한 엄청난 붕괴였다.

'신들이 서로 싸우고 충돌하는 사이에 엄청난 붕괴가 일어났다.'
뇌석 발사는 무시무시한 소리와 눈을 뜰 수 없게 하는 섬광, 그리고 극심한 열기와 함께 거대한 폭풍 또한 일으켰다.

바람은 또한 우르릉거리는 소리를 냈고
지진과 모래폭풍, 천둥과 번개를 불러왔다.

이 모든 것이 위대한 제우스의 뇌석이 초래한 것이었다. 그리고 양쪽 진영에서는 무슨 일이 일어났는지 듣고 보았다.

무시무시한 싸움에서 공포의 소동이 일어났다.
굉장한 일을 보여준 것이다.
그리고 전세는 기울었다.

싸움은 누그러졌다. 젊은 신들이 티탄들에 대해 우위를 드러냈기 때문이다. '전쟁 상황이 불만스러웠던' 세 퀴클롭스들은 티탄들을 공격해 휴대용 미사일로 그들을 제압했다. '그들은 티탄들을 튼튼한 쇠사슬에 묶어' 포로로 머나먼 타르타로스에 처박아버렸다.

그러자 구름을 타는 제우스는 티탄 신들을

희미한 어둠 속, 거대한 지구 끝에 있는
습기 찬 곳에 숨기도록 권했다.

세 퀴클롭스들 또한 거기에 머물렀다. '제우스를 위한 충직한 감시자'로서 갇혀 있는 티탄들을 감시하려는 것이었다.
제우스가 모든 신에 대한 종주권의 상징인 '방패'를 요구하려 할 때 갑작스런 도전자가 나섰다.

제우스가 티탄들을 하늘에서 몰아냈을 때, 위대한 가이아가
아프로디테의 도움으로 타르타로스와 사랑해
막내아들 튀포에우스(Typhoeus)를 낳았다.

튀폰(Typhon)이라고도 하는 튀포에우스는 진짜 괴물이었다.

그는 무슨 일이든 해낼 수 있는 힘을 손아귀에 쥐고 있었고
힘센 그의 발은 지칠 줄을 몰랐다.
그의 어깨에서는 뱀, 곧 무서운 용의 머리 100개가 돋아나 있었고
검은 혀가 나풀거렸다.
그 놀라운 머리에서는 노려볼 때 눈썹 밑의 눈에서 불이 번쩍였다.
그 무시무시한 머리들 모두에서는 소리가 났는데,
그것은 놀라운 소리였다.

그 소리는 사람의 말이기도 하고, 황소의 소리나 사자의 소리, 강아지의 소리이기도 했다. 핀다로스와 아이스퀼로스(Aeschylos)에 따르면 튀폰은 키

가 매우 커서 '그의 머리가 별에 닿았다'고 한다.

'분명히 그날 무서운 일이 일어난 것이다'라고 무사들은 헤시오도스에게 알려주었다. 튀폰이 '인간들과 신들을 통치하는 것'은 거의 불가피해 보였다. 그러나 제우스는 재빨리 위험을 알아차리고 바로 그를 공격했다.

그 이후 이어진 일련의 전투는 젊은 신들과 티탄들 사이의 싸움만큼이나 무시무시했다. 뱀 모습의 신 튀폰은 날개를 가져서 제우스와 똑같이 날아다닐 수 있었기 때문이다. 【그림 14】

제우스가 사납고도 강력하게 천둥을 치자
그 소리가 주위의 땅에 무시무시하게 울려 퍼졌다.
위의 드넓은 하늘과 바다와 물이 흐르는 내도 마찬가지였고,
심지어 지구의 지하에서도 그러했다.

신성한 무기가 다시 사용되었고, 교전 양측이 마찬가지였다.

그 가운데 두 가지로 인해
천둥과 번개로 인해
열기가 검푸른 바다를 뒤덮었다.
그리고 '괴물'이 내뿜는 불과
거센 바람과 강력한 벼락으로 인해
지구 전체가 펄펄 끓고 하늘과 바다도 그러했다.
거대한 파도가 해변을 덮쳤다. (…)
그리고 끝없는 흔들림이 생겨났다.

[그림 14] 제우스와 튀폰의 대결

'지하 세계'에서는 '하데스가 자신이 다스리는 곳에서 벌벌 떨었다'. 땅 끝에 갇혀 있는 티탄들도 떨었다. 하늘과 땅 위에서 서로 쫓고 쫓기던 제우스는 '무서운 벼락'을 먼저 상대에게 맞힐 수 있었다. 벼락은 '괴물의 놀라운 머리들을 모두 태웠고, 그 주위에 있는 모든 것을 태웠다'. 그리고 튀폰의 그 놀라운 몸뚱이가 땅으로 무너져 내렸다.

제우스가 일격을 가해

튀포에우스(튀폰)를 쳐서 무너뜨리자

그는 형편없이 부서져 팽개쳐졌다.

거대한 땅이 신음 소리를 냈다.

그 산의 컴컴한 바위투성이 외진 계곡에서

그가 벼락에 맞을 때

제우스와 인드라의 미사일

벼락 맞은 괴물에게서 불꽃이 튀어나왔다.

드넓은 땅의 대부분이

무시무시한 증기로 인해 쑥밭이 되었다.

열을 가할 때 주물이 녹아내리듯이 녹아버렸다. (…)

타오르는 불길 속에서

땅이 그렇게 녹아내렸다.

튀폰의 탈것은 엄청난 충격을 받고 부서져 버렸지만 그는 죽지 않았다. 「신들의 계보」에 따르면 제우스는 그 역시 '드넓은 타르타로스 속으로' 던져버렸다. 이 승리로 제우스의 통치권은 확실해졌다. 그리고 그는 아내와 첩 모두에게서 아이를 낳는 중요한 일로 관심을 돌렸다.

「신들의 계보」는 제우스와 튀폰 사이에 벌어진 단 하나의 전투만을 묘사하지만, 다른 그리스 저작들은 그것이 마지막 전투였고 그 이전에 여러 전투가 있어서 먼저 부상을 당한 쪽은 제우스였다고 주장한다. 처음에 제우스는 튀폰과 백병전을 벌였고, 그 어머니가 '악행'을 응징하도록 특별히 만들어준 낫을 사용했다. 그의 목표는 튀폰 역시 거세하는 것이었기 때문이다. 그러나 튀폰은 그물을 던져 제우스를 잡고 그 낫을 빼앗아 제우스의 팔다리 힘줄을 끊어버렸다. 그리고는 무력한 제우스와 그의 힘줄, 그의 무기들을 동굴 속에 처박았다.

그러나 아이기판(Aegipan) 신과 헤르메스 신이 동굴을 찾아내고 제우스의 힘줄을 다시 붙여 살려낸 뒤 무기도 찾아주었다. 그래서 제우스는 그곳을 탈출한 뒤 '날개 달린 수레를 타고' 하늘을 날아 올륌포스 산으로 돌아왔고, 그의 '천둥 기계'에 새로운 벼락을 장착했다. 이를 가지고 제우스는 튀폰에 대한 공격을 재개해 그를 뉘사(Nyssa) 산으로 몰고 갔다. 거기서 '모이라(운명의 여신)들'은 튀폰을 속여 생명이 유한한 인간들이 먹는 음식을 먹게 했다. 그로부터 튀폰은 힘이 강해지기는커녕 약해져갔다. 재개된 싸움은 트라키아(Trakya)의 하이모스(Haîmos) 산 위 하늘에서 시작되어 시칠리아(Sicilia)의 에트나(Etna) 산 위로 이어졌고, 동부 지중해의 아시아 쪽 해변에 있는 카시오스(Casios) 산 상공에서 끝났다. 거기서 제우스는 벼락을 쏘아 튀폰을 하늘에서 떨어뜨렸다.

 사용된 무기나 싸운 장소 등 전투의 여러 측면은 물론이고 거세와 신체 훼손, 부활 등 관련된 이야기들도 비슷한데, 이 모든 것이 왕위 계승 경쟁 과정에서 일어난 일이라는 공통점이 있다. 때문에 헤로도토스는(그리고 다른 그리스 고대 역사가들도) 자기네 신들의 계보가 이집트로부터 빌려온 것이라고 확신한 것이다. 아이기판은 아프리카 이집트의 오시리스 신에 해당하며, 헤르메스는 토트 신에 비견된다. 헤시오도스도 제우스가 인간 미녀 알크메네(Alkmene)를 찾아가 용사 헤라클레스(Heracles)를 임신하도록 할 때, 밤에 올림포스 산에서 빠져나가 튀파오니온(Typhaonion) 땅으로 가서 그곳에 있는 피키온(Phikion), 곧 스핑크스(Sphinx) 산에 머물렀다고 전했다. '카드모스(Cadmos)의 후예들을 잡아먹은 저승사자 스핑크스'는 제우스의 정부인 헤라의 음모에 주연 노릇을 했는데, 그 역시 이 전승에서 튀폰 및 튀폰의 영지와 관련되어 있었다. 그리고 그리스 학자 아폴로도로스(Apollodoros)는 튀폰이 태어나 믿기 어려울 만큼 자라자 신들이 그 대단한 괴물을 보기 위해 이집트로 몰려갔다고 전한다.

 대부분의 학자들은 제우스와 튀폰의 마지막 전투가 벌어졌던 카시오스 산이 오늘날 시리아의 오론테스(Orontes) 강 어귀 부근에 있었다고 생각했다. 그러나 아이스펠트(Otto Eissfeldt, 1887~1973)는 「자폰 산과 카시오스 산, 그리고 이스라엘 민족의 해상 탈출로 *Baal Zaphon, Zeus Kasios und der*

Durchzug der Israeliten durchs Meer』라는 중요한 연구를 통해 고대에 그 이름으로 불린 산이 또 하나 있었음을 보여주었다. 시나이 반도에서 지중해 쪽 외곽에 위치한 세르보니스(Serbonis) 호수에 있는 갑(岬)이다. 그는 그곳이 이 전승에 나오는 산이라고 주장했다.

역시 헤로도토스가 이집트에서 얻어온 정보를 믿는 수밖에 없었던 것이다. 헤로도토스는 『역사 Historiai』(III-5)에서, 페니키아에서부터 펠리시테를 거쳐 이집트로 가는 육로를 설명하면서 '아시아 땅은 카시오스 산이 지중해로 튀어나온 곳 부근의 세르보니스 호까지 뻗어 있으며 이집트는 세르보니스 호에서 시작되는데, 튀폰이 거기에 숨어 있었다고 한다'고 썼다.

결국 그리스와 이집트의 설화는 클라이맥스에서 시나이 반도로 수렴되는 것이다.

고대 그리스인들이 자기네 신들의 계보와 이집트의 것 사이에 여러 가지 연결되는 요소들이 있음을 찾아냈지만, 19세기 유럽 학자들은 더욱 먼 인도에서 더욱 놀라운 유사점들이 있음을 발견했다.

유럽인들은 18세기 말 고대 인도의 언어인 산스크리트(Sanskrit)어가 해독되자마자 그때까지 알지 못했던 저작들의 번역본에 흠뻑 빠져들었다. 처음에 영국인들 차지였던 산스크리트 문학·철학·신화학 분야는 19세기 중반이 되면서 독일의 학자들과 시인들, 그리고 지성인들의 주특기가 되었다. 산스크리트어가 독일어를 포함하는 인도유럽어의 조어(祖語)로 판명된 데다, 그 언어를 가지고 인도로 간 사람들은 독일인들이 자신들의 조상이라고 생각한 '아리아인들'의 본향인 카스피 해 연안에서 이주한 사람들이었기 때문이다.

산스크리트 문학의 중심은 인도 전승에서 '인간이 만든 것이 아니'라 이전 시대에 신들이 직접 썼다고 믿었던 성전(聖典) 베다(Vedas)였다. 베다는 기원전 제2천년기의 어느 때 아리아인 이주민들이 구전(口傳)으로 인도 아대륙으로 가지고 들어왔다. 그러나 시간이 흐르면서 본래 10만 편에 달했던 시가(詩歌)는 갈수록 줄어들었다. 그래서 대략 기원전 200년 무렵에 어느 현자(賢者)가 남아 있는 시가들을 정리하고 이를 네 부류로 나누었다. 열 권으로 이루어진 시집 『리그베다 Rig-Veda』를 비롯해 노래 모음인 『사마베다 Sāma-Veda』, 대부분 제례의 기도문인 『야주르베다 Yajur-Veda』, 마법의 주문(呪文)인 『아타르바베다 Atharva-Veda』 등이었다.

곧 베다의 다양한 시가들과 거기서 나온 만트라(Mantra)·브라흐마나(Brāhmana)·아라냐카(Aranyaka)·우파니샤드(Upanisad) 등 부수 문학들에 베다와 상관없는 '고대의 저작들'인 푸라나(Purana)가 더해졌다. 이들은 웅대한 서사시 「위대한 바라타 Mahabharata」 및 「라마의 여행 Rāmāyana」과 함께 하늘과 땅, 신들과 영웅들에 관한 아리아 및 인도 설화들의 원천을 이루었다.

오랜 구전의 시기가 있었기 때문에, 수백 년에 걸쳐 마침내 글로 정착된 이 길고 풍부한 작품들에서 신들의 이름이나 관련 용어, 통칭 등이 뒤바뀌는 경우도 생겼다. 따라서 일관성과 정확성을 이 산스크리트 문학의 표지로 삼을 수는 없다. 본래의 이름들과 용어들이 아리아 계통의 것이 아니었다는 사실도 거기에 한몫했다. 그러나 몇몇 사실들과 사건들은 아리아-인도 전통의 기본적인 신조로 드러나고 있다.

이 원전들에 따르면 처음에는 '흐르는 태고의 존재들'이라는 천체들밖에 없었다고 한다. 하늘에 격변이 일어나 그 천체의 하나인 '용'이 '흐르는 폭풍'에 의해 둘로 나뉘었다. 두 부분은 아리아 계통이 아닌 이름으로 불렸다. 파괴된 행성의 윗부분인 레후(Rehu)는 복수를 하려고 하늘을 끝없이 헤맸고, 아랫부분인 '잘려나간 것'이라는 뜻의 케투(Ketu)는 '태고의 존재들'의 '흐름'(궤도)에 합류했다고 한다. 여러 시대가 지나고 천상과 지상의 신들의 왕조 하나가 나타났다. 그 우두머리인 천상의 마르이쉬(Mar-Ishi)는 배우자 프릿히비(Prit-Hivi)를 통해 일곱(또는 열) 명의 아이를 낳았다. '넓은 자' 프릿히비는 지구를 의인화한 것이다. 자식들 가운데 하나인 '왕권을 가진 남자' 카스야파(Kas-Yapa)는 스스로 '빛나는 존재' 데바(Deva)들의 우두머리가 되어서 '하늘의 아버지' 디아우스피타르(Dyaus-Pitar)의 칭호를 거머쥐었다. 틀림없이 그리스의 칭호 제우스, 곧 '디아우스(Dyaus)'와, 그 로마식 변형인 유피테르(Jupiter), 곧 '디아우스피테르(Dyauspiter)'의 기원이다.

카스야파는 자손이 매우 많았다. 여러 부인들과 첩들에게서 많은 신들과 거인들, 괴물 같은 자녀들을 낳았다. 가장 중요한, 그리고 베다 시대 이래 개별적으로 알려지고 숭배된 것이 아디티야(Aditya)들인데, 이들 가운데 일부는 카스야파와 그 배우자 아디티(Aditi), 곧 '무한' 사이에서 태어났다. 처음에는 비쉬누(Vishnu)·바루나(Varuna)·미트라(Mithra)·루드라(Rudra)·푸샨(Pushan)·트바쉬트리(Tvashtri)·인드라(Indra)의 일곱 명이었다. 그 뒤 아디티야에는 카스야파와 그 배우자 아디티 사이에서 낳은 자식이라고도 하고 일설에는 어머니가 프릿히비라고도 하는 아그니(Agni)가 추가되었다. 아디티야는 결국 그리스 올륌포스 멤버의 경우처럼 12명으로 수가 늘어났다. 그 가운데 바가(Bhaga)는 학자들이 슬라브(Slav)인들의 최고신 보그(Bogh)가 된 것으로 보고 있다. 아디티가 낳은 막내는 수리야(Surya)였는데, 그의 아버지가 카스야파인지는 분명치 않다.

'만드는 자' 트바쉬트리는 '모든 것을 만드는' 일을 도맡은 신들의 장인(匠人)이었는데, 신들에게 공중 수레와 마법의 무기들을 만들어주었다. 그는 빛나는 천상의 금속으로 비쉬누에게 원반을, 루드라에게는 삼지창을,

【그림 15】 다양한 무기들을 든 아디티야 신들

아그니에게는 '불을 뿜는 무기'를, 인드라에게는 '벼락을 쏘는 천둥 기계'를, 수리야에게는 '날아다니는 곤봉'을 각각 만들어주었다. 인도의 옛 그림에서 이 무기들은 모두 다양한 형태의 휴대용 미사일처럼 보인다.【그림 15】 트바쉬트리는 다른 무기들도 신들에게 만들어주었다. 예컨대 인드라는 공중전에서 적을 포획할 수 있는 '공중 그물'을 그에게서 얻었다.

천상의 수레, 곧 '공중 수레'들은 반드시 밝고 빛을 내는 것으로 묘사되었는데, 금으로 만들어졌거나 금으로 도금되었다. 인드라의 공중 수레 비마나(Vimana)는 양옆에 빛나는 등을 달고 있었으며 '생각의 속도보다도 **빨리**' 움직여 먼 거리를 신속하게 가로질렀다. 그것을 끄는 보이지 않는 말들에겐 '태양의 눈'이 달려 붉은 빛을 내뿜었는데, 색깔을 바꾸기도 했다. 어떤 경우에는 신들의 공중 수레가 여러 층으로 그려지기도 했고, 어떤 때는 공중을 날 뿐만 아니라 바닷속을 달릴 수 있는 것으로 묘사되기도 했다. 서사시 「위대한 바라타」에서는 신들이 혼인 잔치에 참석하기 위해 공중 수레를 타고 줄줄이 도착하는 모습을 이렇게 그리고 있다.

신들이 구름에서 나온 수레를 타고
그 모습을 보기 위해 여기저기서 모여들었다.
빛나는 아디티야들은 그 빛 속에서
마루트(Marut)들은 움직이는 허공에서
날개 달린 수파르나(Suparna)들과 비늘 달린 나가(Naga)들,
순수하고 고매한 데바리쉬(Deva Rishi)들,
음악으로 이름 난 간다르바(Gandharva)들,
그리고 하늘의 수많은 압사라(Apsara)들 (…)
밝은 천상의 수레들이 길을 메우고
구름 없는 하늘을 날아간다.

이 글에서는 전문적으로 공중 수레를 모는 신들인 아쉬빈(Ashvin), 곧 '운전자'들에 대해서도 이야기한다. 그들은 '젊은 매처럼 빨라 하늘에 닿은 마부들 가운데 최고'였고, 언제나 진로 안내원과 동승해 짝을 이루어 수레를 몰았다. 그들의 수레는 간혹 떼를 지어 나타나기도 했는데, 금으로 만들어졌고 '밝고 빛이 났으며 (…) 좌석은 편안하고 가볍게 굴러갔다'. 수레들은 '3의 원칙'에 따라 만들어졌다. 세 층이었고, 좌석이 세 개였고, 지지대가 세 개였고, 구르는 바퀴가 세 개였다. 『리그베다』 8권의 「찬가 22」는 아쉬빈들을 이렇게 찬양했다.

그대들의 수레는 세 개의 좌석과 금으로 만든 고삐를 달아
천상과 지상을 여행하는 수레 가운데 가장 유명하다오.

굴러가는 바퀴들은 다양한 기능을 지닌 것으로 보인다. 하나는 수레를 들어 올리는 것이고, 또 하나는 방향을 잡는 것이며, 세 번째로는 가는 도중에 속도를 내는 것이다.

그대들의 수레바퀴 가운데 하나가 빠르게 돌면
나아가는 속도를 빠르게 한다.

그리스 이야기에서와 마찬가지로 베다에 나오는 신들도 도덕성이나 성(性) 문제에서 자제력은 그다지 보여주지 않는다. 어떤 때는 그런 것에 구애되지 않았고, 어떤 때는 신경을 쓰기도 했다. 예컨대 아디티야들은 할아버지 디아우스가 자신들의 누이 우샤스(Ushas)를 범하자 화가 나서 '세눈박이' 루드라를 대표로 뽑아 할아버지를 죽이게 하기도 했다. (부상을 당한 디아우스는 먼 천체로 도망쳐 목숨을 구했다.) 나중에 인도 민간전승이 섞이면서 신들이 인간 왕들과 영웅들의 사랑과 전쟁에 개입하는 것도 그리스 이야기와 마찬가지였다. 여기서는 신들의 공중 수레가 무기들보다 더욱 중요한 역할을 했다. 예컨대 한 영웅이 물에 빠지면 아쉬빈들이 '공중을 가로지르는 방수(防水) 배로 변신한' 세 대의 공중 수레 편대에 타고 나타나서 바다에 뛰어들어 깊은 물속에서 영웅을 구해낸 뒤 '대양을 건너 뭍으로 데려간다'. 그리고 신의 딸과 결혼한 야야티(Yayati) 왕 이야기도 있다. 그들 부부가 아이를 낳자 기분이 좋아진 장인이 왕에게 '아무런 방해도 받지 않고 어디든 갈 수 있는 매우 눈부신 천상의 황금 수레'를 주었다. 곧바로 '야야티는 수레에 올라 연전연승하며 엿새 만에 지구 전체를 정복했다'.

「일리아스」에서와 마찬가지로 인도 전승에서도 미녀를 둘러싼 인간들과 신들의 전쟁 이야기가 나온다. 그런 이야기들 가운데 가장 잘 알려진 것이

랑카(Lanka) 왕에게 납치된 아름다운 아내를 찾아 나선 라마 왕자의 이야기인 장편 서사시 「라마의 여행」이다. 랑카는 인도 앞바다에 있는 지금의 스리랑카(Sri Lanka)다. 라마를 돕게 되는 신들 중 하나가 하누만(Hanuman)인데, 원숭이 얼굴을 한 이 신은 카스야파의 괴물 자녀 가운데 하나인 날개 달린 가루다(Garuda)와 공중전을 벌였다. 【그림 16】 또 하나의 사례는 '영생을 잃은' 수크라(Sukra) 신이 인드라의 마부의 아내였던 미녀 타라(Tara)를 유괴한 일이다. '빛나는 루드라'를 비롯한 다른 신들이 괴로워하는 남편을 도와주러 왔다. '타라 때문에 신들과 악마들이 다치는 무서운 전투'가 벌어졌다. 엄청난 무기들이 있었지만 신들이 밀렸고, '최고신'에게로 도피하지 않을 수 없었다. 그래서 신들의 할아버지가 직접 지구로 와서 타라를 남편에게 돌려줌으로써 싸움을 끝낸다. 그리고 타라는 아들을 낳는다.

> 천상의 존재들 뺨치는 용모였다. (…)
> 잔뜩 의심을 품은 신들은
> 적법한 남편과 유괴범인 신 가운데
> 진짜 아버지가 누군지 밝히라고 요구했다.

타라는 아이가 '천상의 신' 소마(Soma)의 아들이라고 밝히고, 그 이름을 부다(Budah)로 지었다.

그러나 이 모든 것은 그 뒤의 일이었다. 더 옛날에 신들은 더욱 중요한 문제로 그들끼리 싸웠다. 중요한 문제란 바로 지구와 그 자원에 대한 통치권과 지배권이었다. 카스야파의 여러 부인과 첩들의 자손이 많았고 다른 옛 신들의 후손들도 있어서 곧 충돌이 불가피해졌다. 아디티야의 지배는 특히 아디티야들이 태어나기 전에 카스야파와 다른 짝들 사이에서 태어난

【그림 16】 날개 달린 가루다와 싸우는 하누만

아수라(Asura)라는 나이 많은 신들의 분노를 자아냈다. 그들은 아리아 계통은 아니고 아시리아·바빌론·이집트의 최고신 이름인 아슈르나 아사르, 오시리스와 비슷해서 분명히 근동에서 나온 이름인데, 결국 인도 전통에서 악한 신인 '악마'의 역할을 맡게 된 셈이다.

질투와 경쟁심, 그리고 다른 반목의 원인들이 합쳐져 결국 전쟁이 일어났다. '처음에는 경작을 하지 않아도 음식물을 얻을 수 있었던' 지구 전체에 걸쳐 기근이 들었을 때였다. 기록들에 따르면 신들은 소마(Soma)라는 암브로시아를 마시고 영생을 유지했다. 소마는 독수리가 천상의 거처에서 지구로 가지고 내려온 것으로, 우유에 타서 마시는 것이었다. 신들의 암소를 구운 것 역시 신들이 좋아하는 '제물'이었다. 그러나 시간이 지나면서 이런 필수품들이 점점 귀해져 갔다. 「100가지의 브라흐마나 *Satapatha Brahmana*」는 그 이후의 일들을 이렇게 묘사하고 있다.

신들과 아수라들은 모두 같은 '신들과 인간들의 아버지'의 자손인데, 서로가 잘 났다고 다투었다. 신들이 아수라들을 물리쳤지만 나중에는 아수라들이 다시 신들을 괴롭혔다. (…)

신들과 아수라들은 양쪽 모두 같은 '신들과 인간들의 아버지'의 자손인데, 다시 서로가 잘났다고 다투었다. 이번에는 신들이 졌다. 그리고 아수라들은 이렇게 생각했다.

'이 세계는 틀림없이 우리들 것이다!'

그래서 그들은 이렇게 말했다.

"자, 그렇다면 이 세계를 우리끼리 나누어 가집시다. 나눈 뒤에 각자 거기서 삽시다."

이에 따라 그들은 세계를 서쪽에서부터 동쪽까지 나누는 일에 착수했다.

이 말을 듣고 패자인 아디티야들이 찾아가서 지구의 자원에 대한 자신들의 몫을 주장했다.

이 소식을 듣고 신들은 이렇게 말했다.

"아수라들이 지금 이 지구를 나누고 있소! 자, 아수라들이 지구를 나누고 있는 곳으로 갑시다. 우리가 지구에서 아무런 몫도 차지하지 못한다면 우리는 어떻게 되겠소?"

그들은 비쉬누를 앞장세우고 아수라들에게로 갔다.

아수라들은 오만하게도 아디티야들에게 비쉬누가 누울 만큼의 땅만 주겠다고 했다. 그러나 신들은 속임수를 써서 비쉬누를 '세 방향으로 갈' 수 있는 '담' 안에 두었고, 그리하여 지구의 네 구역 가운데 세 구역을 되찾았다.

그러나 제 꾀에 넘어간 아수라들이 남쪽으로부터 공격을 가해왔고, 신들은 아그니에게 '어떻게 하면 아수라들을 영원히 물리칠 수 있는지' 물었다. 아그니는 협공 작전을 제안했다. 신들이 자기네 구역에서 공격하는 동안에 실행할 작전이었다.

나는 북쪽으로 돌아가고 여러분들이 여기서부터 그들을 포위합니다.
그들을 포위하면 처치할 수 있어요.

그렇게 아수라들을 물리친 신들은 '어떻게 하면 제물을 다시 공급받을 수 있을까 고민했다'고 「100가지의 브라흐마나」는 적었다. 그래서 고대 인도 저작의 여러 전투 장면에서 암소들을 다시 잡고 소마 음료를 다시 공급하는 얘기가 다루어지는 것이다.

이런 전쟁들은 육상과 공중, 그리고 바닷속에서 벌어졌다. 「위대한 바라타」에 따르면 아수라들은 하늘에 금속으로 만든 세 개의 요새를 구축하고 거기서 지구의 세 구역을 공격했다. 신들과의 싸움에 그들의 동맹자로 나선 자들은 몸을 보이지 않게 감출 수 있었고, 보이지 않는 무기들을 사용했다. 그리고 다른 자들은 그들이 신들에게서 빼앗은 바다 밑의 도시에서 공격을 가했다.

이 전투들에서 빼어난 활약을 보인 것은 '폭풍' 인드라였다. 지상에서 그는 아수라들의 성채 99개를 쳐서 그들의 무장 병력을 상당히 많이 죽였다. 하늘에서 그는 공중 수레를 타고 '구름 요새'에 숨어 있는 아수라들을 공격했다. 「리그베다」에 있는 찬가들은 인드라가 물리친 신들의 집단과 개별적인 신들의 명단을 제시하고 있다.

그대는 그대의 벼락으로 사스유(Sasyu)를 죽였고 (…)
하늘의 바다으로부터 멀리 모든 방향으로
예로부터의 적들이 흩어져 사라졌다. (…)
다스유(Dasyu)를 그대가 하늘에서 불태웠다.

그들은 선량한 자들의 무리와 싸웠고
그러자 나바그바(Navagva)들이 전력을 다해 싸웠다.
자기네가 피했던 자와 싸우는 얼간이처럼
인드라의 무기에 맞고 그들은 흩어졌다.
인드라는 일립사(Ilibsa)의 강한 성을 무너뜨리고
수쉬나(Sushna)를 그의 뿔로 조각내 버렸다. (…)

그대는 그대의 천둥으로 맞서던 적들을 죽였고 (…)
인드라의 무기가 적들에게 무섭게 떨어지며
쌩 하고 달리는 그의 벼락으로
그는 적들의 마을을 갈가리 찢어놓았다.

그대는 용감하게 전진하며 싸우고 또 싸워
그대의 힘으로 성과 성들을 무너뜨렸다.
그대 인드라는 적들을 무릎 꿇린 벗들과 함께
멀리서 교활한 나무치(Namuchi)를 무력화시켰다.
그대는 카란자(Karanja)와 파르나야(Parnaya)를 때려눕히고 (…)
그대는 방그리다(Vangrida)의 마을 100개를 무너뜨렸다.

그대가 용맹하게 직접 삼바라(Sambara)를 칠 때
높디높은 하늘 끝을 그대는 흔들었다.

인드라는 신들의 적을 집단으로 또는 개별 전투에서 물리치고 그들을 '흩어져 사라지게' 하면서 소를 풀어주는 데도 힘을 쏟았다. '악마'들은 소를 산속에 숨기고 '둘러싸는 자' 발라(Vala)로 하여금 지키게 했다. 인드라는 신성한 화염을 내뿜을 수 있는 젊은 신들인 안기라스(Angiras)들의 도움을 받아 요새화한 은닉처를 들이쳐서 소들을 풀어주었다. 『인도의 신화 Hindu Mythology』를 쓴 허버트(J. Herbert) 같은 학자들은 인드라가 풀어준 (또는 되찾은) 것이 소가 아니라 '신성한 광선'이었다고 생각한다. 산스크리트어 '고(go)'가 두 의미를 모두 지니기 때문이다.

이 신들의 전쟁들이 시작되었을 때 아디티야들은 '명민한 자' 아그니를 호르티(Horti), 곧 그들의 '집정관'이라고 불렀다. 전쟁이 진행되면서(어떤 기록에는 1,000년을 훨씬 넘었다고 한다) '활동적인 자' 비쉬누가 집정관이 되었다. 그러나 싸움이 끝나자 승리에 많은 기여를 한 인드라가 대권을 요구했다. 그리스의 「신들의 계보」에서와 마찬가지로 자기주장을 관철시키기 위해 인드라가 처음 내린 조치 가운데 하나는 자기 아버지를 죽이는 것이었다. 『리그베다』(4권 18, 12)는 인드라에게 수사(修辭)적으로 묻는다.

"인드라여, 누가 그대 어머니를 과부로 만들었소?"

이에 대한 대답 역시 질문의 형태다.

"그대가 그대 아버지를 발로 밟고 죽일 때, 어느 신이 그 소동 현장에 있었소?"

이 범죄로 인해 인드라는 신들로부터 소마를 마시지 못하도록 제재받아

영생의 지속에 위협을 받게 되었다. 신들은 인드라를 그가 찾아온 소들과 함께 남겨두고 '천상으로 올라갔다'. 그러나 '인드라는 천둥 무기를 치켜들고 신들을 따라가' 신들 영역의 북쪽 지역에서 올라갔다. 그의 무기에 겁을 먹은 신들이 외쳤다.

"쏘지 마시오!"

그러고는 다시 인드라에게 신들의 음식을 함께 먹도록 허락했다.

그러나 인드라가 신들의 우두머리 자리를 차지하는 데는 도전자가 있었다. 도전자는 트바쉬트리였는데, 찬가에서 '맏이'라는 점이 암시되고 그것이 바로 그의 계승권 주장을 설명해 준다. 인드라는 재빨리 천둥 무기로 트바쉬트리를 쳤다. 다름 아닌 바로 트바쉬트리가 그에게 만들어준 무기였다. 그러나 이제 싸움은 '장애물' 브리트라(Vritra)에게로 넘어갔다. 일부 기록에는 그가 트바쉬트리의 맏아들이라고 했지만, 학자들은 그를 인공 괴물로 해석한다. 아주 빨리 거대한 크기로 자랐기 때문이다. 처음에는 인드라가 져서 지구의 먼 변방으로 달아났다. 모든 신들이 그를 버렸을 때 오직 21명의 마루트들만이 그의 편을 들었다. 그들은 가장 빠른 공중 수레를 모는 신들의 무리였는데, '스스로 하늘로 올라갈' 때 '바람이 산을 흔들 때처럼 굉음을 냈다'.

이 정말로 놀라운 붉은 빛깔
굉음을 내며 질주해
하늘 끝까지 올라간다. (…)
그리고 스스로 광선과 빛을 뿜는다. (…)
손에서는 밝은 천상의 번개가 번쩍 하고
머리엔 금빛 투구를 썼다.

마루트들의 도움으로 인드라는 다시 브리트라와 싸울 수 있게 되었다. 이 싸움을 그린 찬가들은 매우 강렬한 용어들을 사용하고 있다.

이 용맹한 신의 수레가 올라가
세찬 속도로 휩쓸고
하늘을 가로질러 영웅이 질주한다.
그를 호위하는 마루트의 무리가
폭풍의 세찬 기상을 드러낸다.
그들은 번쩍이는 번개 수레에 타고
용맹한 기상과 긍지를 내뿜는다. (…)
그들이 심판하는 목소리는 사자의 포효와 같고
그들의 이빨은 강철의 힘을 낸다.
그들은 언덕과 땅마저 뒤흔들고
그들의 전진에 모든 생물이 덜덜 떤다.

땅이 흔들려 모든 생물이 숨기 위해 달아났지만 적인 브리트라만은 가만히 그들이 다가오는 것을 지켜보고 있었다.

까마득한 허공 꼭대기에 올라앉은
브리트라의 오만한 요새를 밝게 비춘다.
성벽 위에 호전적인 자세로
뻔뻔스러운 거구의 악마가 서 있다.
그의 마법을 믿고
수많은 불화살로 무장을 하고서.

브리트라는 '놀라지도 않고 인드라의 무기가 지닌 위력을 무시하며' 자신에게로 달려오는 '저승사자 편대의 공포'에 굴하지 않은 채 기다리고 서 있었다.

그때 무시무시한 광경이 벌어졌다.
신과 악마가 만나 싸울 때
브리트라가 고성능의 미사일을 쏘았다.
뜨거운 벼락과 번개를
장대비 퍼붓듯이 퍼부었다.
그 신의 격렬한 분노도 허사였고
그의 무뎌진 무기는 빗나갔으니
헛되이 인드라를 향해 발사한 것이었다.

브리트라가 불 미사일을 모두 쏘자 인드라가 공세를 취할 차례였다.

그러자 번개가 번쩍이기 시작했다.
무서운 벼락이 굉음을 내며
의기양양한 인드라의 손에서 발사되었다.
신들은 놀라움에 입을 다물고
망연자실해 서 있었다.
그리고 공포가 온 세상을 가득 채웠다.

인드라가 쏜 벼락은 '솜씨 좋은 트바쉬트리가 만든 것으로' 신성한 쇠로 만든 정교하고 강력한 미사일이었다.

누가 화살의 소나기를 배겨낼 수 있는가?

인드라의 붉은 오른손에서 발사된

수백 개의 마디가 있는 벼락

수천 개의 촉이 있는 쇠 화살

불꽃을 내며 하늘을 가로질러 쌩쌩 날아간다.

순식간에 목표물로 정확히 날아가

우쭐대는 적을 거꾸러뜨린다.

갑작스레 날아와 저항할 수 없는 일격

소리만 들어도 도망치기 바쁘니

벼락의 힘에 맞서려는 건 바보짓이지.

유도 미사일은 한 치의 오차도 없이 목표에 명중했다.

그리고 곧 브리트라의 파멸의 조종(弔鐘)이

뗑그렁 하고 울렸다.

인드라의 쇠 화살 소나기에 의해.

구멍이 나고, 쪼개지고, 부서져 울부짖으며

죽어가는 악마가 거꾸로 떨어졌다.

그의 구름으로 만든 탑 아래로.

  브리트라는 '도끼 맞은 나무 둥치가 쓰러지듯이' 땅에 떨어져 엎드러졌다. 그러나 '손도 없고 발도 없는 그는 그래도 인드라에게 대들었다'. 그러자 인드라가 마지막 온정을 베풀어 '그의 가슴을 향해 벼락을 쏘았다'.
  인드라는 완벽한 승리를 거두었다. 그러나 운수 사납게도 승리의 열매는 그 혼자만의 것이 아니었다. 그가 아버지인 카스야파의 권좌를 요구하자 그의 진짜 부모가 누구냐 하는 해묵은 의혹이 표면화했다. 인드라가 태어나자 그의 어머니가 카스야파의 분노를 피해 그를 숨긴 것은 엄연한 사실이었다. 왜 그랬을까? 그의 진짜 아버지는 그의 맏형 트바쉬트리라는 소문이 사실이었을까?

    베다는 비밀의 장막을 약간만 걷어 올렸다. 베다는 인드라가 최고신이었지만 홀로 통치하지는 않았다고 말한다. 그는 형제간인 아그니 및 수리야와 권력을 나누어야 했다. 제우스가 형제간인 하데스 및 포세이돈과 영토를 나누어야 했던 것과 똑같다.

4
지구 연대기

　그리스와 인도 신들의 계보와 전쟁 이야기가 비슷하다는 것만으로는 충분치 않았던 것일까? 지금의 보가즈쾨이(Boğazköy)라 불리는 곳에 있던 히타이트 왕실 기록보관소에서 발견된 한 서판은 같은 주제에 관해 더 많은 이야기를 담고 있다. 한 세대가 힘이 빠지고 다음 세대로 넘어가면서 신들이 대권을 놓고 어떻게 싸웠는지에 관한 이야기다.

　발견된 것 가운데 가장 긴 문서는 예상할 수 있듯이 히타이트의 최고신 타르훈(테슙)과 관련된 것이다. 그의 가계와 지구의 위쪽 지역에 대한 정당한 지배권 획득, 쿠마르비(Kumarbi) 신과 그 자손들이 그에게 도전해 일으킨 싸움 등이 주요 내용이다. 그리스와 이집트의 이야기에서처럼 쿠마르비의 복수자는 그쪽 편 신들의 도움 속에 어른이 될 때까지 지구의 '검은 빛깔'의 지역에 숨겨졌다. 마지막 싸움은 하늘과 바다에서 벌어졌다. 한 싸움에서는 70명의 신들이 각기 수레를 타고 타르훈을 도왔다. 타르훈은 처음에는 싸움에 져서 숨거나 유랑을 하기도 했지만, 마침내 도전자와 일대일 싸움으로 맞붙게 되었다. '돌덩어리를 20킬로미터 밖까지 쏠 수 있는 뇌석 발사기'와 '무시무시한 섬광을 뿜는 번개 발사기'로 무장한 그는 두 마리의 금박을 한 '천상의 황소'가 끄는 수레를 타고 하늘 쪽으로 올라갔다. '그는 하늘에서' 적을 향해 '마주 섰다'. 서판이 부분적으로 떨어져 나가 이야기의 결말이 빠져 있지만, 타르훈이 결국 이겼음은 분명하다.

대권을 놓고 서로 싸우고 나라와 나라의 싸움을 붙여 지구의 지배권을 차지하려 했던 이 고대의 신들은 누구였을까?

마침, 인간들이 자기네 신들을 위해 일으킨 그런 전쟁들을 종식시킨 협정 가운데 일부가 아마도 중요한 실마리를 제공하고 있는 듯하다.

이집트인들과 히타이트인들은 200여 년에 걸친 전쟁을 끝내고 화친을 맺으면서 히타이트 왕 하투실리(Hattusili) 3세의 공주와 이집트 파라오 람세스 2세의 결혼으로 이를 보증토록 했다. 람세스 2세는 이 일을 기념비에 적어 카르낙(Karnak)과 아스완 근처 엘레판티네, 그리고 아부심벨(Abu Simbel)에 세웠다.

비문은 히타이트 공주가 고국을 떠나 이집트에 도착한 것을 묘사하면서 '폐하께서 공주의 용모가 여신만큼이나 고운 것을 보시고' 한눈에 반해버렸다고 적었다. 파라오는 공주를 '프타 신이 보내준 것처럼 소중하게' 여겼으며, 히타이트가 그의 '승리'를 인정한 징표로 받아들였다는 것이다. 이런 모든 외교 행위의 맥락은 비문의 다른 부분에 의해 분명해진다. 하투실리는 13년 전에 람세스에게 평화조약 초안을 보낸 바 있으나, 람세스는 카데쉬 전투에서 전멸에 가까운 패배를 당한 기억이 아직도 생생해 이를 무시해 버렸다.

그러자 하티의 대추장은
해마다 폐하께 화해의 편지를 보내왔으나

람세스 왕은 전혀 관심을 보이지 않았다.

마침내 하티 왕은 서판에 적힌 전갈을 보내는 대신 '귀한 선물과 함께 자신의 맏딸을 보내고' 히타이트 귀족들도 딸려 보냈다. 람세스는 이런 선물 공세가 어떤 의미인지 의문스러웠지만 이집트 호송대를 보내 히타이트인들을 맞아 데려오게 했다. 그리고 앞서 말한 대로 람세스는 히타이트 공주의 미모에 홀딱 반해 그녀를 왕비로 삼고 마아트네페루라(Maat-Neferu-Ra), 곧 '라께서 돌보시는 미인'이라고 불렀다.

역사와 고대인에 대한 우리의 지식은 이 첫눈에 반한 사랑에 힘입은 바 크다. 이로 인해 람세스 2세가 지지부진하던 평화협정을 받아들이고 그것을 카르낙의 비문에 적어 넣기까지 한 것이다. 협정에 관한 이야기는 카데쉬 전투 이야기 및 아름다운 히타이트 공주 이야기와 멀지 않은 곳에 있다. 그 판본은 두 가지가 이집트학 연구자들에 의해 발견되었고 해독되었으며 번역되었다. 하나는 거의 완전하고 다른 하나는 일부만이 남아 있는 것이다. 그 결과 우리는 조약의 전문을 볼 수 있을 뿐 아니라 히타이트 왕이 이 조약을 아카드어로 썼다는 사실도 알 수 있다. 아카드어는 한두 세기 전 프랑스어가 그랬듯이 당시 국제 교섭에서 쓰이던 공통어였다.

히타이트 왕은 이집트 파라오에게 은판에 새긴 아카드어 원본을 보냈는데, 카르낙에 있는 이집트의 비문은 그것을 이렇게 묘사한다.

은판 앞면 중간 부분에는 세트를 나타내는 모습들이 하티 대공(大公)의 초상을 에워싸고 있으며, 그 둘레에는 '하늘의 지배자 세트의 인장(印章), 하투실리가 만든 공식 인장'이라는 말이 담긴 테두리가 있다. (…)
다른 면에서 세트의 인장 형상을 둘러싸고 있는 것은 하티의 여신 초상이 하티 공주의 초상을 에워싸고 있는 모습이며, 그 둘레에는 '땅의 주인이신 아린나(Arinna)의 도시 라의 인장'이라는 말이 담긴 테두리가 있다. (…)

그 모습을 둘러싸고 있는 틀 안에는 모든 땅의 주인이신 아린나의 라의 인장이 들어 있다.

고고학자들은 히타이트 왕실 문서보관소들에서 실제로 히타이트 최고신이 히타이트 왕을 둘러싸고 있는 모습을 그린 왕의 인장들을 발견했다. 【그림 17】 이집트 기록에 묘사된 것과 똑같고, 인장 테두리의 새김글까지 들어 있다. 뜻밖에도 이 보관소들에서 두 서판에 아카드어로 새겨진 조약문 원본이 역시 발견되었다. 그러나 히타이트 문서들은 주신을 '하티의 세트'가 아니라 타르훈(테슙)이라 했다. 타르훈은 '비바람'을 의미하고 세트는 그리스명 튀폰으로 판단컨대 '거센 바람'을 의미했기 때문에 이집트인들과 히타이트인들이 자기네 신들을 그 별칭에 따라 짝 지웠던 듯하다. 그런 맥락에서 타르훈의 배우자 아린나, 곧 헤바트(Hebat)는 '하늘의 귀부인'으로 불려 조약의 이집트어판에서 그 칭호로 불린 여신에 해당한다. '빛나는 존재'라는 히타이트의 '하늘의 주인'에 해당하는데, 아카드어판은 그를 역시 '빛나는 존재'란 뜻의 샤마쉬(Shamash)라 했다.

이집트인들과 히타이트인들이 별개이지만 유사한 신들을 짝 지웠음이 이제는 분명해졌다. 그리고 학자들은 어떤 다른 고대의 조약들이 나타날지 관심을 가지기 시작했다. 놀라운 정보를 제공해 준 조약 가운데 기원전 1350년 무렵에 히타이트 왕 수필룰류마(Suppiluliuma)와 미탄니(Mitanni) 왕국 샤티와자(Shattiwaza) 왕 사이에 맺어진 조약이 있다. 미탄니는 후르리(Hurri)인들이 세운 나라로, 유프라테스 강 중류 히타이트인들의 땅과 옛 수메르 및 이키드 땅 사이에 있었다.

【그림 17】 히타이트 왕과 최고신이 그려진 인장

이 조약문은 관례대로 두 판이 만들어졌다. 원본은 후르리인들의 도시 카하트(Kahat)의 테슙 신 사당에 보관했는데, 오랜 시간이 흐르면서 도시도 서판도 잃어버렸다. 그러나 히타이트의 신성한 도시 아린나의 '떠오르는 원반 여신 앞에' 보관한 복제 석판은 고고학자들에 의해 발견되었다. 그것이 만들어진 지 3,300년이나 지난 뒤의 일이었다!

그 시기의 모든 조약이 그러했듯이, 히타이트와 미탄니 왕 사이의 조약도 '조약 쌍방의 신들이 참석해 그 내용을 듣고 증거자 노릇을 하도록' 불러내는 것으로 마무리되었다. 그렇게 함으로써 조약을 지키면 신의 축복을 받고 그것을 어기면 신의 노여움을 사게 되는 것이다. 그리고 이 '조약 쌍방의 신들'이 나열되었다. 맨 앞자리를 차지한 것은 두 나라의 최고신인 타르훈/테슙과 그 배우자 아린나/헤바트로, 이들은 하티와 미탄니의 '왕과 왕비 자리를 주관하는' 신들이었다. 이들의 사당에 조약 복사본이 보관되었다. 그 다음은 두 최고신의 자손들인 여러 명의 젊은 남녀 신들로, 이들은 부모를 대신해 각 지방을 나누어 다스리는 신들인 셈이었다.

그리고 이 경우에는 똑같은 신들이 똑같은 서열상의 위치에 나열되어 있다. 서로 다른 신을 끌어다 짝 지웠던 이집트의 경우와는 다른 것이다. 발견된 다른 문서들로 입증되듯이, 히타이트 신들은 사실상 후르리인들에게서(또는 그들을 통해) 빌려온 것이다. 그러나 이 특별한 조약은 더욱 놀라운 사실을 담고 있다. 서판 끄트머리께에 증거자로서 나열되는 신들 가운데 미트라아쉬(Mitra-ash) · 우루와나(Uruwana) · 인다르(Indar) · 나샤티야누(Nashatiyanu) 등이 있다. 바로 인도 신화의 미트라 · 바루나 · 인드라 · 나사티야(Nasatya)에 해당하는 신들이다!

그러면 히타이트 · 인도 · 후르리의 셋 가운데 어느 쪽이 공통 조상일까? 그 해답은 바로 그 히타이트-미탄니 조약에서 제시되고 있다. 어느 쪽도 아니다. 조약에서 이들 이른바 '아리아 계통' 신들이 그들의 부모와 조부모, 곧 '구세대 신들'과 함께 나열되고 있기 때문이다. 아누와 안투(Antu) 부부, 엔릴과 그 배우자 닌릴(Ninlil), 에아와 그 부인 담키나(Damkina), 그리고 '맹세의 주관자 신(Sin), (…) 쿠타의 네르갈, (…) 전사 신 닌우르타, (…) 호전적인 이쉬타르' 등이다.

이들은 친숙한 이름들이다. 예전에 아카드의 사르곤이 언급한 바 있다. 사르곤은 자신이 '이쉬타르의 수호자이며, 신이 임명한 아누의 사제이고, 위대하고 적법한 엔릴의 목자'라고 주장했다. 그의 손자인 '신(Sin) 신이 사랑하는 자' 나람신은 네르갈 신이 그에게 '길을 열어' '삼나무 산'을 공격할 수 있었다. 바빌론의 함무라비는 '아누의 명령에 따라 엔릴을 부대 앞에 세우고' 다른 나라로 진군했다. 아시리아 왕 티글라트필레세르는 아누 · 아다드 · 닌우르타의 명령에 따라 정복을 계속했고, 샬마네세르는 네르갈이 준 무기로 싸움

【그림 18】 '빛의 무기'를 들고 있는 타르훈 신

을 했다. 에사르핫돈은 니네베로 행군할 때 이쉬타르와 동행했다.

히타이트인들과 후르리인들이 신들의 이름은 자신들의 말로 발음했지만 그 이름을 쓸 때는 수메르 문자를 사용했다는 발견은 매우 시사적이다. '신(神)'을 나타내는 데 쓰인 것은 수메르어 '딘기르(Dingir)'인데, 그 문자적인 의미는 '로켓 우주선의(Gir) 정의로운 자(Din)'다. 그래서 테슙(타르훈)의 이름은 '폭풍신' 딘기르임(Dingir Im)으로 썼고, 그것이 아다드로도 알려진 이쉬쿠르(Ishkur) 신의 수메르 이름이다. 아니면 딘기르우(Dingir U)로도 썼는데, '10단계 신'이라는 뜻이다. 그것이 숫자로 표현된 이쉬쿠르(아다드)의 지위인데, 아누는 가장 높은 60단계이고, 엔릴은 50, 에아는 40 하는 식으로 내려간다. 수메르의 이쉬쿠르처럼 타르훈 역시 히타이트인들에 의해 번

개를 쏘는 무기, 곧 '빛의 무기'를 들고 있는 모습으로 그려졌다. 【그림 18】

히타이트인들과 그들의 저작이 망각으로부터 건져졌을 무렵에 이미 학자들은 히타이트와 이집트 문명 이전에, 아시리아와 바빌론 이전에, 심지어 아카드 이전에 남부 메소포타미아에서 고도로 발달한 수메르 문명이 일어났다고 결론을 내렸다. 다른 모든 문명은 그 알려진 첫 문명에서 가지를 친 것이었다.

그리고 이제는 신들과 인간들의 이야기가 처음으로 기록된 것이 수메르에서였음이 의문의 여지 없이 확인되었다. 많은 문서들이, 상상 이상으로 다양하고 예측을 뛰어넘을 정도로 상세한 문서들이 처음으로 새겨진 것도 수메르에서였다. 우리 행성 지구의 역사와 역사 이전 시대 문헌 기록들이 시작된 곳도 바로 그곳이었다. 우리는 그 기록들을 '지구 연대기'라 부른다.

고대 문명을 발견하고 이해해 온 과정은 놀라움의 연속이었고, 믿을 수 없는 것을 깨닫는 과정이었다. 피라미드와 지구라트, 넓은 기단과 돌기둥 유적, 조각된 돌 등 고대의 기념물들은 불가사의에 빠지고 지나간 사건들에 대해 침묵하는 증거가 될 뻔했다. 이 기록들이 없었다면 말이다. 그것이 없었더라면 고대의 기념물들은 수수께끼로 남을 뻔했다. 언제 만들어졌는지 알 수 없었을 테고, 누가 만들었는지도 불분명했을 것이며, 그것을 만든 목적에 대해서도 깜깜했을 것이다.

우리가 이나마 알게 된 것은 고대의 기록자들 덕분이다. 풍부하고 꼼꼼한 작품들을 남긴 사람들 말이다. 그들은 기념물이나 유물, 초석, 벽돌, 도구, 무기 등 상상할 수 있는 모든 물건을 사용했고, 적당하다고 생각되는 석판이 있으면 그 위에 이름을 쓰고 사건을 기록했다. 무엇보다도 점토판이 있었다. 판판하게 만든 젖은 진흙 조각을 손바닥에 들어갈 정도의 크기로 잘라, 기록자들은 그 위에 철필로 음절과 단어와 문장을 이루는 상징들을 솜씨 좋게 새겼다. 그리고 서판을 마르게 놔두면(때로는 가마로 인공 건조를 하기도 했다) 영구한 기록이 만들어졌다. 수천 년에 걸친 자연 침식과 인간의 파괴를 견디고 살아남은 기록이다.

상업 및 행정 중심지, 신전과 왕궁 등 고대 근동의 곳곳에 그러한 서판들로 가득 찬 국영 및 민간 기록보관소가 있었다. 그리고 이 서판들 수만 장이 주제별로, 제목의 내용별로, 기록자의 이름에 따라, 일련번호에 따라 잘 정리된 사실상의 도서관도 있었다. 역사나 과학, 신들의 문제를 다룰 때마다 그들은 매번 그 서판들이 더 오래된 서판, '옛날 언어'로 쓰인 서판들을 베낀 것임을 확인하게 되는 것이다.

고고학자들은 아시리아와 바빌로니아의 웅장함을 발견하고 깜짝 놀랐지만, '옛날 도시'들에 대한 기록을 읽고는 더욱 당혹스러웠다. 그리고 '수메르 및 아카드 왕'이라는 칭호를 이들 제국의 왕들이 그렇게 탐냈는데, 그 의미는 무엇이었을까?

현대 학자들은 아가데의 사르곤을 언급한 기록을 발견한 뒤에야 아시리아와 바빌로니아가 번성하기 500년 전에 메소포타미아에서 아카드 왕국이라는 거대한 왕국이 실제로 있었음을 스스로 확신할 수 있게 되었다. 학자들은 이런 기록들을 읽으면서 놀라움을 금할 수 없었다.

사르곤은 우루크를 쳐부수고 그 성벽을 헐어버렸다. (…)
아가데 왕 사르곤은 우르 사람들에게 승리자였다. (…)
그는 에님마르(E-Nimmar)를 물리치고 그 성벽을 헐어버렸으며,
라가쉬에서 멀리 바다에 이르는 그 영토를 정복했다.
그는 무기를 바다에서 씻었다.

움마(Umma) 사람들과의 전투에서 그는 승리를 거두었다.

학자들은 믿을 수 없었다. 아가데의 사르곤 이전에도, 기원전 2500년 이전에도 중심 도시가 있었고 성벽을 두른 도시가 있었단 말인가?

지금은 알고 있듯이, 그것은 정말로 있었다. 수메르의 도시와 중심 도시들이 있었고, '수메르'는 '수메르 및 아카드 왕'으로 불렸다. 그곳은 지난 100년 동안 고고학자들이 발굴하고 학자들이 연구해 밝혀낸 대로 거의 6,000년 전 '문명'이 처음 시작된 땅이었다. 그곳에서 갑자기, 그리고 불가사의하게, 무(無)에서 나왔다는 듯이 글로 쓰인 언어와 학문이 나타났다. 왕과 사제, 학교와 신전, 의사와 천문학자, 고층 빌딩과 운하, 부두와 배, 집약농업, 선진 야금술, 섬유산업, 교역과 상업, 법률과 정의 관념과 도덕성, 우주론, 그리고 역사와 역사 이전 시대의 이야기와 기록들이 나왔다.

이 모든 저작들은 그것이 장편 서사시든 두 줄짜리 격언이든, 속세의 새김글이든 종교적인 것이든 모두 똑같은 사실을 담아 수메르인들과 그 이후 사람들의 확고한 신념이라고 제시하고 있다. 먼 옛날에 딘기르('로켓 우주선의 정의로운 자')가 자신들의 행성에서 지구로 왔다는 것이다. 이 딘기르는 그리스인들이 처음으로 '신'이라고 부르기 시작한 존재다. 그들은 메소포타미아를 제2의 고향으로 선택했다. 그들은 그 땅을 키엔기르(Kiengir), 곧 '로켓 주인의 땅'이라 불렀다. (아카드어 명칭 '수메르'는 '수호자의 땅'을 의미한다.) 그리고 그들은 거기에 지구 최초의 정착지를 건설했다.

지구에 처음으로 정착지를 건설한 것이 다른 행성에서 온 우주인들이었다는 사실은 수메르인들이 그저 가볍게 얘기한 것이 아니다. 모든 기록들에서 처음을 회상하는 부분은 늘 이렇다. 대홍수가 일어나기 43만 2,000년 전에 딘기르가 자신들의 행성으로부터 지구로 내려왔다는 것이다. 수메르

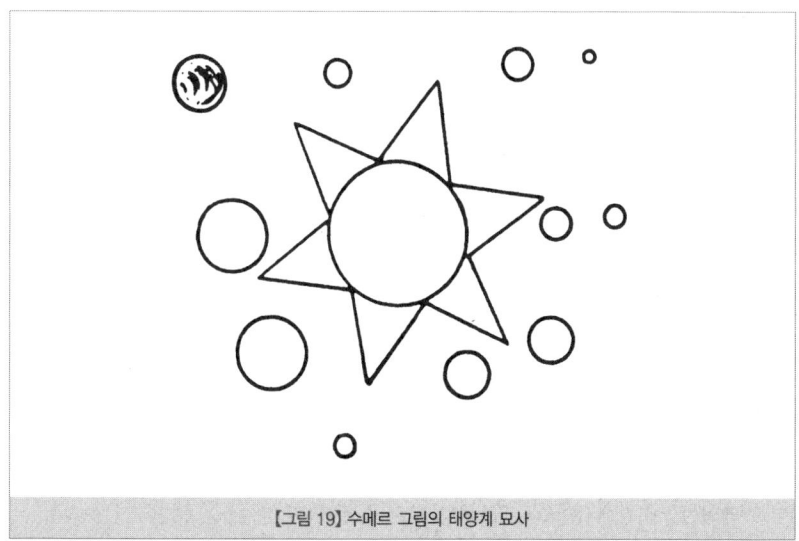

【그림 19】수메르 그림의 태양계 묘사

인들은 그 행성이 우리 태양계의 열두 번째 식구라고 생각했다. 태양계는 한가운데에 태양이 있고, 여기에 달과 우리가 지금 알고 있는 아홉 개의 행성*, 그리고 공전주기가 1사르(Sar), 곧 지구의 햇수로 3,600년인 또 하나의 커다란 행성으로 구성된 것으로 생각되었다. 그 행성의 궤도는 먼 하늘의 '출발지'에서부터 지구 근처로 이어져 화성과 목성 사이를 가로지른다고 그들은 적었다. 4,500년 전의 수메르 그림【그림 19】은 이 행성이 바로 그 위치로 인해 니비루(Nibiru), 곧 '교차'라는 이름과 그 상징 십자가를 얻은 것으로 묘사되었다.

여러 고대 기록을 통해 알 수 있듯이 니비루로부터 지구에 온 우주인들의 지도자는 에아, 곧 '물에 사는 자'라 불렸다. 그는 지구에 내려 첫 지구

---

* 이 책은 명왕성이 행성 지위를 박탈당하기 전에 쓰인 것이어서 명왕성까지 포함해 아홉 개의 행성을 이야기하고 있다.(옮긴이)

기지 에리두(Eridu)를 건설한 뒤 엔키, 곧 '지구의 주인'이라는 칭호로 불렸다. 수메르 유적에서 발견된 한 문서는 그의 지구 착륙을 화자의 입장에서 이렇게 적고 있다.

내가 지구에 접근할 때
곳곳에서 홍수가 났다.
내가 지구의 푸른 초원으로 접근할 때
내 명령에 따라 흙무더기가 쌓였다.
나는 깨끗한 곳에 내 집을 지었고 (…)
내 집의 그림자는 '뱀의 늪' 위로 뻗쳤다.

이 문서는 이어서 페르시아 만 위쪽 늪지대에 비상 수로를 건설하려는 에아의 노력을 묘사한다. 그는 늪지대를 조사한 뒤 배수와 치수를 위해 운하를 뚫고, 제방을 쌓고, 배수구를 파고, 현장의 진흙으로 만든 벽돌 구조물을 쌓았다. 그는 운하를 파서 티그리스 강과 유프라테스 강을 연결했다. 그리고 늪지대 끝에 그가 살 '물의 집'을 짓고 부두와 다른 시설들을 건설했다.

이런 모든 일에는 이유가 있었다. 그의 행성에서는 금이 필요했다. 장신구를 만들기 위해서라거나 다른 하찮은 용도가 아니었다. 그 이후 수천 년 동안 지구에 온 방문자들이 금 장신구로 치장한 모습을 본 적이 없기 때문이다. 금은 틀림없이 니비루인들의 우주 프로그램에 필요한 것이었다. 이런 사실은 천상의 수레가 금으로 덮여 있다고 한 인도 문서들을 봐도 분명하다. 실제로 금은 우리 시대의 우주 장비와 우주선의 여러 부분에 필수 요소로 쓰이고 있다. 그러나 이것 하나만으로는 니비루인들이 지구에서 금을

【그림 20】 실험실에 앉아 있는 물의 주재자 에아

찾아내는 데 전력을 기울이고 여기서 그것을 캐내 대량으로 자신들의 행성으로 가져가려고 막대한 에너지를 쏟아붓는 이유가 설명될 수 없었다. 유별난 특성을 갖고 있는 이 금속은 그 행성에서의 생존 자체에 영향을 미친다는 절대적인 필요 때문에 그들의 행성으로 가지고 가야 했다. 우리가 알아낼 수 있는 한, 이 절대적인 필요성은 엷어져 가는 니비루의 대기에 금입자를 부유(浮遊)시켜 치명적인 대기의 방산(放散)을 막으려는 것이었을 수 있다.

니비루를 통치하는 자의 아들인 에아를 선택한 것은 적절한 조처였다. 그는 명석한 과학자이자 공학자였고, 그의 별명은 누딤무드(Nudimmud), 곧 '물건을 만드는 자'였다. 에아라는 그의 통칭에 나타나듯이 당초 계획은 잔잔한 페르시아 만과 그 만에서 메소포타미아로 뻗쳐 있는 인근의 얕은 늪지대에서 금을 뽑아내는 것이었다. 수메르의 그림을 보면 에아가 흐르는

물의 주재자로서, 서로 연결된 플라스크에 둘러싸여 실험실에 앉아 있는 모습으로 나타난다. [그림 20]

그러나 그 속에 숨은 이야기는 이 계획대로 모든 것이 순조롭게 진행되지는 않았음을 시사한다. 금 생산은 기대에 훨씬 못 미쳤고, 속도를 내기 위해 우주인들이 추가로 지구로 파견되었다. 이들 일반 우주인들은 아눈나키(Anunnaki), 곧 '천상에서 지구로 온 자들'이라 불렸다. 이들은 50명 단위로 무리를 지어 왔는데, 어떤 문서에 따르면 한 부대는 엔키의 맏아들 마르둑이 인솔했다. 이 문서는 마르둑이 지구로 항행하는 도중에 참사를 만날 뻔한 일을 써서 아버지에게 보낸 긴급 전문을 담고 있는데, 그들이 태양계의 거대 행성 가운데 하나(아마도 목성인 듯하다)를 지날 때 그 위성 가운데 하나와 충돌 직전까지 갔었다는 얘기였다. 마르둑은 우주선에 쏟아진 그 '공격'을 얘기하면서 흥분하며 아버지에게 이렇게 말했다.

> 그것은 무기처럼 생겼습니다.
> 그것이 저승사자처럼 달려들었습니다. (…)
> 50명의 아눈나키를 그것이 덮쳤습니다. (…)
> 새처럼 날아가는 지휘선의
> 가슴팍을 그것이 때렸습니다.

수메르의 한 원통인장에 새겨진 그림[그림 21]은 '지구의 주인' 엔키(왼쪽)가 걱정스런 표정으로 우주인 복장을 한 자기 아들 마르둑(오른쪽)을 맞이하는 모습을 나타낸 듯하다. 우주선이 화성을 떠나 지구로 접근하는 상황인데, 화성은 여섯 개의 뿔이 나 있는 별이고 지구는 태양계의 바깥쪽에서부터 일곱 번째 행성이기 때문에 일곱 개의 점으로 상징되었으며, 달도 함

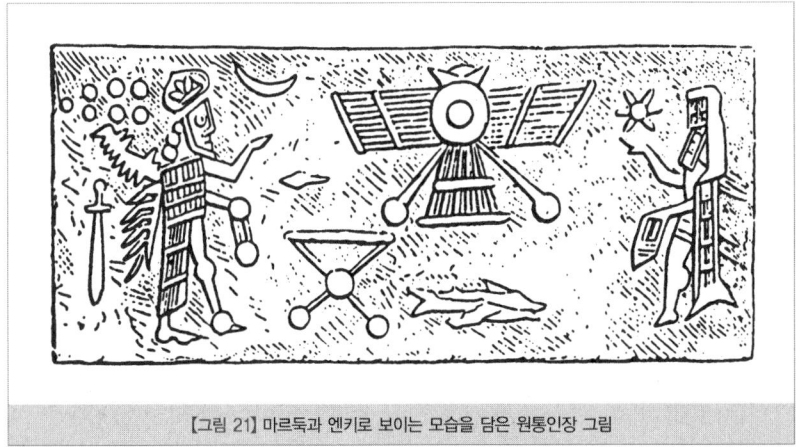

[그림 21] 마르둑과 엔키로 보이는 모습을 담은 원통인장 그림

께 그려졌다.

엔키의 아버지인 안(아카드어로는 아누)이 다스리던 그들의 고향 행성에서는 지구 착륙대의 진척 상황을 걱정 반 기대 반으로 주시하고 있었다. 그런 주시는 진척이 더디자 조바심으로 바뀌었고 다시 실망으로까지 번졌음이 틀림없다. 실험실에서 했던 과정대로 바닷물에서 금을 추출한다는 계획은 분명히 기대했던 대로 먹히지 않았다.

그러나 금은 여전히 절대적으로 필요했다. 그리고 아눈나키는 어려운 결단을 내려야 했다. 계획을 포기하거나(그것은 말도 안 되는 얘기였다), 새로운 방법으로 금을 얻으려는 노력을 계속해야 했다. 이른바 채굴이었다. 그때쯤 아눈나키는 아프리카 대륙에 있는 '태고의 원천' 압주(Abzu)에서 금을 천연 상태로 풍부히 캐낼 수 있음을 알게 되었다. 수메르어에서 진화한 셈계 언어들에서는 압주를 거꾸로 한 자압(Zaab)이 오늘날까지도 금을 의미하는 낱말로 남아 있다.

그러나 커다란 문제가 하나 있었다. 아프리카의 금은 땅속 깊은 곳에서 채굴을 통해 캐내야 했다. 그리고 정교한 물 처리 과정을 땅속에서의 고된 노역으로 바꾸는 거시적인 결정은 간단하게 이루어지지 않았다. 분명히 이 새로운 사업을 위해 더 많은 아눈나키가 필요했고, '금맥이 있는 곳'에 광산촌을 건설해야 했으며, 메소포타미아에 시설을 늘려야 했다. 또한 두 지역을 연결하기 위해 마구르 우르누 압주(Magur Urnu Abzu), 곧 '압주의 광물을 위한 선단(船團)'이라는 함대가 필요했다. 엔키가 이 모든 것을 혼자서 처리할 수 있을까?

아누는 그가 할 수 없다고 생각했다. 그래서 엔키가 지구에 착륙한 지 니비루 햇수로 8년, 지구 햇수로 2만 8,800년이 지난 뒤 아누는 사정을 직접 살피기 위해 지구로 왔다. 그는 아들이자 적통 승계권자인 '지휘를 맡은 자' 엔릴을 데리고 왔다. 아누는 그가 지구 미션을 맡아 금을 니비루로 수송하는 문제를 책임질 수 있다고 생각했던 게 틀림없다.

이 미션을 위해 엔릴을 선택한 것은 필요한 일이었을 것이다. 그러나 그것은 곤혹스런 일이기도 했다. 두 이복형제간의 경쟁심과 시샘만 키워놓았기 때문이다. 엔키는 아누와 그의 첩 여섯 명 가운데 하나인 이드(Id) 사이에서 태어난 맏아들이어서 아누에 이어 니비루의 왕권을 차지하는 일을 꿈꿀 수 있었다. 그러나 그 뒤 아누의 이복누이이자 부인인 안툼(Antum)이 아들 엔릴을 낳았다. 마치 구약에 나오는 아브라함(Abraham)과 그의 첩 하가르(Hagar, 하갈), 이복누이이자 부인인 사라(Sarah) 이야기와 같다. 그리고 니비루의 계승 원칙(구약의 족장들이 그것을 충실히 따랐다)에 따르면 적통 후계자는 엔키가 아니라 엔릴이었다. 그리고 이제 엔키의 생득권을 앗아간 이 경쟁자가 지휘권을 접수하기 위해 지구로 온 것이다!

신들의 전쟁에서 혈통과 가계(家系)의 중요성은 아무리 강조해도 지나치지 않다. 그 전쟁은 니비루에서, 그리고 나중에는 지구에서까지 계승과 지배권을 다투는 것이었다.

　신들의 전쟁이 왜 그렇게 끈질기고 잔인한지를 해명하고 이를 역사와 역사 이전의 관점에 비춰보면(이전에는 그런 시도가 없었다), 그런 일들은 도덕성이 아니라 유전적 순수성의 고려에 기초한 성적 행동 규범에서 나온 것임이 분명해진다. 이런 전쟁들의 핵심에는 위계와 계승권을 결정하는 복잡한 가계 문제가 자리 잡고 있다. 그리고 성적 행위는 다정하냐 폭력적이냐로 평가되는 게 아니라 그 목적과 결과가 중요했다.

　아눈나키의 총사령관 엔릴이 강에서 벌거벗고 수영을 하던 젊은 간호사에게 매혹된 사실이 한 수메르 이야기에 나온다. 그는 함께 배를 타자고 꾄 뒤, '내 그곳은 작고 경험이 없어요' 하고 거부하는 그녀를 억지로 취했다. 그는 지위가 높았지만 그의 거처가 있는 도시 니푸르에 돌아오자마자 '50명의 높은 신들'에게 체포되었고, '일곱 명의 판사 아눈나키'로부터 강간죄를 범했다는 판결을 받았다. 그는 압주 유배형을 선고받았다. (그는 유배지에 따라간 그 젊은 여신과 결혼한 뒤 사면을 받았다.)

　인안나와 두무지(Dumuzi, 탐무즈Tammuz)라는 젊은 신의 연애를 찬미한 노래가 여럿 있는데, 그들의 사랑에 대한 묘사는 심금을 울린다.

오, 그들이 그의 손을 내 손 안에 쥐여주네.
오, 그들이 그의 가슴을 내 가슴 옆에 놓아주네.
그와 손잡고 자는 것도 달콤하지만
가슴 터놓고 나누는 사랑
달콤하고 또 달콤하다네.

　두무지는 인안나가 선택하고 그의 오라비인 우투(Utu) 곧 샤마쉬가 동의

한 인안나의 약혼자였기 때문에, 이 시에서 승인의 냄새가 풍겨나는 것은 이해할 수 있다. 그러나 인안나가 자기 오라비와의 정열적인 사랑 행위를 묘사한 문서는 어떻게 설명할 수 있을까?

> 내 사랑 나를 만나
> 내게서 즐거움을 얻고 나와 함께 기뻐한다.
> 오라버니는 나를 그의 집으로 데리고 가서
> 달콤한 침대에 눕혔다. (…)
> 한마음으로, 한마음으로 입을 맞추고
> 꽃미남 나의 오라버니와
> 50번 사랑을 했다.

이것은 규정상 친남매간의 결혼이 금지되었을 뿐 사랑 행위가 금지되지는 않았음을 알아야만 이해할 수 있다. 반면에 이복 남매간의 결혼은 허용되었다. 심지어 이복 남매간에 낳은 남자아이는 위계질서상 윗자리를 차지하기까지 했다. 그리고 강간은 유죄였지만 왕위 계승을 위한 것이라면 불법적이고 폭력을 수반한 섹스도 묵인되었다. 엔키와 관련된 긴 이야기 하나는 그가 자기와(그리고 엔릴과도) 이복 남매간인 수드(Sud, 닌하르삭Ninharsag)에게서 남자아이를 얻기 위해 그녀가 혼자 있을 때 사랑을 강요하고 '그녀의 자궁에 정액을 쏟아 넣은' 일을 묘사하고 있다. 그녀는 아들이 아닌 딸을 낳았는데, 엔키는 그 딸이 '어여쁜 숙녀로 자라자' 곧 그녀를 취했다.

> 그는 그녀에게서 기쁨을 느꼈으며,
> 그녀를 껴안고 그녀의 무릎을 베고 누웠다.

그는 동거하는 아이의 (…) 허벅지를 만지고 (…)

엔키는 부끄러움도 모르고 여러 어린 딸들에게 이런 짓을 계속하다가 결국 수드의 저주를 받아 성 불구가 되고 말았다. 그제야 남자 후사를 얻으려는 이 성적인 괴벽이 일단락되었다.

엔키가 이런 성적인 행각을 벌이고 있을 때 그는 이미 닌키(Ninki)와 결혼한 상태였다. 이 사실은 강간은 규정상 유죄로 보고 있지만 혼외정사를 그 자체로 금지하지는 않았음을 보여준다. 우리는 또한 신들이 얼마든지 처첩을 거느릴 수 있도록 허용되었음을 알고 있다. CT-24로 분류된 문서는 아누의 첩 가운데 여섯 명을 열거하고 있다. 그러나 결혼을 하려면 한 명의 정식 부인을 골라야 했고, 앞서도 언급한 것처럼 그 역할로는 이복누이를 선호했다.

신이 그 이름과 여러 통칭들 외에 칭호명이 주어지면 그의 정식 부인은 그 칭호의 여성형으로 불렸다. 예컨대 '천상의 존재' 안이라는 칭호명을 받으면 그의 배우자는 안투로 불렸다. 아카드어로는 아누와 안툼이다. '지휘를 맡은 자' 엔릴과 결혼한 간호사는 '지휘를 맡은 귀부인' 닌릴이라는 칭호명을 받았다. 엔키의 배우자 담키나는 닌키로 불렸다. 이런 식으로 계속 이름이 붙여졌다.

이들 고위 아눈나키 사이의 가족 관계가 중요했기 때문에 고대의 기록자들이 작성한 이른바 '신 명부'는 본질상 계보의 성격을 띨 수밖에 없었다. 그러한 주요 명부 가운데 고대 기록자들이 「안 : 일루 아눔 *An : ilu Anum*」 시리즈로 이름 붙인 것이 있다. 여기에는 '엔릴의 선대 42명'이 나열되어 있는데, 21쌍의 신들 부부로 명확하게 정리되어 있다. 이는 위대한 왕가 계보의 표지임이 틀림없다. 아누에 관한 다른 두 개의 비슷한 기록도 니비루에서 살았던 그의 조상 21쌍의 명단을 싣고 있다. 아누의 부모는 '하늘의 대공(大公)' 안샤르갈(Anshargal)과 '대지의 왕녀' 키샤르갈(Kishargal)이다. 그 이름이 보여주듯이 이들은 니비루에서 통치자 부부가 아니었다. 정확히 말하자면 아버지는 대공으로 승계권자라는 뜻이었고, 그 배우자는 왕녀로 통치자가 다른 아내에게서 낳은 맏딸이어서 안샤르갈과 이복 남매간이었다.

이런 계보상의 사실들 속에 그들이 지구에 착륙하기 전 니비루에서 있었던 일들과 그 이후 지구에서 있었던 일들을 이해하는 열쇠가 숨어 있다.

금을 찾으러 에아를 지구에 보냈다는 얘기는 니비루인들이 지구 착륙 계획을 세우기 훨씬 전부터 지구에서 금을 얻을 수 있음을 알았다는 의미다. 어떻게 알았을까?

몇 가지 대답이 가능할 것이다. 그들은 무인 인공위성으로 지구를 탐사했을지도 모른다. 우리가 태양계의 다른 행성들을 탐사해 왔듯이 말이다. 그들은 지구에 착륙해서 조사했을 수도 있다. 우리도 달에 내려 조사를 했다. 니비루에서 지구까지의 우주여행에 대한 기록들을 읽어보면 정말로 그들이 화성에 착륙했을 가능성도 배제할 수 없다.

그런 유인 우주선의 계획적인 지구 착륙이 있었는지, 있었다면 언제 있었는지 우리는 알 수 없다. 그러나 그 이전에 극적인 상황에서 지구에 착륙한 내용을 담은 고대의 연대기는 존재한다. 니비루의 통치자가 쫓겨난 뒤 우주선을 타고 지구로 탈출한 것이다!

그 사건은 에아가 아버지의 지시에 따라 지구로 파견되기 전에 일어났음이 틀림없다. 아누가 니비루의 지배자가 된 것이 그 사건을 통해서였기 때문이다. 그 사건은 바로 아누가 니비루에서 대권을 찬탈한 것이었다.

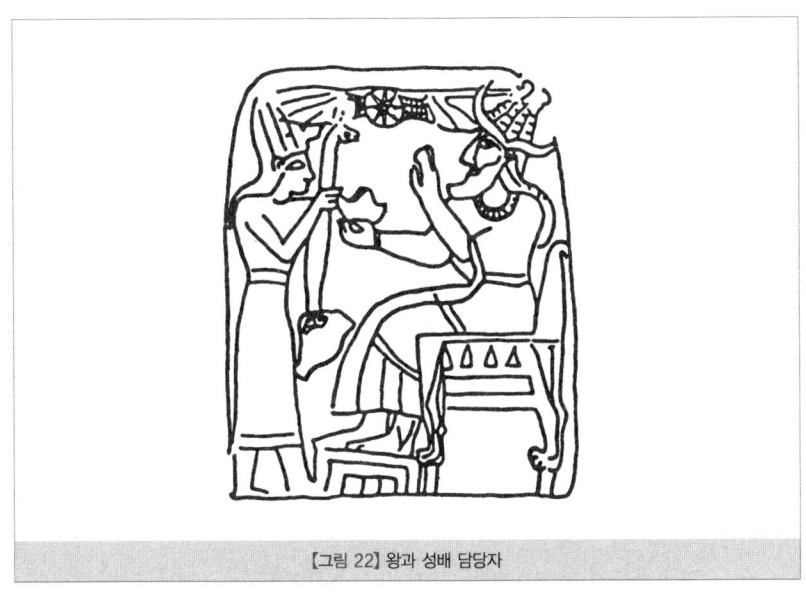

[그림 22] 왕과 성배 담당자

그 내용은 학자들이 그 히타이트판에 「하늘의 왕권」이라는 이름을 붙인 한 문서에 들어 있다. 그것은 니비루의 궁정 생활을 보여줄 뿐만 아니라 셰익스피어(William Shakespeare, 1564~1616) 소설에 나올 법한 배신과 찬탈 이야기를 들려준다. 그 문서는 니비루에서 왕권이 넘어가게 되었을 때(자연사든 다른 원인이든) 왕위에 오른 이는 적통 계승권자인 아누의 아버지 안샤르갈이 아니었고, 그 대신 알랄루(Alalu)라는 친척이 지배자가 되었음을 밝힌다. 히타이트 판본에는 알랄루쉬(Alalush)란 이름으로 나오는 인물이다.

화해의 제스처인지 관례인지는 모르겠지만, 알랄루는 아누를 왕실 성배(聖杯) 담당으로 삼았다. 근동의 몇몇 문서와 왕실 그림을 통해 우리에게도 알려진 영예롭고 신뢰받는 직책이었다. [그림 22] 그러나 니비루 햇수로 9년 뒤 아누, 곧 히타이트 문서의 아누쉬(Anush)는 '알랄루를 공격해' 그를 권좌에서 쫓아냈다.

먼 옛날 어느 때 알랄루쉬가 천상의 왕이었다.

알랄루쉬는 옥좌에 앉아 있었다.

신들 가운데 가장 힘센 아누쉬가

그 앞에 섰다.

그의 발아래 머리를 숙이고

그의 손에 술잔을 바쳤다.

아홉 해 동안은 알랄루쉬가 천상의 왕이었다.

아홉 해째가 되자

아누쉬가 알랄루쉬를 공격했다.

바로 그때 지구를 향한 극적인 비행이 이루어졌다고 고대 문서는 말한다.

알랄루쉬는 싸움에 졌고 아누쉬에 밀려 달아나서

검은 빛깔의 지구에 내렸다.

아누쉬가 권좌에 올랐다.

알랄루의 비행 이전에도 니비루인들이 지구와 지구의 자원에 대해 상당히 많이 알고 있었을 가능성이 높지만, 분명한 것은 이 이야기 속에서 에아의 지구 미션 이전에 니비루인들을 실은 우주선이 지구에 도착했다는 기록을 볼 수 있다는 사실이다. 「수메르 왕 명부」는 에리두의 첫 통치자가 알룰림(Alulim)으로 불렸다고 적었다. 에아(엔키)의 또 하나의 통칭이거나, 알랄루라는 이름을 수메르어로 표기한 것일 수도 있다. 비록 쫓겨나기는 했지만 알랄루는 니비루의 운명을 대단히 걱정한 나머지 자신이 지구의 물에서 금을 찾았다고 찬탈자에게 알렸을 가능성이 있다. 이것이 정말로 일어난 일이었음은 곧이어 찬탈자와 찬탈당한 자 사이에서 화해가 이루어졌다는 사실로부터 유추해 낼 수 있다. 아누가 후속 조치로 알랄루의 손자 쿠마르비를 왕실 성배 담당으로 임명한 것이다.

그러나 화해 제스처는 니비루에서 일어난 역사를 반복시켰을 뿐이었다. 젊은 쿠마르비는 온갖 영예를 누렸지만 아누가 자기 할아버지의 왕권을 찬탈했음을 잊을 수 없었다. 그리고 시간이 흐를수록 아누에 대한 쿠마르비의 적의는 더욱더 분명하게 드러났고, 아누는 '무섭게 쏘아보는 쿠마르비의 눈초리를 견뎌낼 수 없었다'.

그래서 아누는 니비루를 잠시 떠나 지구로 가기 위해 그 여행에 적통 상속권자인 엔릴마저 데려 가기로 결정한 뒤, 젊은 쿠마르비도 데려 가는 편이 안전하겠다고 생각했다. 엔릴을 데려 가고 쿠마르비도 함께 데려 간다는 두 가지 결정으로 말미암아 이 방문은 결국 싸움으로 인해 망쳐졌고, 아누 자신에게는 개인적으로 몹시 고통스러운 것이 되고 말았다.

엔릴을 지구로 데려가 그에게 일을 맡긴다는 결정은 엔키와의 열띤 언쟁을 불러왔다. 그 언쟁은 지금까지 발견된 문서들에 그대로 나타나 있다. 화가 난 엔키는 지구를 떠나 니비루로 돌아가겠다고 큰소리를 쳤다. 그러나 그가 돌아가서 왕위를 찬탈하지 않는다고 믿어도 될까? 절충안으로 아누 자신이 지구에 남고 엔릴을 니비루의 대행 통치자로 임명한다면 아누가 돌아갔을 때 엔릴이 그 자리에서 내려온다고 믿을 수 있을까? 결국 제비뽑기를 하기로 했다. 어떻게 되든 운에 맡기자는 것이었다. 그 이후의 권력 분할은 수메르와 아카드 문서들에 반복해서 언급되고 있다. 지구 연대기 가운데 가장 긴 축에 속하는 「아트라하시스(Atra-Hasis) 서사시」란 문서는 제비뽑기와 그 결과를 이렇게 기록하고 있다.

신들은 손을 맞잡았다.
그러고는 제비를 뽑아 일을 나누었다.
아누는 천상으로 올라갔다.
엔릴에게는 지구가 맡겨졌다.
바다가 고리처럼 둘러싸고 있는 곳은
엔키 왕자에게 주었다.
엔키는 압주로 내려가
압주의 지배자가 되었다.

경쟁자인 두 형제를 떼어놓는 데 성공했다고 생각한 '아누는 천상으로 올라갔다'. 그러나 지구 위 하늘에서는 뜻밖의 상황 변화가 그를 기다리고 있었다. 만약의 사태를 대비해 지구를 돌고 있는 우주정거장에 쿠마르비를 남겨놓았었는데, 아누가 니비루로 돌아가는 긴 여행을 떠나려고 그곳에 이르자 쿠마르비가 화를 냈다. 거친 말이 오가고 곧 난투극으로 이어졌다. '아누가 쿠마르비를 공격하고 쿠마르비가 아누를 공격했다.' 쿠마르비가 드잡이에서 우세해 '아누는 쿠마르비의 손아귀에서 빠져나오려고 발버둥 쳤다'. 그러나 쿠마르비는 아누를 발로 밟고 '다리 사이를 꽉 눌러' 아누의 남근을 다치게 했다. 이 사건을 그린 고대의 그림들이 발견되었다. 【그림 23a】격투하는 아눈나키가 서로 남근을 공격하려는 모습 또한 남아 있다. 【그림 23b】

망신과 육체적 고통을 안고 아누는 니비루로 길을 떠났다. 쿠마르비를 우주정거장과 왕복비행선에 근무하는 우주인들과 함께 있도록 남겨놓은 채였다. 그러나 그는 떠나기 전에 쿠마르비에게 저주를 내려 '그의 뱃속에 괴물 셋을 집어넣었다'.

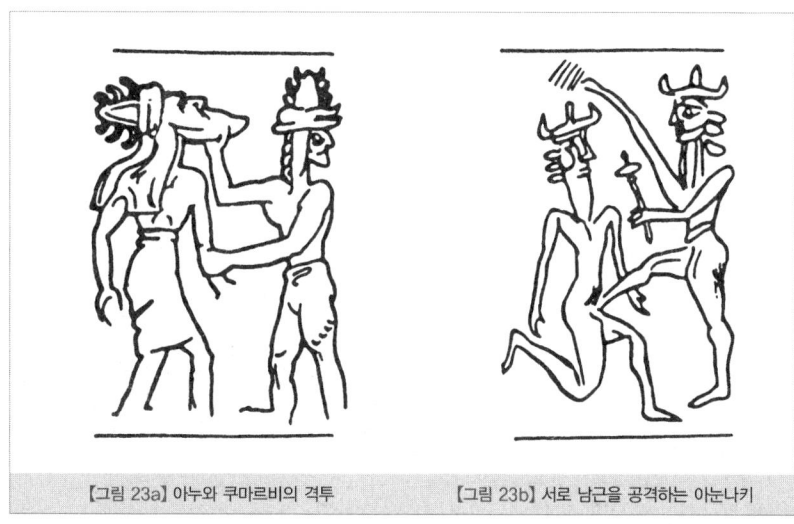

【그림 23a】 아누와 쿠마르비의 격투   【그림 23b】 서로 남근을 공격하는 아눈나키

이 히타이트 이야기와, 크로노스가 우라노스를 거세하고 크로노스가 그 아들들을 삼킨 그리스 이야기가 비슷하다는 점을 짐작하기란 그리 어렵지 않다. 그리고 그리스 이야기에서와 마찬가지로 이 에피소드는 신들과 티탄들 사이의 전쟁으로 이어진다.

아누가 떠난 뒤 지구 미션이 본격적으로 시작되었다.

더 많은 아눈나키가 지구에 착륙했고, 그 수는 곧 600명까지 늘었다. 일부는 '아래 세계'에 배속되어 엔키를 도와 금을 캐내도록 했다. 일부는 광석 수송선에 배속되었고, 나머지는 엔릴과 함께 메소포타미아에 머물렀다. 거기서는 엔릴이 짠 마스터플랜에 따라 새로운 정착지들이 건설되었다. 완벽한 유기적 행동 계획과 정비 과정의 일환이었다.

그는 그 과정을, 신의 명령을 완성했다.

완벽한 장소에 다섯 도시를 건설하고
거기에 각기 이름을 붙여
그곳들을 중심지로 계획했다.
이 도시들 가운데 첫 번째가 에리두로
그는 이 도시를 선구자 누딤무드(엔키)에게 주었다.

메소포타미아의 이들 대홍수 이전 정착지들은 그 이름에 나타나는 특정한 기능들을 갖고 있었다. 첫 번째가 에리두, 곧 '먼 곳에 지은 집'이라는 뜻을 지닌, 물가에 자리 잡은 금 추출 시설이었는데, 줄곧 에아의 메소포타미아 거처가 되는 곳이었다. 그 다음은 '광석이 최종 처리되는 밝은 곳' 바드티비라(Badtibira)로, 제련과 정제를 위한 야금센터였다. 그 다음의 '밝은 불빛이 보이는 곳' 라라악(Laraak)은 착륙하는 왕복비행선을 안내하기 위한 등대 도시이다. '새의 도시' 시파르(Sippar)는 착륙장이다. 그리고 '최상의 행복을 누리는 곳' 슈루팍(Shuruppak)은 의료센터로 마련되었는데, 엔키와 엔릴 모두의 이복누이인 '소생시키는 여자' 수드의 책임 아래 있었다.

또 하나의 등대 도시 '붉은 빛이 보이는 곳' 라아르사(Laarsa)는 지구에 내린 아눈나키와 지구 궤도에 상주하는 이기기(Igigi), 곧 '관측하는 자들'이라는 우주인들 300명 사이의 긴밀한 협조에 따라 이루어지는 복잡한 작업을 위해 건설되었다. 이기기는 지구 상공을 도는 정거장에 머물면서 지구와 니비루 사이의 중개자 노릇을 했는데, 처리된 광석이 왕복비행선에 실려 지구에서 그곳으로 넘겨지고 다시 자신들의 행성이 거대한 타원 궤도를 돌다가 주기적으로 지구와 가까워졌을 때 그 금을 고향으로 실어갈 수 있는 적당한 우주선으로 전달했다. 우주인들과 장비는 같은 단계를 역으로 밟아 지구에 전달되었다.

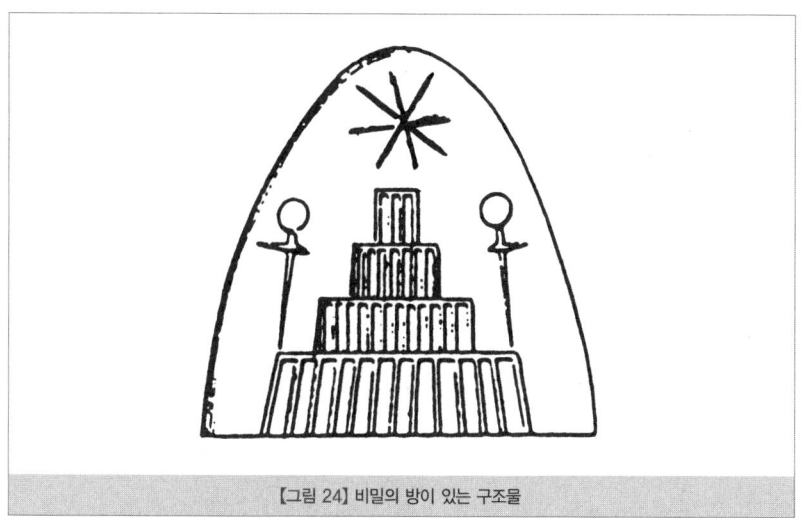
【그림 24】 비밀의 방이 있는 구조물

 이 모든 일에는 비행통제센터가 필요해, 엔릴은 그것을 건설하고 설비하는 일에 나섰다. 그곳은 니브루키(Nibruki), 곧 '지구의 니비루'라 불렸고, 바로 아카드어로 니푸르다. 그곳에는 인공적으로 쌓아올려지고 안테나들이 설치된 기단이 있었는데, 이것이 메소포타미아 '바벨(Babel)탑'의 원형이었다.【그림 24】 그 꼭대기에는 비밀의 방인 디르가(Dirga), 곧 '불빛이 새어나오는 어두운 방'이 있어 거기서 '별들의 상징들'인 우주 지도가 진열되고 두르안키(Duranki), 곧 '하늘과 지구의 연결'이 유지되었다.
 연대기들에 따르면 아눈나키의 첫 정착지들은 '기지로서 설계'되었다. 이 알쏭달쏭한 진술에 대홍수 이후 왕들의 수수께끼 같은 주장이 더해졌다. 수메르에서 홍수에 씻겨나간 도시들을 재건하면서 그들은 이전의 것을 답습했다.

 앞으로 영원히
 건설의 규범이 될

불후의 기본 계획을 따랐다.
거기에 담겨 있는 것은
오래 전 옛날의 그림들과
위쪽 천상의 글들이었다.

수수께끼는 이 지역 지도 위에 엔키와 엔릴이 건설한 첫 도시들을 표시하고 그것들을 동심원으로 연결해 보면 풀릴 것이다. 그것들은 정말로 '기지로서 설계'되었다. 모두가 니푸르의 비행통제센터에서 등거리에 있었다. 그것은 정말로 '위쪽 천상에서 만든' 계획이었다. 그것은 근동 지역 전체를 지구 상공 높은 곳에서 볼 수 있는 사람에게만 이해될 수 있기 때문이다. 그들은 이 지역에서 가장 눈에 잘 띄는 쌍봉(雙峰)의 아라라트 산을 골라 표적지로 삼고, 아라라트 산에서 나오는 남북 선이 눈에 띄는 유프라테스 강과 만나는 지점에 우주공항을 위치시켰다. 이 '불후의 기본 계획'에서 모든 도시들은 한 줄로 배열되어 시파르에 있는 우주공항으로의 착륙 경로를 나타냈다. 【그림 25】

금이 주기적으로 니비루에 공급되어 우려가 누그러졌고, 그곳 니비루에서는 아누가 오랫동안 지배자 자리를 지켰기 때문에 암투조차도 수그러들었다. 그러나 지구에서는 모든 주연 배우들이 '검은 땅'이라는 무대에 올라 상상 가능한 모든 감정과 믿기 어려울 정도의 갈등을 표출하고 있었다.

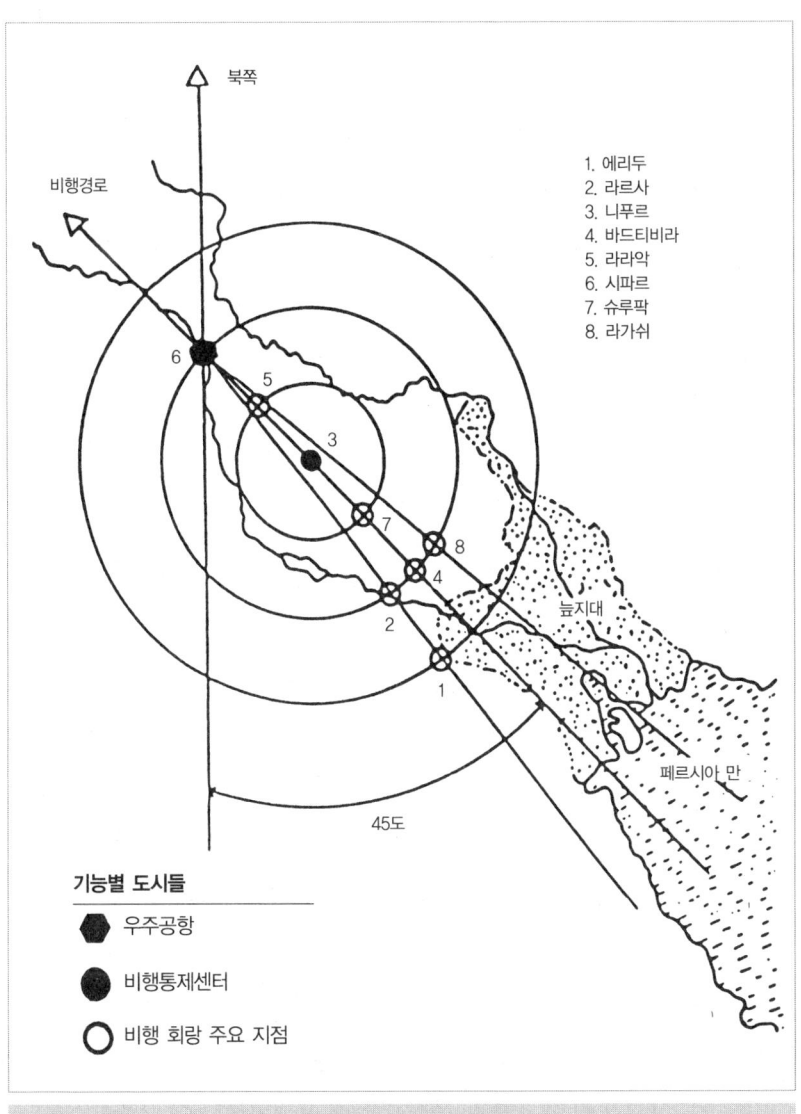

【그림 25】 메소포타미아의 도시 배치

5
구세대 신들의 전쟁

아누가 처음 지구를 방문하고 그때 내렸던 결정들은 이후 수천 년 동안 지구에서 일어난 사건들의 방향을 결정했다. 얼마 지나지 않아 그들은 아담(Adam)을 만들어내게 된다. 아담은 우리가 알다시피 사람이며, 호모 사피엔스(Homo sapiens)다. 그들은 또한 미래에 지구에서 엔릴과 엔키 및 그 후손들이 펼치는 갈등의 씨앗을 뿌렸다.

그러나 먼저 터진 것은 아누 가문과 알랄루 가문 사이에서 일어난 격렬하고 지루한 싸움이었다. 그 대립이 지구에서 폭발해 티탄들의 전쟁으로 번진 것이다. 그것은 '천상에 있는 신들'과 '검은 빛깔의 지구에 있는 신들' 사이에 벌어진 전쟁이었다. 그것은 최후의 절정 국면에서는 이기기의 폭동이었다!

우리는 「천상의 왕권」이라는 문서를 통해 그 전쟁이 니비루인들의 지구 정착 초기에, 아누가 처음으로 지구를 방문한 여파로 일어났음을 알 수 있다. 문서는 적들이 '힘센 구세대 신, 지나간 시대의 신들'이라고 말한다. 아누와 알랄루 이전의 다섯 조상들을 '신들의 선조'로 꼽은 뒤 니비루에서 벌어진 왕위 찬탈과 알랄루의 도피, 아누의 지구 방문, 그리고 이어지는 쿠마르비와 빛은 갈등 등으로 이야기를 시작한다.

「천상의 왕권」에 나오는 이야기는 다른 몇몇 히타이트 및 후르리 문서들에서 증보되고 이어졌는데, 학자들은 그것을 뭉뚱그려 「쿠마르비 전설집」이라고 부른다. 이 문서들은 공들여 기워지고(그러나 여전히 심하게 조각나 있다) 다른 단편들과 판본들이 추가로 발견되어 최근에는 좀 더 이해하기 쉬워졌다. 그것이 귀터복(Hans Gustav Güterbock, 1908~ 2000)의 『후르리족 크로노스의 쿠마르비 신화 Kumarbi Mythen von Churritischen Kronos』와 오텐(H. Otten)의 『쿠마르비 신의 신화 : 새로운 단편(斷片) Mythen vom Gotte Kumarbi-Neue Fragmente』으로 정리되어 빛을 보게 되었다.

쿠마르비가 아누와 함께 지구 상공에 온 뒤 얼마나 오래 거기에 머물렀는지는 이 문서들에 분명히 나와 있지 않다. 그러나 쿠마르비는 어느 정도 시간이 흐르고 아누가 자기 뱃속에서 커지게 한 '돌덩이'들을 겨우 뱉어낸 뒤에 지구로 내려왔음을 알 수 있다. 문서의 잃어버린 부분에 들어 있을 어떤 이유들로 해서 그는 압주의 에아를 찾아갔다.

여기서 조각난 시구들은 폭풍신 테슙이 그 자리에 나타났음을 얘기하고 있다. 수메르인들에 따르면 그는 엔릴의 막내아들 이쉬쿠르(아다드)였다. 폭풍신은 여러 신들이 자기에게 줄 놀라운 능력과 물건들을 줄줄이 이야기하며 쿠마르비의 약을 올렸다. 그 능력들 가운데 하나가 지혜였는데, 그것은 본래 쿠마르비의 것이었다. '쿠마르비는 화가 잔뜩 나서 니푸르로 갔다.' 문서에 빠진 부분이 있어 엔릴의 본부에서 무슨 일이 있었는지는 알 수 없지만, 쿠마르비는 거기서 일곱 달을 머문 뒤 에아와 상의하기 위해 다시 돌아왔다.

에아는 쿠마르비에게 '천상으로 올라가' 라마(Lama)의 도움을 받으라고 충고했다. 라마는 '그 두 신의 어머니'였으니, 경쟁하는 두 왕가의 모계는 같은 핏줄임이 분명해진다. 에아는 자신의 개인적인 이익과도 조금 관련되기 때문에 쿠마르비에게 자기의 천상 수레 마르깃다(Margidda), 곧 아카드어로 '날아가는 탈것' 티이아리타(Tiiarita)에 태워 라마의 천상 거처로 데려다주겠다고 제안했다. 그러나 라마 여신은 에아가 '신들의 의회'의 허락 없이 오고 있음을 알고 에아의 우주선에 '번개 바람'을 보내 그와 쿠마르비를 지구로 돌아가게 했다.

그러나 쿠마르비는 지구로 내려가는 대신에 궤도를 도는 신들과 함께 있기로 했다. 그들은 히타이트 및 후르리 문서에서 이르시르라(Irsirra), 곧 '궤도를 돌며 관측하는 자들'이라 불리고 수메르어로는 이기기라 불리는 신들이다. 쿠마르비는 시간이 남아돌았다.

> 쿠마르비는 온갖 생각을 했다. (…)
> 마음속에서 그런 생각을 했다. (…)
> 그는 재난을 만들어낼 생각을 했다. (…)
> 그는 나쁜 짓을 꾸몄다.

그의 생각은 한마디로 '모든 신들의 아버지'인 최고신임을 주장해야 한다는 것이었다!

궤도를 도는 이르시르라 신들의 지원을 업은 쿠마르비는 '빠르게 이동하는 신발을 신고' 지구로 내려갔다. 거기서 그는 심부름꾼을 다른 주요 신들에게 보내 자기가 대권을 차지하는 것을 인정하라고 요구했다.

아누가 더 이상 봐줄 수 없다고 판단한 것이 바로 이때였다. 아누는 적인 알랄루의 손자 쿠마르비를 영원히 없애기 위해 자기 손자인 폭풍신 테숩에게 그를 찾아내 죽이라고 명령했다. 이에 따라 테숩이 끄는 지구상의 신들과 쿠마르비가 이끄는 천상에서 태어난 신들과의 사이에 치열한 전투가 벌어졌다. 어떤 전투에서는 70명 이상의 신들이 싸움터에 뛰어들었는데, 그들은 모두 천상의 수레를 타고 싸웠다. 문서들이 파손되어 대부분의 전투 장면은 잃어버렸지만, 마지막에 테숩이 이겼다는 것만은 알 수 있다.

그러나 쿠마르비를 물리친 것으로 싸움은 끝나지 않았다. 「쿠마르비 전설집」에 있는 다른 히타이트 서사시들을 보면 쿠마르비는 죽기 전에 어떤 산의 여신에게 자신의 씨를 잉태시켜 자신을 위해 복수하는 '돌의 신' 울리쿰미(Ullikummi)를 낳게 했다. 그는 자신의 멋진(또는 기괴한) 아들을 이르시르라 신들 사이에 숨겨놓고는, 자라서 테숩의 '아름다운 도시 쿰미야(Kummiya)'를 공격하도록 가르쳤다.

폭풍신을 공격해 그를 갈가리 찢고 (…)
하늘에 있는 모든 신들을
마치 새를 쏘듯이 쏘아 떨어뜨려라!

울리쿰미가 지구에서 승리를 거두면 '왕권을 잡기 위해 천상으로 올라가' 니비루의 왕권을 힘으로 쟁취하라고 했다. 쿠마르비는 이런 지시를 내린 뒤 무대에서 사라졌다.

그 아이는 오랫동안 숨겨졌다. 그러나 그가 자란 뒤 어느 날 하늘을 배회하다가 우투(샤마쉬)의 눈에 띄었다. 거대한 몸집 때문이었다. 우투는 테숩의 거처로 달려가 복수자가 나타났음을 알렸다. 테숩은 우투에게 먹을 것과 마실 것을 주고 진정시킨 뒤 '네 수레를 타고 하늘로 올라가' 울리쿰미가 자라는 모습을 감시하라고 말했다. 그러고는 자신이 직접 '돌의 신'을 보기 위해 '조망하는 산'으로 올라갔다.

그는 무시무시한 '돌의 신'을 보고
분노가 끓어올라 주먹을 떨었다.

테슙은 싸울 수밖에 다른 도리가 없음을 깨닫고 전투를 위해 수레를 준비했다. 히타이트 문서는 이를 그 수메르 이름인 이드둑가(Iddugga), 곧 '달리는 납 수레'로 부른다. 이 천상 수레를 채비하라는 지시 내용은 인용할 가치가 있다. 거기에 대해서는 히타이트 문서들이 본래의 수메르 용어에 크게 의존하고 있다. 그 지시 가운데는 '거대한 폭죽'으로 수레의 속도를 높이고, 앞에는 '불을 밝히는' '황소'(동력 장치)를 달고 뒤에는 '거대한 미사일을 위한 황소'를 붙이며, 전면에 레이더 또는 항행 장치 '길을 보여주는 것'을 달고, 강력한 에너지원인 '돌들'(광물들)로 장비들을 활성화하며, 그러고 나서 수레를 '폭풍 천둥 기계'로 무장해 800개 이상의 '불의 돌들'을 탑재하도록 하는 내용이 들어 있다.

'밝은 납 수레'의 '거대한 폭죽'은
기름을 치고 잘 뒤섞게 하라.
'불을 밝히는 황소'는 두 뿔 사이에 달게 하고
꼬리의 '거대한 미사일 황소'는
금을 입히게 하라.
전면의 '길을 보여주는 것'은
집어넣고 돌리게 하며
안에 강력한 '돌들'을 넣게 하라.

돌을 20킬로미터까지 쏠 수 있는
'폭풍 천둥 기계'를 가져오게 하고
800개의 '불의 돌들'도 잊지 말게 하라.
'무시무시하게 번쩍이는 번개'를
보관한 방에서 가져오게 하라.
그들에게 마르깃다를 내어다가 준비하게 하라!

'하늘에서, 구름 사이에서 폭풍신은 돌의 신을 향해 시선을 고정시켰다.' 초기 공격이 실패한 뒤 테슙(아다드)의 형인 닌우르타가 전투에 뛰어들었다. 그러나 돌의 신은 다친 데가 없이 전투를 폭풍신의 도시인 쿰미야의 바로 문 앞까지 끌고 갔다.

쿰미야에서는 테슙의 배우자인 헤바트(아린나)가 자기 집 내실에서 전황을 주시하고 있었다. 그러나 울리쿰미의 미사일이 날아들었다.

아린나는 집을 떠나야 했고
더 이상 신들의 전갈을 들을 수 없었다. (…)
테슙의 전갈도 들을 수 없었고
다른 신들의 전갈 역시 들을 수 없었다.

그녀는 전령에게 '빠르게 이동하는 신발을 신고' 신들이 모여 있는 곳에 가서 전투 소식을 가져오도록 했다. 그녀는 '돌의 신이 내 남편, 고귀한 왕자님을 죽였을지도 모른다'고 겁을 냈다.

그러나 테슙은 죽지 않았다. 수행원이 산악지대 같은 곳에 숨으라고 권하는 것도 그는 거부했다. 그렇게 한다면 '천상에 왕이 없어진다!'고 그는 말했다. 그때 그들 둘은 압주의 에아에게 가기로 했다. 그곳에 가서 '운명의 말이 씌어 있는 옛 서판'에 따른 신의 계시를 얻으려는 것이었다.

쿠마르비가 감당할 수 없는 괴물을 낳았음을 깨달은 에아는 엔릴에게 가서 위험을 경고했다.

"울리쿰미가 하늘과 신들의 신성한 집을 막을 것이오!"

고위 아눈나키 회의가 소집되었다. 모두 해결책을 찾지 못해 부심하고 있는데, 에아가 한 가지 아이디어를 냈다. 봉인된 '석수(石手)' 창고에서 '옛날의 금속 절단기'를 가져다가 돌의 신 울리쿰미의 발밑을 깎아내도록 하자는 것이었다.

그렇게 했더니 돌의 신은 힘이 빠져버렸다. 신들은 이 소식을 들었을 때 '집회 장소로 갔고 모든 신들이 울리쿰미를 향해 고함을 지르기 시작했다'. 테숩은 용기를 얻어 자기 수레에 뛰어올랐다. '그는 바다에서 돌의 신 울리쿰미를 따라잡아 그와 교전을 했다.' 그러나 울리쿰미는 여전히 저항하며 이렇게 외쳤다.

쿰미야는 내가 깰 것이고,
신성한 집은 내가 빼앗을 것이며,
신들은 내가 몰아낼 것이다. (…)
천상까지 올라가서 왕권을 차지할 것이다!

히타이트의 서사시 마지막 부분은 완전히 손상되었다. 그러나 거기에는 인드라와 '악마' 브리트라 사이의 마지막 전투에 관한 산스크리트어 이야기와 같은 게 있었다고 생각할 수 있지 않을까?

그때 무시무시한 광경이 벌어졌다.

신과 악마가 만나 싸울 때

브리트라가 고성능의 미사일을 쏘았다.

뜨거운 벼락과 번개를 (…)

그러자 번개가 번쩍이기 시작했다.

무서운 벼락이 굉음을 내며

의기양양한 인드라의 손에서 발사되었다. (…)

그리고 곧 브리트라의 파멸의 조종이

땡그렁 하고 울렸다.

인드라의 쇠 화살 소나기에 의해.

구멍이 나고, 쪼개지고, 부서져 울부짖으며

죽어가는 악마가 거꾸로 떨어졌다. (…)

그리고 인드라가 그의 가슴을 향해

벼락을 쏘았다.

이것들은 그리스 이야기의 '신들'과 티탄들의 전투였다고 우리는 생각한다. '티탄들'의 의미를 발견한 사람은 여태껏 아무도 없다. 그러나 이 이야기가 수메르에서 나온 것이고 이 신들의 이름도 그러하다면 티타안(Titaan)이 수메르어에서 '천상에 사는 사람들'이라는 문자적 의미가 있음에 주목할 필요가 있다. 쿠마르비가 이끈 이기기의 명칭과 똑같다. 그리고 그들의 적은 '지구상에 있는 자들' 아눈나키였다.

수메르 문서들은 정말로 옛날에 아누의 손자와 다른 집안의 '악마' 사이에 벌어졌던 건곤일척(乾坤一擲)의 싸움을 적고 있다. 이 이야기는 「주(Zu)

신화」로 알려져 있다. 그 영웅은 엔릴과 그의 이복 여동생 수드 사이에서 난 닌우르타다. 이것은 인도와 히타이트의 이야기들이 빌려간 원본 이야기일 가능성이 충분하다.

수메르 문서에 묘사된 이 사건들의 배경은 아누의 지구 방문 이후 시기다. 엔릴의 총지휘 아래 아눈나키는 압주와 메소포타미아에서 자기네 과업의 틀을 잡았다. 광물들은 채굴되고 수송된 뒤 제련되고 정제되었다. 왕복 비행선이 분주한 시파르 우주공항에 와서 금을 가지고 이기기가 운영하는 궤도의 정거장으로 올라간 뒤, 거기서 주기적으로 방문하는 우주선에 실어 고향 행성으로 보내는 것이었다.

지구와 니비루의 두 행성이 정해진 궤도를 도는 사이에 우주선이 오가고 두 행성 사이에서 교신하는 이 복잡한 우주 운항 시스템은 니푸르에 있는 엔릴의 비행통제센터에서 조정했다. 그곳에 쌓은 한 기단 위에 디르가라는 방이 있었다. 가장 비밀스런 '지성소(至聖所)'이며, 거기에 중요한 천체 지도와 '운명의 서판'이라는 궤도 데이터 계기판이 설치되어 있는 것이다.

주라는 신이 바로 이 신성한 방에 들어가 그 중요한 서판을 손에 넣었다. 지구에 있는 아눈나키와 니비루 자체의 운명까지도 그의 손 안에 틀어쥐게 된 것이다.

수메르 문서의 옛 바빌로니아판 및 아시리아판 조각들을 조합해 이야기의 상당 부분이 복구되었다. 그러나 손상된 부분이 여전히 주의 진짜 정체에 관한 비밀을 담고 있다. 그가 어떻게 디르가에 들어갈 수 있었는지에 대한 설명도 마찬가지다. 1979년이 되어서야 헐로(W. W. Hallo)와 모란(W. L. Moran)이라는 두 학자가 예일대학교의 '바빌로니아 컬렉션(Babylonian Collection)'에서 발견한 서판을 통해 이 옛날이야기의 서두를 재구성할 수 있었다.

수메르어로 '주'는 '지식이 있는 남자', 곧 어떤 학문의 전문가라는 의미다. 몇몇 사례들이 이 사악한 주인공을 안주(Anzu), 곧 '천상을 아는 자'라고 한 것을 보면 지구와 니비루를 연결한 우주 프로그램과의 관련성이 엿보인다. 그리고 지금은 복구된 이 연대기의 서두에는 고아인 주가 어떻게 왕복비행선과 궤도정거장에 배속된 우주인들(이기기)에게 받아들여졌고 그들에게서 천상과 우주여행의 비밀을 배웠는지가 서술되어 있다.

일은 '모든 부서에서 모여든' 이기기가 엔릴에게 문제를 제기하기로 결정하면서 시작된다. 그들의 불만은 '그때까지 이기기가 휴식을 취할 장소가 만들어지지 않았다'는 것이었다. 다시 말해서 이기기가 고된 우주 생활과 무중력 상태에서 잠시 벗어나 긴장을 풀고 쉬면서 재충전할 수 있는 시설이 지구에 전혀 없었음을 의미한다. 그들은 자신들의 불만을 전하기 위해 주를 대변인으로 삼고 그를 니푸르에 있는 엔릴의 통제센터로 보냈다.

'두르안키에 있는 신들의 아버지' 엔릴은 '그를 만나보고 그들(이기기)이 말한 것에 대해 생각해 봤다'. 그 요청에 대해 '속으로 곰곰 생각하면서' '그는 멋지게 생긴 주를 면밀히 관찰했다'. 우주인의 일원도 아니고 그들의 제복조차 입지 않은 이 심부름꾼은 도대체 누구란 말인가? 의혹이 증폭될 즈음에 주의 본색을 알고 있는 에아가 입을 뗐다. 주를 엔릴의 본부에 잡아두고 있으면 이기기의 요청에 대한 결정을 미룰 수 있다는 것이었다. 에아는 엔릴에게 '그를 성소에, 가장 내밀한 곳에 보내서 길을 막는 자로 삼으십시오'라고 말했다.

에아가 그에게 한 말에
신(엔릴)은 동의했다.
주는 성소에서 일을 맡았다. (…)

그 방으로 들어가는 입구에
엔릴은 그를 배치했다.

그리고 에아의 묵인 아래, 드러나지 않은 알랄루의 자손이어서 적이라 할 수 있는 신이 이렇게 엔릴의 가장 내밀하고 가장 민감한 방에 접근할 수 있게 되었다. 기록에 따르면 주는 거기서 이런 일을 했다.

신들의 아버지이자 '천상과 지상을 연결하는' 신인 엔릴을
일상적으로 관찰했다. (…)
그가 관리하는 천상의 '운명의 서판'을
주는 일상적으로 관찰했다.

그리고 곧 하나의 음모가 모습을 드러냈다. '통치자 엔릴을 제거할 생각을 그는 마음속에 품었다.'

내가 천상의 '운명의 서판'을 차지할 것이다.
신들의 명령을 내가 통제할 것이다.
나는 내 왕권을 확립하고
천상의 명령을 주재할 것이다.
우주에서 일하는 이기기를 내가 지휘할 것이다.

'마음속에 공격할 생각을 품고 있던' 주는 어느 날 기회를 잡았다. 엔릴이 땀을 식히기 위해 수영하러 갔을 때였다. '그는 운명의 서판을 손에 쥐고' 자신의 우주선에 오른 뒤 '이륙해 하늘의 방 산(山), 후르삭무(Hursagmu)

에 있는 안전한 곳으로 날아갔다'. 이런 일이 일어나자마자 모든 것이 정지했다.

신들의 법식이 통하지 않았다.
밝은 빛도 사그라졌다.
온통 침묵이었다.
우주에서는 이기기가 당혹해했다.
성소의 찬란함이 사라져버렸다.

처음에 '아버지 엔릴은 할 말을 잃었다'. 통신이 복구되자 '지구에 있는 신들이 그 소식을 듣고 하나씩 모여들었다'. 니비루에 있는 아누도 그 소식을 들었다. 주를 잡아내 운명의 서판을 디르가에 다시 갖다놔야 한다는 것은 분명했다. 그러나 그 일을 누가 할 것인가? 용맹하기로 이름난 몇몇 젊은 신들과 접촉해 봤다. 그러나 아무도 그 먼 산까지 주를 쫓아가려 하지 않았다. 주는 이제 엔릴만큼 힘이 세졌고, 엔릴의 '빛의 무기' 역시 훔쳐갔기 때문이었다.

그리고 그에게 맞서는 자는 도공 앞의 진흙 꼴이 되고 (…)
그가 지닌 빛의 무기 앞에 신들은 무력해질 것이다.

그때 엔릴의 적통 상속자 닌우르타가 그 일을 떠맡겠다고 나섰다. 그의 어머니 수드가 지적한 것처럼 주는 엔릴뿐만 아니라 닌우르타에게서도 '엔릴의 통치권'을 앗아갔기 때문이다. 수드는 그에게 산에 숨어 있다가 역시 '빛의 무기'로 주를 공격하라고 일러주었다. 그러나 그렇게 하려면 먼지 장벽 뒤에서 주에게 다가갈 수 있어야 했다. 그렇게 할 수 있도록, 수드는 닌우르타에게 자기가 가지고 있던 '일곱 개의 회오리바람을 주어 먼지를 일으키게 했다'.

'전의(戰意)를 가다듬은' 닌우르타는 하지(Hazzi) 산으로 갔다. 이 산은 쿠마르비의 이야기에도 나오는 산이다. 거기서 닌우르타는 자기 수레에 일곱 개의 무기를 걸고 회오리바람으로 먼지를 일으키도록 했다. 그러고는 주에 맞서 '무시무시한 전쟁, 격렬한 전투를 일으킬' 준비를 했다.

주와 닌우르타는 산허리에서 만났다.
주는 그를 발견하고 화를 내기 시작했다.
그는 자신이 지닌 빛의 무기로
산을 대낮처럼 밝혔다.
그는 화가 나서 광선을 쏘았다.

주는 모래폭풍 때문에 공격자가 누군지 알지 못한 채 닌우르타에게 소리쳤다.

나는 모든 권능을 빼앗아왔다!
신들의 명령은 (이제) 내가 지휘한다!
너는 누구기에 내게 와서 싸움을 거느냐?
네가 누군지 밝혀라!

그러나 닌우르타는 주를 향해 계속 '공격해 들어가며', 주를 잡고 운명의 서판을 되찾도록 아누가 직접 자신을 임명했다고 말했다. 그 소리를 들고 주는 빛의 무기를 거두어 '산의 전면이 어둠에 휩싸였다'. 닌우르타는 겁먹지 않고 '어둠 속으로 들어갔다'. 그는 자신의 수레 중앙에서 주에게 번개를 쏘았지만 '번개는 주에게 다가갈 수 없었고 다시 돌아왔다'. 주가 얻은 힘 때문에 어떤 번개를 쏘더라도 '그의 몸에 맞지' 않았다.

전투는 조용해졌고, 충돌은 그쳤다.
무기들도 산속에서 멈췄다.
그 무기들로는 주를 제압할 수 없었다.

돌파구를 찾지 못한 닌우르타는 동생인 이쉬쿠르(아다드)를 시켜 엔릴의 의견을 구하기로 했다.

이쉬쿠르야, 보고서를 가져가라.
엔릴께 보내는 전황 보고다.

엔릴은 이쉬쿠르에게, 돌아가서 닌우르타에게 이런 말을 하라고 지시했다.

싸움에 힘들어하지 마라.
네 힘을 보여주어라!

보다 실질적으로는, 그는 미사일인 틸루(tillu)를 닌우르타에게 보내 발사체를 쏘는 폭풍우 기계에 붙이도록 했다. (틸루는 상형문자로는 ➤━▶ 로 쓴다.) 그는 닌우르타가 '회오리바람 우주선'을 타고 주의 우주선에 될 수 있는 한 가까이 접근해 '날개끼리 맞닿을 정도'가 되도록 하라고 말했다. 그런 다음 미사일을 주의 우주선 '날개'에 조준하라고 했다.

미사일을 발사해 번개처럼 날아가게 해야 한다.
불을 뿜는 빛의 무기가 날개를 삼키면
그의 날개가 나비처럼 흔들릴 것이고,
그러면 주를 쳐부술 수 있다.

마지막 전투 장면은 어떤 서판에도 나와 있지 않다. 그러나 하나 이상의 '우주선'이 전투에 참가했음은 알 수 있다. 지금은 술탄테페(Sultan-Tepe)라 불리는 유적지의 히타이트 문서보관소 유적에서 발견된 복각본 파편에 따르면, 닌우르타는 '먼지를 휘저을 일곱 회오리바람'을 배치하고 수레를 '나쁜 바람'으로 무장한 뒤 자기 아버지가 말한 대로 주를 공격했다.

땅이 흔들리고 (…) 어두워졌으며
하늘도 시커멓게 변했다. (…)
주의 날개가 무력해졌다.

주는 체포되어 니푸르에 있는 엔릴 앞으로 다시 잡혀왔다. 운명의 서판은 본래 있던 곳에 다시 설치되었다. '통치권이 다시 에쿠르(Ekur)에 돌아왔고, 신들의 법식이 회복되었다.'

체포된 주는 일곱 명의 고위 아눈나키로 구성된 군사법원의 재판에 넘겨졌다. 그는 유죄 판결을 받고 사형을 선고받았다. 그를 쳐부순 닌우르타가 '그의 목을 베었다'. 이 재판 장면을 보여주는 묘사들이 여럿 발견되었다. 거기서 주는 이기기 우주인들과 한패였기 때문에 새의 모습을 띠고 있다.

【그림 26】 주의 처형 장면을 그린 부조

중부 메소포타미아에서 발견된 고대의 부조(浮彫) 하나는 주의 실제 처형을 그리고 있다. 이 그림은 '관찰하는 자들'에 속했던 주를 이마에 눈이 하나 더 있는 악마 수탉으로 표현하고 있다. 【그림 26】

주를 물리친 것은 아눈나키의 기억 속에 위대한 해방으로 길이 남아 있었다. 아마도 배반과 표리부동, 그리고 일반적으로 모든 악을 표상하는 주의 망령이 끊임없이 불행과 고통을 불러온다는 생각 때문에 주의 재판과 처형이 복잡한 의식이라는 형태로 이후의 인간들에게도 전해진 듯하다. 이 연례 축일에는 주를 표상하기 위해 황소가 선택되고 그의 악행을 속죄한다.

이 의식을 위한 긴 지침이 바빌로니아판과 아시리아판 두 가지로 발견되었는데, 모두 그보다 이른 시기의 수메르판에서 나왔음을 시사하고 있다. 여러 가지 준비 끝에 '청정 목초지에서 자란 커다랗고 힘센 황소' 한 마리가 신전으로 보내져 특정한 달의 첫날에 깨끗이 씻긴다. 그러고는 황소의 왼쪽 귀에 갈대 대롱을 대고 이렇게 속삭인다.

"황소야, 네가 바로 죄인 주다."

오른쪽 귀에 대고는 이렇게 속삭인다.

"황소야, 너는 의식과 행사를 위해 선택되었다."

보름째 되는 날 황소는 '일곱 재판관 신들'의 형상과 태양계 열두 개 천체의 상징 앞에 나가게 된다.

거기서 주의 재판이 재연된다. 황소는 '위대한 목자' 엔릴 앞으로 끌려온다. 기소하는 사제가 마치 엔릴에게 제기하듯이 수사적인 기소 항목들을 읽는다.

어떻게 '보관 중인 보물'을 적에게 줄 수 있습니까?
어떻게 그를 '깨끗한 곳'에 와서 머물 수 있게 할 수 있습니까?
어떻게 그가 당신의 구역에 들어갈 수 있었습니까?

그러고 나서 연극은 에아와 다른 신들이 엔릴에게 진정하도록 간청하게 한다. 닌우르타가 앞으로 나와서 자신의 아버지에게 이렇게 요구했기 때문이다.

제게 올바른 방향을 제시해 주십시오!
제게 올바른 명령을 내려주십시오!

법정에 제출된 이 증거를 읽은 뒤 판결이 내려진다. 황소가 상세한 지침에 따라 도살되고 사제들은 황소에 대한 평결을 읽는다. 황소의 간은 제례용 솥에서 삶고, 가죽과 살은 신전 안에서 불태운다. 그러나 황소의 '악한 혀는 계속 빼물고 있어야 한다'.

그 뒤 다른 신들의 역할을 맡고 있는 사제들은 닌우르타를 칭송하는 찬가를 부르기 시작한다.

손을 씻으라, 손을 씻으라!
이제 엔릴의 자격으로 손을 씻으라!
그대는 지구의 엔릴이니
모든 신이 그대를 반긴다!

신들은 주와 싸우겠다는 지원자를 찾으면서 주를 물리친다면 이렇게 하겠다고 약속했다.

높은 신들의 집회에서도
그대의 이름이 가장 커질 것이다.
다른 신들이나 그대의 형제들 가운데서도
필적할 자가 없으리라.
신들의 찬양을 받고
힘센 자라 일컬어지리!

닌우르타가 이겼으니 약속은 지켜져야 했다. 그러나 거기에 훗날 신들 사이에 싸움이 벌어지게 되는 문제와 씨앗이 들어 있었다. 닌우르타는 분

구세대 신들의 전쟁

【그림 27】날개가 달린 새 모습의 악마

명히 엔릴의 적통 승계권자였지만, 그것은 니비루에서 해당되는 얘기였지 지구에서는 아니었다. 이제 신전의 기념 의식을 통해 그것을 분명히 했다. 그는 '지구에서 엔릴과 같이' 되는 것이다. 수메르와 아카드의 신들에 관한 다른 문서들을 보면 그들의 위계질서 역시 수치를 통해 표현되었다. 아누에게는 수메르의 60진법 체계에서 가장 높은 숫자 60이 주어졌다. 그의 적통 승계권자 엔릴은 50이었고, 맏아들(이자 엔릴 유고시 승계권자) 에아는 40이었다. 이제 닌우르타가 '엔릴과 같이' 되었다는 수수께끼 같은 얘기는 그에게 역시 50의 등급이 주어졌다는 얘기다.

부분적으로 훼손된 신전 의식 문서의 끝부분에는 다음과 같은 판독 가능한 시구가 들어 있다.

【그림 28】 날개 달린 나체의 여신 릴리투

오, 마르둑이여, 왕권에 대해 이렇게 말하시오.
"내가 포기하겠소!"
오, 아다드여, 왕권에 대해 이렇게 말하시오.
"내가 포기하겠소!"

우리는 손상된 부분에도 비슷하게 신(Sin)이 신들의 왕이 되겠다는 주장을 포기하고 닌우르타의 지배권을 인정하는 구절이 들어 있으리라는 것을 쉽게 추측할 수 있다. 그 결과 엔릴이 지구에서 낳은 맏아들인 신은 30의 등급을 받았고, 그의 아들 샤마쉬는 20, 그의 딸 이쉬타르는 15, 이쉬쿠르(아카드어로 아다드)는 10의 등급을 받았다. (마르둑의 수치 등급에 대해서는 남아 있는 기록이 없다.)

주의 음모와 그의 흉계는 인류의 기억 속에도 남아, 고통과 질병을 일으킬 수 있는 새 모습의 악마에 대한 공포를 키워왔다. 【그림 27】이런 악마들 가운데 어떤 것들은 릴루(Lillu)라 불렸는데, 릴루는 '울부짖다'와 '밤의'라는 이중 의미로 쓰이는 말이다. 그 여자 우두머리인 릴리투(Lillitu) 또는 릴리트(Lilith)는 새와 같은 발을 가지고 날개가 달린 나체의 여신으로 그려졌다. 【그림 28】발견된 여러 슈르푸(shurpu, 불태움을 통한 정화) 문서들은 이런 악령들에 맞서는 체현(體現) 처방이다. 그것은 수천 년 동안 이어진 주술과 마법의 선행 형태다.

신들은 주를 물리친 뒤 엔릴의 통치권과 닌우르타의 2인자 지위를 존중하고 존경하기로 엄숙하게 맹세했지만, 경쟁과 다툼을 일으키는 기본적인 요인은 여전히 남아 그 이후 수천 년 동안 간간이 터져 나왔다. 그런 일이 일어나리라는 것을 인식한 아누와 엔릴은 닌우르타에게 놀라운 새 무기들을 주었다. 아누는 그에게 '최고의 사냥꾼' 샤르우르(Sharur)와 '최고의 몽치' 샤르가즈(Shargaz)를 주었다. 엔릴도 그에게 몇 가지 무기를 주었는데, 그 가운데 '50개의 무시무시한 뿔'이 달린 특이한 무기 이브(Ib)가 가장 무서웠다. 이 때문에 연대기들은 닌우르타를 '이브의 주인'이라 부르기도 했다. 이렇게 무장한 닌우르타는 '엔릴의 최고 전사'가 되어서 엔릴의 통치에 대한 어떠한 저항이라도 물리칠 준비를 갖추고 있었다.

그런 저항 가운데 그 다음 것은 압주의 금광에서 일하던 아눈나키의 폭동이라는 형태로 나타났다. 이 폭동과 이를 전후한 연관 사건들은 학자들이 「아트라하시스 서사시」라 부르는 문서에 전모가 묘사되어 있다. 그것은 제대로 된 지구 연대기이며 특히 호모 사피엔스, 곧 우리가 아는 '인간'의 창조로 이어지는 사건들을 기록하고 있다.

이 문서는 아누가 니비루로 돌아가고 지구가 엔릴과 엔키에 의해 분할된 뒤 아눈나키가 압주 광산에서 '40단위기간'(그들 행성의 40회 공전에 해당하는 기간이며, 지구 햇수로는 14만 4,000년이다) 동안 고생을 했다고 전한다. 그러나 일은 힘들고 고통스러웠다.

산속에서 (…)
깊게 파고들어 간 갱도 속에서 (…)
아눈나키는 힘든 노역에 시달렸다.
40단위기간 동안이나 지속되었으니
그들의 고생은 과도한 것이었다.

땅속 깊은 곳에서 이루어지는 채굴 작업은 결코 중단되지 않았다. 아눈나키는 '밤낮으로 일에 시달렸다'. 그러나 갱도가 깊어지고 고생이 심해지면서 불만이 커졌다.

그들은 구덩이 속에서
푸념하고 험담을 하고 불평했다.

질서 유지를 돕기 위해 엔릴은 닌우르타를 압주로 보냈다. 그러나 이것이 엔키와의 관계를 더욱 악화시켰다. 그때 엔릴이 압주로 가서 직접 상황 판단을 해야겠다고 결심했다. 불만을 품은 아눈나키가 폭동을 일으킬 기회를 잡은 것이다!

「아트라하시스 서사시」는 요즘의 기자가 쓴 것처럼 생생한 언어로, 150줄 이상의 문장에 그 이후의 사건들을 분명하게 묘사하고 있다. 반란을 일으킨 아눈나키가 연장에 불을 지르고 한밤중에 엔릴의 거처까지 행진한 일, 그들 가운데 일부가 '저 자를 죽여버리자! (…) 굴레를 벗어버리자!' 하고 외친 일, 이름 모를 지도자가 엔릴은 '구시대의 통치자'라고 그들을 일깨우며 협상을 권한 일, 그리고 격분한 엔릴이 무기를 뽑아들었으나 그 역시 수행원으로부터 '각하, 저들은 당신의 자식들입니다' 하는 만류를 들었던 일 등이다.

엔릴은 자기 영토에 갇힌 신세가 되어서 아누에게 전갈을 보내 지구로 와달라고 청했다. 아누가 도착하자 고위 아눈나키가 모여 군사법원을 열었다. '압주의 지배자인 엔키 역시 참석했다.' 엔릴은 폭동의 선동자가 누구인지 밝히라고 요구하면서 선동자는 사형에 처해야 한다고 주장했다. 엔릴은 아누의 지지를 얻지 못하자 사퇴 의사를 밝혔다. 그는 아누에게 이렇게 말했다.

고귀하신 이여,
제 직책을 가져가시고 권한을 가져가십시오.
나는 당신과 함께 천상으로 올라갈 것입니다.

그러나 아누는 엔릴을 진정시키는 한편, 채굴자들의 고생도 이해하고 있다고 말했다.

용기를 얻은 엔키는 '입을 열고 신들에게 이야기를 했다'. 아누가 정리한 내용을 반복한 뒤 그는 해법을 내놓았다. 의료 최고책임자인 그들의 누이 수드가 그곳 압주에 함께 있기에 가능한 일이었다.

> 그녀로 하여금 '일꾼 원시인'을 창조하게 해서
> 그에게 일을 시킵시다. (…)
> 그 일꾼으로 하여금 신들의 노고를 덜게 합시다.
> 그에게 일을 시킵시다!

이렇게 호모 사피엔스를 만들어내는 유전공학 이야기는 「아트라하시스 서사시」의 이어지는 100여 행과 다양한 보존 상태로 발견된 다른 몇몇 '인간 창조' 문서들에서 놀랄 만큼 상세하게 서술되고 있다. 엔키는 이 일을 성공시키기 위해 '이미 존재하는 생명체'인 여자 원인(猿人)과 덜 진화된 생명체인 '신들의 형상'을 결합시켜 룰루아멜루(Lulu Amelu), 곧 '혼종 일꾼'을 창조하자고 제안했다. 수드 여신은 한 젊은 남성 아눈나키의 '정수'를 뽑아낸 뒤 그것을 한 여자 원인의 난자와 교배시켰다. 그리고 수정된 난자는 한 여성 아눈나키의 자궁에 착상시켜 필요한 임신 기간을 채웠다. '혼종 생명체'가 태어나자 수드는 그를 들어 올리고 외쳤다.

> 내가 창조했다!
> 내 손으로 만들어냈다!

'일꾼 원시인'(호모 사피엔스)이 태어났다. 30만 년 전쯤에 일어난 일이었다. 그것은 인류 자신이 이제 사용하기 시작한 유전공학과 태아착상 기술이라는 묘기를 통해 이루어냈다. 물론 의심할 여지 없이 긴 진화 과정이 있었다. 그러나 이때 아눈나키가 그 과정에 끼어들어 진화 단계를 건너뜀으로써 우리가 스스로 진화해 나오는 것보다 더 빨리 '창조'해 낸 것이다. 학자들은 오랫동안 인간 진화의 '빠진 고리'를 찾아왔다. 수메르 문서들은 그 '빠진 고리'가 실험실에서 이루어진 유전자 조작의 묘기였음을 보여준다. 그것은 한순간에 완전히 끝난 일은 아니었다. 문서들은 원했던 '완전한 형태'의 일꾼 원시인이 만들어지기까지 아눈나키가 상당한 시행착오를 거쳤음을 분명히 밝히고 있다. 그러나 일단 완성되자 대량생산 과정이 시작되었다. 열네 명의 '출산 여신'들이 동시에 유전자 조작된 여자 원인의 난자를 착상시켜 일곱 명의 남자 일꾼과 일곱 명의 여자 일꾼을 낳았다. 일꾼들은 성장한 뒤 광산에 투입되어 일했다. 그리고 그 숫자가 늘어나면서 압주의 육체적 허드렛일들은 점점 더 그들에게 떨어졌다.

그러나 곧이어 벌어지는 엔릴과 엔키 사이의 무력 충돌도 바로 이 노예 일꾼들과 관련된 것이었다.

압주에서 광물 생산이 늘어날수록 메소포타미아의 시설 운영을 위해 남아 있는 아눈나키의 업무 부담이 커졌다. 기후는 온화해졌고 비는 더 많이 왔으며 메소포타미아의 강들은 끊임없이 흘러넘쳤다. 메소포타미아의 아눈나키는 점점 더 많은 '강을 파고' 제방을 더 높였으며 운하를 더 깊게 팠다. 그들도 곧 노예 일꾼들을 달라고 아우성치기 시작했다. 머리칼은 굵고 검지만 '얼굴은 흰 동물들' 말이다.

> 아눈나키는 엔릴에게 달려갔다. (…)
> 그들은 검은머리들을 달라고 그에게 요청했다.
> 검은머리 사람들에게
> 곡괭이를 들게 하라고.

이 사건들에 관한 기록은 크레이머(Samuel Noah Kramer, 1897~1990)가 「곡괭이 신화 The Myth of the Pickax」라 이름 붙인 문서에 나온다. 부분적으로 빠진 곳이 있긴 하지만 엔키가 일꾼 원시인들을 메소포타미아로 보내달라는 엔릴의 요청을 거부했다는 사실은 알 수 있다. 엔릴은 자기 손으로 일을 처리해야겠다고 결심하여 고향 행성과의 통신을 끊는 극단적인 조치를 취했다.

그는 '천상과 지구의 연결'을 끊어버렸다. (…)
정말로 신속하게 천상을 지구로부터 끊어냈다.

그런 다음 '광산의 땅'에 대해 무장 공격을 시작했다.
압주의 아눈나키는 일꾼 원시인들을 중앙 수용소에 집합시킨 뒤 다가올 공격에 대비해 방벽을 보수했다. 그러나 엔릴은 알아니(Alani), 곧 '힘을 내는 도끼'라는 놀라운 무기를 만들었다. '뿔'과 방벽 및 토루(土壘)를 뚫을 수 있는 '쟁기'가 부착된 것이었다. 이런 무기들을 동원해 엔릴은 성채에 구멍을 뚫었다. 구멍이 커졌다.

일꾼 원시인들이 엔릴 쪽으로 뛰쳐나오기 시작했다.
그는 넋을 잃고 검은머리들을 바라보았다.

그 이후 일꾼 원시인들은 양쪽 땅에서 단순 작업에 투입되었다. 광산의 땅에서는 '그 일을 떠맡아 노역에 시달렸다'. 메소포타미아에서는 '곡괭이와 삽을 들고 신들의 집을 짓고, 거대한 운하 제방을 쌓았으며, 신들의 음식으로 공급할 작물들을 길렀다'.

【그림 29】 여러 가지 일을 하고 있는 일꾼 원시인들

원통인장들에 새겨진 많은 고대 그림들은 들판의 동물들처럼 벌거벗은 채 주어진 일을 하고 있는 이들 일꾼 원시인들을 묘사했다. 【그림 29】 여러 수메르 문서들은 인간 발전 단계 중 이 동물 수준의 단계를 기록했다.

인류가 처음 창조되었을 때는
빵을 먹을 줄 몰랐고
옷을 입을 줄도 몰랐고
양처럼 입으로 풀을 뜯어먹으며
도랑의 물을 마셨다.

그런데 젊은 여자 아눈나키가 얼마나 오랫동안 '출산 여신' 역할을 요구받았을까(아니면 강요당했을까)? 엔릴에게 알리지 않은 채, 그리고 수드의 묵

【그림 30】 아담과 하와 이야기를 그린 그림

인 아래 엔키는 이 새로운 생물체에 대해 또 하나의 유전자 장난을 쳤다. 여느 혼종 생물들처럼 출산을 할 수 없었던 이 혼종 생물에게 자식을 낳을 수 있는 능력, 아이를 갖기 위한 성적 '접촉'을 가능케 한 것이다. 이 사건은 구약에 나오는 에덴동산의 아담과 하와 이야기에 그대로 반영되어 있다. 그리고 이 이야기의 원본 수메르 문서는 발견되지 않았지만, 이 사건을 그린 수메르의 그림은 실제로 여럿 발견되었다. 이 그림들은 이야기의 여러 장면들을 보여준다. 생명의 나무, 금지된 과일의 유혹, 그 이후에 일어난 '하느님'과 '뱀' 사이의 격돌 등이다. 또 다른 그림은 하와가 허리에 옷을 두르고 있는 데 반해 아담은 여전히 벌거벗은 모습을 보여준다.【그림 30】 구약에 나오는 또 하나의 세부 사항에 대한 묘사다.

뱀 신은 이 모든 고대의 그림들에 특징적인 것이지만, 여기 실린 삽화는 신의 통칭 또는 이름을 고대 수메르어 ✳➝ 로 썼다는 점에서 특별한 중요성을 지닌다. '별'은 '신(神)'이라고 쓴 것이며, 삼각형 기호는 부르(Bur)/부루(Buru)/부주르(Buzur)로 읽히는데 모두 통칭 또는 이름에 해당하는 말이다. '비밀을 푸는 신'이나 '깊은 광산의 신' 또는 이들의 변형 의미다. 본래의 히브리어로 된 구약은 하와를 유혹한 신을 나하쉬(Nahash)라고 불렀는데, '뱀'으로 번역되었지만 문자 그대로의 의미는 '비밀을 푸는 자'나 '금속에 해박한 자'다. 수메르의 묘사에 나오는 신의 이름과 정확히 일치한다. 이 그림은 뱀 신의 손발이 묶여 있는 모습을 보여주어 더욱 흥미로운데, 엔키가 독단적인 행동을 한 뒤 체포되었음을 상징한다.

엔릴은 화가 나서 호모 사피엔스 지구인인 아담을 에딘(Edin), 곧 '적법한 자의 거처'에서 추방하도록 명령했다. 인간은 더 이상 아눈나키의 정착지에 갇혀 있지 않게 됨으로써 지구 곳곳을 떠돌기 시작했다.

그리고 아담이 그 아내 하와와 접촉했는데,
하와가 임신해 카인(Cain, 가인)을 낳았다. (…)
그리고 그녀는 다시 그의 동생 아벨(Abel)을 낳았다.

_「창세기」 4:1~2

신들은 더 이상 지구상에서 혼자가 아니었다. 당시 아눈나키는 그들 사이의 전쟁에서 일꾼 원시인들이 어떤 역할을 하게 될 것인지 거의 알 수 없었다.

6
인류의 출현

스미스(George Smith, 1840~1876)가 1876년에 메소포타미아의 창조 이야기를 발견해 『칼데아인의 창조 이야기 The Chaldean Account of Genesis』로 상세히 정리하고 킹(Leonard William King, 1869~1919)이 『일곱 서판의 창조론 The Seven Tablets of Creation』으로 뒤를 이은 이후, 학자들과 신학자들은 모두 「창세기」 1~3장에 나오는 구약의 창조 이야기가 수메르의 원본 문서를 요약·편집한 변형임을 인식하게 되었다. 그로부터 100년 뒤 우리는 『수메르, 혹은 신들의 고향 The 12th Planet』(1976)에서 이 문서들이 태고의 신화가 아니라 현대 학자들도 이제야 겨우 알기 시작한 선진 과학 지식의 보고(寶庫)였음을 보여주었다.

목성과 토성에 간 무인 우주 탐사선들은 우리 태양계에 관한 수메르인들의 지식이 지닌 여러 가지 '믿기 어려운' 측면들을 확인했다. 이 외행성들이 수많은 위성들을 가지고 있고 그 가운데 일부에는 물이 존재한다는 사실 같은 것들이다. 이 멀리 떨어진 행성들과 그 일부 주요 위성들은 내부의 열을 발산하는 활동적인 핵을 갖고 있음이 확인되었고, 일부는 그들이 멀리 떨어진 태양으로부터 받을 수 있는 것보다 더 많은 열을 발산하고 있다. 화산 활동은 이 천체들에 대기를 제공했다. 생명체의 발전을 위한 모든 기본적인 필요조건들이 거기에 존재한다. 6,000년 전에 수메르인들이 말한 그대로다.

그렇다면 우리 태양계의 열두 번째 식구의 존재는 어떤가? 명왕성 너머의 열 번째 행성이며, 수메르에서는 니비루라 하고 바빌로니아에서는 마르둑이라 했던 바로 그 행성 말이다. 우리는 『수메르, 혹은 신들의 고향』에서 그것이 존재한다는 사실을 기본적이고 원대한 결론으로 삼은 바 있다.

1978년, 워싱턴에 있는 미국 해군천문대(USNO, United States Naval Observatory) 천문학자들은 명왕성이 이전에 생각되었던 것보다 더 작아 단독으로는 천왕성과 해왕성의 궤도에 섭동(攝動) 현상*을 일으킬 수 없다는 판단을 내렸다. 그들은 명왕성 너머에 또 다른 천체가 있을 것이라고 가정했다. 1982년에 미국 국가항공우주국(NASA, National Aeronautics and Space Administration)은 그러한 천체가 정말로 존재한다는 그들의 결론을 발표했다. 나사는 토성 너머의 우주로 발사된 두 척의 파이어니어(Pioneer) 우주선을 어떤 방식으로든 그곳에 배치해 그것이 또 하나의 대형 행성인지 아닌지 확인하기로 했다.

그리고 1983년 연말에 캘리포니아 주의 제트추진연구소(JPL, Jet Propulsion Laboratory)는 적외선천문위성(IRAS, Infrared Astronomical Satellite)이 명왕성 너머에서 매우 먼 '수수께끼의 천체'를 발견했다고 발표했다. 적외선천문위성은 미국 국가항공우주국의 원조와 다른 나라들의 협력 아래 발사된 우

---

* 어떤 천체의 평형 상태가 다른 천체의 인력에 의해 교란되어 궤도가 정상적인 타원을 벗어나는 현상. (옮긴이)

주선에 탑재한 적외선 망원경으로, 발견된 천체는 지구 크기의 약 네 배에 달하고 지구를 향해 움직이고 있었다는 것이었다. 그들은 아직 이것을 행성이라 부르지 않고 있다. 그러나 우리의 지구 연대기들은 이 결정적인 발견에 대한 의문을 말끔히 해소해 준다.

1983년에 분명히 달과 화성의 파편들인 바윗덩어리들이 남극 등 여러 곳에서 발견되었다. 그리고 과학자들은 어떻게 그런 일이 일어날 수 있는지 무척 당혹스러워했다. 수메르의 태양계 창조 이야기, 니비루의 위성들과 티아마트(Tiamat)의 충돌, 그리고 유명한 「창조 서사시」에 나오는 기타 우주 기원론은 포괄적인 설명을 제공한다.

그리고 인간이 유전자 조작을 통해 창조된 전말을 묘사하고 있는 문서들은 어떤가? 체외수정과 재이식 같은 것 말이다.

최근의 유전학 및 기술 발전에 따라, 한편으로 점진적인 진화를 하면서 다른 한편으로 아눈나키의 유전공학을 통해 생물학적으로 한 단계 건너뛴 호모 사피엔스가 출현했다는(그러지 않았으면 불가능했을 것이다) 수메르 방식의 인식이 확인되었다. 심지어 아주 최근의 방법인 시험관아기조차도 수천 년 전 수메르 문서에 묘사된 과정과 정확히 일치한다. 여성의 난자를 추출하고, 이를 정화한 남성 정액으로 수정시키며, 수정된 난자를 여성의 자궁에 재이식하는 과정이다.

지구 창조와 인간 창조라는 두 가지 주요 사건이 구약에 제대로 기록되었다면 지구에서 일어난 인류의 출현에 관한 구약 이야기의 정확성도 믿어야 하지 않을까?

그리고 구약의 이야기들이 보다 상세하고 이른 시기의 것인 수메르 연대기들의 요약판일 뿐이라면, 수메르의 이야기를 그 이른 시기에 관한 구약 기록을 보완하고 완성하는 데 이용해야 하지 않을까?

그 하나가 다른 하나를 베낀 것이니, 그 고대에 대한 기억의 불길을 그대로 되살려보자. 이 놀라운 이야기를 계속 해명해 보자.

「창세기」는 말 그대로 '지구인'인 '인류의 조상 아담'이 어떻게 해서 자식 낳는 능력을 부여받았는지를 설명한 뒤, 지구에서 일어난 전반적인 사건들을 자세히 나열하는 것으로부터 인류의 특정 분파의 내력 이야기로 옮겨간다. 아담이라는 특정인과 그 자손들 이야기다.

'이것은 아담의 가보(家譜)다'(「창세기」 5:1)라고 구약은 밝히고 있다. 그러한 책은 분명히 존재했다고 단언할 수 있다. 구약에서 아담이라고 부른 사람은 수메르인들이 아다파(Adapa)라고 부른, 엔키가 '완성'했고 유전적으로 그와 연관되었다고 생각된 지구인임을 강력히 시사하는 증거들이 있다.

엔키는 그에게 폭넓은 지식을 전수했고
지구의 비밀에 대해서도 털어놓았다.
엔키는 그에게 지식을 주었다.
그러나 그에게 영생은 주지 않았다.

「아다파 이야기」는 부분적으로 발견되었다. 완전한 문서라면 바로 구약이 참조한 '아담의 가보'였을 것이다. 아시리아 왕들은 아마도 그러한 기록을 보았을 것이다. 그들 가운데 여러 명이 아다파의 이런저런 능력을 이어받았다고 주장했기 때문이다. 사르곤과 센나케리브는 스스로 엔키가 아다파에게 부여한 지혜를 이어받았다고 생각했다. 신샤르이쉬쿤(Sinsharishkun)과 에사르핫돈은 자신들이 '슬기로운 아다파를 빼닮게' 태어났다고 으스댔다. 에사르핫돈의 한 비문에 따르면 그는 아슈르 신전에 아다파의 형상을 한 조각상을 건립했다. 그리고 아슈르바니팔은 자신이 아다파가 알고 있던 것과 같은 '대홍수 이전 서판 글자의 비밀'을 배웠다고 주장했다.

수메르 자료들은 대홍수로 지구 표면 전체가 물에 잠기기 전에 농경과 목축 등 전원 문화와 도시 정착지가 공존했었다고 전하고 있다. 「창세기」는 아담과 하와의 첫 아들 카인이 '땅을 파는 농부'였고 그 동생 아벨은 '양을 치는 목자'였다고 말한다(「창세기」 4:2). 그리고 카인이 아벨을 죽여 '하느님이 계신 곳에서'(「창세기」 4:16) 쫓겨난 뒤 도시 정착지, 곧 '인간의 도시'가 건설되었다. 에덴의 동쪽 노드(Nod, 놋)에서 카인은 아들을 낳아 이름을 에노크(Enoch, 에녹)라 했다. 그러고는 같은 이름의 도시를 건설했는데, 이 이름은 '토대'라는 의미다. 구약은 카인의 계보에는 특별한 관심이 없었던지 빠르게 건너뛰어 에노크의 4대손인 라메크(Lamech, 라멕)가 태어났을 때로 넘어간다.

> 라메크는 두 아내를 얻었다.
> 한 아내의 이름은 아다(Adah)였고
> 다른 아내의 이름은 찔라(Zillah, 실라/씰라)였다.
> 아다는 야발(Jabal)을 낳았는데
> 그는 장막에 살면서 가축을 치는 사람들의 조상이다.
> 그의 아우는 이름이 유발(Jubal)이었는데
> 현악기와 관악기를 다루는 사람들의 조상이다.
> 그리고 찔라 또한 투발카인(Tubal-Cain, 두발가인)을 낳았는데
> 금·동·철을 다루는 대장장이었다.
>
> _「창세기」 4:19~22

기원전 2세기에 이전 자료들을 토대로 엮은 것으로 생각되는 위서(僞書)인 「희년서(禧年書)」*는 카인이 여동생 아완(Awan)과 결혼해 그녀로부터 에녹을 낳았다는 정보를 추가하고 있다.

(에노크를 낳은 때는) 제4요벨 말이었다.
그리고 제5요벨 제1샤부아 첫해에 집들이 땅에 지어졌고,
카인이 도시를 건설한 뒤
자기 아들 이름을 따 에노크(토대)라고 이름 붙였다.

이 추가 정보는 어디서 온 것일까?
창세 이야기의 이 부분은 고립적이어서 메소포타미아 문서에 보강 증거나 동일 내용이 없다고 오랫동안 생각해 왔다. 그러나 우리는 그렇지 않다는 사실을 발견했다.
우선 우리는 대영박물관에서 '다른 곳에 나오지 않는 신화를 담고 있는' 것으로 분류된 바빌로니아 서판(No. 74329) 하나를 발견했다. 【그림 31】 이 서판이 사실은 기원전 2000년 무렵의 것인 잃어버린 수메르의 카인 가계 기록의 바빌로니아판 및 아시리아판일 수 있다!
이 기록은 밀러드(Alan Ralph Millard, 1937~)가 복사하고 램버트(Wilfred G. Lambert, 1926~)가 번역했는데, 여기서는 농사짓는 사람들의 무리가 처음 생긴 일을 얘기하고 있다. 구약의 '땅을 파는 농부'와 일치한다. 그들은

---

* 영어로는 'Book of Jubilees'라 하는데, 'Jubilee'는 유대 전통에서 신의 명령에 따라 49년마다 이루어지는 경제적·사회적 대사면인 '희년'을 가리킨다. 히브리어로는 요벨(yobel)이라 하며 요벨은 희년을 선포하는 양뿔 나팔을 뜻한다. 「희년서」는 천지창조 이후의 역사를 요벨(49년)과 샤부아(7년) 단위로 엮은 책이며 「소(小)창세기」라고도 불린다. (옮긴이)

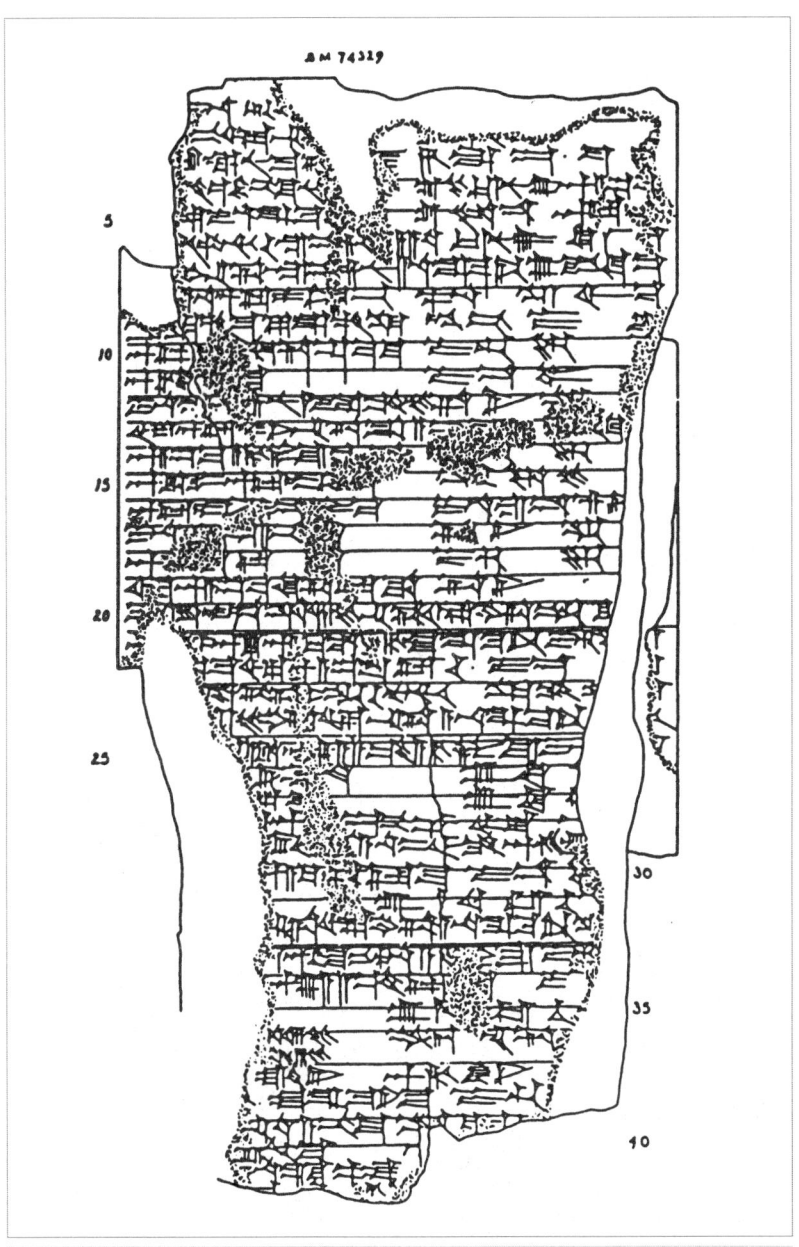
【그림 31】 카인 가계 기록을 담고 있는 바빌로니아 서판

아마칸두(Amakandu), 곧 '고생하며 방랑하는 사람들'이라 불렸다. 이는 카인에 대한 처분과 일치한다.

> 너는 땅에서 저주를 받을 것이다.
> 땅은 네 아우의 피를 받았다. (…)
> 너는 땅 위를 끝없이 떠돌게 될 것이다.
> _「창세기」 4:11~12

그리고 가장 놀라운 것은 이 메소포타미아의 추방된 사람들 우두머리가 카인(Ka'in)으로 불렸다는 점이다! 또한 구약 이야기와 똑같은 일이 더 있다.

> 그는 둔누(Dunnu)에 도시를 만들고
> 쌍둥이 탑을 세웠다.
> 카인은 스스로
> 도시의 주인 자리를 차지했다.

이 장소의 이름이 흥미롭다. 수메르어에서는 의미 변화를 일으키지 않고 음절의 순서를 뒤집을 수 있기 때문에 이 이름은 누둔(Nudun)으로 적을 수도 있다. 구약에서 카인이 쫓겨난 곳인 노드와 비슷하다. 이 수메르어 이름은 '파낸 안식처'란 뜻이어서 구약에서 이 이름이 '토대'를 의미한다고 설명한 것과 매우 비슷하다.

서판의 카인이 죽은(또는 살해된) 뒤 '그는 그가 사랑했던 도시 둔누에 묻혔다'. 이 메소포타미아 문서는 구약 이야기에서와 마찬가지로 이후 4대의 역사를 기록하고 있다. 남매간에 결혼을 했고 부모를 죽였으며, 둔누의 통치권을 차지하기도 했고 새로운 곳에 정착하기도 했다. 그 마지막 사람의 이름은 '심판'이라는 뜻의 슈파트(Shupat)였다.

구약 속 아담 및 그 아들 카인 이야기와 관련된 메소포타미아 연대기가 들어 있는 두 번째 자료는 아시리아 문서다. 예컨대 고대 「아시리아 왕 명부」는 자기네 조상들이 천막생활을 하던(구약에는 카인의 후예들이 그러했던 것으로 생각하고 있다) 아주 옛날에 족장 이름이 아다무(Adamu)였다고 말하고 있다. 곧 구약의 아담이다.

우리는 또한 아시리아 왕 이름에 자주 나오는 합성어 아슈르벨카이니 (Ashur-bel-Ka'ini), 곧 '카인족의 왕 아슈르'도 발견했다. 그리고 아시리아 기록자는 이를 수메르어 아슈르엔두니(Ashur-Enduni), 곧 '둔족의 왕 아슈르'와 동일시했다. 카인족(Ka'ini)과 둔족(Duni)이 똑같은 것임을 암시하는 것이다. 그리고 이로써 구약의 카인과 노드(또는 둔) 땅을 재확인할 수 있다.

구약은 카인의 후손들을 간단히 다룬 뒤 아담에서 이어진 새로운 계통에 모든 관심을 집중시키고 있다.

그리고 아담이 다시 그의 아내와 접촉하니,
아내가 아들을 낳아 이름을 세트(Seth, 셋)라 했다.
"하느님께서 카인에게 죽은 아벨 대신
또 하나의 자식을 낳게 해주셨다"고
아내가 말했기 때문이다.

_「창세기」 4:25

「창세기」는 이어서 이렇게 덧붙였다.

아담은 130살이 되었을 때 자기 모습을 닮은 아들을 낳고
그 이름을 세트라고 했다.
아담은 세트를 낳은 뒤 800년을 더 살았고,
다른 아들딸들을 낳았다.
아담은 모두 930년을 살고 죽었다.
세트는 105살이 되었을 때 에노쉬(Enosh, 에노스)를 낳았다.
세트는 에노쉬를 낳은 뒤 807년을 더 살았고,
다른 아들딸들을 낳았다.
세트는 912년을 살고 죽었다.

_「창세기」 5:3~8

세트의 아들이자 구약에 나오는 그 다음의 대홍수 이전 족장 이름은 에노쉬였다. 이는 히브리어로 '인간의'라는 뜻이며, 구약이 그를 고대의 연대기 속에서 인간 계보의 시조로 생각했음은 분명하다. 구약은 그에 관해 '야훼의 이름이 불리기 시작한 것이 그때였다'(「창세기」 4:26)고 적어, 숭배와 사제가 생겼음을 전하고 있다.

이 흥미로운 측면을 더욱 분명히 해주는 수메르 문서들이 여럿 있다. '아다파' 문서 가운데 남아 있는 부분을 보면 아다파는 엔키의 도시 에리두에서 엔키에 의해 '완성'되고 아들로 취급되었다. 그렇다면 헐로가 『대홍수 이전의 도시들 Antediluvian Cities』에서 제기했듯이 에노쉬의 증손자 야레드(Yared, 야렛)는 '에리두 출신의 남자'를 의미하는 말인 듯하다. 그렇다면 해답은 바로 여기에 있다. 구약은 추방된 아담의 후예들에 대해서는 관심을

거두고, 남부 메소포타미아 에덴에 남아 처음으로 사제라 불렸던 아담 계통의 족장들에게 관심을 집중한 것이다.

에노쉬의 4대 종손은 에노크라 이름 붙여졌다. 학자들은 이 이름의 의미는 카인의 아들 에노크와는 다른 히브리어 뿌리에서 나온 것으로, '훈련/교육'을 뜻하는 말로 생각한다. 구약은 그에 관해 '신과 동행했으며', 지구에서 죽지 않고 '신이 그를 데려갔다'(「창세기」5:24)고 간단하게 전한다.「창세기」의 이 한 구절은 『성서』의 외경(外經)인 「에노크서」에서 대폭 확충된다. 여기에는 에노크가 신의 천사들을 처음 방문해 여러 가지 과학적·윤리적 가르침을 받은 일이 자세히 적혀 있다. 그리고 지구에 돌아온 뒤 그는 사제로서 필요한 지식과 덕목을 자기 아들에게 전수하고는 다시 하늘로 올라갔다. 하늘에 사는 네필림(Nefilim)에 영구히 합류한 것인데, 네필림이란 구약 용어로 '내려온 자들'이라는 의미다.

「수메르 왕 명부」는 당시 우투(샤마쉬)의 지휘를 받는 우주공항이 있던 시파르의 사제 통치자 엔메두르안키(Enmeduranki)에 대해 기록하고 있다. '두르안키의 사제 통치자'라는 그의 이름은 그가 니푸르에서 훈련받았음을 드러낸다. 램버트가 정리한 「엔메두르안키와 관련 자료」라는 덜 알려진 서판에는 이렇게 적혀 있다.

> 엔메두르안키는 시파르의 왕자로
> 아누와 엔릴과 에아가 아끼는 자다.
> 샤마쉬가 빛의 신전에서 그를 임명했다.
> 샤마쉬와 아다드는 그를 신들의 회의에 데려갔다. (…)
> 그들은 물 위의 기름을 관찰하는 법을 가르쳤고
> 그것은 아누·엔릴·에아의 비밀이었다.

그들은 그에게 신의 서판을 주었고
그 킵두(kibdu)는 천상과 지상의 비밀이었다. (…)
그들은 그에게 숫자 계산법을 가르쳤다.

엔메두르안키가 신들의 비밀 지식 학습을 마치자 그는 다시 수메르로 돌아왔다.

니푸르와 시파르, 바빌론 사람들이
그의 앞으로 불려왔다.

그는 자기가 겪은 일을 이야기하고 사제 통치의 수립을 선포했다. 통치권은 아버지에게서 아들로 전해질 것이며, 그것이 신들의 명령이었다.

신들의 비밀을 지키는 박식한 학자가 사랑하는 아들에게
샤마쉬와 아다드 앞에서 맹세하도록 할 것이다. (…)
그리고 그에게 신들의 비밀을 가르칠 것이다.

서판은 이런 말로 끝을 맺었다.

이렇게 사제 가문이 만들어졌다.
샤마쉬와 아다드에게 접근이 허용된 자들이다.

에노쉬로부터 7대를 내려가 대홍수 직전에 지구와 그 거주자들은 새로운 빙하기를 맞았다. 메소포타미아 문서들은 인류가 겪은 고생과 식량 부족, 심지어 인육을 먹는 행태까지도 상세히 서술하고 있다. 「창세기」는 이런 상황에 대한 암시만 주고 있다. '유예'라는 뜻을 담고 있는 노아(Noah)가 태어나자 그 아버지는 그의 출생이 '지구가 하느님의 저주를 받아 생긴 노고와 고생으로부터'(「창세기」 5:29) 잠시 유예를 받는 계기가 되었으면 하는 희망에서 그런 이름을 지었다는 것이다. 구약은 노아가 '곧고 순수한 혈통'(「창세기」 6:9)이라는 점 외에는 별다른 정보를 주지 않는다. 메소포타미아 문서들은 이 대홍수의 영웅이 수드가 운영하는 의료센터가 있던 슈루팍에 살았다고 전한다.

수메르 문서들은 인류의 고통이 심해지자 엔키가 그 고생을 덜 방도를 취하자고 제안했으며 엔릴은 거기에 격렬하게 반대했다고 전한다. 엔릴을 몹시 당황스럽게 했던 것은 젊은 남자 아눈나키와 인간의 딸들 사이에서 성관계가 늘어가는 현실이었다. 「창세기」는 네필림이 '아내를 얻는' 것을 이렇게 묘사하고 있다.

그리고 시간이 지나면서
지구에 지구인들의 수가
늘어나기 시작했고
그들에게서 딸들이 태어났다.
그러자 신들의 아들들이
지구인들의 딸들을 보고
가까이할 마음이 생겼다.
그래서 그들은 각기 마음에 드는 사람을 골라
아내로 삼았다.

_「창세기」 6:1~2

키에라(Edward Chiera, 1885~1933)가 『수메르 종교 문서*Sumerian Religious Texts*』를 통해 발표한 '신화 서판'(CBS-14061)은 그 이른 시기와 마르투(Martu)라는 젊은 신에 관한 이야기를 들려준다. 마르투는 자신도 인간을 아내로 맞도록 허락받아야 한다고 불평했다. 문서의 서두에는 그 일이 있었던 시기를 이렇게 말하고 있다.

도시 닌압(Nin-ab)은 있었고 쉬드탑(Shid-tab)은 없었을 때였다.
사제의 관은 있었고 왕의 관은 없었을 때였다. (…)
함께 살고 있었다. (…)
아이를 낳고 있었다.

'닌압은 정착지 너른 땅의 한 도시였다'고 문서는 이어간다. 뛰어난 음악가였던 그곳의 한 고위 사제는 아내와 딸 하나를 두고 있었다. 사람들이 신들에게 제물인 구운 고기를 드리려고 모였을 때 마르투가 사제의 딸을 보았다. 마르투는 독신이었다. 그녀에게 연정을 품은 마르투는 자기 어머니에게 가서 불평을 했다.

이 도시에 내 친구들이 있는데, 그들은 아내를 얻었습니다.
동료들이 있는데, 그들도 아내를 얻었습니다.
이 도시에서 친구들과 달리 나는 아내를 얻지 않았습니다.
나는 아내가 없고, 아이가 없습니다.

여신은 사랑하는 처녀가 '그의 눈길을 받아들였는지' 물은 뒤 승낙을 했다. 그러자 다른 젊은 신들이 잔치를 준비했다. 결혼이 발표되었다.

닙압 시내에서는 사람들이 징 소리를 듣고 모여들었다.

일곱 개의 방울 북이 울렸다.

엔릴은 젊은 우주인들과 일꾼 원시인의 후손들이 점차 하나가 되어가고 있는 것이 마음에 들지 않았다. 수메르 문서들은 '땅이 확대되고 사람들이 늘어나면서' 엔릴은 점차 '인간들의 소리를 거슬려했고' 성과 정욕에 눈먼 그들을 싫어했다고 말한다. 아눈나키와 인간의 딸들의 결합 때문에 그는 잠을 못 이룰 정도로 걱정했다.

그리고 하느님께서 말씀하셨다.
"(…) 내가 창조한 지구인들을
지구 위에서 모두 쓸어 없애겠다."

-「창세기」 7:1~4

문서들에 따르면 아눈나키는 압주에서 광산을 깊이 파기로 결정하면서 아프리카 끝에 과학 감시 기지도 세우기로 했다. 이 일은 엔릴의 손녀 에레쉬키갈(Ereshkigal)에게 맡겨졌다. 수메르의 한 서사 설화는 메소포타미아에서 그 먼 산악의 땅 쿠르(Kur)로 가는 엔키와 에레쉬키갈의 위험스런 항해를 기록했다. 이 문서는 에레쉬키갈이 억지로 끌려갔거나 아니면 엔키가 다른 모종의 방법으로 그 항해에 나서도록 강요했음을 시사한다. '일종의 포로로 쿠르에 갔다'는 것이다.

(에레쉬키갈은 다른 설화에도 나오는데, 나중에 그녀의 심부름꾼과 관련된 모욕 행위 때문에 엔키의 아들 가운데 하나인 네르갈이 그녀의 기지를 공격하게 된다. 막판에 에레쉬키갈은 네르갈과 결혼해 그와 함께 기지에 있는 '지혜의 서판'을 공동 관

리하자고 제안해서 목숨을 구했다.)

이 아프리카 끝에 있는 과학 기지에서 위험 상황을 보고하기 시작하면서 엔릴은 마침내 지구인들을 몰아낼 기회를 얻었다. 확대되던 남극 대륙의 만년설이 불안정해져 질척거리게 녹은 눈의 층 위에 놓이게 된 것이다. 문제는 이 불안정한 상태가, 바로 니비루가 지구 근처로 접근하려 할 즈음에 생겨났다는 점이다. 그리고 니비루의 인력은 이 만년설의 균형을 흐트러뜨려 그것을 남극해로 미끄러져 떨어지게 할 수 있었다. 이것이 일으킬 수 있는 거대한 해일은 지구 전체를 삼켜버릴 수 있었다.

지구 궤도를 돌고 있는 이기기가 그런 대참사의 필연성을 확인하자 아눈나키는 우주공항인 시파르로 모여들기 시작했다. 그러나 엔릴은, 인간은 다가오는 대홍수를 계속 모르고 있어야 한다고 고집했다. 그리고 그는 '신들의 의회' 임시회의에서 그들 모두, 특히 엔키 역시 비밀 엄수를 서약토록 했다.

「아트라하시스 서사시」의 마지막 부분과 「길가메쉬(Gilgamesh) 서사시」의 주요 부분, 그리고 다른 메소포타미아 문서들은 그 이후의 사건들을 상세하게 묘사하고 있다. 엔릴이 대홍수를 인류 절멸에 이용한 일과, 엔릴이 '신들의 의회'에 강요한 결정에 반대했던 엔키가 자신의 충직한 추종자 지우수드라(Ziusudra), 곧 구약의 노아를 구하기 위해 해일에 견딜 수 있는 잠수함을 그에게 설계해 준 일 등이다.

아눈나키 자신들은 경보에 따라 자기네의 루쿱일라니(Rukup ilani), 곧 '신들의 수레'를 타고 '하늘로 올라갔다'. 로켓 우주선이 발사되자 '그 섬광으로 땅이 불탔다'. 그들은 왕복비행선을 타고 지구 궤도를 돌면서 두려운 마음으로 아래에서 벌어지는 해일의 맹폭을 지켜보았다. 거대한 해일 하나에 지구에 있는 모든 것들이 쓸려나갔다. '홍수가 저기를 휩쓸었다(Amaru Baur Rata).' 엔키와 함께 인간을 창조한 수드는 슬픔을 금할 수 없었다.

(수드는) 그것을 보고 눈물을 흘렸다. (…)

이쉬타르는 아이를 비릇는 산모처럼 울부짖었다. (…)

신들(아눈나키)도 그녀와 함께 울었다.

해일은 이리저리 구르면서 흙을 쓸어내, 거대한 진흙 침전지를 만들어냈다. '창조된 모든 것들이 흙으로 돌아갔다.'

『수메르, 혹은 신들의 고향』에서 우리는 마지막 빙하기를 갑작스럽게 끝장낸 대홍수가 1만 3,000년쯤 전에 일어났다는 근거를 제시한 바 있다.

대홍수의 물이 '뭍에서 빠져나가' 잦아들기 시작하자 아눈나키는 '구원의 산'이라는 뜻을 가진 나시르(Nasir) 산, 곧 아라라트 산에 착륙하기 시작했다. 지우수드라(노아) 역시 그곳에 도착했다. 그의 배는 엔키가 보내준 키잡이의 인도를 받은 것이었다. 엔릴은 '인간의 종자'가 남겨졌음을 발견하고 격노했다. 그러나 엔키는 그를 진정하도록 설득했다. 그는 신들이 인간의 도움 없이는 더 이상 지구에서 살아갈 수 없다고 주장했다.

그리고 하느님께서 노아와 그 아들들에게 축복을 내리시고

그들에게 말씀하셨다.

"자손을 낳아 인구를 늘려라.

그래서 지구를 가득 채워라."

_「창세기」 9:1

구약은 노아 가계에만 관심을 집중했기 때문에 구조선의 다른 승객들은 나열하지 않고 있다. 그러나 더욱 상세한 메소포타미아 문서들은 방주의

키잡이를 언급하면서 마지막 순간에 지우수드라의 친구들과 조력자들(그리고 그 가족들) 역시 배에 탔음을 밝히고 있다. 베로소스(Berossos)가 쓴 이 이야기의 그리스어판은 대홍수 뒤 지우수드라와 그의 가족, 그리고 키잡이는 신들이 데리고 가서 그들과 함께 머물렀다고 전하고 있다. 나머지 사람들은 그들 스스로 길을 찾아 메소포타미아로 돌아가라는 지시를 받았다.

구조된 모든 사람이 당면한 시급한 문제는 먹을거리였다. 신은 노아와 그 아들들에게 이렇게 말했다.

> 땅 위에 있는 모든 짐승, 하늘을 나는 모든 새들,
> 땅 위를 기어다니는 모든 것들, 바닷속의 모든 물고기들을
> 모두 너희 손에 쥐여주겠다.
> 널려 있는 모든 생물들이 너희들의 먹을거리다.
>
> _「창세기」 9:2~3

그러고는 중요한 얘기가 뒤따랐다.

> 푸른 풀과 온갖 곡식을
> 내가 너희에게 주었듯이 말이다.
>
> _「창세기」 9:3

이 주목받지 못한 「창세기」의 진술은 농경의 기원에 관한 것인데, 수메르 문서들에서는 상당히 자세하게 나타난다. 학자들은 농경이 메소포타미아-시리아-이스라엘을 잇는 초승달 모양의 지역에서 시작되었다는 데 일치하고 있으나, 왜 경작이 쉬운 평지가 아닌 고원에서 농경이 시작되었는

지를 설명하는 데는 애를 먹고 있다. 그들은 농경이 1만 2,000년쯤 전에 밀과 보리의 '야생 원종(原種)' 수확으로 시작되었다는 데는 일치하고 있으나, 그 초기 곡물들이 유전적으로 단일하다는 사실에는 당혹스러워하고 있다. 그리고 그들은 단 2,000년 만에 그러한 야생의 에머밀이 염색체 쌍을 두 배, 세 배, 네 배로 늘려 재배할 수 있는 밀과 보리가 되고, 더구나 그것이 뛰어난 영양가를 지니고 믿기 어려울 정도로 거의 어느 곳에서나 자랄 수 있으며 이례적으로 이모작까지 가능하게 되었다는 사실은 설명할 방도를 찾지 못하고 있다.

이 수수께끼에 더해, 온갖 과일과 채소가 같은 핵심 지역에서 거의 같은 시기에 똑같이 갑작스럽게 나타나기 시작한다는 사실도 제기된다. 양과 염소로부터 시작된 동물의 '순치(馴致)'도 이때 시작되어 고기와 우유와 양털을 제공했다.

이 모든 일이 어떻게 그때 일어날 수 있었을까? 현대 과학은 아직 그 해답을 찾지 못하고 있다. 그러나 수메르 문서들은 이미 수천 년 전에 답을 내놓았다. 이 문서들은 구약과 마찬가지로 대홍수 이후 어떻게 농경이 시작되었는지, 언제 (『창세기』에 나오는 표현으로) '노아가 처음 농사일을 시작' (『창세기』 9:20)했는지를 설명하고 있다. 그러나 구약에서 카인이 땅을 갈고 아벨이 양을 쳤다고 해서 대홍수 오래 전에 그것들이 시작되었다고 기록한 것처럼, 수메르 연대기들도 곡물 재배와 가축 사육이 선사 시대에 발달했다고 말하고 있다.

학자들이 「가축과 곡물 신화」라는 제목을 붙인 한 문서는 아눈나키가 지구에 내렸을 때 길들인 동물이나 재배한 곡물은 없었다고 말하고 있다.

하늘 꼭대기에서 지구로

아누가 아눈나키를 내려 보냈을 때

곡물은 아직 만들어지지 않았고

아직 기르지 않고 있었다. (…)

아직 암양이 없어

새끼를 낳지 않고 있었다.

아직 암염소가 없어

새끼를 낳지 않고 있었다.

암양은 아직 새끼를 낳지 않았고

암염소는 아직 새끼를 낳지 않았다.

양모로 천을 짜는 일은 아직 개발되지 않았고

그 방법이 정립되지 않았다.

그 뒤에 아눈나키의 '창조의 방', 곧 그들의 유전자 조작 실험실에서 '털 달린 동물' 라하르(Lahar)와 '곡물' 안샨(Anshan)이 '멋지게 만들어졌다'.

그 시절에

신들의 '창조의 방'에서,

'만드는 집'에서, '깨끗한 언덕'에서

라하르와 안샨이 멋지게 만들어졌다.

거주지는 신들을 위한 먹을거리로 가득 찼다.

라하르와 안샨을 번식시켜

'성스러운 언덕'에서 아눈나키는 먹었다.

그러나 만족스럽지는 않았다.

양의 우리에서 나오는 신선한 우유를

'성스러운 언덕'에서 아눈나키는 마셨다.
그러나 만족스럽지는 않다.

일꾼 원시인들은 이미 존재했다. '빵을 먹을 줄 모르고 (…) 입으로 풀을 뜯어먹는' 존재이긴 했지만 말이다.

아누와 엔릴과 엔키와 수드 이후
검은머리 사람들이 만들어졌다.
무성한 초목을 그들은 땅에서 번식시켰다.
네 발 달린 짐승들을 그들은 솜씨 있게 탄생시켰다.
그들은 그것들을 에덴에 두었다.

그래서 아눈나키를 만족시키기 위해 가축과 곡물의 생산을 늘리려고 어떤 결정이 내려졌다. '개화된 인류' 남루갈루(Namlugallu)에게 '땅을 가는 법'과 '양을 치는 법'을 가르치자는 것이었다. '신들을 위해서'였다.

문제를 해결하기 위해
깨끗한 양의 우리를 위해
'개화된 인류'가 만들어졌다.

이 문서는 그 이른 시기에 어떤 것이 만들어졌는지 밝히면서 동시에 그때 개발되지 않았던 여러 가지 일들을 나열한다.

심어서 번식하는 방법은

아직 개발되지 않았다.

계단식 경작지는 아직 만들어지지 않았다. (…)

30일 만에 세 배의 낟알을 거두는 방법은 아직 개발되지 않았다.

40일 만에 세 배의 낟알을 거두는 방법은 아직 개발되지 않았다.

작은 곡물, 산의 곡물,

순수한 아담의 곡물은 존재하지 않았다. (…)

들의 줄기식물은 아직 만들어지지 않았다.

나중에 보겠지만 이런 것들은 대홍수 뒤 어느 시기에 엔릴과 닌우르타가 도입했다.

대홍수가 지구의 모든 것을 쓸어간 뒤 아눈나키가 직면한 첫 번째 문제는 새로운 경작을 위한 종자를 어디서 구하느냐 하는 것이었다. 다행히 재배 가능한 곡식 표본들이 니비루로 보내졌다. 그리고 이제 '아누는 천상에서 그것을 엔릴에게 주었다'. 그러자 엔릴은 이 종자들을 뿌려 농경을 재개할 안전한 장소를 물색했다. 땅은 아직 물로 덮여 있었고, 유일하게 적합할 듯한 장소는 '향삼나무 산'이었다. 크레이머가 『니푸르 출토 수메르 문학 문서 *Sumerische Literarische Texte aus Nippur*』에서 소개한 손상된 문서 하나는 이렇게 말한다.

엔릴은 꼭대기에 올라가 바라보았다.

아래를 내려다보니 물이 바다처럼 차 있었다.

위를 올려다보니 향삼나무 산이 있었다.

그는 보리를 가지고 가서 산을 일구어 뿌렸다.

그 자라나는 것을 그는 가지고 가서

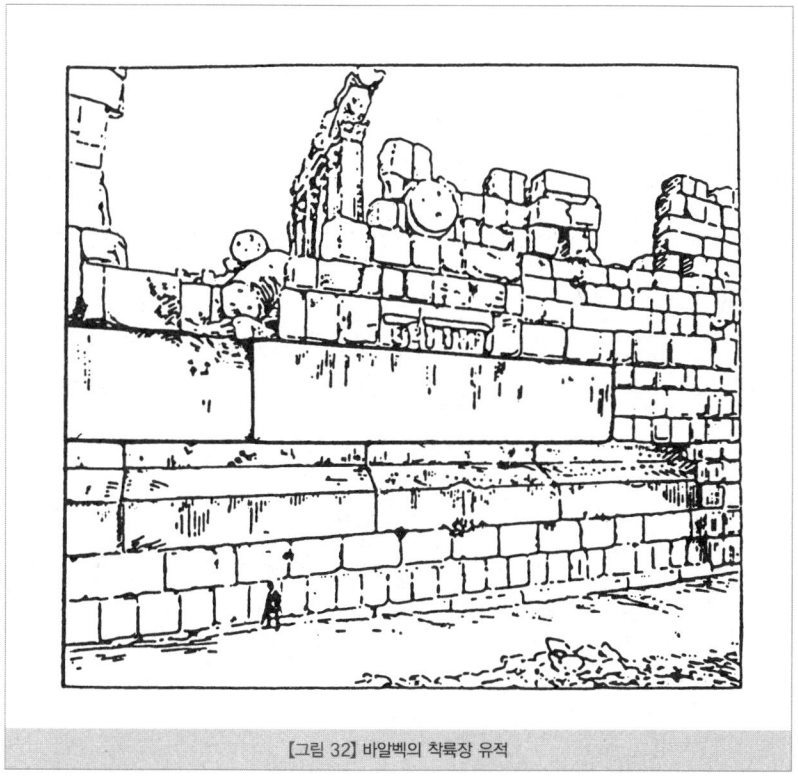

【그림 32】 바알벡의 착륙장 유적

산을 일구어 그 곡식을 뿌렸다.

엔릴이 삼나무 산을 선택하고 그곳을 '출입이 제한된(신성한) 곳'으로 바꾼 것은 거의 확실하게 우연이 아니다. 근동 지역 전체에서, 어쩌면 전 세계적으로 모든 사람에게 잘 알려진 멋진 삼나무 산은 딱 하나가 있다. 레바논에 있는 것이다. 거기에는 큰 돌덩이를 쌓아 만든 거대한 단(壇)이 바로 오늘날까지도 남아 있다. 【그림 32】 레바논의 바알벡(Baalbek)에 말이다. 그것은 아직까지도 공학적 경이다. 그것은 우리가 『틸문, 그리고 하늘에 이르는 계단 *The Stairway to Heaven*』(1980)에서 상세히 밝혔듯이 아눈나키의 착륙 장소였다. 그 단은, 아직도 남아 있는 전설들에 따르면 대홍수 이전 시기, 어쩌면 아담 시대로까지 건설 연대를 거슬러 올라갈 수 있다고 본다. 그곳은 대홍수 이후 시파르 우주공항이 쓸려나가고 진흙 층 속에 묻혀버린 상황에서 아눈나키의 왕복비행선이 곧바로 이용할 수 있는 유일한 장소였다.

종자가 구해지자 어디에 그걸 뿌릴 것이냐가 문제였다. 저지대는 아직 진흙과 물로 차 있어 주거에 적합하지 않았다. 고지대는 비록 해일의 손아귀에서는 벗어났지만 새로운 온난기에 들어서면서 퍼붓기 시작한 비로 흠뻑 젖어 있었다. 강들은 아직 새로운 물길을 찾지 못하고 있었다. 물은 어디로도 갈 수 없었다. 경작은 불가능했다. 한 수메르 문서에는 이런 구절이 있다.

> 기근이 심해졌고, 아무것도 생산되지 않았다.
> 작은 강들은 청소되지 않았고
> 진흙은 치워지지 않았다. (…)
> 온 땅에 농작물이라고는 없었고
> 잡초만 무성할 뿐이었다.

메소포타미아의 두 큰 강, 유프라테스와 티그리스도 구실을 하지 못하고 있었다.

> 유프라테스는 한데 이어져 있지 못했다.
> 여기저기 막혀 있었다.

티그리스는 꺾어지고 막히고 손상을 입었다.

산들 사이에 제방을 건설하고 강에 새로운 운하를 파면서 불필요한 물을 퍼내는 일에 나선 이는 닌우르타였다.

곧바로 왕은 원대한 생각을 굳혔다.
엔릴의 아들 닌우르타가 엄청난 것들을 만들어냈다.
땅을 보호하기 위해 그는 튼튼한 벽을 세웠다.
그는 철퇴로 바위를 내리쳤다.
영웅이 깎아낸 돌로 마을을 만들었다. (…)
여기저기 고인 물을 그는 한데 모았다.
산들 사이에 흩어진 것을
그는 끌어내 티그리스로 내려 보냈다.
티그리스에 물이 차자 경작지로 쏟아부었다.
이제, 보라!
지구의 만물이 닌우르타를 반겼다.
땅의 주인을.

학자들이 점차로 짜맞춰 낸 긴 문서 「닌우르타의 공적과 위업」은 자신이 지배하는 지구의 질서 회복을 위해 닌우르타가 노력하는 과정에서 비극적인 일이 있었음을 부연하고 있다. 닌우르타는 모든 문제가 되는 부분을 동시에 해결하기 위해 비행선을 타고 산들을 이곳저곳 돌아다니고 있었다. 그러다가 문제가 생겼다.

그의 '날개 달린 새'가 산꼭대기에 부딪쳤다.
그 날개가 굉음을 내며 땅으로 떨어졌다.

(어떤 불분명한 시구에 따르면 그는 아다드에 의해 구출된 듯하다.)

수메르 문서들을 통해 우리는 산비탈에서 처음 재배된 것이 과일나무와 떨기나무였음을, 그리고 가장 확실하게는 포도나무였음을 알 수 있다. 문서들은 아눈나키가 인류에게 '훌륭한 백포도와 훌륭한 백포도주, 훌륭한 흑포도와 훌륭한 적포도주'를 주었다고 말한다. 구약에 이런 구절이 나오는 것은 당연하다.

노아가 처음 농사일을 시작해 포도밭을 일구었다.
그리고 포도주를 마시고 술에 취했다.

_「창세기」 9:20~21

닌우르타가 메소포타미아에서 벌였던 배수 작업으로 평지에서 경작이 가능해지자 아눈나키가 '산에서 곡물을 가지고 내려와' '땅(수메르)에서 밀과 보리를 알게 되었다'.

이후 수천 년 동안 인류는 닌우르타를 인류에게 농경을 가르쳐준 존재로 숭배했다. 그가 쓴 것으로 알려진 「농가 책력」이 고고학자들에 의해 한 수메르 유적지에서 실제로 발견되었다. 그를 가리키는 아카드어 이름은 우라쉬(Urash), 곧 '경작자'다. 한 수메르 원통인장은 그가(일부에서는 엔릴이라고 생각하기도 한다) 인류에게 쟁기를 주는 모습을 묘사하고 있다. 【그림 33】

엔릴과 닌우르타가 인류에게 농경을 전해주었다고 생각되는 반면에, 가축 사육을 도입한 이는 엔키였다고 한다. 첫 곡식이 이미 경작에 들어갔지

【그림 33】 인간에게 쟁기를 주는 닌우르타(또는 엔릴)

만 아직 두 배, 세 배, 네 배의 염색체를 가진 '증식되는 곡식'은 아니었을 때였다. 이들은 엔릴의 승낙을 얻어 엔키가 인공적으로 창조했다.

> 그때 엔키가 엔릴에게 말했다.
> "아버지 엔릴이시여, 짐승들과 곡물들이
> '성스러운 언덕'을 기쁨으로 넘치게 했습니다.
> 우리(엔키와 엔릴)가 명령을 내려
> 털 달린 짐승과 증식하는 곡물을
> '성스러운 언덕'에서 나오게 합시다."
>
> 엔릴은 동의했고, 풍요가 뒤따랐다.
>
> 털 달린 짐승을 그들은 양의 우리에 넣고
> 싹이 나는 종자를 그들은 대지에 뿌리고

【그림 34】 소를 이용해 쟁기질을 하는 모습

곡물을 심기 위해 땅을 일구었다.
일꾼에게 쟁기와 멍에를 주었다. (…)
양치기는 양의 우리를 풍성하게 했다.
싹을 틔운 젊은 부인도 풍요를 가져오니
들에서 일한 것이 자랑스럽다.
풍요가 하늘에서 왔다.
털 달린 짐승과 재배되는 곡식이
멋지게 나타났다.
풍요가 여러 사람들에게 주어졌다.

혁명적 경작 도구인 쟁기는 단순하지만 교묘하게 고안된 나무로 만든 도구인데, 처음에는 위의 글에 나오듯이 밭일꾼들이 멍에를 메고 끄는 것이었다. 그러나 그 후 엔키가 '더 큰 생명체를 만들어내' 길들인 소가 사람을 대신해 쟁기를 끌게 되었다. 【그림 34】 이렇게 해서 신들은 '땅의 생산성을 높였다'고 문서들은 결론지었다.

닌우르타가 메소포타미아에 접한 산들 사이에 제방을 쌓고 평지의 물을 빼내느라 분주한 사이, 엔키는 대홍수가 아프리카에서 일으킨 피해를 알아보기 위해 그곳으로 돌아갔다.

알다시피 엔릴과 그 자손들은 결국 모든 고지대를 통치하게 되었다. 남동쪽의 엘람은 인안나(이쉬타르)에게 맡겼고, 북서쪽의 토로스(Toros) 산맥과 소아시아는 이쉬쿠르(아다드)에게 주었다. 그 사이의 구부러진 부분은 남쪽의 닌우르타와 북쪽의 난나르(신)에게 주었다. 엔릴 자신은 오래된 에딘을 굽어보는 중앙 지역을 계속 보유했다. 삼나무 산의 착륙장은 우투(샤마쉬)의 통제 아래 들어갔다. 엔키와 그 가족은 어디로 가야 했을까?

엔키가 아프리카를 둘러보니 그 대륙의 남쪽 부분인 압주만으로는 충분치 않음이 분명했다. 메소포타미아의 '풍요'가 강가에서의 경작에 의존했듯이, 아프리카에서도 그럴 수밖에 없었다. 그는 자신의 관심과 계획과 지식을 나일 강 유역의 복구로 돌렸다.

앞서 보았듯이 이집트인들은 자신들의 높은 신들이 '예전에 있던 곳'이라는 뜻의 우르에서 이집트로 왔다고 생각했다. 마네토에 따르면 프타가 나일 강 유역을 통치한 것은 메네스보다 1만 7,900년 전, 곧 기원전 21000년 무렵에 시작되었다. 9,000년 뒤 프타는 이집트 통치권을 아들 라에게 넘겼다. 그러나 라의 치세는 단 1,000년 만에, 곧 기원전 11000년 무렵에 갑자기 중단되었다. 우리 계산으로는 바로 이때 대홍수가 일어났다.

이집트인들의 믿음에 따르면 그때 프타가 이집트에 돌아와 물을 빼는 대역사를 벌이고 말 그대로 범람한 물속에서 이집트를 건져 올렸다. 우리는 엔키가 마찬가지로, 에티오피아(Ethiopia)/누비아(Nubia)를 말하는 멜루하(Meluhha) 땅과 이집트인 마간(Magan) 땅으로 가서 그곳에 인간과 동물이 살 수 있도록 만들었음을 입증하는 수메르 문서들도 발견했다.

그는 멜루하 땅으로 나아갔다.

압주의 주인 엔키는 그곳의 운명을 정했다.

"검은 땅이여, 너의 나무는 큰 나무가 될 것이다.

고원의 나무가 될 것이다.

군주들이 너의 왕궁을 채울 것이다.

너의 갈대는 큰 갈대가 될 것이다.

고원의 갈대가 될 것이다. (…)

너의 황소는 큰 황소가 될 것이다.

고원의 황소가 될 것이다. (…)

너의 은은 금처럼 될 것이다.

너의 구리는 주석과 청동이 될 것이다. (…)

너의 사람은 늘어날 것이다.

너의 영웅은 황소처럼 전진할 것이다. (…)"

엔키를 나일 강 유역의 아프리카 땅과 연결시키는 이런 수메르 기록들은 이중의 중요성을 지닌다. 이들은 메소포타미아 이야기로 이집트 이야기를 확인할 뿐만 아니라 수메르 신들, 특히 엔키와 관련된 신들을 이집트 신들과 연결시키고 있다. 프타는 바로 다름 아닌 엔키였기 때문이다.

땅이 다시 살 수 있는 곳이 되자 엔키는 아프리카 대륙 전체를 그의 여섯 아들에게 나누어주었다. [그림 35] 가장 남쪽의 땅은 '위대한 감시자' 네르갈과 그 배우자 에레쉬키갈에게 다시 주어졌다. 그 북쪽 땅인 광산지대는 '불을 가진 존재' 기빌(Gibil)에게 주고 금속 가공술을 가르쳐주었다. '큰물의 왕자' 닌아갈(Ninagal)에게는 그 이름이 시사하듯이 큰 호수들과 나일 강 상류 지역이 주어졌다. 더 북쪽의 수단(Sudan) 목초지 고원은 막내아들

【그림 35】 엔키와 여섯 아들

인 '생명의 아들' 두무지에게 주어졌는데, 그의 별명이 '양치기'였다.

또 다른 아들이 누구냐에 관해서는 학자들 사이에 논란이 있다(우리 자신의 의견은 나중에 밝히겠다). 그러나 여섯 번째 아들, 곧 엔키의 맏아들이자 적통 승계권자가 누군지는 의문의 여지가 없다. 바로 '깨끗한 언덕의 아들' 마르둑이다. 50개에 이르는 그의 통칭 가운데 하나가 아사르인데, 그 발음이 이집트어 앗사르(As-Sar)와 흡사하기 때문에 일부 학자들은 마르둑과 앗사르의 그리스어명인 오시리스가 동일한 존재라고 추측했다. 그러나 '전능한 자' 또는 '무시무시한 자' 등의 의미를 지닌 이런 통칭들은 여러 신들에게 붙여졌고, '모든 것을 보는 자'라는 뜻의 아사르는 아시리아 신 아슈르의 통칭이기도 하다.

실제로 우리는 바빌로니아의 마르둑과 이집트 신 라 사이에 비슷한 점이 또 있음을 발견했다. 마르둑은 엔키의 아들이고 라는 프타의 아들인데, 우리 견해로 엔키와 프타는 완전히 같은 존재다. 반면에 오시리스는 라의 증손자여서 라나 마르둑보다 훨씬 뒤의 세대다. 사실 이집트인들에게 라라고 불리는 신과 메소포타미아에서 마르둑이라고 불리는 신이 동일한 신이라는 우리의 생각을 뒷받침하는, 흩어져 있지만 분명한 증거가 수메르 문서들에서 발견되었다. 자화자찬의 한 마르둑 찬가(아슈르/4125 서판)는 그의 통칭 가운데 하나가 임쿠르가르 라(Imkurgar Ra), 곧 '산악지대 옆에 사는 라' 신이었다고 밝히고 있다.

게다가 수메르인들이 이 신의 이집트 이름 라를 알고 있었다는 문헌적 증거도 있다. 신의 이름 라를 집어넣은 개인 이름을 가진 수메르 사람들이 있었던 것이다. 그리고 우르 3왕조 시기의 서판들은 '딘기르라(Dingir Ra)'와 그의 신전 에딘기르라(E-DingirRa)를 언급하고 있다. 그 후 이 왕조가 멸망하고 마르둑이 스스로 애착을 갖고 있는 도시 바빌론에서 대권을 차지했을 때, 그 수메르어 이름이 '신들의 관문'이란 뜻의 카딘기르(Ka-Dingir)에서 카딘기르라(Ka-DingirRa), 곧 '라가 다스리는 신들의 관문'으로 바뀌었다.

이제 곧 보게 되겠지만 마르둑이 세상에 알려지기 시작한 것은 이집트에서부터였고, 그곳에 있는 가장 잘 알려진 유적인 기자(Giza)의 대(大)피라미드가 그의 파란만장한 생애에서 결정적인 역할을 했다. 그러나 이집트의 높은 신 마르둑(라)은 전체 지구를 지배하기를 열망했고, 메소포타미아에 있는 오래된 '지구의 배꼽'에서 그렇게 하고 싶어했다. 바로 이 야망 때문에 그는 이집트의 통치권을 아들들과 손자들에게 물려주고 퇴위하게 된 것이다.

그는 이것이 두 차례의 피라미드 전쟁으로 이어지고 그가 거의 죽을 뻔한 상황을 초래하리라고는 꿈에도 생각지 못했다.

7

지구의 분할

> 그리고 방주에서 나온 노아의 아들들은
> 셈(Sem)과 함(Ham)과 야페트(Japhet, 야벳)였다. (…)
> 이들이 노아의 세 아들들이었고,
> 이들로부터 지구상에 퍼진 모든 사람들이 나왔다.
>
> _「창세기」 9:18~19

 구약의 대홍수 이야기는 이렇게 「창세기」 10장의 '제(諸)민족 목록'으로 이어진다. 이 목록은 매우 독특한 문서로, 학자들은 처음에 이 문서를 의심했었다. 당시로서는 알려지지 않은 나라들이나 비판적으로 받아들여졌던 부분도 나열되어 있었기 때문이다. 이후 한 세기 반에 걸친 고고학적 발견을 거친 뒤 학자들은 결국 그 정확성에 놀라고 말았다. 그것은 대홍수에서 살아남은 인류가, 홍수가 휩쓸고 간 뒤의 진흙과 폐허로부터 문명과 제국의 고원에 오른 것과 관련된 믿을 만한 역사적·지리적·정치적 정보를 풍부하게 지닌 기록이었다.

'제민족 목록'은 가장 중요한 셈의 가계를 맨 뒤로 미뤄두고 '공정한 자' 야페트의 후손으로부터 시작한다.

> 그리고 야페트의 아들들은
> 고메르(Gomer, 고멜)와 마곡(Magog)과 마대(Madai, 메데),
> 야반(Javan, 야완)과 투발(Tubal, 두발)과
> 메셰크(Meshech, 메섹)와 티라스(Tiras, 디라스)였다.
> 고메르의 아들들은
> 아쉬케나즈(Ashkenaz, 아스그낫/아스그나스)와 리파트(Riphat, 리밧)와
> 토가르마(Togarmah, 도가르마/도갈마)였다.
> 야반의 아들들은
> 엘리샤(Elishah, 엘리사아/엘리샤)와 타르쉬쉬(Tarshish, 다르싯/달시스),
> 키팀(Kittim, 기띰/깃딤)과 도다님(Dodanim, 로다님)*이었다.
> 이들로부터 섬나라 민족들이 갈려 나왔다.
>
> _「창세기」 10:2~5

후대 자손들이 이렇게 해안 지역과 섬들로 퍼져 나갔지만, 처음의 일곱 민족(아들)이 소아시아와 흑해, 카스피 해 지역의 고지대에 비정되었다는 사실은 간과되고 있다. 그 고지대들이 대홍수 직후 사람이 살 수 있었던 곳이었으며, 더 낮은 지역에 있던 해안 지역과 섬들은 훨씬 후대에야 사람이

---

* 타르쉬쉬 · 키팀 · 도다님은 일부 국역본에서 현대 지명 스페인 · 키프로스 · 로도스로 번역되기도 했다. (옮긴이)

살 수 있게 되었던 것이다.

'뜨거운 남자' 또는 '검은 빛깔을 띤 자'인 함의 후손은 '쿠쉬(Cush, 구스)와 미즈라임(Mizra'im, 미스라임)과 푸트(Put, 붓)*와 카나안'(「창세기」 10:6)을 필두로 이후 여러 나라들이 이어지는데, 누비아·에티오피아·이집트·리비아 등 아프리카 국가들이 재정착한 지역으로 비정되고 있다. 역시 지형적으로 높은 지역에서 시작되었고, 그런 다음 저지대로 확산되었다.

> 그리고 에베르(Eber, 에벨)의 모든 자손의 조상인
> 셈에게서도 후손이 태어났다.
> 그는 야페트의 맏형이었다.
>
> _「창세기」 10:21

셈의 다음 세대 민족(아들)들은 '엘람과 아슈르(Ashur, 아시리아/앗수르), 아르팍샤드(Arpakhshad, 아르박삿)와 루드(Lud, 룻)와 아람(Aram)'(「창세기」 10:22)이었다. 남쪽으로 페르시아 만에서 북서쪽으로 지중해까지 구부러져 고지대를 둘러싸고 있는 나라들이었으며, 당시 아직 사람이 살 수 없었던 드넓은 '강 사이 땅'**에 인접한 곳이었다. 그곳들은 '우주공항의 땅'이라고 부를 수 있었다. 메소포타미아는 대홍수 이전에 우주공항이 있던 곳이고, 삼나무 산은 착륙장으로 여전히 쓰이고 있던 곳이며, 샬렘(Shalem, 살렘) 땅은 대홍수 이후 비행통제센터가 건설되는 곳이며, 인접한 시나이 반도는 미래의 우주공항 터다. 이 모든 민족들의 조상 이름 셈은 '하늘의 방'

---

* 미즈라임·푸트는 현대 지명 이집트·리비아로 번역되기도 했다. (옮긴이)
** '메소포타미아'가 그리스어로 바로 '강 사이의 땅'이라는 뜻이다. (옮긴이)

이라는 뜻이니 매우 적절한 이름이었다.

구약에 나오는 것처럼 인류가 크게 세 계통으로 나뉜 것은 인간이 퍼져 나간 지역의 지리 및 지형에 따른 것이기도 했지만, 엔릴의 후손과 엔키의 후손 사이에 지구를 분할한 데 따른 것이기도 했다. 셈과 야페트는 구약에서 착한 형제로 그려진 반면에 함 계통, 특히 카나안에 대한 태도는 일종의 쓰라린 기억처럼 되어 있다. 여기서 더 파고들어야 할 이야기가 있다. 신들과 인간들, 그리고 그들의 전쟁 이야기다.

고대의 정주(定住) 세계를 세 계통으로 나누는 전통은 우리가 알고 있는 문명의 발생과도 일치한다.

학자들은 인류 문화가 기원전 11000년 무렵(우리의 발견에 따르면 대홍수 때다)에 급작스런 변화가 있었음을 인정하고 그 사육과 재배의 시기를 중석기시대로 불렀다. 그로부터 정확히 3,600년 뒤인 기원전 7400년 무렵에 또 하나의 급작스런 진보가 나타났다. 학자들은 이를 신석기시대라 불렀다. 그러나 그 중요한 특징은 석기에서 점토로의 전환과 도기의 출현이었다. 그리고 그 뒤 '갑작스럽고 불가사의하게', 그러나 그로부터 정확히 3,600년 뒤인 기원전 3800년 무렵에 유프라테스 강과 티그리스 강 사이의 평원에 고도의 수메르 문명이 피어났다. 그 뒤 기원전 3100년 무렵에 나일 강 유역에서 문명이 일어났고, 기원전 2800년 무렵에는 인더스 강 유역에서 세 번째 고대 문명이 출현했다. 이들이 인류에게 배당된 세 지역이었다. 거기서 근동과 아프리카와 인도유럽 계통의 나라들이 나왔다. 그 구분이 구약의 '제민족 목록'에 충실하게 기록된 것이다.

수메르 연대기들은 이 모든 것이 아눈나키가 숙고해 내린 결정에 따라 이루어진 것이었다고 말한다.

운명을 정하는 아눈나키는

지구에 관해,

그들이 만든 네 구역에 관해,

의견을 나누는 회의를 열었다.

   이 간단한 구절들은 몇몇 수메르 문서들에서도 반복되는데, 이를 통해 대홍수 이후 지구와 그 거주자들의 운명이 결정되었다. 세 구역이 인류의 세 문명에 배당되었다. 제4구역은 아눈나키가 직접 사용하기 위해 계속 보유했다. 거기에는 틸문(Tilmun), 곧 '미사일의 땅'이라는 이름이 붙여졌다. 『틸문, 그리고 하늘에 이르는 계단』에서 우리는 틸문이 시나이 반도라는 근거를 제시한 바 있다.

   인간의 거주로만 한정하자면 시나이 반도의 제한되지 않은 지역에서 살 수 있었던 것은 셈의 후손, 곧 이집트 문자로 '사막민들'이긴 했지만, 그 땅이 아눈나키에게 배당되게 되자 심각한 분쟁이 일어났다. 대홍수 이후 우주공항의 통제권은 지구와 니비루의 연결에 대한 통제권이나 마찬가지였다. 이는 쿠마르비와 주의 경험에서 분명히 드러났다. 엔릴 가문과 엔키 가문의 경쟁이 재연된 가운데 '미사일의 땅'에 대한 중립적인 관리권이 필요했다.

   해법은 교묘한 것이었다. 계통상 등거리에 있는 것이 그들의 누이 수드였다. 아누의 딸인 그녀는 닌마(Ninmah), 곧 '위대한 귀부인'이라는 칭호를 가지고 있었다. 그녀는 지구에 먼저 온 고위 아눈나키 집단의 초창기 멤버였으며, 12신 전당의 일원이었다. 그녀는 엔릴의 아들 하나를 낳고 엔키의 딸 하나를 낳았으며, 애칭으로 맘미(Mammi), 곧 '신들의 어머니'로 불렸다. 수드는 인간 창조를 도왔다. 그녀는 의료 기술에 뛰어나 많은 생명을 구했

【그림 36a】 젊은 시절의 수드   【그림 36b】 '암소'라는 별명으로 불리는 늙은 수드

다. 그 때문에 닌티(Ninti), 곧 '생명의 귀부인'이라고도 불렸다. 그러나 그녀는 자기의 독자적인 영토는 갖지 못했다. 틸문을 그녀의 영토로 만들자는 것은 누구도 반대할 수 없는 아이디어였다.

시나이 반도는 불모의 땅이다. 남쪽에는 화강암 봉우리들이 솟아 있고, 중앙은 산이 많은 고원지대이며, 북쪽의 3분의 1은 낮은 산과 구릉이 줄지어 둘러싼 굳은 땅의 평지다. 그리고 한 줄의 사구(砂丘)가 지중해로 미끄러져 들어간다. 그러나 몇몇 오아시스와 짧은 겨울 우기에 물을 받아 지표 밑에 수분을 간직할 수 있는 강바닥 등 물을 얻을 수 있는 곳에서는 대추야자와 과일, 채소 등이 무성히 자라고 양과 염소 떼도 방목할 수 있다.

이 지역은 수천 년 전에도 지금처럼 험악한 곳이었을 것이다. 그러나 수드는 메소포타미아의 재건된 터에 주거가 마련되었음에도 불구하고 이 산악 지역으로 가서 자신만의 영지를 갖기로 결심했다. 그녀는 자신의 지위와 지식을 통해 많은 공헌을 했지만 언제나 보조적인 역할만을 맡았었다. 지구에 왔을 때 그녀는 젊고 아름다웠다.【그림 36a】하지만 이제 그녀는 늙어버렸고 자신이 없는 자리에서는 '암소'라는 별명으로 불리는 모양이었다.【그림 36b】그래서 이제 그녀에게 자신의 영지가 주어지자 가기로 결심한 것이었다. 그녀는 자랑스럽게 외쳤다.

나는 이제 여왕이다!
나는 거기서 혼자 머물며 영원히 통치할 것이다!

그녀의 고집을 꺾지 못한 닌우르타는 어머니의 새 영지인 산악지대를 살 만한 곳으로 만들기 위해 제방을 쌓고 수로를 내는 데 자신의 경험을 동원했다. 「닌우르타의 공적과 위업」에 이 이야기가 나오는데, 그는 어머니에게 이렇게 말했다.

고귀한 부인이여,
당신은 홀로 '착륙의 땅'으로 가셨습니다.
'내리는 땅'으로
두려움 없이 가셨습니다.
당신에게 제방을 쌓아드리겠습니다.
그 땅의 여왕이 될 수 있도록 말입니다.

닌우르타는 관개 시설 공사를 마치고 필요한 일들을 시키기 위한 사람들을 데려온 뒤, 그 산악 영지에서 식물과 임산물, 광물 들이 풍부하게 산출될 것이라고 어머니를 안심시켰다.

계곡은 식물로 푸르러지고
비탈에서는 꿀과 포도주가 나올 것입니다.
자발룸(zabalum)나무와 회양목이 날 것이고

그 밭에서는 과일나무가 정원처럼 늘어설 것입니다.
하르삭(Harsag)은 신들의 향수를 제공할 것이고
빛나는 광물도 날 것입니다.
그 광산에서는 구리와 주석을 공물로 바치고
그 산에서는 크고 작은 가축들이 자랄 것입니다.
하르삭은 네발짐승들을 낳아줄 것입니다.

이것은 실로 시나이 반도에 적합한 묘사다. 그곳에서는 고대에 구리와 터키옥(玉) 등 여러 가지 광물들이 나왔고, 신전 설비에 많이 쓰인 아카시아 나무가 자랐다. 물이 있는 곳은 어디든 푸르렀고, 양떼를 방목할 수 있었다. 겨울 우기에만 강이 되는 시나이 반도의 주요 와디(wadi) 가운데 하나가 아직도 '농부'라는 뜻의 엘아리쉬(el Arish)로 불리고 있는 것이 그저 우연일까? 닌우르타의 별명이 바로 '우라쉬'인데 말이다.

닌우르타는 높은 화강암 봉우리들이 솟아 있는 시나이 반도 남부에 어머니의 집을 지어준 뒤 그녀에게 닌하르삭(Ninharsag), 곧 '주봉(主峰)의 귀부인'이라는 새 칭호를 바쳤다. 그 이후 그녀는 이 칭호로 불리게 된다.

'주봉'이라는 말은 그것이 그 지역에서 가장 높은 봉우리였음을 의미한다. 이 산은 지금 성(聖)카타리나(Catharina) 산으로 알려져 있는데, 인근에 수도원이 들어서기 수천 년 전인 고대로부터 숭배되어 왔다. 옆에 솟아 있는 약간 낮은 산은 수도사들이 모세(Moseh) 산이라고 부르고 있어, 「출애굽기」의 시나이 산임을 시사한다. 그것이 사실인지는 불분명하지만, 이 두 봉우리가 고대로부터 성스러운 곳으로 생각되어 왔음은 틀림없다. 우리는 그 봉우리들이 대홍수 이후 우주공항과 그곳에 이르는 착륙 회랑을 설계하는 데 핵심적인 역할을 했기 때문에 그렇게 된 것이라고 생각한다.

이 새 계획들은 옛날 원칙들을 적용했다. 그리고 대홍수 이후의 총괄 설계를 이해하려면 대홍수 이전의 우주공항과 그 착륙 회랑이 설계된 방식을 먼저 살펴봐야 한다. 그때 아눈나키는 우선 기준점으로 쌍봉의 아라라트 산을 선택했다. 서아시아에서 가장 높은 봉우리여서 하늘에서 가장 잘 보이는 자연물 표적이었다. 그 다음으로 볼 수 있는 자연 지형은 유프라테스 강과 페르시아 만이었다. 아눈나키는 아라라트 산에서 상상의 남북 방향 선을 긋고 그 선이 강과 만나는 곳에 우주공항이 들어서야 한다고 판단했다. 그리고 그곳을 향해 대각 방향으로 페르시아 만 쪽에서 착륙 경로를 그었다. 정확히 45도 각도다. 그런 다음 착륙 경로 양쪽으로 착륙 회랑을 구획할 수 있도록 첫 번째 정착지들을 설계했다. 중앙 지역의 니푸르가 비행 통제센터로 건설되었고, 나머지 모든 정착지들은 거기서 등거리에 배치되었다. 【그림 25 참조】

대홍수 이후 우주 시설들은 같은 원칙에 따라 설계되었다. 쌍봉의 아라라트 산이 주요 기준점 노릇을 했다. 45도의 선이 착륙 경로를 나타냈고, 자연물 및 인공 표적을 섞어 화살 모양의 착륙 회랑을 그렸다. 그러나 차이점이 있었다. 이번에는 이미 만들어진 삼나무 산(바알벡)의 착륙장을 배치에 넣고 그것을 새 착륙 좌표에 포함시켰다.

대홍수 이전과 마찬가지로 쌍봉의 아라라트 산이 다시 한 번 북쪽의 표적 노릇을 해서 착륙 회랑과 그 회랑 중앙의 착륙 경로를 결정했다. 【그림 37】 이 착륙 회랑의 남쪽 선은 쌍봉의 아라라트 산과 시나이 반도의 가장 높은 봉우리 하르삭(성카타리나 산) 및 약간 낮은 그 쌍둥이 모세 산을 연결하는 선이다.

착륙 회랑의 북쪽 선은 아라라트 산에서 바알벡의 착륙장을 거쳐 이집트까지 이어지는 선이다. 이 지역은 지형이 너무 평평해서 자연물 표적을 찾

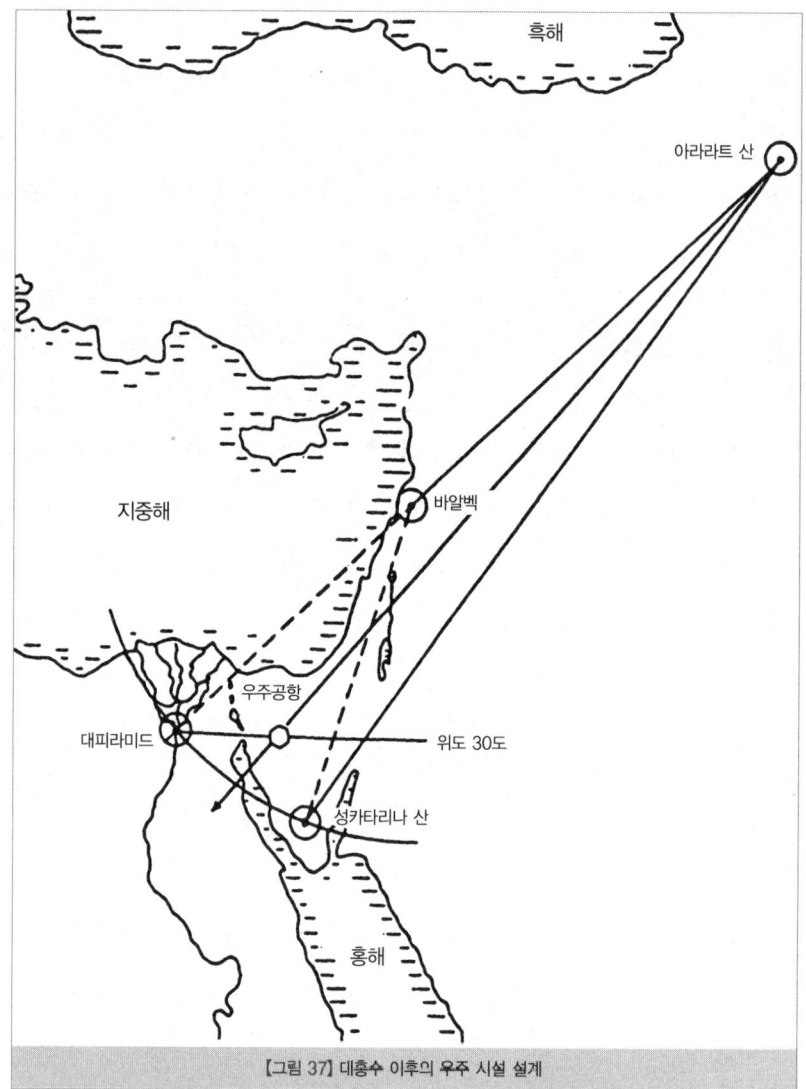

[그림 37] 대홍수 이후의 우주 시설 설계

을 수 없다. 그래서 아눈나키는 인공 쌍봉으로 기자의 두 대피라미드를 건설하게 되었음이 분명하다고 우리는 생각한다.

그러면 우주공항은 어디에 세워졌을까?

여기서 아눈나키가 자신들의 우주과학에서 자의적으로 그은 동서 방향의 상상의 선이 작동되었다. 그들은 지구를 덮고 있는 하늘을 자의적으로 세 개의 대역(帶域) 또는 '길'로 나누었다. 북쪽의 것은 '엔릴의 길'이었고, 남쪽의 것은 '엔키의 길'이었다. 그리고 가운데 것은 '아누의 길'이었다. 이들을 구분하는 선은 우리에게 북위 30도 및 남위 30도로 알려진 선이다.

북위 30도는 특별한 중요성을 지닌 듯하다. '성스러운' 선이라는 얘기다. 이집트에서 티베트까지, 고대로부터의 성스러운 도시가 그 선에 위치해 있다. 그 선 위, 아라라트-바알벡 선과의 교차점에 대피라미드가 건설되도록 선택되었다. 또한 시나이 반도의 중앙 평원 안에 위치한 우주공항 터가 있는 선이기도 하다. 착륙 회랑 정중앙의 선인 착륙 경로는 우주공항의 정확한 위치에서 북위 30도 선과 만난다.

착륙 좌표는 이런 방식으로 설계되었고, 우주공항 터는 이런 방식으로 잡혔으며, 기자의 대피라미드는 이런 사정으로 생겨나게 되었다고 우리는 생각한다.

우리는 기자의 대피라미드가 파라오들이 건설한 것이 아니라 그보다 수천 년 전 아눈나키가 건설했다고 주장한다. 때문에 당연히 이들 피라미드에 관한 오래된 이론들에 반대한다.

이집트 피라미드들은 독특한 기자의 세 피라미드까지 포함해서 역대 파라오들이 자신들의 웅장한 무덤으로 건설했다는 것이 19세기 이집트학 연구자들의 이론이었는데, 이는 이미 논박된 지 오래다. 그 가운데 어느 곳에서도 그것을 건설했다고 알려졌거나 추정된 파라오들의 시신이 들어 있음이 발견된 적이 없다. 기자의 대피라미드는 쿠푸(Khufu, 케옵스Cheops)가 건설한 것으로 생각했고, 그 쌍둥이 피라미드는 후대 파라오 카프라(Khafra, 케프렌Chephren)가, 그리고 가장 작은 세 번째 것은 또 다른 후대 파라오 멘카우라(Menkaura, 뮈케리노스Mykerinos)가 세웠다고 보았다. 모두 제6왕조의 파라오들이다. 스핑크스는 카프라가 건설했다고 이 이집트학 연구자들은 생각했다. 제2 피라미드로 향한 길 옆에 위치해 있기 때문이다.

얼마 동안은 기자의 세 피라미드 가운데 가장 작은 것에서 증거가 발견되어 그것을 건설한 파라오가 누군지 확인되었다고 생각했다. 이런 주장은 바이스(Richard William Howard Vyse, 1784~1853) 대령과 그의 조수 두 사람이 내놓은 것이다. 그들은 그 피라미드 안에서 관과 미라로 만든 파라오 멘카우라의 유해를 발견했다고 주장했다. 그러나 실제로는 나무 관과 유골 모두 진짜가 아니었다. 이런 사실은 학자들에게 알려진 지도 웬만큼 지났지만 무슨 이유에선가 아직까지 거의 공개되지 않고 있다. 누군가가(틀림없이 바이스 대령과 그 일당들이) 그 피라미드 안으로 멘카우라가 살았던 시대보다 2,000년 뒤의 것인 관과 그보다도 더 뒤인 서력기원 시대의 뼈를 가지고 들어가 합쳐놓고 뻔뻔스런 고고학적 사기극을 벌인 것이다.

피라미드 건설자들에 관한 현재의 이론들은, 대피라미드 안에 있는 오래 봉인되었던 묘실에서 상형문자로 쓰인 쿠푸의 이름이 발견되어 누가 그것을 건설했는지기 명확히 밝혀졌다는 더욱 거창한 주장에 매달려 있다. 간과된 사실은 1837년에 그 새김글을 발견한 사람들 역시 같은 바이스 대령과 그 조수들이었다는 점이다. 우리는 『틸문, 그리고 하늘에 이르는 계단』에서 그 새김글이 '발견자들'에 의해 조작된 가짜라는 증거를 충분히 제시한 바 있다. 1983년 말에 그 책을 읽은 독자 한 사람이 찾아와서 자기 증조

【그림 38a】 파라오의 내세 여행 모습   【그림 38b】 파라오가 임명을 받는 장면

부가 브루어(Humphries Brewer)라는 숙련공 등급(3등급)의 프리메이슨임을 보여주는 가계 기록을 제시한 뒤, 증조부가 바이스의 요청으로 그 피라미드 안에서 화약을 사용해 길을 뚫는 일을 도와주다가 위조를 목격했다고 말했다. 증조부는 그런 짓을 하면 안 된다고 말리다가 그곳에서 쫓겨나고 심지어 이집트에서조차 추방되었다는 것이다!

『틸문, 그리고 하늘에 이르는 계단』에서 우리는 쿠푸가 대피라미드 건설자일 수 없음을 보여주었다. 그는 이 피라미드들 부근에 세운 돌기둥에서 대피라미드가 그의 시대에 존재하고 있었음을 이미 언급했기 때문이다. 쿠푸의 다음다음 대에 건설되었다고 생각된 스핑크스조차도 그 새김글에 언급되고 있다.

이제 쿠푸와 그 후계자들보다 훨씬 전인 바로 첫 번째 왕조의 파라오들 시대에, 그들 초기 파라오들이 이미 이 기자 피라미드들을 목격했음을 분명하게 보여주는 그림 증거를 보자. 파라오의 내세 여행 묘사【그림 38a】와 배를 타고 이집트에 도착한 '태고의 존재들'로부터 파라오가 임명을 받는 장면【그림 38b】 모두에서 스핑크스의 모습을 분명히 확인할 수 있다. 또한 이

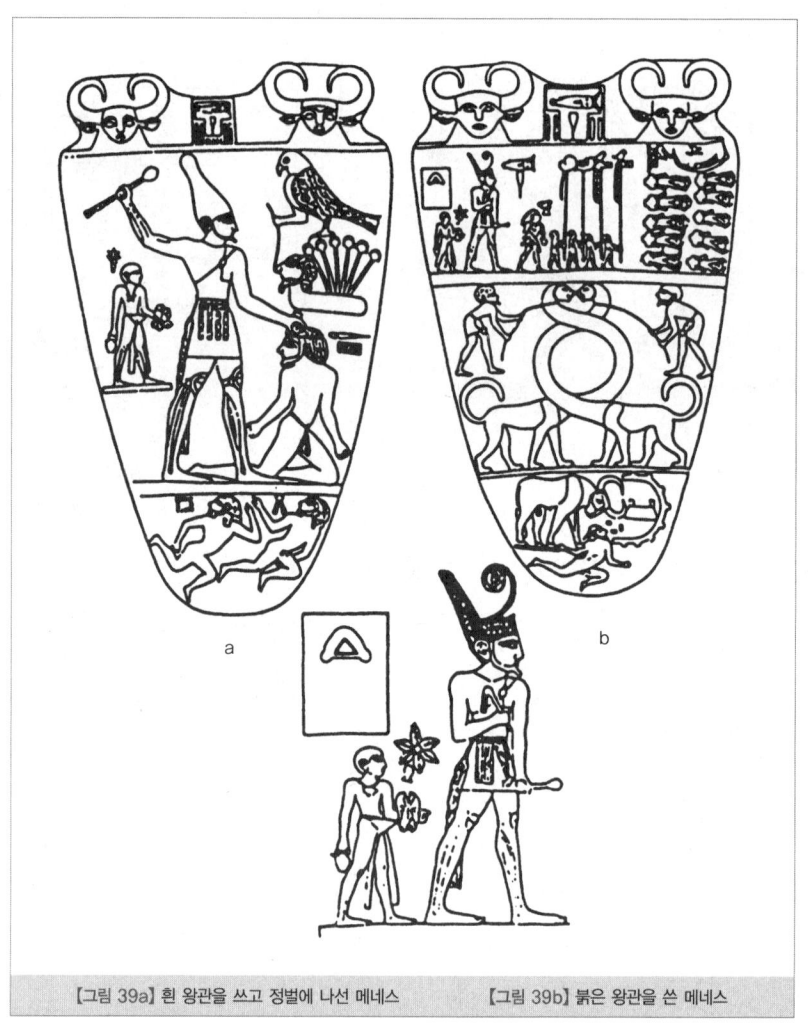

【그림 39a】 흰 왕관을 쓰고 정벌에 나선 메네스   【그림 39b】 붉은 왕관을 쓴 메네스

이집트의 무력 통일을 묘사한, 첫 번째 파라오 메네스의 유명한 승리 서판도 증거로 제시될 수 있다. 한쪽 면에는 그가 상이집트의 흰 왕관을 쓰고 족장들을 무찌르며 그 도시들을 정복하는 모습이 나온다.【그림 39a】 다른 한쪽 면에는 그가 하이집트의 붉은 왕관을 쓰고 지방으로 진군하며 족장들의 목

을 베는 모습이 서판에 나온다. 그의 머리 오른쪽에는 그 파라오에 붙여진 나르메르(Nar-Mer)라는 통칭이 새겨져 있고, 왼쪽에는 새로 얻은 영토에서 가장 중요한 건축물인 피라미드가 그려져 있다. 【그림 39b】

모든 학자들은 이 서판이 메네스가 상-하 이집트를 통일하기 위한 출정에서 거쳐간 장소들과 성채들, 그리고 적들을 사실적으로 그렸다는 데 동의한다. 그러나 다른 부분은 모두 꼼꼼하게 해석되었지만 단 하나 빠진 듯한 부분이 피라미드 기호다. 우리는 이 기호가 하이집트 쪽에 그렇게 뚜렷이 그려져 있는 것은 그런 건축물이 실제로 있었기 때문이라고 생각한다. 서판에 있는 다른 모든 것들이 그러하듯이 말이다.

이렇게 세 피라미드와 스핑크스로 구성되는 기자 단지는 이집트에 왕정이 시작될 때 이미 모두 존재하고 있었다. 그 건설자는 제6왕조 파라오들이 아니었고, 그럴 수도 없었다.

다른 이집트의 피라미드들은 정말로 여러 파라오들에 의해 건설되었다. 그것들은 상대적으로 작고 유치하다. 모두 무너져 있으며 심지어 일부는 완성되기도 전에 무너졌다. 그것들은 무덤도 아니고 기념비(기념을 위한 상징적 무덤)도 아니었으며, 신들과 맞서기 위한 것이었다. 고대에는 기자 피라미드들과 거기에 부수된 스핑크스가 하늘에 이르는 계단을 안내해 준다고 생각했기 때문이다. 바로 시나이 반도에 있는 우주공항 말이다. 파라오들은 내세 여행을 위해 피라미드를 건설하고는 거기에 적당한 상징과 여행 장면 그림, 그리고 몇몇 경우에는 「죽은 자의 책」에서 따온 글들로 벽을 채우기도 했다. 기자의 세 피라미드는 외부 및 내부의 구조나 크기, 믿기 어려울 정도의 내구력으로도 독특하지만, 그 어느 곳도 내부에 새김글이나 장식이 없다는 점에서 특징적이다. 이들은 그저 순전히 기능적인 구조물일 뿐이었으며, 인간에게 소용되는 것이 아니라 '천상에서 지구로 온 존재들'

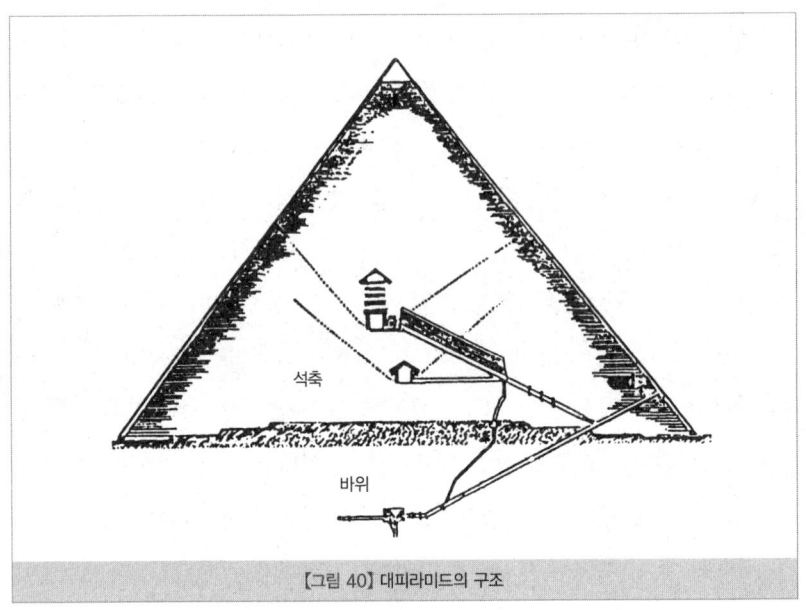

[그림 40] 대피라미드의 구조

을 위해 평원에 세워진 쌍둥이 등대였다.

기자의 세 피라미드 중에서 가장 작은 세 번째 피라미드가 축척 모형으로 먼저 지어졌다는 게 우리의 결론이다. 그러고는 쌍봉 표적이 낫다는 판단에서 두 개의 큰 피라미드들이 세워졌다. 두 번째 피라미드가 대피라미드보다 조금 작기는 하지만 높이는 똑같아 보인다. 그것이 조금 높은 지반에 건설되어 높이가 같도록 한 것이며, 그래서 첫 번째 것만큼 클 필요가 없었던 것이다.

대피라미드는 그 비길 데 없는 크기 외에 또 하나 독특한 점이 있다. 다른 모든 피라미드에서도 발견되는 내리막 통로 외에 특이하게도 오르막 통로와 수평 회랑, 두 개의 위쪽 방, 그리고 여러 개의 좁은 칸들이 있는 것이다. [그림 40] 맨 위의 방은 믿을 수 없을 만큼 정교하게 만든 대회랑과 끈 하나만 잡아당겨 잠글 수 있는 곁방을 통해 들어가게 되어 있다. 그 방에는 특이하게 파내어진 돌 토막이 아직도 들어 있다. 그것을 만드는 데는 상당한 기술이 필요했을 것으로 보이며, 거기서는 종 같은 소리가 난다. 그 방 위에는 낮고 거칠게 만든 공간이 몇 개 다닥다닥 붙어 있어 소리가 매우 잘 울린다.

이런 것들은 모두 왜 만들었을까?

우리는 대피라미드의 이 독특한 구조가 대홍수 이전에 엔릴이 니푸르에 세운 '산 같은 집'이라는 뜻의 지구라트 에쿠르와 여러 가지 비슷한 점이 있음을 발견했다. 에쿠르는 대피라미드와 마찬가지로 주위 평원을 위압할 정도로 높이 솟아 있었다. 대홍수 이전 시기에 니푸르에 있던 에쿠르에는 '하늘과 지구의 연결 고리' 두르안키가 자리 잡고 있어서 비행통제센터 역할을 했고, 궤도 데이터 계기판인 '운명의 서판'이 설치되어 있었다. 거기에는 또 신비의 '암실'인 디르가가 있었는데, 그 '빛'이 시파르에 착륙하는 왕복비행선을 인도했다.

에쿠르의 여러 가지 신비와 기능들은 주가 운명의 서판을 탈취했던 이야기에 묘사되어 있지만, 그 모든 것은 대홍수 이전의 이야기다. 메소포타미아가 다시 살 만한 곳이 되고 니푸르가 재건되었을 때 그곳에 자리 잡은 엔릴과 닌릴의 처소는 빙 둘러 뜰이 있고 숭배자들이 드나드는 문이 있는 커다란 신전이었다. 그곳은 더 이상 금단의 땅이 아니었다. 우주와 관련된 기능은 우주공항 자체와 함께 다른 곳으로 옮겨졌다.

수메르 문서들은 먼 곳에 있는 '산 같은 집'을 신비롭고 놀라운 새 에쿠르라고 묘사하고 있는데, 그곳은 엔릴이 아니라 닌하르삭의 관할을 받는 곳이었다. 예컨대 대홍수 이후 얼마 안 된 시기의 에타나(Etana)라는 수메르 왕은 천상의 아눈나키 처소로 들어 올려졌는데, 그에 관한 서사 설화는 그가 새 에쿠르에서 멀지 않은 '독수리들의 장소'에서 올라가기 시작했다

【그림 41】 수메르 그림에 나타난 비(非)계단식 피라미드

【그림 42a/b】 엔키의 상징인 뱀과 함께 그려진 피라미드들

고 말하고 있다. 우주공항에서 그리 멀지 않은 곳이라는 얘기다. 「나는 깊은 곳에 계신 주님을 찬미합니다 *Ludlul Bel Nemeqi*」라는 제목의 아카드판 「욥기」는 '에쿠르에서 지평선 너머 아래 세계(아프리카)' 땅으로 '쫓겨난 사랑스러운 악마'를 언급하고 있다.

학자들은 기자 피라미드들이 매우 오래되었다는 사실과 그 진짜 건설자가 누구인지 알지 못해 수메르에서 먼 에쿠르에 대한 이 분명한 언급조차도 헷갈려했다. 사실 메소포타미아 문서들에 대한 인정된 해석을 따르자면 메소포타미아에서는 아무도 이 이집트 피라미드들의 존재에 대해 알지 못했다고 해야 할 것이다. 이집트를 침공한 어느 메소포타미아 왕도, 그들과 교역을 한 어느 상인도, 그곳을 방문한 어느 외교관도, 그 어느 누구도 이 멋진 기념물들을 보지 못했다는 것이다.

그것이 가능했을까?

우리는 기자의 기념물들을 수메르와 아카드에서도 알고 있었다고 생각한다. 우리는 대피라미드가 대홍수 이후의 에쿠르였다고 생각하며, 우리가 곧 보게 되는 것처럼 메소포타미아 문서들은 이에 대해 장황하게 설명하고 있다. 그리고 우리는 고대 메소포타미아의 그림들이 피라미드를 건설하는 도중 및 그것이 완성된 뒤의 모습을 묘사하고 있다고 생각한다!

우리는 이미 메소포타미아의 '피라미드'인 지구라트(계단식 탑)가 어떤 모습인지 제시한 바 있다. 【그림 24 참조】 우리는 가장 오래된 축에 속하는 수메르 그림들에서 완전히 다른 구조물들을 찾아냈다. 어떤 그림에서는 네모진 기반과 세모꼴 변을 가진 구조물, 계단식이 아닌 피라미드를 볼 수 있다. 【그림 41】 다른 그림들에서는 그것이 틀림없이 엔키의 영토에 위치함을 나타내는 뱀의 상징이 있는, 완성된 피라미드를 볼 수 있다. 【그림 42a/b】 그리고 또 다른 그림은 완성된 피라미드에 날개를 그려 넣어 그것이 우주와 관련

【그림 43】 날개가 달린 모습으로 그려진 피라미드

된 기능을 지녔음을 표시하고 있다. 【그림 43】 이 그림에서는 피라미드가 놀랍도록 생생한 몇 가지 다른 모습들과 함께 나타나고 있어 주목된다. 쭈그려 앉은 스핑크스가 갈대밭을 바라보고 있는데, 갈대 호수 다른 쪽에 있는 또 다른 스핑크스는, 시나이 반도의 스핑크스를 바라보고 있는 또 하나의 스핑크스가 있었다는 이집트 문서들의 주장을 뒷받침한다. 피라미드와 그 부근에 있는 스핑크스는 모두 강가에 위치하고 있다. 기자 단지가 실제로 나일 강 옆에 위치했듯이 말이다. 그리고 이 모든 것 너머에는 너른 물이 있고 그 위에서는 뿔 달린 신들이 배를 타고 있다. 이집트인들이, 자기네 신들이 홍해를 통해 남쪽에서 왔다고 말한 것과 일치한다.

이 고대 수메르 그림과 고대 이집트 그림【그림 38a】 사이의 놀라운 유사성은 이집트와 수메르 사이에 피라미드 및 스핑크스에 관한 공통된 지식이 있었다는 강력한 증거가 된다. 사실 이 수메르 그림은 대피라미드의 정확한 경사도(52도) 같은 사소한 부분까지도 정밀하게 그려낸 듯하다.

그렇다면 대피라미드를 메소포타미아에서도 알고 있었다는 결론을 내릴 수밖에 없다. 니푸르에 있던 본래의 에쿠르를 세웠던 바로 그 아눈나키가 세운 것이기 때문이다. 그리고 마찬가지로, 그리고 매우 논리적으로 그것은 메소포타미아인들에게 에쿠르, 곧 '산 같은 집'으로 불렸다고 볼 수밖에 없다. 기자의 대피라미드에는 이전의 에쿠르와 마찬가지로 수수께끼의 암실들이 있고, 시나이의 대홍수 이후 우주공항에 착륙한 왕복비행선을 인도하는 장치들을 설비하고 있었다. 그리고 중립을 담보하기 위해 피라미드는 닌하르삭의 관할 아래 두었다.

이런 우리의 해법만이 '뾰족 봉우리의 집' 피라미드의 여왕인 닌하르삭을 찬미하는 수수께끼의 시에서 의미를 찾아낼 수 있다.

밝고 어두운 천상과 지상의 집이
로켓 우주선을 위해 만들어졌다.
뾰족 봉우리 신들의 집인 에쿠르는
천상과 지상을 연결하는 여러 설비를 했다.
그 집 안에서는 붉은 천상의 빛이 비치고
광선이 깜박이며 멀고도 넓게 퍼지니
그 무시무시함에 소름이 돋는다.
무시무시한 지구라트, 드높은 산 중의 산
그대가 하는 일은 훌륭하고도 고원하니
인간은 이해할 수가 없구나.

그렇다면 이 '뾰족 봉우리 신들의 집'의 기능은 분명해진다. 그것은 '궤도를 돌며 지켜보는' 우주인들이 '휴식을 위해 착륙'하는 데 필요한 '설비를 한 집'이며, '높은 곳에 있는 쉠(Shem), 곧 하늘의 방들을 위한 커다란 표적'이었다.

> 설비의 집, 우뚝한 영원의 집
> 그 기초는 물까지 닿아 있는 돌이며
> 그 드넓은 둘레는 진흙 속에 놓였다.
> 그 집의 부품들은 솜씨 있게 짜맞춰 졌고
> 그 집에서 나오는 정확한 소리에
> 궤도를 돌며 지켜보는 높은 존재들이 내려와 쉰다. (…)
> 그 집은 높은 곳에 있는 쉠들의 거대한 표적이고
> 우투가 하늘로 올라가는 산이다.
> 그 집의 깊숙한 내부는 인간이 꿰뚫어볼 수 없다. (…)
> 아누가 그것을 확장했다.

이 문서는 이어서 그 구조물의 여러 부분들을 설명한다. 그 기초는 '두려움에 싸인 것'이고, 그 출입문은 입처럼 열리고 닫히며 '흐릿하고 푸른빛을 낸다'. 그 입구는 '먹이를 향해 열린 거대한 용의 입 같고', 그 문설주는 '적의 접근을 막는 두 개의 칼날 같다'. 그 안쪽 방은 '하루 종일 쏟아지는 비수들'로 보호되는 '음문(陰門)과 같다'. 거기서 발산되는 '분출물은 아무도 공격할 엄두를 내지 못하는 사자와 같다'.

그러고는 오르막 회랑이 묘사된다.

> 그 둥근 천장은 무지개와 같고
> 어두움은 거기서 끝난다.

그것은 두려움의 옷을 걸치고 있다.
그 이음매들은 움켜쥘 태세인 독수리 발과 같다.

그곳 회랑의 꼭대기에 '산꼭대기로 가는 진입로'가 있다.

적에게는 그것이 열리지 않는다.
오직 '사는 자들'에게만
그들에게만 그것이 열린다.

세 개의 잠금 장치가 있어 맨 꼭대기 방으로 가는 길을 보호한다.

쬠쇠와 빗장과 자물쇠다. (…)
두려움을 일으키는 곳으로 미끄러져 들어간다.

거기서 에쿠르는 '하늘과 지구를 살피고 그물을 하나 펼친다'.
 이런 세부 사항들은 대피라미드의 내부에 대해 우리가 현재 확보한 지식과 연관시켜 생각할 때 그 정확성에 혀를 내두르게 된다. 그 내부로 들어가려면 북쪽 사면에 나 있는 입구를 통해야 했는데, 입구는 '마치 입과 같이' 정말로 열리고 닫히는 선개석(旋開石)에 의해 숨겨져 있었다. 기단에 들어서면 내리막 통로의 입구가 '먹이를 향해 열린 거대한 용의 입'같이 나타난다. 【그림 44a】 입을 떡 벌린 출입구는 사선으로 놓인 두 쌍의 거대한 돌 토막들이 위쪽에서 내리누르는 피라미드의 무게로부터 보호했다. '마치 적의 접근을 막는 두 개의 칼날처럼' 입구 한가운데에 박혀 있는, 불가사의하게 절단된 돌이었다. 【그림 44b】

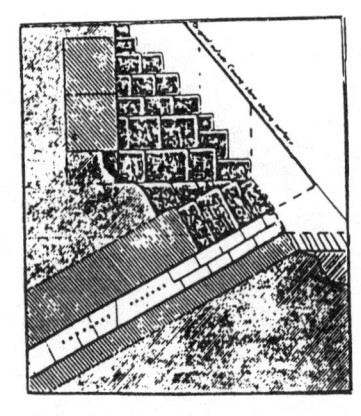 

[그림 44a] 대피라미드의 입구와 내리막 통로 단면도   [그림 44b] 거대한 돌 토막으로 보호된 대피라미드 입구

내리막 통로를 조금 가다 보면 오르막 통로가 시작된다. 거기서 다시 수평 통로가 이어지고 그 통로를 통해 피라미드의 심장부로 들어갈 수 있다. '음문과 같은' 내부의 '발산의 방'이다. 오르막 통로는 또한 웅장한 오르막 회랑으로 이어진다. 매우 공들여 지은 그 양쪽 벽은 위쪽으로 갈수록 단계적으로 서로 가까워져 이 벽의 이음매들이 '움켜쥘 태세인 독수리 발과 같다'는 느낌을 준다. [그림 45] 회랑은 맨 꼭대기 방으로 연결된다. 거기서 '그물', 곧 힘의 장(場)을 펼쳐 '천상과 지상을 살핀다'. 이곳으로 가려면 대단히 복잡하게 지어진 곁방을 지나야 한다. [그림 46] 거기에 세 개의 잠금 장치가 정말로 설치되어 있고, '미끄러져' 내려가 '적에게는 열리지 않도록' 준비를 갖추고 있다.

이 찬미 문서는 에쿠르의 안팎을 이렇게 묘사한 뒤 그 구조물의 기능과 위치에 관한 정보를 제공한다.

아래 북쪽 입구에서 본 투시도(A/B) 및 위의 남쪽 끝에서 본 투시도(C).

【그림 45】대회랑 투시도

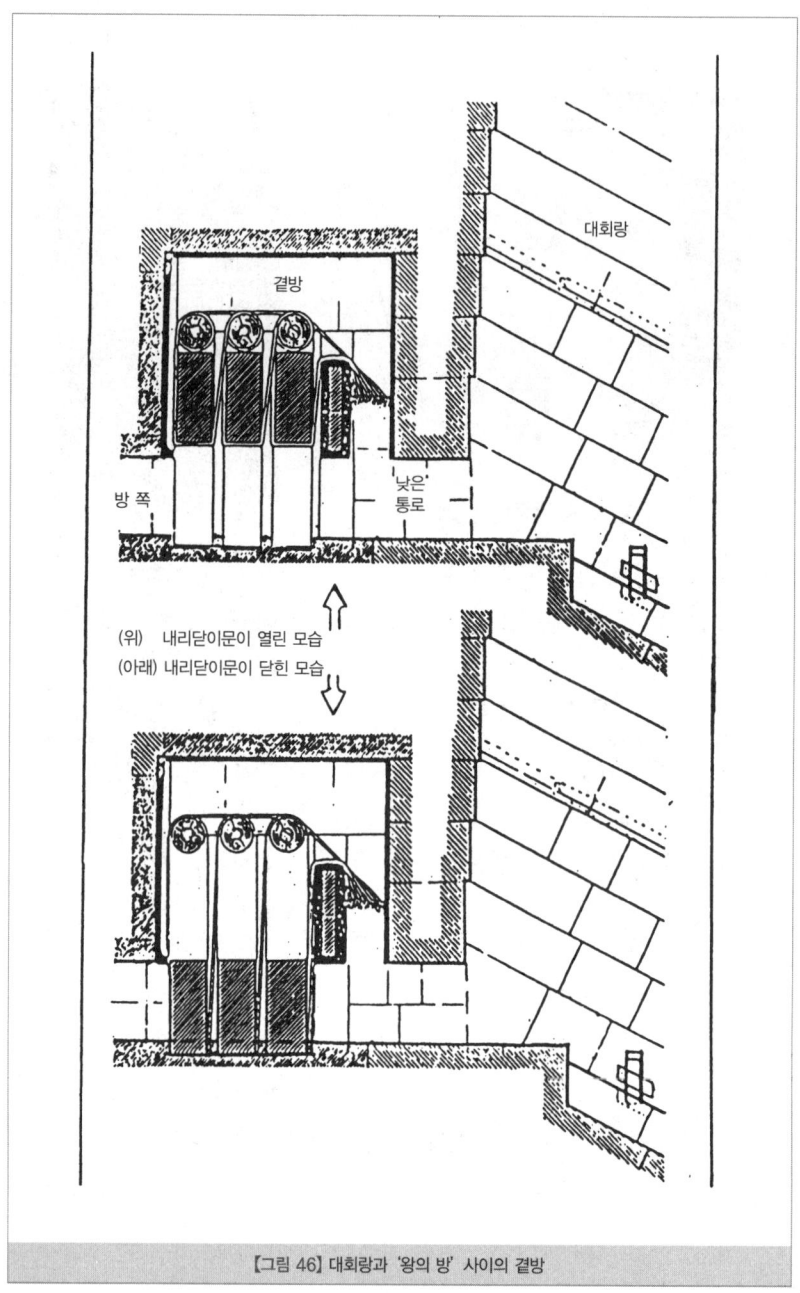

[그림 46] 대회랑과 '왕의 방' 사이의 곁방

이날 여왕이 직접 진실하게 말씀하신다.

로켓 우주선의 여신, 순수하고 위대한 귀부인이

직접 찬양하신다.

"나는 여왕이니, 아누께서 내 운명을 결정하셨다.

나는 아누의 딸이다.

엔릴은 내게 멋진 운명을 더해주었다.

나는 그의 누이이자 왕비다.

신들은 내 손에

하늘에서 지구로 오는 우주선 안내 시설을 맡겼다.

나는 '하늘의 방'의 어머니다.

에레쉬키갈은 내게

우주선 안내 시설을 위한 빈 터를 주었다.

커다란 표적,

우투가 올라가는 데 쓰일 산을

나는 나의 제단으로 쌓았다."

우리의 결론대로 닌하르삭이 기자 피라미드의 중립적인 여왕이었다면 그녀는 당연히 이집트에서도 여신으로 알려지고 숭배되었을 것이다. 그것은 정말 사실이다. 다만 이집트인들에게 그녀는 하트호르(Hat-Hor)로 알려졌을 뿐이다. 교과서적인 설명으로 이 이름은 '호루스의 집'이라는 뜻이다. 그러나 이는 피상적으로만 맞는 얘기다. 이런 해석은 이 이름의 상형문자 에서 나온 것이다. 이 상형문자는 집과 매를 그리고 있는데, 호루스가 매처럼 날아오를 수 있다 해서 매가 호루스의 상징이었기 때문에 이를 호루스와 연관시켜 해석한 것이다. 이 여신 이름의 문자적 의미는 '매들이 있는 곳이 집인 여신'이다. 바로 우주비행사들이 집으로 삼고 있는 우주공항 이다.

우리는 대홍수 이후 시대에 우주공항이 시나이 반도에 위치했다고 판단한 바 있다. 따라서 하트호르, 곧 '매들의 집'이라는 칭호는 그곳을 맡고 있는 여신이 시나이 반도의 여왕이어야 함을 의미한다. 그녀는 실제로 그랬다. 이집트인들은 시나이 반도가 하트호르의 영지였다고 생각했다. 이집트 파라오들이 시나이 반도에 세운 모든 신전들과 기념비들은 오로지 이 여신에게만 봉헌된 것이었다. 그리고 닌하르삭이 만년에 그랬듯이 하트호르 역시 '암소'라는 별명이 있었고 암소 뿔과 함께 묘사되곤 했다.

우리는 닌하르삭이 대피라미드의 여왕이라고 주장했는데, 그렇다면 하트호르 역시 마찬가지였을까? 놀랍게도, 그러나 뜻밖은 아니게도 하트호르 역시 마찬가지였다.

그 증거는 기원전 2600년 무렵의 파라오인 쿠푸가 이시스에게 봉헌해 기자에 세운 한 신전의 기념비 새김글이다. '발굴비'로 알려진 이 유적과 그 새김글은 대피라미드(그리고 스핑크스)가 쿠푸(케옵스) 즉위 당시에 이미 존재하고 있었음을 분명하게 입증한다. 그는 이미 존재하고 있는 피라미드와 스핑크스 옆에 이시스를 위한 신전을 건립했다는 주장만 했을 뿐이다.

살아 있는 호루스 메즈다우(Horus Mezdau)
상-하 이집트의 왕 쿠푸에게
생명이 주어졌다!
그는 스핑크스의 집 옆에
피라미드의 여왕인
이시스의 집을 지었다.

그렇다면 그의 시대에는 오시리스의 아내이자 호루스의 어머니인 이시스가 '피라미드의 여왕'( )으로 생각된 것이다. 그러나 이어지는 새김글은 이시스가 피라미드의 첫 번째 여왕이 아니었음을 밝힌다.

살아 있는 호루스 메즈다우
상-하 이집트의 왕 쿠푸에게
생명이 주어졌다!
'하트호르의 서쪽 산'의 여왕인
그의 모신(母神) 이시스를 위해
그는 비석 위에 이 글을 썼다.

따라서 피라미드는 '하트호르의 산'(수메르의 '산 같은 집'에 정확히 대응된다)이었을 뿐 아니라, 그것이 하트호르의 서쪽 산이었기 때문에 하트호르에게는 동쪽 산도 있었다는 얘기가 된다. 수메르 자료들을 통해 알 수 있듯이, 그 동쪽 산은 시나이 반도에서 가장 높은 봉우리인 하르삭이었다.

두 신의 가문 사이에 경쟁과 의심이 있었다 해도 우주공항과 통제 및 안내 시설들을 건설하는 실제 작업은 엔키와 그 자손들에게 맡겨졌으리라는 데는 의문의 여지가 거의 없다. 닌우르타는 제방을 쌓고 관개 시설을 건설할 능력이 있음을 입증했고, 우투(샤마쉬)는 착륙 및 이륙 시설을 어떻게 지휘하고 운영해야 하는지를 알고 있었다. 그러나 이전에 이 모든 일을 경험한 으뜸 공학자이자 과학자인 엔키만이 거대한 건설 공사를 입안하고 그 실행을 감독하는 데 필요한 지식과 경험을 갖추고 있었다.

닌우르타와 우투의 업적을 묘사한 수메르 문서들에는 이들 가운데 어느 누구도 우주 관련 건설 공사를 기획했거나 참여했다는 암시조차 없다. 나중에 닌우르타는 한 수메르 왕에게 자신의 '신의 새'를 넣어둘 특별 격납고가 있는 지구라트를 건설토록 부탁했는데, 그 왕에게 건축 계획과 건설 지침을 준 것은 닌우르타를 수행한 다른 신이었다. 반면에 몇몇 문서들은 엔키가 그 아들 마르둑에게 자신이 가지고 있던 과학 지식을 전수했다고 말하고 있다. 이 문서들은 마르둑이 어려운 문제를 가지고 아버지를 찾아온 뒤 있었던 부자간의 대화를 이렇게 전하고 있다.

엔키가 아들 마르둑에게 대답했다.
"아들아, 네가 모르는 일이 무엇이냐?
내가 무엇을 더 네게 가르쳐줄 수 있겠니?
마르둑, 네가 모르는 일이 정말 무엇이냐?
내가 더 이상 네게 무엇을 가르쳐줄 수 있겠니?
내가 알고 있는 것은 모두 네가 알고 있다!"

아버지인 프타와 엔키, 그리고 아들인 라와 마르둑 사이의 유사성이 매우 크기 때문에 이집트 문서들이 라를 우주 시설이나 관련 건설 공사와 연결시키고 있다는 것은 전혀 놀랄 일이 아니다. 이 일을 하면서 그는 슈와 테프누트, 게브와 누트, 그리고 마법적인 일을 주관하는 신 토트의 도움을 받았다. 또한 정확히 위도 30도 선을 따라 동쪽으로 가는 길을 가르쳐주는 '안내의 신' 스핑크스의 도움도 받았는데, 스핑크스는 '지평선의 매' 호르아크티(Hor-Akhti)의 형상을 하고 있으며 호르아크티는 바로 라의 통칭이다. 파라오 시대에 스핑크스 부근에 세워진 한 비문에서는 '성스러운 사막'에 '보호지'를 건설한 엔지니어('끈을 늘이는 자')로 직접 라의 이름을 꼽고 있다. 그곳은 그가 '높이 올라가' '하늘을 가로지를' 수 있는 곳이었다.

당신은 그 계획을 위한 끈을 늘인다.
당신은 땅이 형태를 이루게 했다. (…)
당신은 아래 세계를 숨겼다. (…)
당신은 당신을 위해 보호지를 건설했다.
성스러운 사막에, 숨겨진 이름으로.
당신은 낮에 그들 반대편으로 날아오른다. (…)
당신은 높이 날아오른다. (…)
당신은 시원한 바람을 맞으며 하늘을 건넌다. (…)
당신은 천상의 배를 타고 하늘을 가로지른다. (…)
하늘은 환호하고
지구는 큰 소리로 기쁨을 나타낸다.
라의 무리가 매일 찬양을 한다.
그는 승리를 거두고 전진한다.

이집트 문서들은 슈와 테프누트가 '지구 위의 하늘을 떠받침으로써' 라의 광범위한 우주 관련 작업에 참여했다고 주장했다. 그들의 아들 게브는 '쌓다'라는 뜻의 말 gbb에서 나온 이름을 지녀, 그가 쌓는 일을 수반하는 작업에 참여했음을 입증한다는 데 학자들이 동의하고 있다. 그가 피라미드 건설에 실제로 관여했다는 강력한 시사다.

파라오 쿠푸와 그 세 아들이 등장하는 이집트의 한 설화는 그 시대에 대 피라미드에 관한 비밀 설계도를, 이집트인들이 토트라고 부르는 신이 관리했음을 드러내준다. 토트는 천문학과 수학, 기하학, 그리고 토지 측량의 신이다. 여기서 대피라미드의 독특한 부분으로 그 위쪽 방들과 통로들이 있었음을 떠올리게 된다. 그러나 이 통로들은 바로 그것들이 내리막 통로로부터 갈라지는 곳에서 봉쇄되어 있기 때문에(어떻게, 언제, 왜 봉쇄되었는지는 곧 밝히겠다), 기자 피라미드들을 모방하고자 했던 파라오들은 모두 아래쪽 방만 만들었다. 정확한 건축적 지식이 없어 위쪽 방들을 흉내 낼 수 없었거나, 나중에는 아예 그 존재조차 모르게 되었을 것이다. 그러나 쿠푸는 대피라미드 안에 이 두 비밀의 방이 있다는 것을 알았고, 한때 그 건설 설계도를 발견하기 직전까지 갔던 듯하다. 토트 신이 설계도를 어디에 숨겼는지 듣게 되었던 것이다.

이른바 「웨스트카(Westcar) 파피루스」에 쓰인 「마법사 이야기」라는 제목의 이 설화는 '쿠푸 왕이 모든 땅을 다스리던 시대의 어느 날' 왕이 자신의 세 아들을 불러들여 먼 옛날 '마법사들의 행적'에 관한 이야기를 들려달라고 했다는 사실을 적고 있다. 먼저 이야기를 한 것은 '카프라(Khafra) 왕자'였다. 그는 '쿠푸의 조상 네브카(Nebka) 시대의 이야기로, (…) 그가 프타 신전에 들어가자 무슨 일이 일어났는지'를 설명했다. 그것은 한 마법사가 죽은 악어를 다시 살려낸 이야기였다. 그러고 나서 바우에프라(Bau-ef-Ra) 왕자가 그 이전 쿠푸의 조상 때 일어났던 기적을 이야기했다. 한 마법사가 호수의 물을 가르고 그 바닥에서 보석을 찾아낸 뒤 '주문을 외워 호수의 물을 종전대로 돌려놓았다'는 이야기다.

다소 냉소적으로, 또 한 아들 호르데데프(Hor-De-Def)가 일어나 이런 얘기를 했다.

"우리는 옛날 마법사들과 그들의 행적에 대해 얘기를 들었지만, 우리가 그 진실을 밝혀낼 수는 없습니다. 저는 우리 시대에 행해진 일들을 알고 있습니다."

파라오 쿠푸가 그것이 무엇이냐고 묻자 호르데데프는 자기가 알고 있는 데디(Dedi)라는 사람에 대해 이야기했다. 데디는 잘린 목을 다시 붙이거나 사자를 길들이는 법을 알고 있었고, '토트의 방의 프듯(Pdut) 번호'도 알고 있었다고 했다.

쿠푸는 이 말을 듣자 부쩍 궁금증이 일었다. 그는 대피라미드에 있는 '토트의 방의 비밀'을 알아내려 애써왔기 때문이었다. 그 방은 쿠푸의 시대에 이미 막히고 숨겨진 상태였다! 그래서 쿠푸는 현자 데디를 시나이 반도 앞바다 섬에 있는 그의 거처에서 찾아내 데려오라고 명령했다.

데디가 자기 앞에 나타나자 쿠푸는 우선 그의 마력을 시험했다. 거위와 새, 황소 같은 것들의 목을 자른 뒤 다시 살려내는 일 따위였다. 그러고 나서 쿠푸가 물었다.

"네가 토트의 이풋(Iput)을 위한 프듯 번호를 알고 있다는 말이 사실이냐?"

그러자 데디는 이렇게 대답했다.

"오, 왕이시여, 저는 번호를 알지 못합니다. 그러나 저는 프듯이 있는 곳을 압니다."

이집트학 연구자들은 대체로 이풋이 '태고의 성소에 있는 비밀의 방들'이라는 의미를 지니고, 프듯은 '숫자가 적힌 설계들과 계획들'을 의미한다는 데 동의한다.

그 마법사(그의 나이는 110살로 나와 있다)는 쿠푸의 물음에 이렇게 답했다.

"오, 왕이시여, 저는 설계에 관한 정보를 알지 못합니다. 그러나 저는 그 숫자가 적힌 설계도를 토트가 어디에 숨겼는지 압니다."

더욱 캐묻자 그는 이렇게 대답했다.

"헬리오폴리스의 도면실(圖面室)이라 불리는 신성한 방에 숫돌 궤가 있습니다. 그것들은 그 궤 안에 있습니다."

흥분한 쿠푸는 데디에게 당장 가서 그 궤를 찾아내 자기에게 가져오라고 명령했다. 그러나 데디는 자신은 물론 쿠푸도 그 궤를 얻을 수 없다고 대답했다. 그것은 미래의 쿠푸 후손이 발견토록 정해져 있다는 것이었다. 그는 그것이 라가 정한 일이라고 했다. 신의 뜻에 굴복한 쿠푸는 우리가 본 대로 스핑크스 옆에 피라미드의 여왕에게 바치는 신전을 하나 세우는 것으로 끝내고 말았다.

증거의 고리는 이렇게 완벽하다. 수메르와 이집트 문서들은 서로가 서로를, 그리고 우리의 결론들을 확인해 주고 있다. 똑같은 중립적인 여신이 시나이의 최고봉과 이집트에 세워진 인공 산의 여왕이었다. 둘 다 착륙 회랑의 기준점으로 쓰이는 곳들이었다.

그러나 시나이 반도와 거기에 위치한 시설들을 중립적으로 유지하려는 아눈나키의 바람은 오래가지 못했다. 경쟁심과 사랑이 비극적으로 뒤엉켜 현상을 뒤집어놓게 된다. 그리고 분할된 지구는 곧 두 차례의 피라미드 전쟁에 휘말리고 만다.

8 두 차례의 피라미드 전쟁

363년에

신성한 존재이시고 지평선의 매이시며

영원히 사시는 불멸의 존재이신

라 폐하께서는 켄 땅에 계셨다.

그는 전사들을 대동하고 계셨다.

거기서 적들이 그에 대항해 반란을 일으켰기 때문이다. (…)

'날개 달린 측량자' 호루스가 라의 배로 왔다.

호루스는 라에게 말했다.

"오, 지평선의 매이시여,

적들이 당신의 영도에 반기를 들고

빛나는 왕관을 빼앗아가려고 음모를 꾸미는 것을

저는 보았습니다." (…)

그러자 신성한 존재이시고 지평선의 매이신 라는

날개 달린 측량자 호루스에게 이렇게 말씀하셨다.

"고귀한 라의 자손, 나의 후손이여.

어서 가서 네가 본 적들을 물리쳐라."

고대 이집트 도시 에드푸의 신전 벽에 새겨진 이야기는 이렇게 시작된다. 우리는 이것이 제1차 피라미드 전쟁이라고 부를 수밖에 없는 일에 관한 이야기라고 생각한다. 이 전쟁은 지구와 그 우주 시설의 통제권을 쥐기 위한 끝없는 투쟁과 고위 아눈나키, 특히 엔키(프타)와 그 아들 마르둑(라)의 속임수에서 기인한 것이다.

마네토에 따르면 프타는 9,000년 동안 군림한 뒤 이집트 통치권을 넘겼다. 그러나 그 뒤를 이은 라의 치세는 대홍수 때문에 1,000년으로 단축되었다는 게 우리의 결론이다. 그 뒤에 슈의 700년 치세가 이어졌고, 그는 라가 '지구 위의 하늘을 통제'할 수 있도록 도왔다. 그 뒤를 이은 '땅을 쌓아올린 자' 게브는 500년을 다스렸다. 우주 시설인 시나이의 우주공항과 기자 피라미드들이 세워진 것이 바로 이때인 기원전 10000년 무렵이었다.

우주공항이 건설된 시나이 반도와 기자 피라미드들은 닌하르삭의 관할 아래 중립 상태를 유지하고 있는 것으로 간주되었지만, 이 시설들을 건설한 엔키와 그 자손들에게 정말로 이 시설들의 통제를 포기할 생각이 조금이라도 있었는지는 의문이다. 학자들이 「파라다이스 신화」라고 이름 붙인 한 수메르 문서는 목가적인 묘사로 시작된다. 그 옛날 이름은 「엔키와 닌하르삭」이었는데, 이것은 사실상 정치적 동기에서 만들어진 두 사람 사이의 사랑에 대한 기록이며, 이집트와 시나이 반도, 다시 말해서 피라미드들과 우주공항의 통제권을 둘러싼 엔키와 그 이복누이 닌하르삭 사이의 거래 이야기다.

이 이야기의 시대는 지구가 아눈나키 사이에 분배된 뒤다. 틸문(시나이 반도)은 닌하르삭에게 주어졌고, 이집트는 엔키 일문에 주어진 상태였다. 수메르 이야기에 따르면 이때 엔키가 이집트와 시나이 반도의 경계인 소택지를 건너 쓸쓸한 닌하르삭을 찾아와 사랑의 향연을 벌이게 된다.

홀로 있는 자에게
생명의 귀부인, 그 땅의 여왕에게
엔키가 그 현명한 생명의 귀부인에게로 갔다.
그는 남근을 세워 도랑에 흘려보내고
그는 남근을 세워 갈대밭을 잠기게 했다. (…)
그는 정액을 위대한 아눈나키 귀부인에게 쏟아부었다.
정액을 닌하르삭의 자궁에 쏟아부었다.
그녀는 정액을, 엔키의 정액을 자궁 안으로 받아들였다.

엔키의 진짜 의도는 이복누이와의 사이에서 아들을 얻자는 것이었다. 그러나 태어난 것은 딸이었다. 그러자 엔키는 딸이 '나이가 차고 아름다워지자' 곧바로 그녀를 취했고, 그 다음에는 손녀딸을 취했다. 이런 사랑 행위의 결과로 여자 여섯 명과 남자 두 명 등 모두 여덟 명의 신들이 태어났다. 이런 근친상간에 화가 난 닌하르삭은 자신의 의료 기술을 이용해 엔키를 병들게 만들었다. 엔키 주변의 여러 아눈나키가 엔키를 살려달라고 간청했지만 닌하르삭은 단호했다.
"그놈이 죽기 전까지는 '생명의 눈'으로 살펴보지 않을 거야!"
닌우르타는 점검차 틸문에 왔다가 엔키가 정말로 끝장이 났음을 보고 흡족해졌다. 그는 메소포타미아로 돌아가 엔릴과 난나르(신), 우투(샤마쉬), 인안나(이쉬타르) 등이 있는 자리에서 이 소식을 전했다. 화가 난 엔키는 니우르타에게 틸문으로 돌아와 닌하르삭을 데려가라고 퍼부어댔다. 그러나 그 사이에 닌하르삭은 오라비에게 연민을 느껴 생각을 바꾸었다.

닌하르삭이 엔키를 껴안고 물었다.
"오라버니, 어디가 아픈가요?"

닌하르삭이 그의 몸 각 부분을 차례차례 치료해 주자 엔키는 그들 둘이 시나이와 이집트의 주인으로서 여덟 명의 젊은 신들에게 일과 배우자와 영토를 나눠주자고 제안했다.

> 아부(Abu)는 식물의 주인이 되게 하고
> 닌툴라(Nintulla)에게는 마간을 영지로 주고
> 닌수투(Ninsutu)는 닌아주(Ninazu)와 결혼시키고
> 닌카쉬(Ninkashi)는 목마름을 만끽하는 여자가 되게 하고
> 나지(Nazi)는 닌다라(Nindara)와 결혼시키고
> 아지무아(Azimua)는 닌기쉬지다(Ningishzida)와 결혼시키고
> 닌투(Nintu)는 달들의 여왕이 되게 하고
> 엔샤그(Enshag)에게는 틸문을 영지로 줍시다!

멤피스에서 나온 이집트 신학 문서들 역시 프타의 심장과 혀, 이, 입술, 그리고 신체의 다른 부분들에서 여덟 신이 '생겨났다'고 말하고 있다. 이 문서도 메소포타미아 문서에서와 마찬가지로 프타가 이 신들을 생겨나게 한 뒤에 이들에게 주거와 영토를 나누어주는 데까지 나아가고 있다.

그는 신들이 생겨나게 한 뒤

도시를 만들고 구획을 지어

신들을 신성한 주거에 살게 했다.

그는 신들의 사당을 세우고 봉헌물을 정했다.

이 모든 것은 그가 '생명의 여왕 닌하르삭의 마음을 기쁘게 하기 위해' 한 것이었다.

이 이야기들이 그렇게 사실에 근거한 것이라면, 그러한 복잡한 혈통이 초래한 경쟁 관계는 라에게도 책임이 있는 성적 속임수에 의해 더욱 악화될 뿐이었다. 그 가운데 가장 중요한 것이 오시리스가 사실은 라의 아들이지 게브의 아들이 아니라는 주장이다. 라가 자신의 손녀딸에게 몰래 찾아가 잉태시킨 자식이라는 것이다. 앞서도 말했듯이 이것이 오시리스와 세트 사이 갈등의 핵심에 놓여 있다.

게브에게서 상이집트를 분배받은 세트가 왜 오시리스에게 주어진 하이집트를 탐냈을까? 이집트학 연구자들은 지리적 위치나 땅의 비옥도 등의 관점에서 설명들을 내놓았다. 그러나 우리가 이미 제시했듯이 요인이 하나 더 있었다. 신들의 입장에서는 그 지역에서 농작물을 얼마나 많이 기를 수 있느냐보다 더욱 중요한 문제였다. 누구든 대피라미드를 비롯한 기자의 피라미드들을 통제하는 자는 우주 활동의 통제에 발언권이 있었다. 그것은 신들이 오고 가는 일, 그리고 열두 번째 별을 오가는 결정적인 보급망과 관련된 문제였다.

세트는 얼마 동안 자신의 야망을 충족시킬 수 있었다. 오시리스를 속여 물리친 것이다. 그러나 오시리스가 사라진 지 '363년이 되던 해에' 젊은 호루스가 아버지의 원수를 갚겠다고 나서 세트와의 전쟁을 일으켰다. 바로 제1차 피라미드 전쟁이다. 그것은 이미 보았듯이 신들이 인간들을 자신들의 다툼에 끌어들인 첫 번째 전쟁이었다.

복수에 나선 호루스는 아프리카를 다스리고 있던 다른 엔키계 신들의 지원을 얻어 상이집트에 대한 공격을 개시했다. 호루스는 토트가 그에게 만들어준 날개 달린 원반에 힘입어 북쪽으로, 피라미드들이 있는 곳으로 착실하게 진군했다. 중요한 전투가 이집트와 시나이 반도를 갈라놓고 있던 일련의 호수 지역인 '물의 지대'에서 벌어졌고, 세트의 부하 상당수가 죽었다. 다른 신들의 중재 노력이 실패로 돌아간 뒤 세트와 호루스는 시나이 반도와 그 상공에서 일대일 대결을 펼쳤다. 한 전투에서 세트는 반도 어딘가에 있는 '비밀 동굴'에 숨었다. 다른 전투에서 그는 고환을 잃었다. 그래서 신들의 각의는 이집트 전체를 '유산으로 (…) 호루스에게' 주었다.

그 뒤 프타의 후손인 여덟 신 가운데 하나인 세트는 어떻게 되었을까? 그는 이집트에서 쫓겨나 동쪽의 아시아 땅에 거처를 잡았다. 그가 '하늘에서 떠들어댈' 곳을 확보한 것이었다. 그는 「엔키와 닌하르삭」이라는 수메르 이야기에서 두 신으로부터 틸문(시나이 반도)을 배당받은 엔샤그라는 신이었을까? 그렇다면 그는 자신의 영토를 나중에 카나안으로 알려진 셈의 땅 너머로 확장한 이집트(함계) 신이었다.

구약의 이야기들은 이 제1차 피라미드 전쟁의 결과를 알아야 이해할 수 있다. 거기에는 또한 제2차 피라미드 전쟁의 원인들도 들어 있다.

대홍수 이후 우주공항과 안내 시설 외에도 이전에 니푸르에 있던 것을 대체하는 새로운 비행통제센터도 필요했다. 우리는 『틸문, 그리고 하늘에 이르는 계단』에서 통제센터가 다른 우주 관련 시설들과 등거리에 있어야 할 필요 때문에 '가리키는 산'으로 불린 모리야(Moriah) 산에 위치하게 되었음을 밝힌 바 있다. 나중의 예루살렘 시 자리다.

메소포타미아와 구약 양쪽의 기록은 모두 그곳이 셈의 땅, 곧 엔릴계의 영토에 위치해 있었다고 말한다. 그러나 그곳은 결국 엔키와 함계 신들, 그리고 함계인 카나안의 후예들이 불법 점유하고 말았다.

구약은 나중에 예루살렘을 수도로 하게 되는 땅을 함의 넷째이자 막내아들 이름을 따서 카나안이라 부르고 있다. 구약은 또한 카나안을 특별히 비난해야 할 대상으로 꼽고, 그 후손들이 셈의 후손들에게 복속될 것이라고 말한다. 이런 처우의 구실로는 얼토당토않은 얘기가 제시된다. 카나안이 아니라 그 아버지 함이 무심코 자기 아버지 노아의 노출된 성기를 보았다는 것이었다. 그래서 하느님은 카나안에게 저주를 내린다.

카나안은 저주를 받을 것이다.
가장 천한 종이 되어서
형제들의 부림을 받을 것이다. (…)
셈의 신 야훼는 찬양을 받으실 것이다.
카나안은 셈에게 부림을 받을 것이다. (…)

_「창세기」 9:25~26

이 「창세기」의 이야기는 알 수 없는 부분이 많다. 우발적으로 죄를 저지른 것은 카나안의 아버지인데도 왜 카나안이 저주를 받았을까? 왜 그 처벌은 셈의 종이 되는 것이고 셈의 신에게 종속되는 것이어야 할까? 그리고 신들은 어떻게 죄와 그 처벌에 개입했을까? 외경인 「희년서」를 보면 진짜 범죄는 셈의 땅을 불법 점유한 것임이 분명하다.

인류가 흩어지고 여러 종족들이 자기 땅을 분배받은 뒤의 일을 「희년서」는 이렇게 말하고 있다.

함과 그의 아들들은
자신들이 차지하게 될 땅으로 갔다.
나라의 남쪽에 있는,
그가 자기 몫으로 받은 땅이었다.

그러나 이때, 노아가 구조된 곳에서 자기가 배당받은 아프리카 땅으로 가던 '카나안은 레바논으로부터 이집트 강까지의 땅이 모두 좋은 것을 발견했다'. 그래서 그는 생각을 바꾸었다.

그는 자신이 받은 홍해 서쪽 땅으로 가지 않았다.
대신에 그는 레바논 땅,
요르단(Jordan) 강 동쪽과 서쪽에 머물러 살았다.

그의 아버지와 형제들은 카나안의 그러한 불법 행위를 만류하려 했다.

그리고 그의 아버지 함과
형들인 쿠쉬와 미즈라임은 그에게 말했다.
"너는 네 것도 아니고
제비뽑기에서 우리 것이 되지도 않은 땅에 정착했다.
그러지 말아라.
네가 그렇게 한다면
너와 네 자손이 그 땅에서 죽을 것이고,
불법 행위로 저주를 받을 것이다.
네가 불법으로 정착을 하면

네 아이들이 불법에 의해 죽을 것이며,
너는 영원히 뿌리가 뽑힐 것이다.
셈이 살 곳에 살지 마라.
셈과 그 아들들이 자기 몫을 가져야 한다."

그가 셈에게 배당된 땅을 불법 점유하면 어떻게 될 것인지를 그들은 지적했다.

"너는 저주를 받을 것이다.
다른 형제들보다 훨씬 더 저주를 받을 것이다.
우리가 거룩한 판관들 앞에서
우리 아버지(노아) 앞에서 한 맹세에 따라
저주를 받을 것이다." (…)
그러나 카나안은 그들의 말에 귀 기울이지 않고 아들들과 함께
하마트(Hamath)에서 이집트 접경까지에 이르는 레바논에 정착했다.
그것이 오늘날까지 이어졌고
그래서 그 땅이 카나안이라 이름 붙여졌다.

구약과 위경(僞經)에 나오는, 함의 자손들이 영토를 침탈한 이야기 뒤에는 분명히 이집트 신의 자손들이 영토를 침탈한 이야기가 존재한다. 그 당시에 땅과 영토를 분배했을 때 그것이 사람들이 아니라 신들 사이에서 이루어진 분배였음을 유념할 필요가 있다. 사람이 아니라 신들이 땅 주인이었다. 사람들은 오직 자신들의 신에게 배당된 영토에만 정착할 수 있었고, 다른 영토는 그 신이 영토를 그 땅까지 확장해야만 차지할 수 있었다. 협정

에 의해서든 힘에 의해서든 말이다. 시나이의 우주공항과 바알벡의 착륙장 사이 지역을 함의 후예들이 불법 점유한 것은 그 지역이 함계 신의 후예, 곧 젊은 이집트 신에 의해 침탈되었을 때만 일어날 수 있었다.

그리고 우리가 제시했듯이 그것이 정말로 제1차 피라미드 전쟁의 결과였다.

세트의 카나안 침탈은 기자·시나이 반도·예루살렘으로 이어지는 모든 우주 관련 기지들이 엔키계 신들의 손아귀에 들어갔다는 의미였다. 이것은 엔릴계에서 묵인할 수 없는 사태 전개였다. 그래서 그들은 얼마 뒤에(우리 생각으로는 300년 뒤다) 긴요한 우주 시설들로부터 불법 점유자들을 몰아내기 위해 계획적으로 전쟁을 일으켰다. 이 제2차 피라미드 전쟁은 몇몇 문서들에 묘사되어 있는데, 일부는 수메르 원본에서 발견되며 나머지는 아카드 및 아시리아 번역본에서 볼 수 있다. 학자들은 이 문서들을 '쿠르의 신화들', 곧 산악지대의 '신화들'이라고 부른다. 이들은 사실상 시적으로 표현된 전쟁 연대기이며, 그 전쟁은 우주와 관련된 봉우리들, 곧 모리야 산과 시나이 반도의 하르삭(성카타리나 산), 이집트의 인공 산 에쿠르(대피라미드) 등의 통제권 싸움이었다.

엔릴계 군대는 '엔릴의 최고 전사' 닌우르타가 지휘하고 통솔했음이, 첫 교전은 시나이 반도에서 이루어졌음이 문서들에서 분명히 확인된다. 함계 신들은 거기서 패했다. 그러나 그들은 거기서 퇴각해 아프리카 산악 지역에서 전투를 계속했다. 닌우르타는 어려움을 극복하고 전쟁의 두 번째 국면을 적의 요새에 대한 공격으로 바꾸었다. 이 국면에서는 격렬하고 잔인한 전투가 벌어졌다. 그리고 마지막 국면에 이르자 전쟁은 대피라미드에서 벌어졌다. 닌우르타의 적들이 머문 마지막 거점이자 난공불락인 요새였다.

거기서 함께 신들은 식량과 물이 떨어질 때까지 농성전을 벌였다.

우리가 제2차 피라미드 전쟁이라 부른 이 전쟁은 수메르 기록들에 광범위하게 남아 있다. 글로 적힌 연대기뿐만 아니라 그림으로 묘사된 것도 많이 있다.

닌우르타에 대한 찬가들에는 이 전쟁에서 그가 세운 공훈과 영웅적인 활동에 대한 수많은 언급이 들어 있다. 〈당신은 아누처럼 싸웠네*An Dim Dimma*〉라는 성가의 대부분은 이 전쟁과 최종적인 승리를 기록하는 내용이 주를 이룬다. 그러나 이 전쟁에 대한 가장 중요하고 직접적인 연대기는 「루갈에 우드 멜람비*Lugal-e Ud Melam-bi*」라는 서사 문서로, 겔러(Samuel Geller)가 『고대 오리엔트 문서들과 그 연구*Altorientalische Texte und Untersuchungen*』에서 가장 잘 대조·편집해 놓았다. 다른 모든 메소포타미아 문서들과 마찬가지로 이 문서 역시 그 첫 구절을 따서 그런 제목이 붙여졌다.

왕이시여, 당신 시대의 영광이 드높습니다.
최고의 전사 닌우르타시여, 비범한 힘을 가진 자여,
당신은 산악의 격전 속으로 뛰어드셨습니다.
막을 수 없는 홍수 같은 적의 땅을
당신은 띠로 꽉 묶었습니다.
맹렬히 싸움에 뛰어드신 최고의 존재
손에 대단한 '빛의 무기'를 든 영웅
산악 지역을 당신의 피조물처럼 복종시킨 주인.
왕자 닌우르타여, 당신의 아버지께서 힘을 주셨습니다.
영웅이여, 당신이 두려워 도시가 항복했습니다. (…)

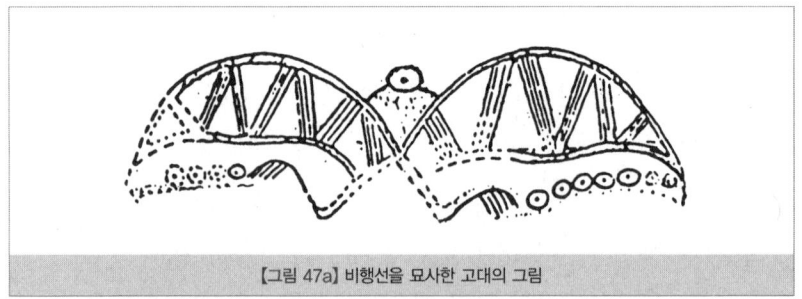

【그림 47a】 비행선을 묘사한 고대의 그림

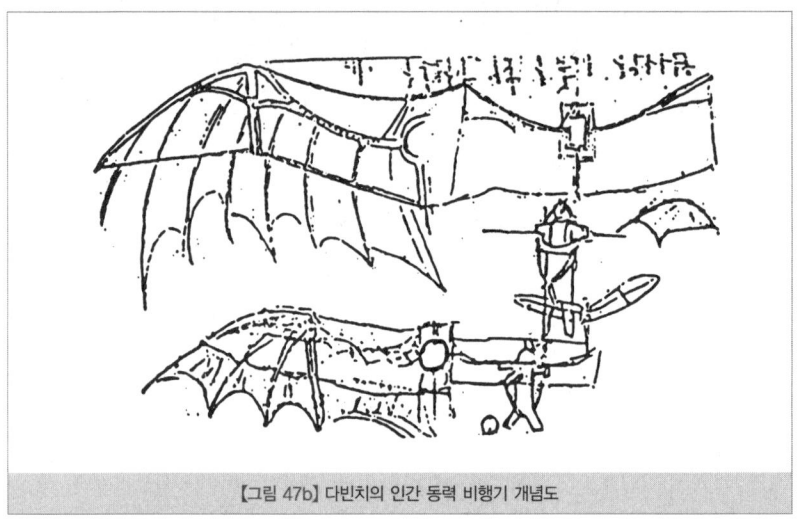

【그림 47b】 다빈치의 인간 동력 비행기 개념도

오, 강대한 자여,

거대한 뱀, 영웅적인 신을

당신은 모든 산에서 몰아냈습니다.

이 시는 닌우르타와 그의 공훈, 그가 사용한 '빛의 무기'를 찬양한 뒤 싸움이 벌어진 곳(산악 지역)과 그의 주적(거대한 뱀)까지도 묘사했다. '거대한 뱀'은 바로 이집트 신들의 우두머리다. 이 수메르의 시는 이 적을 여러 차례

아자그(Azag)라 했고 한 번은 아샤르(Ashar)로 불렀다. 둘 다 잘 알려진 마르둑의 통칭으로, 엔릴과 엔키의 중요한 아들들인 닌우르타와 마르둑이 제2차 피라미드 전쟁에서 맞선 두 진영의 주장(主將)이었음을 확인해 준다.

이 장시(長詩)가 새겨진 13개의 서판 가운데 두 번째 것에는 첫 전투가 묘사되어 있다. 여기서 닌우르타가 이긴 것은 그가 지닌 대단한 무기들과 그의 새 비행선 덕분이었다고 한다. 비행선은 그가 본래 가지고 있던 것이 사고로 망가진 뒤 스스로 조립한 것이었다. 그것은 임두구드(Imdugud)라 불렸는데, 보통은 '폭풍 같은 신의 새'로 번역되지만 문자 그대로의 의미는 '질풍처럼 달리는 것'이다. 여러 문서들은 그 날개 길이가 20여 미터라고 밝히고 있다.

고대의 그림들은 그것을 기계적으로 조립된 '새'로 묘사하고 있다. 두 날개의 곁에는 가로지른 부재로 지지된 모습이 드러난다. 【그림 47a】 아래에는 여러 개의 둥근 구멍이 나 있는데, 제트 엔진 따위의 통풍구인 듯하다. 수천 년 전의 이 비행선은 근대 항공 시대 초기의 복엽(複葉) 비행기와 매우 닮았을 뿐만 아니라, 1497년에 다빈치(Leonardo da Vinci)가 자신의 인간 동력 비행기 개념을 묘사한 스케치와도 믿을 수 없을 만큼 비슷하다. 【그림 47b】

임두구드는 닌우르타 문장(紋章)의 원천이었다. 닌우르타의 문장은 용맹한 사자 머리의 새가 두 마리의 사자(때로는 두 마리의 황소) 위에 앉아 있는 모습이다. 【그림 48】 닌우르타는 제2차 피라미드 전쟁에서 전투 중 바로 이 '정교하게 만든 배'(제작된 비행선)를 타고 하늘로 솟아올라 '적장의 거처를 파괴'한 것이다. 그가 너무 높이 솟아올랐기 때문에 그의 아군조차도 그를 시야에서 놓칠 정도였다. 그때 닌우르타가 '그의 날개 달린 새를 타고 성벽으로 둘러싸인 적장의 거처를' 내리 덮쳤다고 문서들은 말한다.

【그림 48】 닌우르타의 문장

그의 새가 땅에 가까워지자
그는 적의 요새 꼭대기를 힘껏 내리쳤다.

요새에서 쫓겨난 적은 퇴각을 시작했다. 닌우르타가 정면 공격을 계속하는 동안에 아다드는 적진 뒤쪽의 시골 지역을 돌아다니며 적의 식량 보급을 끊었다.

압주에서 아다드는
물고기를 쓸려 내려가게 하고 (…)
가축 떼를 흩어버렸다.

적이 퇴각을 계속해 산으로 들어가자 닌우르타와 아다드 두 신은 '분류(奔流)와도 같이 산을 유린했다'.
전투가 시·공간상으로 확대되자 주장인 두 신들은 다른 신들에게 자신들의 편에 가담해 달라고 손을 벌렸다. 그들은 서판 조각이 떨어져 나가는 바람에 이름을 알 수 없게 된 한 신에게 이렇게 말했다.

이보시오, 싸움이 확산되고 있는데
왜 참전하지 않으시오?

이 질문을 분명히 이쉬타르에게도 퍼부었는데, 그녀는 이름까지 언급되었다.

무기들이 부딪치고
영웅들이 활약하는 마당에
이쉬타르는 자기 무기를 들고 나섰다.

두 신은 이쉬타르를 보자 그녀를 격려하듯이 외쳐댔다.

"멈추지 말고 이쪽으로 오시오!
흔들리지 말고 굳건히 서시오!
우리는 산에서 그대를 기다리겠소!" (…)
여신은 매우 빛나는 무기를 끄집어냈다. (…)
지휘를 하기 위해 그녀가 만든 것이었다.

이쉬타르가 그것을 적에게 퍼붓자 '하늘은 붉은색 물감이 든 양털 같았다'. 그 재주는 '먼 훗날까지' 기억될 것이다. 그 폭발로 생긴 광선이 '적을 갈가리 찢어 그들로 하여금 손으로 가슴을 부여잡게 만들었다'.
5~8번째 서판에 새겨진 뒤이은 이야기는 손상이 심해 제대로 읽어낼 수

가 없다. 시구들은 띄엄띄엄 이쉬타르의 도움을 받은 맹공격으로 적진에서 커다란 울부짖음과 비탄의 소리가 터져 나왔음을 시사한다. '닌우르타의 빛나는 무기에 대한 공포가 적진을 뒤덮었고', 주민들은 '가루로 갈고 빻을' 밀과 보리가 떨어져 대용식을 찾아야 했다.

이 맹공격 때문에 적병은 남쪽으로 계속 퇴각했다. 그러면서 전쟁은 치열해지고 잔인해졌다. 닌우르타는 엔릴계 신들을 이끌고 네르갈의 아프리카 영토와 그의 신전 도시 메슬람(Meslam)의 심장부를 공격했다. 그들은 땅을 검게 태우고 강에 붉은 피가 흐르게 만들었다. 그 피는 아무 죄도 없는 제삼자들, 압주의 남녀노소 인간들이 흘린 것이었다.

전쟁의 이 국면을 묘사한 핵심 문서의 시구들은 서판이 깨져 있다. 그러나 닌우르타가 '그 땅을 궤멸시킨' 것을 다룬 그 밖의 여러 서판 파편들을 통해 세부 내용을 파악할 수 있다. 닌우르타는 이 전투를 통해 '메슬람 정복자'라는 칭호를 얻었는데, 여기서 공격자들은 화학무기를 자주 사용했다. 닌우르타는 이 도시에 유독 물질을 탑재한 미사일을 퍼부었다고 기록되어 있다.

그는 도시를 향해 미사일을 쏘아댔다.
그 독 자체만으로 도시는 파괴되었다.

그 공격에도 쓰러지지 않고 살아남은 자들은 주변 산들로 도망쳤다. 그러나 닌우르타가 추격했다.

그는 '치는 무기'로 산을 향해 불길을 뿜어댔다.
날카로운 이빨이 달린 엄청난 '신성한 무기'로

사람들을 내리쳤다.

여기서도 역시 일종의 화학전을 벌였음이 시사된다.

'잡아 찢는 무기'가
감각을 마비시켰다.
'이빨'이 살갗을 벗겨냈다.
그는 온 땅을 잡아 찢었다.
그는 도랑을 피로 가득 채워
적국의 개들이 우유처럼 핥아먹었다.

무자비한 맹공격에 압도당한 아자그는 부하들에게 저항을 하지 말라고 지시했다.

일어선 적은 아내와 아이들을 찾았다.
그는 닌우르타 님에 맞서 무기를 들지 않았다.
쿠르의 무기들은
흙 속에 파묻혔다('숨겼다'는 뜻). (…)
아자그는 무기를 들지 않았다.

닌우르타는 저항이 사라진 것을 승리의 표지로 받아들였다. 흐로즈니(Bedřich Hrozný, 1879~1952)가 정리한 「닌우르타 신의 신화*Mythen von dem Gotte Ninib*」라는 문서는 닌우르타가 하르삭(시나이) 땅을 점령하고 있던 적들을 죽인 뒤 '새처럼' 날아서 쿠르의 '성벽 뒤에 틀어박혀 있던' 신들을 공격하고 그들을 산에서 물리친 과정을 이야기한다. 그는 여기서 승리의 노래를 부르기 시작한다.

내 무서운 '빛의 무기'는 아누의 것처럼 세다.
여기에 맞서 누가 나서겠는가?
나는 지평선까지 봉우리가 솟아 있는
그 높은 산들의 주인이다.
그 산들에선 내가 주인이다.

그러나 승리 선언은 성급했다. 아자그는 무저항 전술을 통해 패배를 모면했다. 수도는 정말로 파괴되었지만 적의 수뇌부는 그렇지 않았다. 「루갈에 우드 멜람비」 문서는 냉정하게 말한다.

쿠르의 전갈을
닌우르타는 죽이지 못했다.

그 대신 적측 신들은 대피라미드 안으로 퇴각했다. '현명한 숙련공'(엔키 또는 토트를 지칭하는 것이겠다)이 '빛의 무기도 상대할 수 없는' 보호벽을, 죽음의 광선도 뚫을 수 없는 방패를 만들어놓은 곳이었다.

제2차 피라미드 전쟁에서 가장 극적인 이 최종 국면에 대한 우리의 지식은 '다른 쪽'에서 나온 문서들로 더욱 풍부해진다. 닌우르타의 부하들이 그랬듯이 네르갈의 부하들도 그에게 찬가를 지어 바쳤다. 후자 가운데 일부가 고고학자들에 의해 발굴되었고, 볼렌뤼허(J. Bollenrücher)가 편집한 『네르갈에 대한 기도와 찬가 Gebete und Hymnen an Nergal』로 출판되었다.

이 문서는 이 전쟁에서 영웅적인 활약을 한 네르갈의 공훈을 상기시킨 뒤, 다른 신들이 기자 단지에 포위되어 있던 상태에서 '에쿠르의 사랑을 받는 고귀한 용' 네르갈이 '밤에 살그머니 빠져나와' 무시무시한 무기를 든 채 부관들과 함께 포위를 뚫고 대피라미드(에쿠르)에 도달한 과정을 이야기한다. 그는 밤중에 거기에 도착해서 '닫혀 있으나 스스로 판단해 열어주는 문들'을 통과해 들어갔다. 네르갈이 들어서자 환영의 함성이 그를 맞았다.

네르갈 신,

밤중에 몰래 빠져나온 왕께서

싸움터에 이르셨다!

그가 채찍을 휘두르고 무기를 쏜다. (…)

환영받는 존재, 그의 힘은 막강하다.

꿈과도 같이, 그가 문간에 나타났다.

네르갈 신, 환영받는 존재.

에쿠르의 적과 싸워

니푸르의 무도한 자를 잡아내기를!

그러나 포위된 신들의 높은 기대는 곧바로 물거품이 되었다. 우리는 또 다른 문서를 통해 이 피라미드 전쟁의 마지막 국면에 대해 좀 더 잘 알 수 있다. 니푸르의 엔릴 신전 유적에서 발견된, 글자가 새겨진 진흙 원통 파편을 가지고 바턴(George A. Barton)이 처음으로 짜맞추어 『바빌로니아 잡문서 Miscellaneous Babylonian Texts』에 실은 것이다.

네르갈은 '산더미처럼 쌓아올려진 공포의 집' 대피라미드 방어군에 합류한 뒤 피라미드 안에 다양한 광선 발사체, 곧 광물질이 함유된 '돌'들을 배치해 방비를 강화했다.

> 숫돌과 뾰족 돌,
> (…) 돌과 (…)
> (…) 네르갈 신이
> 그 힘을 강화시켰다.
> 문의 방비를 위해 그는 (…)
> 그는 그 '눈'을 하늘을 향해 들어 올렸다.
> 생명 보호를 위해 (…) 깊이 팠다.
> (…) 집에서
> 그는 그들에게 음식을 먹였다.

피라미드의 방어가 이렇게 강화되자 닌우르타는 또 다른 전술을 꺼내들었다. 그는 우투(샤마쉬)에게 피라미드 기단 부근에 흐르는 물길을 돌려 물 공급을 끊도록 부탁했다. 문서는 여기서 너무 많이 잘려나가 자세한 것은 알 수 없다. 그러나 이 전술은 분명히 목적을 달성했다.

마지막 요새에 모여 포위된 신들은 식량과 물이 끊겼지만 공격자들을 막아내기 위해 최선을 다했다. 전투는 치열했지만 그때까지는 주요 신들 가운데 사상자는 나오지 않았다. 그러나 이때 젊은 신들 가운데 하나가(우리 생각에 호루스인 듯하다) 양으로 변장해 대피라미드에서 몰래 빠져나가려다 닌우르타가 지닌 빛의 무기를 맞고 실명(失明)했다. 그러자 닌하르삭의 뛰어난 의술을 높이 평가하고 있던 구세대 신 하나가 그녀를 향해 이 젊은 신의 목숨을 살리라고 외쳤다.

그때 '살해의 빛'이 나왔다.

그 집의 기단은 그 신의 공격에 무너지지 않았다.

닌하르삭에게 누군가가 외쳤다.

"(…) 그 무기에 (…) 내 새끼가

죽게 생겼다. (…)"

다른 수메르 문서들은 이 젊은 신이 '아버지가 누군지 알 수 없는 아이'라고 했다. 아버지가 죽은 뒤 태어난 호루스에게 알맞은 설명이다. 이집트의 전승 「양의 전설」에는 어떤 신이 호루스에게 '불을 뿜어' 그의 두 눈이 상했다고 전하고 있다.

그때 '외침'을 들은 닌하르삭이 싸움을 그치도록 중재에 나서기로 결심했다.

「루갈에 우드 멜람비」 문서의 아홉 번째 서판은 닌하르삭의 말로 시작한다. 그녀가 엔릴측 사령관이자 바로 자신의 아들인 닌우르타에게, '엔릴의 아들이며 (…) 엔릴의 누이이자 아내가 낳은 적통 승계권자'에게 한 말이었다. 자신의 의도를 드러낸 시구를 통해 닌하르삭은 전선을 넘어가 적대 행위를 끝내게 하려는 자신의 결심을 밝혔다.

끈 측량이 시작되는 집으로

아사르가 아누에게 눈을 치켜뜬 곳으로

나는 갈 것이다.

내가 끈을 끊어버릴 것이다.

싸우는 신들 때문이다.

닌하르삭의 목적지는 '끈 측량이 시작되는 집', 곧 대피라미드였다!

닌우르타는 처음에는 '홀로 적진으로 들어가겠다'고 한 닌하르삭의 결정에 놀랐지만, 그녀의 생각이 확실해지자 그녀에게 '두려움을 없애주는 옷'을 주었다. 그 두려움이란 광선에서 나오는 방사능에 대한 두려움이었는지도 모르겠다. 닌하르삭은 피라미드에 가까이 가서 엔키에게 외쳤다.

> 그녀는 그에게 외쳤다. (…)
> 그녀는 애원했다.

어떤 이야기가 오갔는지는 서판에 결락 부분이 있어 알 수 없다. 그러나 엔키는 피라미드를 닌하르삭에게 넘겨주는 데 동의했다.

> 산과도 같은 집
> 내가 건물로 세운 곳
> 당신이 그 여왕이 될 것이오.

그러나 거기에는 조건이 있었다. 피라미드를 넘겨주는 것은 분쟁의 최종 결정을 따라야 하며 그 시한은 '운명 결정 시기'까지였다. 닌하르삭은 엔키의 조건을 전달하기로 약속하고 이를 전하기 위해 엔릴에게 갔다.

그 이후에 일어난 사건들은 「루갈에 우드 멜람비」 서사시와 다른 조각난 문서들에 부분적으로 기록되어 있다. 그러나 이 일들은 「나는 신들의 어머니의 노래를 부른다」라는 제목이 붙은 문서에 가장 극적으로 묘사되어 있다. 이 문서는 고대 근동 곳곳에서 전사(傳寫)되고 재전사되었기 때문에 매우 길게 남아 있는데, 도름(P. Dhorme)이 그의 연구 『신들의 지배 *La Souveraine des*

Dieux』에서 처음 발표했다. 이것은 '위대한 귀부인' 닌마와, 전선 양쪽에서 발휘한 맘미, 곧 '신들의 어머니'로서 행한 그녀의 역할을 칭송한 시적인 문서다.

이 시는 '전우들과 전투원들'에게 들어보라고 청한 뒤 이 싸움과 그 참여자를 간단히 묘사하고 거의 전 세계에 걸친 그 규모도 이야기한다. 한쪽 편은 '닌마의 맏아들'(닌우르타)과 아다드였는데, 곧이어 신(Sin)이 참여하고 나중에 인안나(이쉬타르)도 참여한다. 그 대항 세력은 네르갈과 '강하고 고귀한 존재'라고 표현된 한 신(라/마르둑), 그리고 '두 커다란 집(기자의 두 거대 피라미드)의 신'이며 양으로 위장해 탈출을 기도했던 호루스가 나열되었다.

닌하르삭은 아누의 승인 아래 행동하고 있다고 주장하며 엔키의 항복 제의를 엔릴에게 전했다. 그녀는 아다드와 함께 엔릴을 만났다(그러나 닌우르타는 전쟁터에 남아 있었다). 닌하르삭은 자신의 생각을 설명하면서 '제발 내 소원을 들어주세요!' 하고 두 신에게 애원했다. 아다드는 처음에는 단호한 태도를 보였다.

'신들의 어머니' 앞으로 나서며
아다드는 이렇게 말했다.
"우리가 이길 거예요.
적군은 패했습니다.
땅이 흔들리니 그는 버티지 못해요."

아다드는 교전을 중지토록 하려면 엔릴군의 승리가 목전에 있다는 사실을 바탕에 깔고 논의해야 한다고 닌하르삭에게 말했다.

일어나 가서 적에게 말하세요.
그에게 논의에 나오면
공격을 멈추겠다고 하세요.

엔릴은 덜 강압적인 표현을 썼지만 그 제안을 지지했다.

엔릴은 입을 열었다.
신들이 만난 그 자리에서 그는 말했다.
"아누께서 신들이 모인 산에서
전쟁을 그치고 평화를 가져오기 위해
신들의 어머니를 보내
나에게 청하게 했으니
신들의 어머니를 사절로 보내자."

그는 자기 누이를 돌아보며 달래는 듯한 어조로 말했다.

가서 내 형을 설득해라!
그에게 생명의 손을 들어 올려
빗장이 걸린 문에서 그를 나오게 하라!

닌하르삭은 제안대로 움직였다.

그녀의 오라비를 데리러 가서
그에게 자기가 바라는 바를 이야기했다.

닌하르삭은 엔키의 안전과 그 아들들의 안전은 '그녀의 얘기를 들은 수뇌부에 의해' 보장되었다고 전해주었다.

엔키가 망설이자 닌하르삭이 '자, 나를 따라 나오세요' 하고 부드럽게 말했다. 그리고 그가 따라나서자 닌하르삭이 그의 손을 잡았다.

닌하르삭은 엔키와 다른 대피라미드 방어군들을 자신의 거처인 하르삭으로 안내했다. 닌우르타와 그의 전사들은 엔키군이 떠나는 모습을 지켜보았다.

그리고 거대하고 난공불락인 구조물은 아무에게도 점유당하지 않은 채 조용히 서 있었다.

지금 대피라미드에 가보면 통로와 방들이 아무것도 없이 비어 있음을 알 수 있다. 그 복잡한 내부 구조는 아무런 목적도 없는 듯하고, 벽감(壁龕)과 구석구석들은 아무런 의미가 없는 듯하다.

인간이 처음으로 그 피라미드에 들어간 이래 줄곧 그래왔다. 그러나 닌우르타가 들어갔을 때는 그렇지 않았다. 그때는 우리 계산으로 기원전 8670년 무렵이다. 수메르 문서는 방어군이 물러난 '이 빛을 내는 곳으로' 닌우르타가 들어갔다고 말한다. 그가 피라미드에 들어간 뒤에 한 일은 대피라미드 내부와 외부는 물론 인간 문제의 향방까지도 바꿔놓았다.

난생처음 '산 같은 집' 내부로 들어간 닌우르타는 자신이 그 안에서 발견한 것에 깜짝 놀랐을 것이다. 엔키(프타)가 구상하고, 마르둑(라)이 설계하고, 게브가 건설하고, 토트가 설비하고, 네르갈이 방어했던 이곳에는 우주선 인도와 관련된 어떤 미스터리가, 난공불락의 방어와 관련한 어떤 비밀이 숨어 있었을까?

매끄럽고 단단해 보이는 피라미드의 북쪽 사면에는 회전을 해서 열면 진입로가 드러나는 선개석이 있다. 그것은 닌하르삭을 찬미하는 문서가 묘사한 바와 같이 거대한 사선의 돌 토막들로 보호되고 있다. 직선으로 뻗은 내리막 통로는 부대시설이 되어 있는 아래쪽 방들로 이어지는데, 닌우르타는 거기서 방어군이 지하수를 찾기 위해 판 갱도를 발견했을 것이다. 그러나 그의 관심은 위쪽 통로와 방들에 집중되었다. 거기에는 마법의 돌들이 늘어서 있었다. 광물들과 결정체들인데, 일부는 지구의 것이고 일부는 천상의 것이었으며, 일부는 그가 전혀 보지 못한 종류의 것이었다. 거기서 광선의 파동이 발산되어 우주비행사들을 안내했고, 방사능은 그 구조물의 방어에 이용되었다.

닌우르타는 광물 담당 최고책임자의 호위를 받으며 '돌들'과 도구들을 두루 살펴봤다. 그는 한 가지씩 보면서 그 운명을 결정했다. 내던져 깨버리거나, 진열용으로 가져가거나, 아니면 다른 곳에 설비로서 설치하기도 했다. 이들의 '운명'과 닌우르타가 그 돌들을 하나씩 보면서 내린 명령은 「루갈에 우드 멜람비」 서사시의 10~13번째 서판에 새겨진 글들에 나와 있다. 이 문서를 조사하고 정확히 해석함으로써 피라미드 내부의 여러 부분이 지닌 목적과 기능의 수수께끼를 마침내 이해할 수 있게 되었다.

닌우르타는 오르막 통로를 올라가 인상적인 대회랑과 수평 통로가 만나는 지점에 이르렀다. 그는 먼저 수평 통로를 지나 돌출 지붕이 있는 큰 방에 이르렀다. 닌하르삭의 시(詩)에서 '음문'이라 불린 이 방의 중심선은 정확히 피라미드 동서 중앙선 위에 놓여 있었다. 거기서의 발산('아무도 공격할 엄두를 내지 못하는 사자 같은 발산물')은 동쪽 벽을 파 만든 벽감에 안치된 돌에서 나오는 것이었다. 【그림 49】 그것은 샴(Sham), 곧 '운명'의 돌이었다. 닌우르타가 '어둠 속에서 보았듯이' 붉은 광채를 발산하는 그것은 피라미드의 고동치는 심장이었다. 그러나 닌우르타에게 저주스런 것이었다. 전투

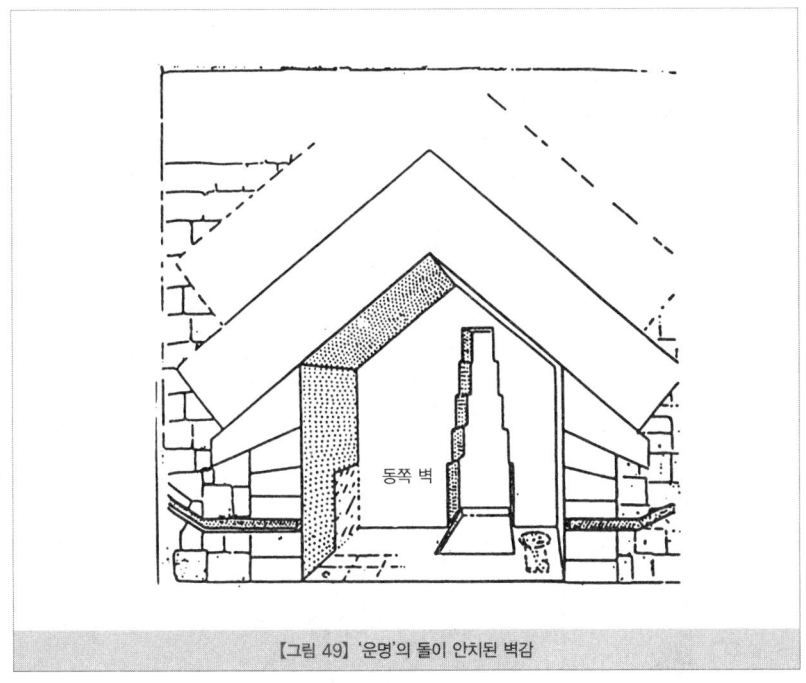

【그림 49】 '운명'의 돌이 안치된 벽감

도중 그가 공중에 있을 때 이 돌의 '강한 힘'이 '자신을 잡아 죽이기 위한 추적'에 이용되었기 때문이다. 그는 그것을 '끄집어내 (…) 분해하고 (…) 부숴 없애라'고 명령했다.

닌우르타는 통로가 만나는 곳으로 돌아와 대회랑에서 자기 주위를 둘러보았다. [그림 45 참조] 이 회랑은 피라미드 전체가 그러하듯이 정교하고 복잡했으며, 숨이 멎을 듯 진기한 모습이었다. 통로들이 낮고 좁은 데 비해 이 회랑은 일곱 단으로 턱이 져서 높이 솟아 있었는데(8.5미터 정도), 위로 올라갈수록 양쪽 벽이 가까워졌다. 천장 역시 비스듬한 부재들로 만들어졌는데, 각 부재는 육중한 벽으로 구부러져 들어가 그 아래 부재에 압력이 전혀 미치지 않도록 했다. 좁은 통로들에는 '희미한 초록빛만이 비치는' 데 반

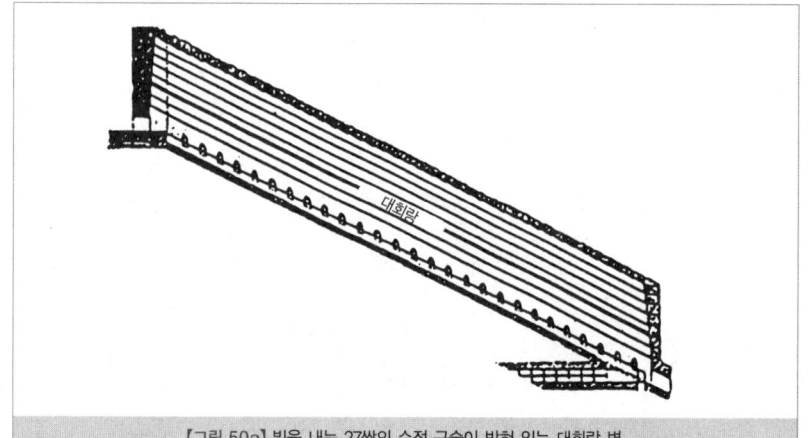

【그림 50a】 빛을 내는 27쌍의 수정 구슬이 박혀 있는 대회랑 벽

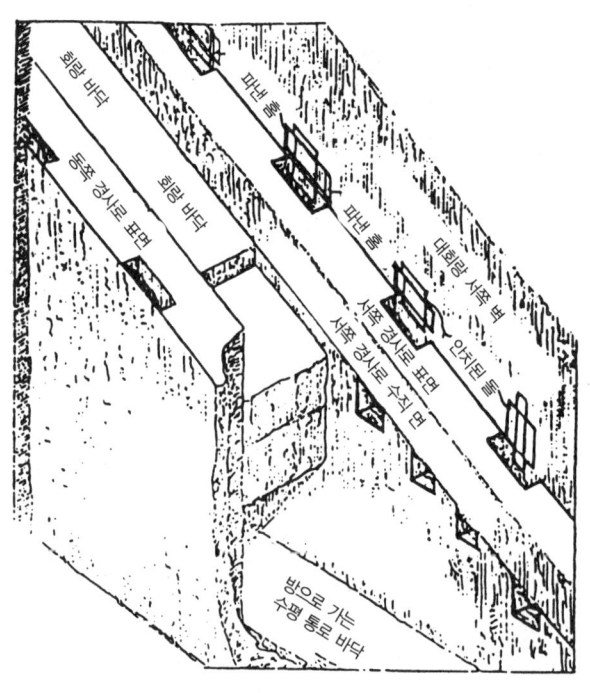

【그림 50b】 수정 구슬이 놓인 벽감 부분을 확대한 모습

해 회랑에는 다채로운 빛이 반짝여, '그 천장은 무지개 같았고 어둠이 거기서 끝났다'. 다채로운 빛은 회랑 양쪽 벽 전체에 걸쳐 같은 간격으로 박혀 있는 27쌍의 다양한 수정 구슬에서 발산되고 있었다. 【그림 50a】 이 빛나는 구슬들은 회랑 바닥 양쪽을 따라 나 있는 경사로의 반듯하게 깎인 구멍 속에 놓여 있었다. 양쪽 벽의 공들여 만든 벽감에 단단히 고정되어 자리 잡은 수정 구슬들은 서로 다른 광채를 발산해 그곳에 무지개 효과를 만들어냈다. 【그림 50b】 닌우르타는 일단 그것들을 지나쳐 위쪽으로 올라갔다. 그의 주요 관심사는 맨 위의 '커다란 방'과 거기에 있는 맥동석(脈動石)이었다.

닌우르타는 대회랑 꼭대기에서 곁방이라는 독특한 설계물 쪽의 낮은 통로로 이어지는 높은 계단에 닿았다. 【그림 46 참조】 거기에, 수메르의 시에서 '쐐기와 빗장과 자물쇠'라고 했던 세 개의 잠금 장치가 벽과 바닥의 홈에 정교하게 설치되어 맨 꼭대기의 '커다란 방'을 꼭꼭 봉쇄하고 있었다.

적에게는 그것이 열리지 않는다.
오직 '사는 자들'에게만
그들에게만 그것이 열린다.

그러나 이제 몇 개의 줄을 잡아당겼더니 잠금 장치가 올라가 닌우르타는 그곳을 통과할 수 있었다.

그는 이제 피라미드에서 가장 통제된 '성스러운' 방에 있었다. 그곳에서 안내의 '그물'(레이더를 말하는 듯)이 '펼쳐져' '하늘과 지구를 살핀다'. 이 정밀한 기계 장치는 파낸 돌 궤에 안치되어 있었다. 그것은 정확히 피라미드 남북 축 위에 놓여 있었고, 진동에 반응해 종처럼 울렸다. 이 안내 장치의 핵심은 구그(Gug)라는 돌이었다. 구그는 '방향 결정'이라는 뜻이다. 거기서 나오는 빛은 방 위에 만들어진 다섯 개의 구멍 뚫린 부분을 통과하며 증폭되어 피라미드의 북쪽과 남쪽 사면으로 이어지는 두 개의 경사 통로를 통해 발산되어 올라간다. 닌우르타는 이 돌을 파괴하도록 명령했다.

> 그때 운명 결정자 닌우르타에 의해
> 그날 구그 돌은
> 구멍에서 꺼내졌고 내동댕이쳐졌다.

아무도 이 피라미드의 '방향 결정' 기능을 복구할 엄두를 내지 못하도록 확실히 하기 위해 닌우르타는 세 개의 잠금장치 역시 제거하라고 명령했다. 먼저 손댄 것은 '수직'이라는 뜻의 수(Su)와 '엄청나지만 단순한 열개'라는 뜻의 카슈르라(Kashurra)라는 두 돌이었다. 그리고 '영웅은 단단한 앞돌 삭칼(Sagkal)로 다가갔다'. '그는 온 힘을 다해' 그것을 흔들어 홈에서 끄집어내고 그것을 매달고 있던 끈을 자른 뒤 '땅으로 굴려 보냈다'.

이제 경사로 대회랑 위에 놓여 있는 광석들과 결정체들 차례였다. 닌우르타는 내려가면서 하나하나 그 앞에 멈춰 그 운명을 선고했다. 이 문서가 쓰인 점토판에 결락이 없었다면 우리는 그 27개 모두의 이름을 알 수 있었을 텐데, 22개의 이름밖에 해독할 수가 없다. 닌우르타는 그 가운데 몇 개는 깨뜨리고 부수도록 명령했다. 또 새 비행통제센터에서 쓸 만한 것들은 샤마쉬에게 주도록 명령했다. 그리고 나머지는 메소포타미아로 옮겨다가 니푸르에 있는 닌우르타 신전이나 그 밖의 여러 곳에서 엔릴군이 엔키계 신들에 대승을 거두었다는 상시적인 증거로서 전시하도록 했다.

닌우르타는 이 모든 일이 자신을 위한 것일 뿐만 아니라 후손들을 위한 것이기도 하다고 말했다.

그대(대피라미드)에 대한 공포를
내 후손들이 가지지 않아야 한다.
평화를 정착시켜야 한다.

마지막으로 '하늘처럼 높은 것'이라는 뜻의 피라미드 꼭짓돌 울(Ul)이 있었다. '아무도 그것을 더 이상 볼 수 없게 하라'고 그는 명령했다. 그리고 그 돌을 떨어뜨리면서 그는 '모두 멀리 떨어져라' 하고 외쳤다. 닌우르타가 '싫어했던 돌들'은 이제 모두 사라졌다.

이 일이 끝나자 닌우르타의 전우들은 그에게 싸움터를 떠나 집으로 돌아가라고 권했다. 그들은 닌우르타를 찬미해 〈당신은 아누처럼 싸웠네〉를 외쳤다.

끈 측량이 시작되는 발산의 집
그대가 와서 알게 된 그 땅의 집
거기에 들어간 것을 기뻐하라.

이제 그대의 아내와 아이들이 기다리는 집으로 돌아가라.

그대가 사랑하는 도시 니푸르의 거처에서
그대 편안히 쉬고 (…)
그대 마음 안정시키기를.

제2차 피라미드 전쟁은 끝났다. 그러나 그 잔혹함과 공훈들, 그리고 기

【그림 51】 대피라미드 승리를 묘사한 원통인장 그림

자 피라미드에서 닌우르타가 거둔 마지막 승리는 서사시와 노래, 그리고 놀라운 원통인장 그림을 통해 그 뒤로도 오랫동안 기억되었다. 그 그림에는 승리의 화관(花冠) 안에 닌우르타의 '신의 새'가 묘사되어 있고, 그 새는 두 개의 대피라미드 위로 승리의 날갯짓을 하고 있다. 【그림 51】

그리고 대피라미드는 텅 비고 꼭짓돌마저 빼앗긴 채 방어군의 패배를 목격한 침묵의 목격자로서 묵묵히 자리를 지켜왔다.

9 지구에 온 평화

피라미드 전쟁은 어떻게 끝났는가?

그것은 역사 시대의 큰 전쟁들이 그랬던 것처럼 평화협정이 맺어짐으로써 마무리되었다. 나폴레옹(Napoleon) 전쟁 이후 빈(Wien) 회의(1814~1815)에서 유럽의 지도가 다시 그려졌고, 제1차 세계대전(1914~1918)이 파리(Paris) 강화회의에서 베르사유(Versailles) 조약으로 끝났듯이 교전 당사국들의 회의가 열린 것이다.

1만 년쯤 전에 전쟁을 한 아눈나키가 비슷한 방법으로 회담했다는 첫 암시는 바턴이 발견한 깨진 진흙 원통에 있는 문서에 나온다. 그것은 훨씬 전에 만들어진 수메르 문서의 아카드어판이었다. 바턴은 이 진흙 원통이, 기원전 2300년 무렵 아카드 왕 나람신이 니푸르에 있는 엔릴 신전 기단을 보수하면서 보관했던 것이라고 결론지었다. 바턴은 이 메소포타미아 문서를 비슷한 시기 이집트 파라오들이 기록한 문서들과 비교한 뒤, 이집트 문서들이 '그 왕에 초점을 맞추고 그가 신들의 반열에 오른 행운에 관심을 쏟았다'고 썼다. 반면에 메소포타미아 문서는 '신들의 사회에 집중'했으며, 그 주제는 왕의 열망이 아니라 신들 자신의 문제였다.

문서는 특히 앞부분이 손상되기는 했지만, 이 대규모의 잔혹한 전쟁 뒤 지도급 신들이 회합을 가졌음은 분명히 알 수 있다. 그들은 시나이 반도에 있는 닌하르삭의 산중 거처인 하르삭에서 모였고, 닌하르삭이 중재자 역할을 했다. 그러나 문서의 필자는 그녀를 중립적인 인물로 다루지 않았다. 필자는 그녀를 계속 치르(Tsir), 곧 '뱀'으로 불렀는데, 이는 그녀를 이집트(엔키계) 여신으로 낙인찍으면서 경멸적인 냄새를 풍기게 하는 표현이었다.

우리가 이미 얘기한 대로 이 문서의 서두 시구들은 전쟁의 마지막 국면과 함께, 방어군의 '절규'를 불러와 결국 닌하르삭의 개입 결정으로 이어진 포위된 피라미드 내부의 상황을 간략히 그린다.

이 고대 연대기의 다음 부분은 닌하르삭이 먼저 전쟁을 멈추고 평화 회담을 열자는 자신의 구상을 가지고 엔릴 진영으로 갔음을 얘기한다.

닌하르삭의 대담한 제안에 대한 엔릴파의 첫 반응은 그녀가 '악마들'을 도와 힘을 북돋워주고 있다고 비난하는 것이었다. 닌하르삭은 그 비난이 부당하다고 항변했다. '내 집은 순수하오' 하고 그녀는 대답했다. 그러나 신원이 밝혀지지 않은 한 신이 빈정거리며 대들었다.

"모든 집 가운데 가장 높고 밝은 집(대피라미드)도 순수합니까?"

닌하르삭이 대답했다.

"그건 내 책임이 아니오. 거기서 발산되는 빛은 기빌의 꼼수요."

첫 번째 비난과 해명의 신랄한 여운이 가신 뒤 상징적인 용서 의식이 거행되었다. 두 개의 단지에 티그리스 강과 유프라테스 강의 강물을 담아놓고 상징적인 침례 의식을 가짐으로써 닌하르삭을 다시 메소포타미아에 받아들였다. 엔릴은 그의 '빛나는 홀(笏)'로 닌하르삭을 치고 '그녀의 권력은 건재하다'고 선언했다.

아다드가 무조건 항복을 해야 한다며 평화 회담에 반대했음은 앞 장에서 이미 살핀 바 있다. 그러나 엔릴이 나서 닌하르삭의 제안에 동의하고 그녀에게 '가서 내 형을 설득하라'고 말했다. 우리는 이미 다른 문서 속에서 닌하르삭이 어떻게 전선을 가로질러 휴전을 주선했는지 살펴보았다. 닌하르삭은 엔키와 그의 아들들을 피라미드에서 데리고 나온 뒤 하르삭에 있는 자신의 거처로 데리고 갔다. 엔릴계 신들은 이미 거기에 도착해 기다리고 있었다.

닌하르삭은 '위대한 통치자 아누, (…) 결정권자 아누'를 대신해 움직이고 있는 것이라고 말한 뒤 자신만의 상징적 의식을 거행했다. 그녀는 일곱 개의 불을 밝혔다. 모인 신들 하나하나를 위한 것이었다. 엔키와 그 두 아들, 엔릴과 그의 세 아들(닌우르타·아다드·신)이었다. 그녀는 하나하나 불을 밝히면서 주문을 외웠다.

> 니푸르의 엔릴에 대한 불의 봉헌입니다.
> 닌우르타에 대한 (…)
> 아다드에 대한 (…)
> 압주에서 온 엔키에 대한 (…)
> 메슬람에서 온 네르갈에 대한 봉헌입니다.

불은 밤중에 밝혀졌다. '햇빛을 위대한 빛으로 돋보이게 하기 위한 닌하르삭의 조치였다.'

그러고 나서 닌하르삭은 신들이 지혜를 짜낼 것을 호소하고 평화의 미덕을 찬양했다.

힘은 지혜로운 신의 것입니다.
신성하고 큰 강이 그의 초목을 자라게 할 것입니다. (…)
그 물이 넘쳐 땅을 신의 정원처럼 만들 것입니다.

그리고 닌하르삭은 식물과 동물, 밀과 기타 곡식들, 덩굴풀과 과일들이 풍성해지고, 인간들이 경작하며 건물을 짓고 신들의 시중을 드는 등의 이득들이 모두 평화 이후에 생겨날 것이라고 설명했다.
닌하르삭이 평화의 메시지를 전한 뒤 엔릴이 첫 번째로 입을 열었다. 엔릴은 엔키에게 말했다.

지구상에서 근심은 사라졌소.
커다란 무기는 치워졌소.

그는 엔키가 다시 수메르에 주거를 마련하는 데 동의했다. '에딘은 당신의 성스러운 집을 위한 곳이 될 것'이라고 그는 말했다. 신전을 위해 열매를 맺고 종자를 뿌릴 충분한 땅을 주도록 했다.
그 말을 들은 닌우르타가 반대했다. '그래서는 안 됩니다!' 하고 '엔릴의 왕자'가 외쳤다.
닌하르삭이 다시 발언에 나섰다. 그녀는 닌우르타 자신이 땅에서 경작과 방목을 할 수 있게 하려고 '전력을 다해 밤낮을 가리지 않고' 얼마나 고생했는지, 그가 어떻게 해서 '터를 닦고 흙을 채우고 제방을 쌓아올렸는지'를 상기시켰다. 그리고 전쟁의 고통이 이 모든 것을, '모든 것을 완전히' 파괴해 버렸다고 말했다. 그녀는 닌우르타에게 호소했다.

생명의 주인이여, 열매의 신이여,
맛있는 맥주가 두 배로 넘치게 하자!
양털이 풍성해지게 하자!

평화 협정에 동의함으로써 말이다!
닌우르타는 그녀의 호소를 듣고 감동받아 누그러졌다.

오 나의 어머니, 빛나는 존재여!
밀고 나가세요.
내가 발목을 잡지 않으렵니다. (…)
왕국의 정원은 복구될 겁니다. (…)
고통을 끝내기 위해
나 역시 진심으로 기도하겠습니다.

이제 평화 협상이 진행될 수 있게 되었다. 여기서 「나는 신들의 어머니의 노래를 부른다」라는 문서에 있는 교전 양측 신들의 전례 없는 만남 이야기를 살펴보자. 모인 아눈나키 앞에서 먼저 이야기를 시작한 것은 엔키였다.

엔키가 엔릴에게 찬양의 말을 건넸다.
"오, 형제들 중 으뜸이신 분이여,
인간의 운명을 쥐고 있는 천상의 황소여,
나의 땅은 온통 폐허가 되었소.
당신의 공격으로
모든 생령들이 슬픔에 싸여 있소."

이렇게 해서 첫 번째 의제는 교전을 중지해 지구에 평화를 가져오자는 것이었고, 엔릴은 즉각 동의했다. 다만 영토 분쟁이 종식되어야 하고, 정당하게 엔릴파와 셈계 사람들에게 속하는 땅을 엔키파가 비워주어야 한다는 조건이었다. 엔키는 이 땅들을 영원히 넘겨주겠다고 동의했다.

신들의 제한 구역에 대한
지배권을 당신께 드리겠소.
빛을 발산하는 곳을 당신 손에 맡기겠소!

엔키는 이렇게 제한 구역(시나이 반도와 거기에 있는 우주공항)과 빛을 발산하는 곳(훗날의 예루살렘이 되는 비행통제센터 기지)을 양보하면서 강경한 조건을 내걸었다. 엔릴과 그 자손들에게 이 땅들과 중요한 기지들에 대한 권리를 영구히 양도하는 대신, 기자 단지에 대한 엔키와 그 자손들의 지배권도 영원히 인정되어야 한다는 것이었다.

엔릴은 동의했지만 조건이 달린 것이었다. 전쟁을 초래하고 대피라미드를 전투 용도로 사용한 엔키의 아들들은 바로 그 이유 때문에 기자나 하이집트 전체에 대한 통치를 금지해야 한다는 조건이었다.

엔키는 이 조건을 곰곰이 생각한 뒤 동의했다. 그는 당시 바로 그 자리에서 자신의 결정을 발표했다. 엔키는 자신의 젊은 아들에게 기자와 하이집트 통치를 맡기겠다고 말했다. 그 아들은 엔키가 닌하르삭과의 사이에서 낳은 딸들 가운데 하나와 결혼한 신이었다.

거대한 '산처럼 쌓아올린 집'을
그는 왕자에게 맡겼다.

【그림 52a/b】 엔키 문장이나 앙크 기호와 함께 묘사된 닌기쉬지다

왕자의 멋진 부인은 바로
치르(닌하르삭)와 함께 살면서 낳은 딸.
다 자란 염소 같은
강한 왕자를 지명해
'생명의 땅'을 지키라고 명령했다.

그리고 그는 그 젊은 신에게 닌기쉬지다(Ningishzida), 곧 '생명의 산물의 주인'이라는 귀인 칭호를 주었다.

닌기쉬지다가 누구인가? 학자들은 그에 대한 정보가 빈약하고 혼란스럽다는 사실을 발견했다. 그는 엔키·두무지·닌하르삭과 관련된 메소포타미아 문서들에 언급되어 있고, '높은 신 명부'에는 네르갈과 에레쉬키갈의 뒤를 이어 아프리카의 신들 가운데 포함되어 있다. 수메르인들은 그를 뒤엉킨 뱀 모양인 엔키 문장(紋章)이나 이집트 앙크(Anch)*기호와 함께 묘사하고 있다. 【그림 52a/b】 그러나 그들은 닌기쉬지다를 호의적으로 보았다. 닌우르타는 그와 사귀어 그를 수메르로 초청했다. 어떤 문서들은 그의 어머니가 엔릴의 손녀인 에레쉬키갈이라고 한다. 우리 자신의 결론으로는 그가 틀림없는 엔키의 아들이며, 엔키와 에레쉬키갈이 아래 세계로 험난한 항해를 떠났을 때 잉태된 것으로 보인다. 그렇기 때문에 그는 양쪽 모두로부터 피라미드의 비밀을 지키는 일에 적임자로 꼽힌 것이다.

『수메르 신전 찬가 집성 The Collection of the Sumerian Temple Hymns』(1969)의 편자인 셰베리(Ake W. Sjöberg)와 베리만(E. Bergmann)이 기원전 제3천년기에 아카드 사르곤 왕의 딸이 지은 것으로 믿고 있는 한 찬가는 닌기쉬지다의 피라미드를 찬양하고 그것이 이집트에 있었음을 확인한다.

> 영원한 곳, 밝은 빛의 산
>
> 멋들어진 모습으로 만들어진 것.
>
> 그 어둡고 숨겨진 방은 두려움을 일으키는 곳.
>
> 감시의 땅에 그것은 놓여 있다.
>
> 놀라운, 그 길은 아무도 알 수 없다.
>
> '방패의 땅'에 촘촘한 그물처럼
>
> 너의 받침대가 이어져 있다. (…)
>
> 밤에 너는 하늘을 마주한다.
>
> 너의 예전 측량은 뛰어났다.
>
> 네 내부는 우투가 올라간 곳을 알고 있고

---

* '생명'을 뜻하는 고대 이집트의 신성문자로, 신과 파라오의 상징이다. '자루 달린 십자가(crux ansata)'로도 불린다. (옮긴이)

그 폭의 크기는 매우 드넓다.

너의 왕자님은 깨끗한 손을 뻗치신 왕자님

그 화려하고 풍성한 머리칼

등으로 흘러내린다.

바로 닌기쉬지다 님이시다.

이 찬가의 종결 부분에서는 이 독특한 구조물의 위치를 두 번 거듭 말한다. 바로 '방패의 땅'이다. 이는 이집트에 대한 메소포타미아어 이름의 아카드어 의미에 해당하는 말이다. '마간 땅'이 곧 '방패의 땅'이라는 의미다. 그리고 셰베리가 복사하고 번역한 다른 찬가(서판 UET 6/1)는 닌기쉬지다를 '신들 속의 매'로 불렀는데, 이집트 문서들에서 보통 이집트 신들에 붙이고 수메르 문서들에서는 피라미드 정복자인 닌우르타를 가리키는 데 딱 한 번 쓴 칭호다.

이집트인들은 이 엔키(프타)의 아들을 무어라고 불렀을까? 이집트인들에게 '지구를 측량하는 끈의 신'은 토트였다. 그러나 「마법사 이야기」에 나오듯이 토트는 기자 피라미드의 비밀 수호자 가운데 하나로 지정된 신이었다. 마네토에 따르면 호루스의 뒤를 이어 이집트를 통치한 것이 토트였다. 그것이 기원전 8670년 무렵이었는데, 제2차 피라미드 전쟁이 끝난 바로 그 시기다.

고위 아눈나키는 자기들 사이의 분쟁을 그렇게 처리한 뒤 인간 문제로 관심을 돌렸다.

고대 기록들을 읽어보면 이 평화 회담은 교전 중지와 구속력 있는 경계선 획정을 다루었을 뿐 아니라 인간을 어떤 방식으로 땅에 정착시킬 것인가 하는 계획까지 수립했음을 알 수 있다! 엔키는 '자신에게 배당된 도시들을 상대(엔릴)에게 주었고' 엔릴은 그 반대급부로 '자신이 구획한 수메르 땅을 상대(엔키)에게 주었다'는 기록이 있다.

우리는 이들 형제가 마주앉아 있는 장면에서 늘 그렇듯이 그 둘 가운데 엔키가 더 인간과 그 운명에 관해 관심을 가졌다고 생각할 수 있다. 아눈나키 자신들의 다툼을 처리하고 난 엔키는 이제 인간의 장래 문제로 관심을 돌렸다. 대홍수의 여파로 인간에게는 농경과 가축 사육의 일이 주어졌다. 이제 앞을 내다보고 계획을 세울 기회였고, 엔키는 기회를 꽉 붙잡았다. 이 고대 기록은 자발적인 행동을 그렸다고 볼 수 있다. 엔키는 자기 땅에 인간의 정착촌을 건설한다는 계획을 세워 '엔릴에게 주었고', 엔릴은 이에 동의해 남부 메소포타미아(수메르)의 대홍수 이전 도시 복구 계획을 세워 '엔키에게 줌으로써' 화답한 것이다.

메소포타미아의 대홍수 이전 옛 도시들을 복구하는 일에 엔키는 조건을 하나 내세웠다. 그와 그 아들들이 메소포타미아로 자유롭게 돌아올 수 있어야 하고, 엔키 자신은 그의 첫 번째 지구 기지였던 성지 에리두로 되돌아갈 수 있어야 한다는 것이었다. 엔릴은 이 조건을 받아들이면서 이렇게 말했다.

내 땅에서 그대가 영원히 살아도 좋소.
내 앞으로 오는 그날로부터
그대를 위해 맛있는 음식들을 상에 차려놓겠소.

엔릴은 이런 친절을 베푸는 대신에 엔키도 메소포타미아를 번영케 하는 데 힘을 보태야 한다는 희망을 피력했다.

땅에 온 힘을 쏟아

해마다 부를 늘려야 하오.

그리고 이 모든 일들이 정리되자 엔키와 그 아들들은 자기네 영지인 아프리카로 떠났다.

엔키와 그 아들들이 떠나간 뒤 엔릴과 그 아들들은 자신들의 신·구 영토를 앞으로 어떻게 할 것인지에 대해 논의했다. 바턴이 발표한 첫 번째 연대기는 닌우르타가 엔릴에 이은 제2인자이고 다른 형제들보다 우위에 있음을 재확인하기 위해 엔릴이 그에게 옛 영토를 맡도록 했다고 설명한다. 북서쪽에 위치한 아다드의 영토는 '한 뼘'(레바논) 정도 늘어 바알벡의 착륙장을 관할하게 되었다. 분쟁의 대상이 되었던 땅은 남쪽의 이집트 경계에서 북쪽의 아다드 경계에까지 이르러 오늘날의 시리아까지 포괄해 대(大)카나안으로 부를 수 있을 듯한데, 이곳은 난나르와 그 자손들이 통치하게 되었다. 이런 내용으로 '포고가 만들어지고' 봉인되었으며, 엔릴계 신들 모두가 모인 가운데 축하 잔치가 벌어졌다.

이 마지막 과정에 대한 더욱 극적인 판본은 「나는 신들의 어머니의 노래를 부른다」 문서에서 찾아볼 수 있다. 이 중대한 순간에 엔릴과 그 이복누이 사이에서 난 아들로서 엔릴의 적통 승계권자인 닌우르타와, 엔릴이 정식 부인 닌릴과의 사이에서 낳은 맏아들 난나르의 경쟁 관계가 대폭발을 일으킨 것이다. 엔릴은 속으로 난나르를 좋게 생각했었다고 한다.

맏아들이고 (…)

빼어난 용모에다가

완벽한 신체를 가졌으며

비길 데 없이 슬기로웠다.

엔릴은 그가 두 명의 제일 소중한 손자를 낳아주었기 때문에 '그를 사랑했다'. 우투(샤마쉬)와 인안나(이쉬타르) 쌍둥이다. 그는 난나르를 수엔(Suen), 곧 '자손을 늘린 신'이라 불렀고, 이 애칭에서 난나르의 아카드/셈계 이름인 신(Sin)이 나왔다. 그러나 엔릴이 아무리 난나르를 좋아한다고 해도, 닌우르타가 적통 승계권자임은 엄연한 사실이었다. 닌우르타는 엔릴의 '으뜸 전사'였고, 엔릴군을 지휘해 승리를 이끌었다.

엔릴이 신과 닌우르타 사이에서 흔들리자 신은 자신의 부인 닌갈(Ningal)에게 도움을 청했고, 닌갈은 엔릴은 물론 엔릴의 부인이자 신의 어머니인 닌릴을 붙잡고 호소했다.

결정의 자리에 그는 닌갈을 불렀다.

수엔은 그녀에게 오라고 청했다.

닌갈은 아버지에게 선처를 부탁했다. (…)

엔릴은 그녀의 말을 곱씹어보았다. (…)

그녀는 어머니 앞에서 항변했다. (…)

"어린 시절을 기억하세요" 하고 닌갈은 닌릴에게 말했다. (…)

어머니는 곧바로 아들을 껴안았다. (…)

닌릴이 엔릴에게 말했다. (…)

"가슴이 시키는 대로 하세요."

신들과 인간들의 미래 수천 년 동안의 운명에 영향을 미칠 수 있는 원대한 결정에 부인들이 그렇게 결정적인 역할을 했으리라고 상상이나 할 수 있을까? 닌갈이 자기 남편을 도우러 달려왔다는 기록이 있고, 닌릴은 흔들리는 엔릴을 설득하는 데 동원되었음을 확인할 수 있다. 그러나 그 장면에서 또 하나의 높은 여신이 나타났고, 그녀의 말에 따라 의도하지 않았던 결정이 내려졌다.

닌릴이 엔릴에게 '가슴이 시키는 대로 하라'고 조르면서 적통 계승권자 대신 맏아들을 택하라고 하자 '닌우르타가 입을 열어 말했다 (…)'. 그의 반론은 시구가 잘려나가 알 수 없다. 그러나 얘기가 진행되면서 닌하르삭이 전력을 다해 자기 아들 닌우르타를 지원했음이 드러난다.

닌하르삭은 자기 오라비 앞에서 울부짖으며 슬퍼했다.
그녀는 아이를 밴 여자처럼 격렬하게 말했다.
"에쿠르 안에서 나는 내 오라비를 부릅니다.
내 오라비가 나에게 아이를 갖게 했습니다.
나는 내 오라비에게 부탁합니다!"

그러나 닌하르삭의 호소는 말실수였다. 그녀의 말은 엔릴의 누이로서 그녀가 엔릴에게 낳아준 아이(닌우르타)를 대신해 호소하려는 것이었다. 그러나 그녀의 요청은 마치 엔키에게 청하는 것처럼 들렸다. 엔릴이 화가 나서 그녀에게 소리 질렀다.

네가 부르는 네 오라비란 대체 누구야?
네게 아이를 갖게 한 오라비란 게 대체 누구냐고!

【그림 53a】 네 구역을 나타내는 수메르 문양   【그림 53b】 유대 문양 '다비드의 별'

그리고 엔릴은 신 쪽을 선택하는 결정을 내렸다. 그 이후, 그리고 바로 오늘날까지도 우주공항이 있던 땅은 신의 땅으로 알려지게 되었다. 바로 시나이 반도다.

엔릴은 마지막 조치로 신의 아들을 비행통제센터 책임자로 임명했다.

그는 샤마쉬를 불러들였다.
닌릴의 손자였다.
그는 샤마쉬의 손을 잡았다.
그는 샤마쉬를 슐림(Shulim)에 두었다.

우르슐림(Ur-Shulim), 곧 '슐림의 도시'라 불리던 예루살렘은 샤마쉬에게 통치하도록 준 땅이었다. 그 이름 슐림은 '네 구역의 으뜸 도시'라는 의미이며, '네 구역'을 나타내는 수메르 문양【그림 53a】은 '다비드(David, 다윗)의 별'이라 불리는 유대 문양【그림 53b】의 초기 형태인 듯하다.

예루살렘은 대홍수 이후의 비행통제센터로서 대홍수 이전에 있었던 니푸르를 대체한 것이기 때문에 역시 니푸르가 전에 가지고 있었던 '지구의

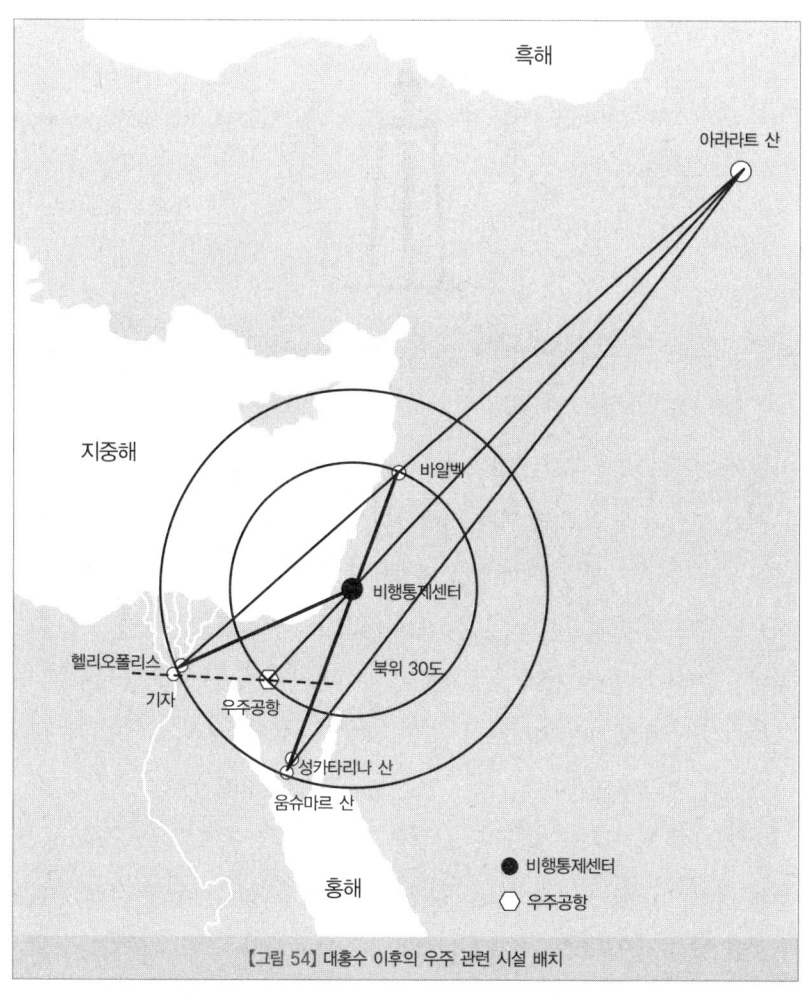

【그림 54】 대홍수 이후의 우주 관련 시설 배치

배꼽'이라는 칭호를 얻었다. 지구와 니비루 사이를 왕래할 수 있도록 하는 '신들의 좌표'에서 중심점에 해당하는 곳이었다. 니푸르를 중심으로 한 대홍수 이전의 동심원 계획을 모방해 '지구의 배꼽' 입지로 선정된 모리야 산은 착륙 회랑의 중앙선, 곧 착륙 경로 상에 위치해 있었다.【그림 54】 그곳은

【그림 55】 '안누의 도시'를 나타내는 상형문자

바알벡의 착륙장 및 우주공항과 등거리에 있었다.

착륙 회랑의 두 목표점 역시 비행통제센터로부터 등거리에 자리 잡아야 했다. 그러나 여기서 본래 계획을 변경해야 할 필요성이 생겼다. 전에 인공적으로 건조한 '산 같은 집', 곧 대피라미드에서 닌우르타가 결정체들과 설비들을 제거하는 바람에 무용지물이 되어버린 것이다. 해법은 역시 북서 회랑의 선상에 있지만 기자보다 약간 북쪽에 새로운 '등대 도시'를 세우는 것이었다. 이집트인들은 그것을 '안누(Annu)의 도시'라 불렀다. 그 상형문자는 경사가 가파른 탑 모양에 그보다 더 높은 위쪽 구조물이 화살처럼 하늘을 가리키고 있는 모습으로 그려졌다. 【그림 55】 수천 년 뒤 그리스인들은 이곳을 헬리오폴리스, 곧 '태양신 헬리오스(Helios)의 도시'라 불렀다. 그들은 바알벡도 같은 이름으로 불렀다. 두 경우 모두 그것은 두 곳을 샤마쉬에게 연결시키는 보다 이른 시기의 이름을 번역한 것이었다. 실제로 바알벡은 구약에 베트셰메쉬(Beth-Shemesh, 벳세메스/벤세메스), 곧 '샤마쉬의 집'으로 나오고, 그리스어로는 헬리오폴리스였다.

착륙 회랑의 북서쪽 목표점에 있는 등대 위치를 기자에서 헬리오폴리스로 옮기면 남동쪽 목표점 역시 옮겨야 했다. 두 목표점이 모리야 산에서 등거리에 있어야 했기 때문이다. 성카타리나 산보다 약간 작지만 역시 정확히 회랑 선상에 있는 산 하나가 발견되어 그 역할이 맡겨졌다. 그것은 '수메르의 어머니'라는 뜻의 움슈마르(Umm-Shumar) 산이라 불렸다. 수메르의 지리학 자료를 보면 틸문에 있는 이 인접한 산들의 이름은 '관문의 봉우리' 카 하르삭(Ka Harsag)과 '빛을 뿜는 봉우리' 하르삭 잘라잘락(Harsag Zalazalag)으로 되어 있다.

틸문과 카나안에 항공우주 시설을 세우고 인원을 배치하고 운영하려면 새로운 보급로와 보호를 위한 주둔 기지가 필요했다. 틸문으로 가는 뱃길은 동쪽 홍해 해변에 항구 도시가 하나 건설됨으로써 편리해졌다. 아마도 엘토르(el-Tor)라는 이름으로 아직 남아 있는 항구 도시가 그것인 듯하다. 우리 생각으로는 그에 이어 세계에서 가장 오래된 도시인 예리코(Jericho, 예리고/여리고)가 건설된 듯하다. 예리코는 히브리어로 예리호(Yeriho)라고 하는 신(Sin)과 천상에 있는 그의 상징인 달에 바쳐진 도시였다.

예리코의 건설 연대는 학자들을 끊임없이 당혹케 하는 수수께끼였다. 학자들은 근동에서 퍼져 나간 인간의 진보를, 농경과 가축 사육을 시작한 대략 기원전 11000년 무렵의 중석기시대, 그로부터 3,600년 뒤 촌락과 도기를 도입한 신석기시대, 그리고 마지막으로 그로부터 또다시 3,600년 뒤에 나타난 수메르의 도시 문명으로 구획하고 있다. 그런데 예리코는 기원전 8500년 무렵에 알 수 없는 사람들이 터를 잡고 건설한 도시 유적지다. 그때는 인간이 아직 촌락 생활조차 영위하는 법을 배우지 못한 때였다.

예리코가 안고 있는 수수께끼는 그 건설 연대에만 그치는 것이 아니고, 고고학자들이 거기서 발견한 것들에도 들어 있다. 돌 기단 위에 세워진 집들에는 나무 문설주를 갖춘 문들이 있다. 벽에는 꼼꼼하게 회반죽을 바르

【그림 56】예리코 유적지에서 발견된, 석고를 채운 두개골

고 빨강과 분홍 등 여러 가지 색깔을 칠했으며 어떤 경우에는 벽화를 그리기까지 했다. 하얗게 회로 칠한 바닥에 조촐한 화덕과 수반(水盤)도 파여 있었고, 그 바닥은 때로는 무늬로 장식되기도 했다. 바닥 밑에는 시신을 묻기도 했다. 묻기는 하되 잊지는 않는다는 의미였겠지. 망자의 모습을 되살리기 위해 석고를 채운 두개골이 최소 열 개 이상 발견되었다. 【그림 56】 어떻게 보더라도 여기에 나타난 모습은 그 시대의 일반적인 지중해 연안 거주자들의 것보다 더 진보적이고 뛰어났다. 이 모든 것은 도시를 둘러싼 거대한 성벽으로 보호되고 있었다. 요슈아(Joshua, 여호수아) 시대*보다 수

---

* 요슈아는 구약에 나오는 인물로, 그는 모세의 뒤를 이어 이스라엘 민족을 이끌고 예리코 등 여러 성(도시)들을 정복해 이스라엘 민족의 정착지를 마련했다. 그의 시대는 기원전 14~15세기로 계산되고 있다. (옮긴이)

천 년 전 얘기다! 성벽은 폭 9미터, 깊이 2미터인 해자(垓子, 성 주위에 둘러 판 못) 한가운데 쌓은 것인데, 멜라트(James Mellaart, 1925~)의 『근동의 초기 문명들 Earliest Civilizations of the Near East』에 따르면 그 해자는 '곡괭이 같은 도구의 도움도 없이' 바위 땅을 파낸 것이었다. 그것은 '아직도 우리가 원인을 알 수 없는 폭발적인 발전이었고 (…) 엄청난 발전이었다'고 멜라트는 말한다.

이 선사 시대 예리코의 수수께끼는 거기서 둥그런 곡물 저장고의 증거가 발견됨으로써 더욱 증폭되었다. 저장고 가운데 하나는 아직도 부분적으로 남아 있는 채로 발견되었다. 해수면보다 250미터 낮은 사해 부근의 한 무더운 함몰지에서, 곡물 경작에 부적합한 황무지에서 밀과 보리가 대량으로 집적되고 계속적으로 저장된 증거가 발견된 것이다. 그 이른 시기에 누가 이렇게 발전된 도시를 건설했고, 누가 이런 곳에 와서 살았으며, 이 요새화된 창고 도시는 누가 사용했을까?

우리는 이 수수께끼에 대한 해답이 '신들'의 연대기에 있지 인간의 연대기에 있지는 않다고 생각한다. 이 믿을 수 없는 예리코의 첫 번째 도시 정착(기원전 8500년경~기원전 7000년경)이 마네토가 말하는 이집트에서 토트가 재위한 시기(기원전 8670년경~기원전 7100년경)와 딱 맞아떨어진다는 사실에 있는 것이다. 메소포타미아 문서에 나와 있듯이 그가 즉위한 것은 평화 회담 직후였다. 이집트 문서들은 그의 즉위가 '싸움의 날 이후 안누의 결정권자들이 참석한 가운데' 발표되었으며, 그것은 그가 '비바람(아다드)과 회오리바람(닌우르타)을 물리치는 데' 공을 세우고 '전쟁 당사자들을 화해시킨' 뒤였다고 말하고 있다.

이집트인들이 토트의 치세와 관련시켜 생각하는 기간은 신들 사이에 평화가 도래한 시기였고, 아눈나키가 맨 먼저 새 우주 시설의 건설 및 보호와 관련된 정착지를 건설한 시기였다.

홍해를 통해 이집트와 딜문으로 가는 뱃길과 함께, 메소포타미아에서 비행통제센터와 우주공항으로 갈 수 있는 육상로도 있었다. 태곳적부터 이 육상로는 유프라테스 강에서 발리흐(Balikh) 강 유역의 주요 중계역인 하란(Harran)으로 이어진다. 거기서 여행자는 지중해 연안을 따라 계속 남쪽으로 내려가는, 후대 로마인들이 비아마리스(Via Maris)라 했던 해변 길을 택하거나, 똑같이 유명한 '왕의 대로'를 따라 요르단 강 동쪽으로 진행하거나 둘 중 하나를 선택해야 했다. 전자는 이집트로 가는 최단 경로였고, 후자는 아카바(Aqaba) 만과 홍해, 아라비아와 아프리카, 그리고 시나이 반도로 가는 길이었다. 후자는 또한 몇몇 적절한 도하(渡河) 지점을 통해 요르단 강 서부로 넘어갈 수도 있었다. 아프리카의 금도 이 길을 통해 수송되었다.

이들 가운데 가장 중요한 곳은 곧바로 예루살렘의 비행통제센터로 이어지는, 예리코의 도하 지점이었다. 이스라엘인들이 약속의 땅으로 가기 위해 요르단 강을 건넌 것도 바로 이 지점이었다. 수천 년 전 아눈나키가 도시를 건설해 도하 지점을 지키고 여행자들이 여행을 계속할 수 있도록 식량을 공급한 곳이 바로 여기였다고 우리는 생각한다. 인간이 예리코에 들어와 살기 전에 그곳은 신들의 주둔 기지였다.

아눈나키는 '왕의 대로'가 있는, 더욱 중요한 요르단 강 동쪽 지역은 무방비 상태로 놔두고 요르단 강 서쪽에만 정착지를 건설했을까? 반대쪽인 요르단 강 동쪽에도 정착지가 존재했으리라고 생각하는 것이 사리에 맞는다. 고고학계 외부로는 거의 알려지지 않았지만 그러한 곳은 정말로 발견되었다. 그리고 거기서 발견된 것은 예리코에서 밝혀진 것보다 훨씬 놀라운 것이었다.

이 놀라운 유적이 나온 수수께끼의 장소는 1929년 바티칸의 교황청성서

연구소(Pontificio Istituto Biblico)가 조직한 고고학 발굴단에 의해 처음 발굴되었다. 말롱(Alexis Mallon)이 이끈 고고학자들은 거기서 발견된 문명의 수준이 매우 높음을 알고 깜짝 놀랐다. 기원전 7500년 무렵인 가장 오래된 주거 층에서조차도 벽돌 깔린 길이 나왔으며, 정착지의 연대가 석기시대 말부터 청동기시대까지에 걸쳐 있었지만 모든 층이 같은 문명인 것으로 드러나 고고학자들을 놀라게 했다.

발견된 지역의 언덕 이름을 따 이곳은 텔가술(Tell Ghassul)이라고 불렸다. 그 고대 이름은 알 수 없다. 이곳은 몇몇 주변 정착지들과 함께 분명히 중요한 도하 지점과 그곳에 이르는 길을 통제하고 있었다. 지금 알렌비(Allenby) 다리로 불리는 도하 지점인데, 오늘날까지도 이용되고 있는 길이다. 【그림 57】 텔가술의 전략적 위치는 고고학자들이 그 유적을 발굴하기 시작하면서 주목한 바 있다.

> 언덕 꼭대기에 서면 흥미롭게도 사방을 모두 살필 수 있다. 서쪽에 요르단 강이 검은 줄처럼 보이고, 북서쪽으로는 고대 예리코의 낮은 언덕이 있다. 그리고 그 너머에는 베트엘(Beth-El, 베델/벧엘)과 예루살렘의 감람산(Har HaZeitim) 등 유대의 산들이 있다. 베틀레헴(Bethlehem, 베들레헴)은 엘문타르(el-Muntar) 산에 가려 있으나, 테코아(Tekoah)의 언덕들과 헤브론(Hebron) 주변은 볼 수 있다.
> _말롱·쾨펠(R. Koeppel)·뇌빌(R. Neuville), 『텔가술, 교황청성서연구소 발굴보고서*Teleilat Ghassul, Compte Rendu des Fouilles de l'Institut Biblique Pontifical*』

텔가술 북쪽으로는 조망이 50킬로미터나 뚫려 있고, 동쪽으로는 모아브 산과 니부(Nibu, 느보) 산의 앞자락이 보인다. 남쪽으로는 '사해의 거울 너

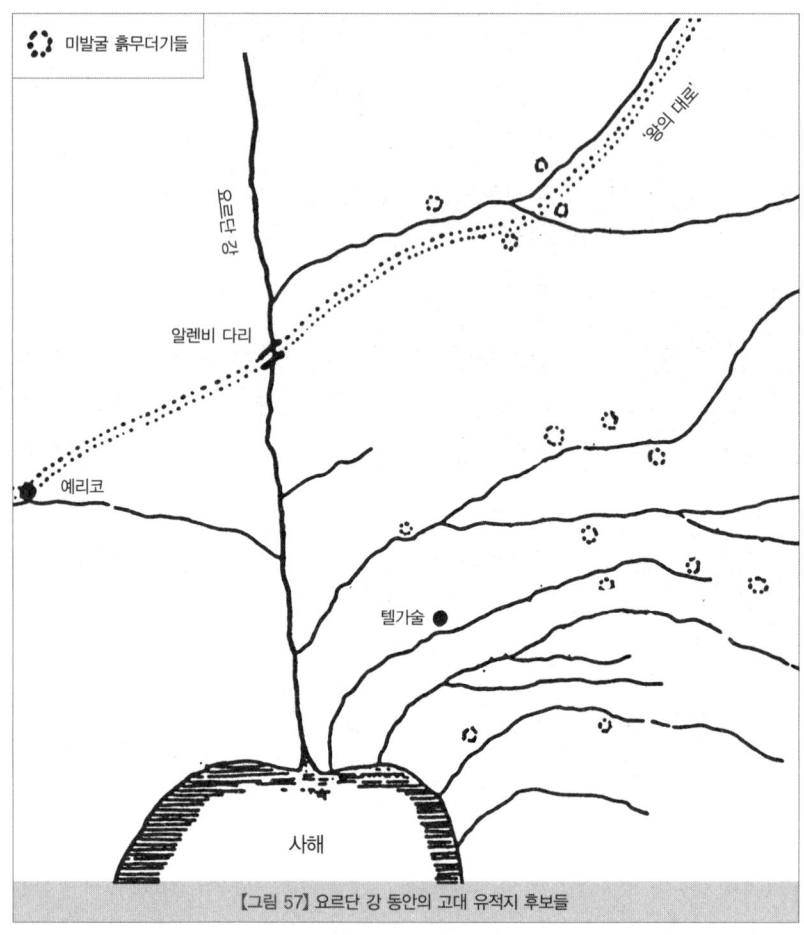

【그림 57】요르단 강 동안의 고대 유적지 후보들

머에 있는 소금산인 소돔(Sodom) 산을 볼 수 있다'.

텔가술에서 발굴된 주요 유적은 매우 발달한 정착민들이 살았던 기원전 4000년 무렵에서 기원전 2000년 무렵 사이의 것이며, 이곳은 기원전 2000년 무렵에 갑자기 버려졌다. 텔가술의 유물과 관개 시설은 그 지역의 일반적인 수준보다 훨씬 높아 고고학자들은 그 정착민들이 메소포타미아에서

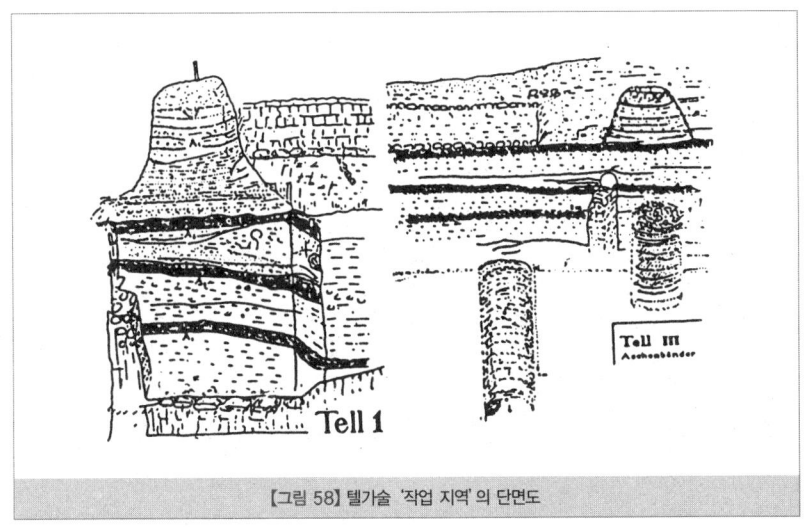

【그림 58】 텔가술 '작업 지역'의 단면도

왔음을 확신하게 되었다.

합쳐서 커다란 언덕을 이루는 세 개의 흙더미 가운데 둘은 주거지로 쓰였고 하나는 작업 지역이었던 듯하다. 작업 지역은 다시 네모난 부분들로 나뉘는데, 그 안에는 둥그런 '구멍'들이 뚫려 있고 그 구멍은 쌍으로 나 있는 경우가 많다. 그것이 음식물 조리를 위한 화덕이 아님은 여러 개씩 쌍으로 뚫려 있다는 데서 짐작할 수 있을 뿐만 아니라(그것이 화덕이라면 한 구획에서 여섯 개나 여덟 개가 왜 필요하겠는가?), 그 가운데 일부는 원통형으로 아주 깊이 파여 있다는 사실로도 분명하다. 이와 함께 어떤 가연성 물질이 타고 남은 '재의 층'이 있는데【그림 58】, 그 위에는 고운 모래가 덮여 있고 다시 그 위에는 보통의 흙이 덮여 있으며, 그 위에는 또다시 '재의 층'이 반복된다.

땅 표면에는 자갈들이 널려 있었다. 어떤 힘에 의해 부서진 바위들의 잔해였는데, 그 힘은 그것들이 검게 변한 원인이기도 했다. 발견된 유물 중에는 불에 구운 진흙으로 만든 작고 둥근 물건도 있었는데【그림 59】, 어떤 알

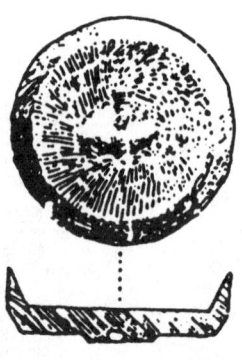

[그림 59] 텔가술에서 발견된 진흙으로 만든 둥근 유물

수 없는 기술적인 목적을 위해 꼼꼼하게 모양을 만든 것이었다.

주거 지역에서 발견된 물건들은 수수께끼를 더욱 증폭시킨다. 네모난 집들의 벽이 지면 바로 위 높이에서 갑작스런 힘이 들이친 것처럼 무너져 있었는데, 그 결과로 벽의 윗부분은 일제히 안쪽으로 무너져 내렸다.

이렇게 가지런히 무너져 내렸기 때문에 벽에 그리고 다시 덧그렸던 놀라운 벽화 일부를 짜맞출 수 있었다. 어떤 경우에는 물체 위에 나타난 새장 같은 그물의 모습이 벽 위에 삼차원 환영(幻影)을 만들어내기도 했다. 어떤 집에서는 벽 전체에 어떤 장면이 그려져 있는 듯했다. 다른 집에서는 벽에 붙박이 장의자를 만들어놓아 쉬면서 반대쪽 벽 전체를 뒤덮은 그림을 볼 수 있도록 했다. 그 그림은 옥좌에 앉은 두 사람을 비롯해 늘어선 사람들이 분명히 광선을 내쏘는 물체에서 나온 듯한 다른 사람을 만나는(또는 인사하는) 모습을 그리고 있다.

1931~32년과 1932~33년 발굴에서 이 벽화들을 발견한 고고학자들은 이 빛을 내는 물체가 다른 건물에 그려져 있는 것으로 발견된, 매우 이상하

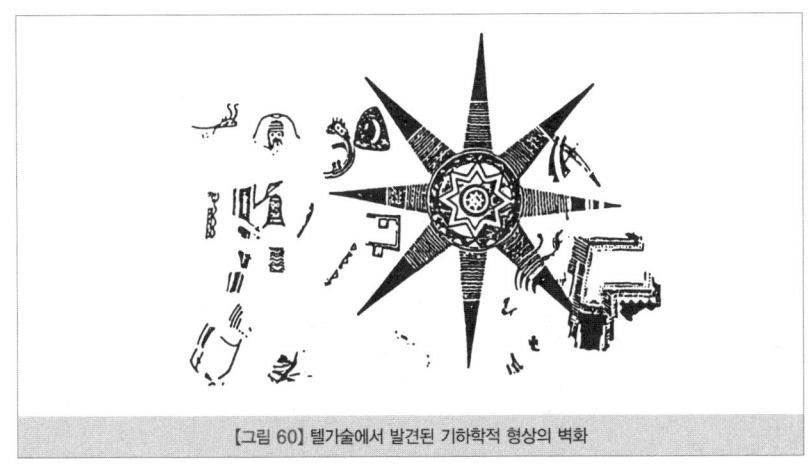

【그림 60】 텔가술에서 발견된 기하학적 형상의 벽화

고도 빛을 내는 '별'과 비슷하다는 주장을 내놓았다. 그것은 여덟 개의 뿔이 난 '별'을 역시 여덟 개의 뿔이 난 더 큰 '별'이 감싸고, 그 밖으로 여덟 개의 광선이 튀어나오는 모습으로 마무리된다. 【그림 60】 다양한 기하학적 형상을 이용한 이 꼼꼼한 디자인은 검정·빨강·하양·회색과 그 색깔들의 조합을 통해 미술적으로 만들어졌다. 사용된 염료를 화학적으로 분석해 보니 천연 재료가 아니라 열두 가지에서 열여덟 가지의 광물질을 복잡하게 혼합한 것임이 드러났다.

벽화를 발견한 학자들은 여덟 개의 광선을 내쏘는 '별'이 어떤 '종교적 의미'를 지닌다고 생각했으며, 여덟 개의 뿔이 난 별이 행성인 금성을 상징해 이쉬타르를 나타내는 천상의 기호임을 지적했다. 그러나 사실을 말하자면 텔가술에서는 종교적 숭배의 흔적이나 '신앙의 유물', 신의 조각상 같은 것은 전혀 발견되지 않았으니, 이곳을 이례적이라고 할 수 있는 또 하나의 요소다. 우리는 이것이, 그곳에 숭배자들이 산 것이 아니라 숭배 대상인 고대의 '신들', 곧 아눈나키가 살았음을 가리키는 증거라고 생각한다.

사실 우리는 미국 워싱턴 시에서 비슷한 디자인을 보았다. 그것은 미국 지리학회(NGS, National Geographic Society) 본부 로비에서 볼 수 있는데, 그 바닥에 지구의 사방과 그 사이사이(동·북동·북·북서·서·서남·남·동남)에 대한 학회의 관심을 상징하는 나침반이 모자이크되어 있다. 고대에 그 디자인을 그린 화가가 생각했던 것도 바로 이것이었다고 우리는 생각한다. 지구의 네 지구(地區)와 그들 또는 그 장소와의 관련성을 나타내기 위한 것이다.

광선을 내쏘는 '별'이 종교적인 의미를 지니지 않았음은, 불경스럽게도 그 주위에 낙서들이 어지럽게 널려 있는 모습으로도 다시 확인된다. 이 그림【그림 60】에는 두꺼운 벽으로 둘러싸인 건물과 물고기 지느러미, 새, 날개, 배, 그리고 심지어 일부에서 해룡(海龍)이라고 보는 것까지 그려져 있다. 이 그림에는 앞서 말한 색깔들 외에 노랑과 갈색도 다양한 톤으로 나타나고 있다.

특히 관심을 끄는 것은 커다란 두 '눈'이 눈에 확 띄는 두 개의 모습이다. 그런 모습들은 다른 집들의 벽에 더욱 규모가 크게, 더욱 세밀한 부분까지 그려져 있기 때문에 좀 더 잘 이해할 수 있다. 이 물체들은 구형 또는 계란형으로 그려졌는데, 윗부분은 검고 흰 색으로 층층이 칠해졌다. 가운데 부분은 커다란 두 '눈'이 특징적인데, 완전한 검은 원반이 흰 원에 둘러싸여 있다. 아랫부분에는 두 개(또는 네 개?)의 붉은 받침대가 뻗쳐 있는 것이 보인다. 이 기계 다리 사이에는 이 물체의 본체에서 나온 둥그런 부분이 있다.【그림 61】

이 물체는 무얼까? 구약을 포함한 근동 지역 문서들에 나오는 '회오리바람', 곧 아눈나키의 '날아다니는 접시'일까? 벽화와 둥근 구덩이, 재의 층, 널려 있는 검은 자갈들, 이곳의 위치 등, 발굴되었거나 아마도 발굴되지 않

[그림 61] 텔가술에서 발견된 수수께끼의 그림

은 더 많은 것들은 모두 텔가술이 아눈나키의 순찰 항공기를 위한 요새이자 보급 창고였음을 말해준다.

텔가술과 예리코 도하 지점은 몇몇 구약의 사건들에서 중요하고도 기적적인 역할을 했기 때문에 바티칸이 이곳에 더욱 관심을 가졌을 것이다. 선지자 엘리야(Elijah)가 약속을 지키려고 요르단 강을 건너 그 동쪽 지역(텔가술인지도 모르겠다)으로 간 지점이 바로 여기였다. 엘리야는 강을 건너간 뒤 '불 수레가 나타나 (…) 회오리바람에 실려'(「열왕기 하」 2:11) 하늘로 올라갔다. 이 지역은 이스라엘 사람들의 이집트 탈출 마지막 장면에도 나온다. 모세가 하느님으로부터 카나안 본토로 들어가지 말라는 말을 들은 뒤의 일이다.

모세는 모아브 평원(텔가술 지역)에서 니부 산에 올라

가장 높은 봉우리에 이르렀다.

거기서는 예리코가 내려다보였다.

하느님께서 그에게 온 땅을 보여주셨다.

길레아드(Gilead, 길르앗) 땅을 단(Dan)까지 보여주셨고,

나프탈리(Naphtali, 납달리) 땅과 에프라임(Ephraim, 에브라임) 및 마나세(Manasseh, 므나쎄/므낫세) 땅,

지중해까지 이르는 유대 땅을 모두 보여주셨다.

그리고 네게브(Negeb, 네겝)와 대추야자의 도시 예리코 골짜기 또한 보여주셨다.

_「신명기(申命記)」34:1~3

이것은 텔가술 꼭대기에 선 고고학자들이 보았던 것과 같은 범위의 조망에 대한 묘사다.

요슈아의 지휘 아래 이루어진 도하에서는 요르단 강물의 흐름이 끊기는 기적이 일어났다. 성궤(聖櫃)와 그 안에 들어 있던 것이 힘을 발휘한 것이었다. 그 뒤의 일이다.

요슈아가 예리코 부근에 이르렀을 때였다.

그가 눈을 들어서 보니

한 사람이 그를 마주보고 서 있었고

그 손에는 칼을 빼들고 있었다.

요슈아가 그에게 다가가서 물었다.

"너는 우리 편이냐, 우리의 적 편이냐?"

그가 대답했다.

"어느 쪽도 아니다.

나는 하느님의 군대 대장이다."

그러자 요슈아는 얼굴을 땅에 대고 절한 다음에 그에게 물었다.

"대장께서 이 부하에게 하실 말씀이 무엇입니까?"

야훼의 군대 대장이 요슈아에게 말했다.

"네 발에서 신을 벗어라.

네가 서 있는 곳은 금지된 곳이다."

_「여호수아」 5:13~15

그리고 야훼 군대의 대장은 하느님의 예리코 정복 계획을 요슈아에게 털어놓았다. 그는 예리코 성벽을 힘으로 들이치지 말라고 말했다. 그 대신 언약궤(言約櫃)를 메고 성 주위를 일곱 번 돌라고 했다. 그리고 이레째 되는 날 사제들이 나팔을 불고 사람들은 지시받은 대로 커다란 함성을 질렀다. '그러자 예리코 성벽이 무너져 내렸다.'

야콥(Jacob, 야곱) 역시 하란에서 카나안으로 돌아오면서 밤중에 요르단 강을 건너다가 '어떤 사람'과 마주쳐 동 틀 때까지 씨름을 했다. 야콥은 뒤늦게 상대가 신이었음을 깨달았다.

그리고 야콥은 그곳을 페니엘(Peni-El, 브니엘), 곧 '신의 얼굴'이라고 불렀다. 신을 직접 보고도 살아남았기 때문이었다.

_「창세기」 32:30

사실 구약은 시나이 반도와 예루살렘으로 가는 요충지에 이른 시기 아눈나키의 정착지가 있었음을 분명히 서술한다. 헤브론은 예루살렘과 시나이 사이의 길을 보호하는 도시였다.

이전에 키리앗아르바(Kiryat Arba, 기럇아르바), 곧 '아르바의 요새'로 불렸고 아르바는 아나킴(Anakim)* 가운데서 가장 '큰 사람'(왕)이었다.

_「여호수아」 14:15

아나킴의 후예들이, 이스라엘인들이 카나안을 정복할 때까지도 여전히 그 지역에 살고 있었다는 얘기는 계속 나온다. 그리고 아나킴이 요르단 강 동쪽에 살았다는 구약의 언급은 매우 많다.

이 아나킴은 누구일까? 이 말은 보통 '거인들'로 번역된다. 구약에 나오는 네필림이 그렇게 번역되는 것처럼 말이다. 그러나 우리는 이미 구약의 네필림, 곧 '내려온 사람들'이 '로켓 우주선의 사람들'을 나타내는 말임을 확실하게 보여준 바 있다.

우리 생각에 아나킴은 바로 아눈나키다.

마네토가 토트 왕조에 속하는 '반신반인'들의 치세라고 한 3,650년이라는 햇수에 대해 특별한 관심을 기울인 사람은 지금까지 아무도 없었다. 그러나 우리는 이 숫자가 매우 중요하다고 생각한다. 그것은 아눈나키의 고향 행성인 니비루의 공전주기 3,600년과 50년 차이밖에 나지 않기 때문이다.

우리는 인류가 석기시대에서 수메르 고도 문명으로 발전한 것이 기원전 11000년 무렵과 기원전 7400년 무렵, 기원전 3800년 무렵으로 모두 3,600년 간격이었음은 결코 우연이 아니라고 주장했다. 우리는 『수메르, 혹은 신

---

* '아낙족'이라는 민족명으로 보기도 한다. 그래서 일부 국역본에는 '아낙 사람'으로 되어 있다. (옮긴이)

들의 고향』에서, 그것은 마치 '신비의 손'이 매번 '인간을 쇠락에서 건져내 오히려 더 높은 수준의 문화와 지식과 문명으로 끌어올린' 것과 같다고 썼다. 세 경우 모두 아눈나키가 지구와 니비루를 오갈 수 있는 시기가 다시 도래했던 것과 일치한다고 생각한다.

이런 진보는 메소포타미아의 중심지에서 고대 세계 전체로 퍼져 나갔다. 그리고 이집트에서 신들과 인간들 사이에서 태어난 자손들이 다스리던 '반신반인의 시대'(마네토에 따르면 기원전 7100년 무렵에서 기원전 3450년까지)는 의문의 여지 없이 이집트의 신석기시대와 일치한다.

우리는 이런 주기마다 인간의 운명이나 인간과 신들의 관계를 고위 아눈나키, 곧 '일곱 결정권자들'이 논의했을 것이라고 생각할 수 있다. 우리는 그러한 토의가 갑작스런, 그리고 다른 방식으로는 설명할 수 없는 수메르 문명의 개화에 앞서 이루어졌음을 확실하게 알 수 있다. 수메르인들이 그런 토의에 관한 기록을 남겼기 때문이다!

수메르 재건이 시작되었을 때, 그 땅에 먼저 건설해야 했던 것은 옛 도시들이었다. 그러나 이제 더 이상 신들만의 도시는 아니었다. 인간은 이제 주위의 들판과 과수원, 방목장을 돌보기 위해 이들 도시 지역에 발을 들여놓을 수 있게 되었고, 온갖 방법으로 신들에게 봉사하게 되었다. 음식을 만들거나 빵을 굽는 일, 쇠를 다루고 옷을 짓는 일뿐만 아니라 사제나 음악가, 광대, 그리고 신전의 창녀 노릇도 해야 했다.

가장 먼저 재건되어야 할 곳은 에리두였다. 엔키의 첫 번째 지구 정착지였던 그곳은 이제 새로이, 영구히 그에게 주어졌다. 그가 그곳에 처음 지은 사당은 그 시대 건축의 경이였다.【그림 62】 그것은 얼마 안 되어 이루어졌고, 웅장한 신전 주거 에엔구르라(Eengurra), 곧 '금의환향한 신의 집'으로 확대되었다. 그것은 아래 세계에서 가져온 금·은과 귀금속으로 치장했고,

【그림 62】 재건된 엔키의 신전

'천상의 황소'가 지켰다. 엔릴과 닌릴을 위해서는 니푸르가 재건되었다. 그들은 거기에 새로운 '산의 집' 에쿠르를 세웠다. 【그림 63】 이번에는 비행통제센터로서 꾸미지 않고 무시무시한 무기들을 설치했다. '땅을 훑는 고성능 눈'과 모든 것을 뚫을 수 있는 '고성능 광선'이 대표적이었다. 그들의 성스러운 영역에는 또한 '아무도 그 손아귀를 벗어날 수 없다'고 하는 엔릴의 '빨리 가는 새'도 보관되어 있었다.

팔켄슈타인(Adam Falkenstein, 1906~1966)이 편집·번역한 「에리두 찬가」는 엔키가 모든 높은 신들의 모임에 참석한 이야기를 묘사하고 있다. 3,600년마다 지구에 있는 신들과 인간들의 운명을 결정하는 논의를 위해 아누가 지구를 방문했을 때의 일이었다. 약간의 의식이 진행되고 '취기가 오르는 음료, 곧 인간들이 준비한 포도주를 신들이 마시면' 엄숙한 결정의 시간이었다.

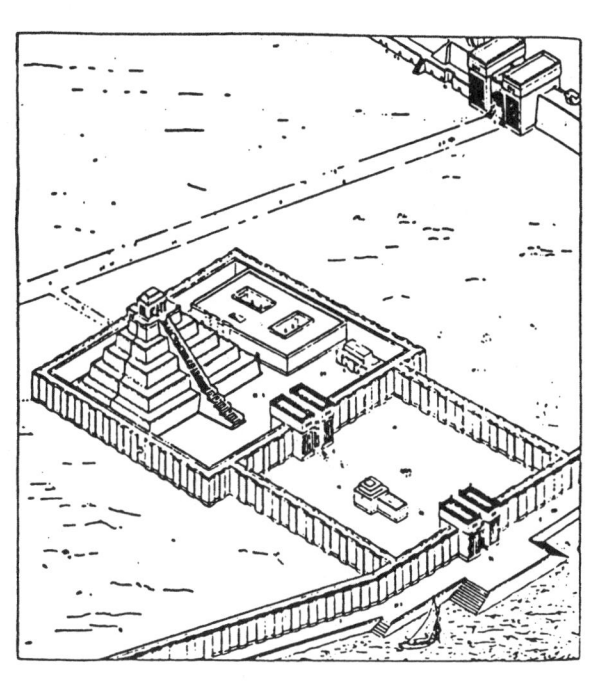

【그림 63】 엔릴을 위해 지은 새 에쿠르

아누는 상석에 앉았고

그 곁에 엔릴이 앉았다.

닌하르삭은 안락의자에 앉았다.

아누는 개회를 선언하고 '아눈나키에게 이렇게 말했다'.

여기 모인 높은 신들이여,

어전 회의에 온 아눈나(Annuna) 신들이여!

내 아들이 직접 집을 지었소.

엔키 왕이

지구에 에리두를 산처럼 쌓아올렸소.

아름다운 곳에 그의 집을 지었소.

에리두 그곳에는 초대받지 않은 자는 들어갈 수 없소. (…)

압주에서 그 성소로

엔키가 신의 법식을 가져다 안치했소.

여기서 논의는 의제에 오른 핵심 문제로 옮아갔다. 바로 엔키가 다른 신들이 '신의 법식'(문명의 100여 가지 측면에 관한 지식)에 접근할 수 없도록 제한함으로써 에리두와 그곳 사람들만 발전케 한다는 엔릴의 불만이었다. (에리두가 수메르의 대홍수 이후 도시 중 가장 오래된 곳이며 수메르 문명의 원천이라는 것은 고고학적으로 확인된 사실이다.) 그래서 엔키는 '신의 법식'을 다른 신들과 공유해서 그들도 자기네 도시를 건설하고 재건할 수 있도록 해야 한다는 결정이 내려졌다. 문명은 수메르 전체가 누려야 했다.

공식 토의를 끝낸 뒤 지구의 신들은 천상에서 온 방문자들을 놀라게 했다. 그들은 니푸르와 에리두 중간에 아누를 기리는 성지를 만들었다. 에안나(Eanna), 곧 '아누의 집'이라는 꼭 맞는 이름을 붙인 처소였다.

아누와 그의 배우자 안투는 지구를 떠나 고향 행성으로 돌아가기 전에 하룻밤 지구에 있는 그들의 신전을 방문했다. 그것은 화려하고 형식적인 부분이 두드러진 행사였다. 이 부부 신이 나중에 우루크로 알려지고 구약에는 에레크(Erech, 에렉)로 나오는 새 도시에 도착하자 신들은 줄을 지어 이들을 수행해 신전 뜰로 나아갔다. 호화로운 만찬이 준비되는 동안 이누는 옥좌에 앉아 남자 신들과 담소를 나누었다. 안투는 여자 신들과 함께 신전의 '황금 침대의 집'이라는 구역으로 가서 옷을 갈아입었다.

사제들과 신전의 다른 심부름꾼들이 '포도주와 향유'를 내오고 '아누와 안투, 그리고 다른 모든 신들을 위해 황소 한 마리와 숫양 한 마리'를 산 제물로 잡았다. 그러나 연회는 날이 충분히 어두워져 행성들을 볼 수 있게 될 때까지 지연되었다.

목성·금성·수성·토성·화성과 달,
그들이 나타나면 곧 시작될 것이었다.

이들이 모두 나타나고 의례로서 손을 씻은 뒤 식사의 첫 코스가 나왔다.

쇠고기 · 양고기 · 닭고기가 나왔고 (…)
이와 함께 최고의 맥주와 포도주도 나왔다.

그리고 그날 밤의 하이라이트를 위해 잠시 휴식 시간이 주어졌다. 한 무리의 사제들이 〈아누의 행성이 하늘에 떠오른다 *Kakkab Anu etellu shamame*〉라는 찬가를 노래하는 동안 한 사제는 '신전 탑의 맨 꼭대기 계단'에 올라가 아누의 행성인 니비루가 나타나는지 하늘을 살폈다. 예상했던 시각과 미리 계산된 하늘의 지점에 니비루가 나타났다. 이때 사제들은 〈하늘에서 밝게 빛나는 주 아누의 행성〉과 〈창조자의 형상이 떠올랐다〉를 잇달아 부르기 시작했다. 신호로 횃불 하나가 밝혀졌고, 그 소식이 한 관측 지점에서 다른 지점으로 퍼져 나가면서 횃불이 한 곳 한 곳 밝혀졌다. 밤이 새기 전에 온 땅에 불이 밝혀졌다.

아침에 신전 예배당에서 감사 예배를 올리고, 의식과 상징 표현들이 이어지는 가운데 천상에서 온 방문자들이 떠나기 시작했다. '아누께서 떠나십니다' 하고 사제들은 노래했다. 그들의 노래는 이러했다.

천상과 지상의 위대한 왕이신 아누이시여,
당신의 축복을 내려주소서.

아누가 요청받은 축복을 내려준 뒤 행렬은 '신들의 거리'에서 나와 '아누의 배가 있는 곳' 쪽으로 내려갔다. 거기 '지구에 생명의 둥지를 틀다'라는 예배에서 다시 기도와 찬송이 있었다. 이제 지구에 남는 신들이 떠나는 부부를 축복할 시간이었고, 이런 시구가 낭송되었다.

위대한 아누이시여, 천상과 지상의 축복이 있기를!
엔릴과 에아와 닌마 신의 축복이 있기를!
신(Sin)과 샤마쉬 신의 축복이 있기를! (…)
네르갈과 닌우르타 신의 축복이 있기를! (…)
천상에 있는 이기기와
지구에 있는 아눈나키의 축복이 있기를!
압주의 신들과
성스러운 땅의 신들의 축복이 있기를!

그러고 나서 아누와 안투는 우주공항으로 떠났다. 그것은 그들이 지구를 방문한 지 17일째 되는 날이었다고 우루크 기록보관소에서 발견된 한 서판은 말한다. 역사적인 방문은 끝이 났다.

이때 내려진 결정들에 따라 옛 도시들 외에 새로운 도시들이 건설될 길이 열렸다. 맨 먼저 건설된 도시는 키쉬(Kish, 구스)였다. 그곳은 '엔릴의 으뜸가는 아들' 닌우르타가 다스렸다. 그는 키쉬를 수메르의 최고 행정 도시로 만들었다. '엔릴의 맏아들' 난나르(신)를 위해서는 '최고의 도시'라는 뜻의 새 도시 우르가 만들어졌다. 우르는 수메르의 경제 중심지가 되었다.

인간 진보의 새 시대와 인간-아눈나키 관계에 대한 또 다른 결정들도 있었다. 수메르 문서들은 수메르의 위대한 문명을 출범시킨 이 결정적인 수뇌부 회의에서 '운명을 결정하는 고위 아눈나키'가, 신들은 '인간에게 하늘같이 높은 존재'라 규정했다고 전한다. 여기에 사용된 말은 아카드어로 엘루(elu)라고 하는데, 정확하게 '드높은 존재'라는 뜻이다. 여기서 바빌로니아어·아시리아어·히브리어·우가리트(Ugarit)어의 엘(El)이 나왔고, 이 말을 그리스인들이 '신(神)'으로 나타낸 것이다.

아눈나키는 자신들과 일반 인간들 사이의 중개자로서 인간에게 '왕권'을 줄 필요가 있다고 결정했다. 모든 수메르 기록들은 이 중대한 결정이 아누가 지구를 방문한 동안 높은 신들의 각의에서 이루어졌음을 증언한다. 「버드나무와 대추야자의 우화」라는 아카드 문서는 '오래 전, 아주 먼 옛날'에 있었던 이 회의에 대해 이렇게 묘사하고 있다.

> 땅의 신들 아누·엔릴·엔키가
> 한자리에 모였다.
> 엔릴과 신들은 협의를 했다.
> 그들 가운데는 샤마쉬도 있었다.
> 그들 가운데는 닌마도 있었다.

당시에는 '땅에 아직 왕이 없었다. 지배권은 신들이 가지고 있었다'. 그러나 수뇌부 회의는 그것을 바꾸어 인간에게 왕권을 주기로 결정했다. 모든 수메르 자료들은 첫 번째 왕도가 키쉬였다는 데 일치한다. 엔릴이 왕으로 임명한 사람들은 루갈(Lugal), 곧 '강한 사람'이라 불렸다. 같은 기록은 구약에서도 찾아볼 수 있다. 인간이 왕국을 세웠던 때에 관한 이야기다.

키쉬는 님로드(Nimrod, 니므롯)를 낳았다.
그는 땅에서 처음으로 '강한 사람'이 되었다. (…)
그리고 그가 왕권을 행사하기 시작했다.
바벨(바빌론)과 에레크와 아카드(아깟/악갓)는
모두 쉬나르, 곧 수메르 땅에 있었다.

_「창세기」 10:8~10

구약 기록은 처음 세 수도를 키쉬·바빌론·에레크로 꼽고 있지만, 「수메르 왕 명부」는 왕권이 키쉬에서 에레크로, 그리고 다시 우르로 넘어갔다고 주장해 바빌론은 전혀 언급치 않고 있다. 이 명백한 불일치에는 이유가 있다. 우리는 그것이 구약에서 적잖이 다루고 있는 바벨탑 사건과 관련이 있다고 생각한다. 그것은 마르둑이, 난나르가 아닌 자신이 다음번 수도의 주인이 되어야 한다고 고집한 일과 관련 있는 사건이라고 우리는 생각한다. 이때는 분명히 수메르(구약의 쉬나르) 평원에 재건 공사가 벌어지고 새로운 도시들이 건설되던 와중이었다.

그리고 그들은 동쪽에서 떠나 이동했는데
쉬나르 땅에서 한 곳을 발견하고

그곳에 정착했다.

그리고 그들은 서로 이야기했다.

"벽돌을 만들어 불에 구웁시다."

그래서 벽돌을 돌 대신 쓰고

역청을 회반죽 대신 썼다.

_「창세기」 11:2~3

그때 한 이름 모를 선동가가 그 사건을 초래하는 계획을 제안했다.

자, 우리의 도시를 건설하고

탑도 세워 그 꼭대기가 하늘에 닿게 합시다.

_「창세기」 11:4

'그러자 야훼께서 사람들이 건설하고 있는 도시와 탑을 보려고 내려오셨다.' (「창세기」 11:5) 그리고 그는 이름을 명시하지 않은 동패에게 말한다.

(…) 이것은 저들이 하는 일의 시작일 뿐이다.

앞으로 저들이 하고자 하는 일은

더 이상 불가능한 게 없을 것이다.

_「창세기」 11:6

야훼는 이어서 동패에게 말했다.

자, 우리가 내려가서

저들의 말을 흐트러뜨리자.

그래서 상대방이 하는 말을 서로 알아듣지 못하게 하자.

_「창세기」 11:7

그러고 나서 야훼는 '그들을 그곳에서 빼내 지구상 곳곳에 흩어버렸고, 그들의 도시 건설은 중단되고 말았다'(「창세기」 11:8).

인간이 처음에 '같은 말을 쓴' 시기가 있었다는 얘기는 수메르의 역사 회고들에 늘 나오는 말이다. 그것들은 또 인간을 분산시켜 말을 혼란스럽게 한 것은 신들의 계획적인 행위라고 주장한다. 베로소스의 저작들도 구약과 마찬가지로 '신들이 인간들 사이의 말을 여러 가지로 갈라놓았는데, 그때까지는 인간들이 모두 같은 말을 썼다'고 기록한다. 구약의 이야기와 마찬가지로 베로소스의 역사 이야기도 언어의 분화와 인간의 분산을 바벨탑 사건과 연결시킨다.

모든 사람이 같은 말을 쓰던 시절에, 그들 가운데 일부가 크고 높다란 탑을 세우는 일을 시작했다. 하늘까지 올라가자는 것이었다. 그러나 신은 회오리바람을 불게 해서 그들의 계획을 좌절시켰고, 각 종족이 기기 자신들만의 말을 쓰도록 했다.

이렇게 이야기들이 일치한다는 것은 공통되는 옛날 자료가 있어서 구약 편찬자나 베로소스가 모두 거기서 정보를 얻었음을 시사한다. 그러한 원본 문서는 아직 발견되지 않았다는 게 일반적인 생각이지만, 사실은 1876년에 스미스가 그의 첫 출판물을 통해 니네베의 아슈르바니팔 도서관에서 '부분적으로 잘려나간 바벨탑 이야기의 일부'를 발견했다고 밝힌 바 있다. 그는 이 이야기가 본래 두 개의 서판에 기록되었다고 결론지었다. 그가 발견한 한쪽 서판(K-3657)에는 여섯 단의 쐐기문자로 쓰인 문서가 있었지만, 그는 네 단의 파편들밖에 짜맞추지 못했다. 이것은 의심할 여지 없이 수메르의 바벨탑 이야기의 아카드어판이다. 따라서 이 사건은 인간이 아니라 바로 신들 자신이 초래한 것임이 분명해진다. 인간은 다툼의 볼모였을 뿐이다.

스미스가 짜맞추고 보스코언(W. S. C. Boscawen)이 재번역해 『성서고고학회 회보 Transactions of the Society of Biblical Archaeology』 다섯 번째 호에 실은 이 이야기는 선동자의 신원부터 밝히고 시작한다. 그러나 이름이 있는 줄이 손상되어 그 이름은 알 수 없다. 이 신의 마음속에 품은 '생각들'은 '사악했다. 그는 신들의 아버지(엔릴)에 대해 악감정을 품고 있었다'. 사악한 목적을 이루기 위해 '그는 바빌론 사람들을 죄악에 빠뜨렸다'. '크고 작은 흙무더기를 쌓도록' 유도한 것이다.

이 범죄적인 일은 '깨끗한 언덕의 주인'(이미 '가축과 곡식' 이야기에서 엔릴이라고 밝힌 바 있다)의 눈에 띄게 되었다.

(엔릴이) 지상에서 천상에 대고 말했다. (…)
신들의 주인이자 그의 아버지인 아누께
그는 기도를 올렸다.
그가 가슴으로 청한 명령을 내려달라고.
동시에 그는 담키나에게 기도를 올렸다(또는 소리를 질렀다).

알다시피 담키나는 마르둑의 어머니다. 따라서 모든 실마리는 선동자로 마르둑을 지목하고 있다. 그러나 담키나는 마르둑 편이었다. '나는 내 아들과 함께 가겠소 (…)' 하고 그녀는 말했다. 이어지는 불완전한 시구에는

'마르둑의 숫자'(숫자로 표현되는 그의 등급을 말하는 듯하다)가 논란이 되고 있다는 담키나의 말이 나온다.

그런 뒤에 세 번째 단의 판독 가능한 부분에서는 반대파들이 계획을 포기하도록 설득하려는 엔릴의 노력이 다루어진다. 엔릴은 직접 회오리바람을 타고 올라갔다.

눈암니르(Nunamnir, 엔릴)가 천상에서 지상에 대고 말했다.
그러나 그들은 그의 길로 가지 않았다.
그들은 거세게 그에 맞섰다.

엔릴은 '이것을 보고 땅으로 내려왔다'. 그러나 그가 직접 현장에 나타났어도 상황은 달라지지 않았다. 글의 마지막 단에는 '그가 신들을 멈추게 할 수 없음이 분명해지자' 힘에 의지하는 수밖에 없게 되었다고 적었다.

밤중에 그들의 거점인 탑을
그는 완전히 끝장내버렸다.
화가 난 그는 한 가지 명령도 함께 내렸다.
사방으로 흩어버리라는 게 그의 결정이었다.
그는 그들의 대화를 혼란시키라고 명령했다.
(…) 그들의 앞길을 그는 막아버렸다.

이 고대 메소포타미아의 기록자는 바벨탑 이야기를 쓰라린 기억으로 끝맺었다.

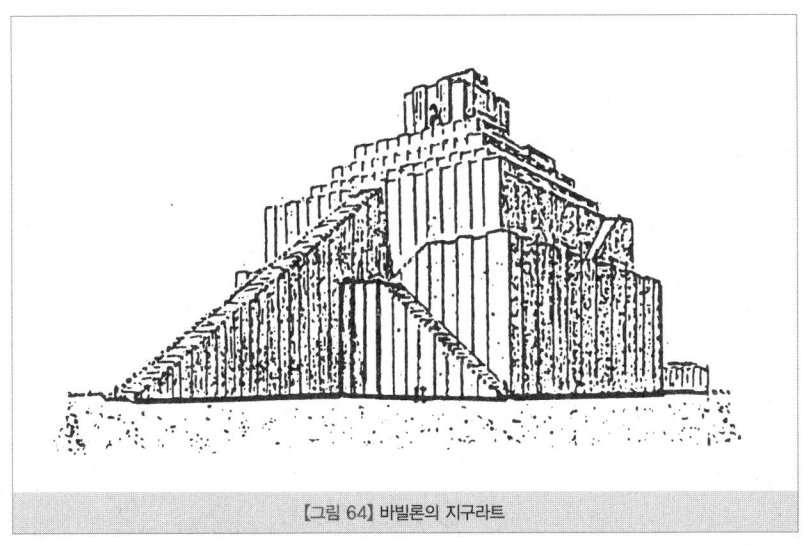

【그림 64】 바빌론의 지구라트

신들에 대항해 그들은 격렬한 폭동을 일으켰지만
그들은 바빌론을 위해 서럽게 울었다.
무척이나 서럽게 울었다.

구약 이야기 역시 사건이 일어난 곳이 바벨(바빌론의 히브리어)이라고 적었다. 이 이름이 의미심장하다. 본래의 아카드어 밥일리(Bab-Ili)는 '신들의 관문'이라는 뜻이다. 신들이 수메르로 들어가고 거기서 떠나는 통로인 것이다.

구약의 이야기는 범죄자들이 '꼭대기가 하늘에 닿는 탑'을 세우도록 계획한 곳이 바로 거기였다고 말한다. 이 말은 고대 바빌론에 우뚝 솟아 있었던 지구라트(일곱 단 피라미드)의 실제 이름과 동일하다. 【그림 64】 에삭일라(Esagila), 곧 '꼭대기가 높다란 집'이다.

틀림없이 수메르의 원본 연대기에 바탕을 둔 구약과 메소포타미아 문서들은 이렇게 같은 사건을 말하고 있다. 이 사건은 왕권이 키쉬에서 에레크와 우르로 넘어가는 것을 막고 자신의 도시 바빌론에서 종주권을 잡으려 했던 마르둑의 좌절된 시도다. 에레크와 우르는 난나르(신)와 그 자손들의 권력 중심지로 발전하게 되는 곳이었다.

그러나 이 사건을 기점으로 마르둑은 여러 가지 비극적인 사건들을 잇달아 일으키게 된다.

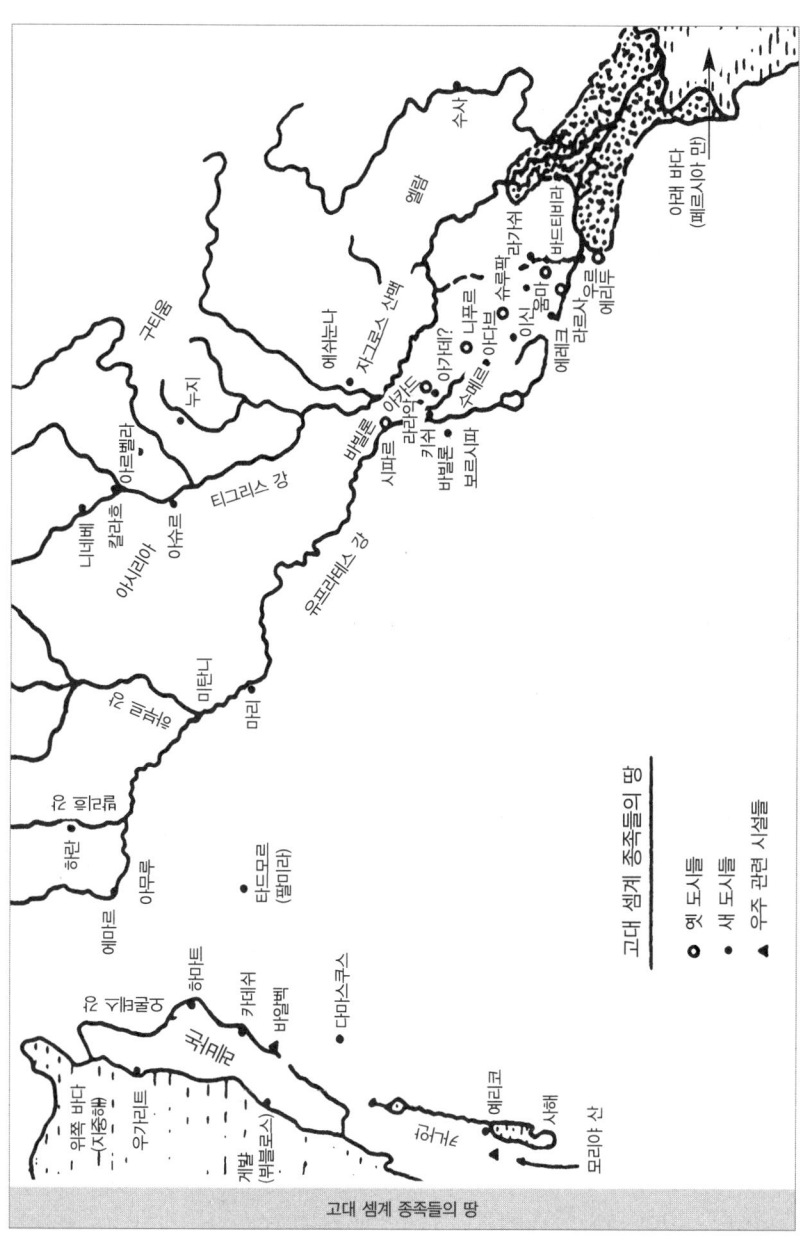

고대 셈계 종족들의 땅

10
피라미드 속에 갇힌 자

바벨탑 사건은 인간이 기억할 수 있는 지구에서 가장 오래 지속된 평화의 시기를 갑작스럽게 끝막음했다. 이 사건이 촉발시킨 일련의 비극적인 사건들은 대피라미드 및 그 수수께끼와 직접적인 연관이 있다고 우리는 생각한다. 이 문제를 풀기 위해 이 독특한 구조물이 어떻게 설계되었고 건설되었으며, 그러고는 어떻게 막혔고 뚫고 들어갔는지에 관한 우리 자신의 생각을 제시해 보려 한다.

기자 대피라미드의 건설 및 목적과 관련된 수수께끼가 많지만, 그것이 완성된 뒤 두 가지가 더해졌다. 이에 관한 모든 이론들은 피라미드의 목적이 파라오의 무덤용이라는 전제를 깔고 있기 때문에 결함이나 부족함이 발견될 수밖에 없다. 우리는 그 해답이 파라오들이 아닌, 신들의 이야기에 있다고 생각한다.

고전 그리스-로마 연대기들에 나오는 몇몇 대피라미드 관련 언급들을 들춰보면 당시 사람들이 피라미드의 선회석 출입문이나 내리막 통로, 지하 구덩이 등에 대해 잘 알고 있었음을 확인할 수 있다. 그러나 통로·회

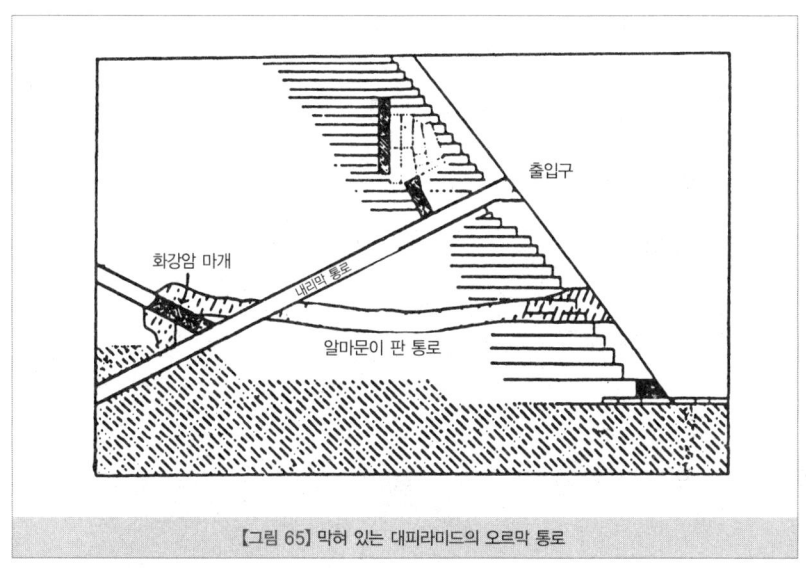

【그림 65】 막혀 있는 대피라미드의 오르막 통로

랑·방 등으로 이루어진 위쪽 시스템 전체에 대한 지식은 전혀 없었다. 오르막 통로가 세 개의 커다란 화강암 토막으로 꽉 막혀 있는데다가 삼각형의 돌로 위장까지 되어 있어, 내리막 통로를 가는 사람들 가운데 어느 누구도 그것이 오르막 통로와 연결되어 있다고는 꿈에도 생각지 않았을 것이다.【그림 65】

그 후 여러 세기가 지나는 동안 본래의 출입구가 어디 있었는지조차 잊어버렸다. 그리고 기원후 820년에 칼리프(caliph, 이슬람 교단의 지배자) 알마문(Al Mamoon)이 피라미드에 들어가기로 결정하자 그의 일꾼들이 피라미드를 뚫고 되는 대로 파고들어 갔다. 그러다가 안쪽 어디선가 돌이 떨어지는 소리가 들리자 소리가 나는 쪽으로 파들어 가 내리막 통로에 도달했다. 떨어진 돌은 오르막 통로로 이어지는 곳을 가렸던 삼각형 돌이었다. 그것이 떨어지자 화강암 마개가 드러났다. 화강암 토막은 쫄 수조차 없어 일꾼

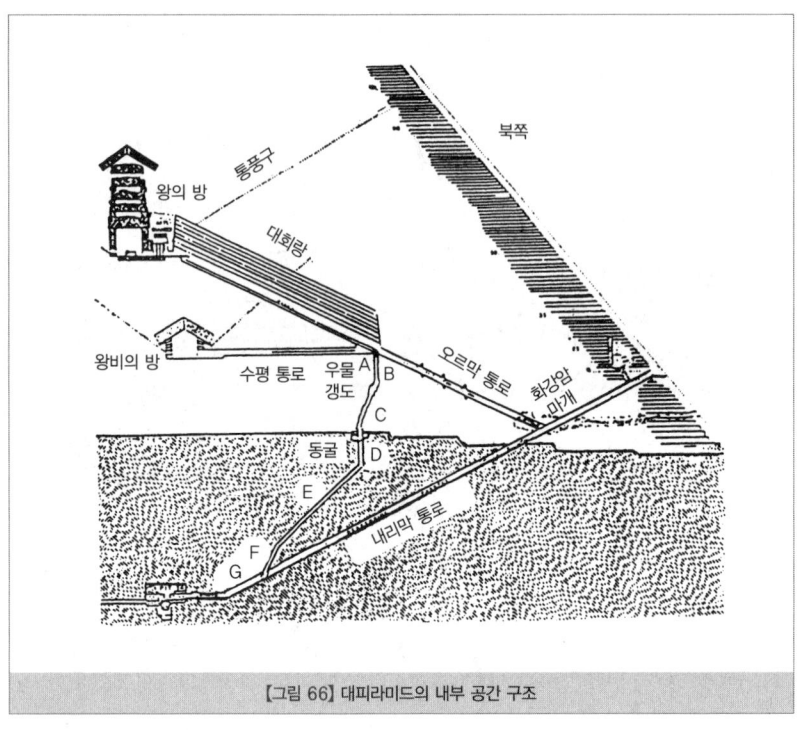

【그림 66】 대피라미드의 내부 공간 구조

들은 그 주위의 석회석을 잘라내고 들어가 오르막 통로와 피라미드의 위쪽 내부 공간들을 찾아낼 수 있었다. 아랍 역사가들이 증언했듯이 알마문과 그의 일꾼들이 찾아낸 곳은 모두 텅텅 비어 있었다.

오르막 통로에는 어떤 이유에선지 석회석 파편들이 통로를 굴러내려 와 화강암 마개 쪽에 쌓여 있었는데, 그들은 그 잔해들을 치우고 통로의 위쪽 끝까지 기어서 올라갔다. 그들은 네모난 터널에서 빠져나온 뒤에야 일어설 수가 있었다. 오르막 통로가 수평 통로 및 대회랑으로 이어지는 지점에 도착했기 때문이었다. 【그림 66】 그들은 수평 통로를 따라가 그 끝에서 둥근 천장의 방에 이르렀다(후대의 탐사자들이 '왕비의 방'이라고 이름 붙인 곳이다). 그

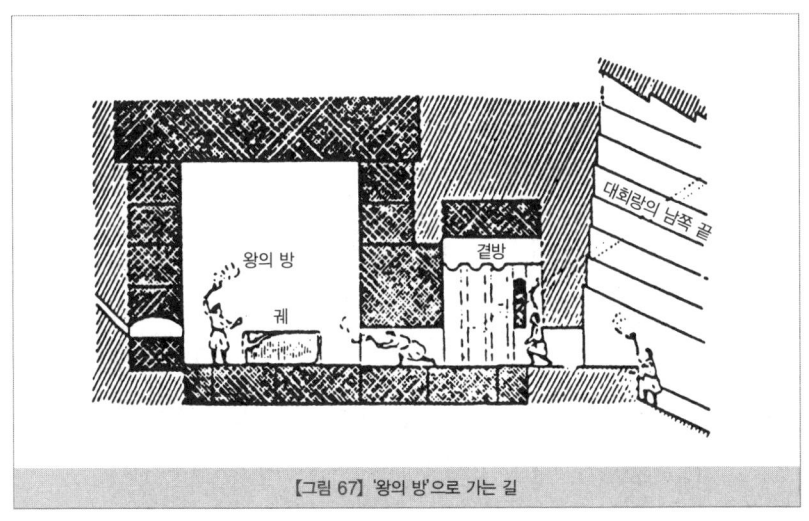

【그림 67】 '왕의 방'으로 가는 길

곳은 텅 비어 있었고, 그곳에 있는 수수께끼 같은 벽감 역시 마찬가지였다. 【그림 49 참조】 그들은 통로가 갈라진 곳으로 돌아와 대회랑을 기어올랐다. 【그림 45 참조】 정밀하게 파인 그 홈통들, 지금은 빈 구멍들이 기어오르는 데 도움을 주었다. 회랑 바닥과 경사로에 하얀 먼지가 한 켜 쌓여 있어 올라가려면 미끄러웠던 것이다. 그들은 높은 계단 위로 기어올랐다. 그 계단은 회랑 위쪽 끝에서 올라와 있어 곁방 바닥과 같은 평면에 있었다. 곁방에 들어가니 그곳을 막고 있어야 할 내리닫이문은 사라진 채였다. 【그림 67】 그들은 위쪽의 둥근 천장의 방으로 기어들어 갔다(나중에 '왕의 방'으로 불리는 곳이다). 그 방 역시 구멍이 파인 돌 토막('궤'라는 별명이 붙었다) 하나만을 제외하고는 텅 비어 있었고, 그 돌 토막 역시 비어 있었다.

세 통로(오르막 통로와 대회랑, 그리고 수평 통로)의 갈림길로 돌아온 알마문의 일꾼들은 서쪽 편에 뚫려 있는 구멍 하나를 발견했다. 그 자리에 있어야 할 경사로의 돌이 떨어져 나가고 없었다. 【그림 68】 그것은 짧은 수평 통로를

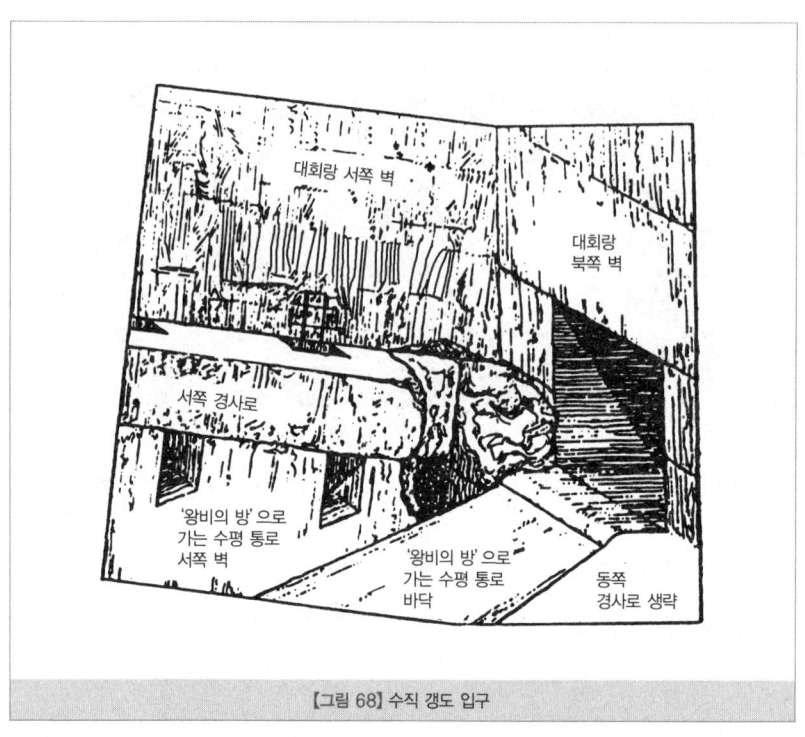

【그림 68】 수직 갱도 입구

지나 수직 갱도로 이어졌다. 일꾼들은 그것을 우물이라고 생각했다. 그들이 '우물 갱도'(그렇게 불리게 된다)를 기어 내려가 보니 그것은 구불구불 길게 이어진 갱도의 윗부분에 불과했다. 전체 길이는 60미터 정도였고, 끝부분은 내리막 통로와 연결되어 이로써 피라미드의 위쪽 방 및 통로, 그리고 아래쪽 방 및 통로와 연결되고 있었다.【그림 66 참조】아래쪽 구멍은 막혀 있어서 내리막 통로에 들어선 사람에게도 숨겨져 있었는데, 알마문의 일꾼들이 우물 갱도를 다 내려가 그것을 발견하고 부숴서 아래쪽 끝을 연 것이다. 막혀 있던 부분은 길이가 1.8미터 정도였다.

이들의 발견과 후대의 조사로 여러 가지 의문점들이 제기되었다. 왜, 언제, 그리고 누가 오르막 통로를 막았을까? 왜, 언제, 그리고 누가 피라미드와 그 바위 기단에 구불구불한 '우물 갱도'를 뚫었을까?

가장 먼저 나왔으면서 가장 오래 유지되고 있는 설명은 두 가지 의문을 한 가지로 몰아 답해버린다. 이 이론은 피라미드가 파라오 쿠푸(케옵스)의 무덤으로 만들어졌다는 생각을 바탕에 깔고, 미라로 만든 쿠푸의 시신이 왕의 방에 있는 '궤'에 안치된 뒤 일꾼들이 마개인 세 개의 화강암 토막을 대회랑에서 오르막 통로로 내려뜨렸다고 설명한다. 무덤을 막기 위해서였다. 그래서 일꾼들은 대회랑에 산 채로 갇히게 되었다. 일꾼들은 사제들의 눈을 피해 경사로의 끄트머리 돌을 빼내고 '우물 갱도'를 파서 내리막 통로에 도착한 뒤 통로를 기어올라 피라미드 출입구로 빠져나옴으로써 목숨을 건졌다는 것이다.

그러나 비판적으로 살펴보면 이 이론은 설득력이 없다.

'우물 갱도'는 일곱 개의 구역으로 분명하게 나뉜다.【그림 66 참조】갱도는 위쪽의 수평 구역(A)에서 시작해 대회랑으로부터 수직 구역(B)으로 들어가고, 거기서 구부러진 구역(C)을 거쳐 아래의 수직 구역(D)으로 연결된다. 그 다음에 곧지만 심하게 경사진 긴 구역(E)이 이어지고, 그와는 다른 각도로 경사진 구역(F)이 조금 짧게 계속된다. 그 끝부분에서, 수평을 의도한 듯하지만 사실은 약간 기울어진 구역(G)이 '우물 갱도'와 내리막 통로를 이어주고 있다. 연결 및 수평 구역인 A · G 구역을 제외하고 진짜 '우물 갱도'인 B · C · D · E · F 구역은 남북 평면으로는 방향이 바뀌었지만 동서 평면상으로는 피라미드의 통로 및 방들의 평면과 나란하다. 동서 평면을 기준으로 양쪽 끝은 1.8미터 정도 거리가 있는데, 이는 위쪽 A 구역과 아래쪽 G 구역에서 소화되고 있다.

'우물 갱도'의 위쪽 세 구역은 피라미드의 석회석 구조물을 20미터 정도

가로지르는 것이지만, 아래쪽 구역들은 딱딱한 바위를 50미터 정도 뚫고 지나가야 한다. 화강암 마개를 내려뜨리기 위해 남겨진 소수의 일꾼들로는 (위에 말한 이론에 따르면) 바위를 뚫고 나올 수 없었을 것이다. 또한 위쪽에서 파내려 왔다는데, 그들이 파내려 오면서 위로 올려갈 수밖에 없었을 부스러기는 모두 어디로 갔을까? '우물 갱도'는 대부분의 구역에서 70센티미터 폭으로 팠으니 30세제곱미터 이상의 부스러기가 위쪽 통로와 방들에 쌓여 있어야 했다.

이것이 불가능한 얘기임을 알게 되자 '우물 갱도'를 아래에서 위로 파올라 갔다는 가정 아래 새로운 이론들이 나왔다. 이 경우 쓰레기는 내리막 통로를 통해 피라미드 밖으로 치운 것이 된다. 그러나 왜 팠을까? 해답은 사고였다는 것이다. 파라오를 무덤에 안치했을 때 지진이 일어나 피라미드가 흔들렸고, 화강암 마개가 일찍 빠져버렸다. 그 결과 보통 일꾼들이 아니라 왕족들과 고위 사제들이 산 채로 갇혀버렸다. 피라미드의 설계도들을 아직 얻을 수 있는 상황이라 구조대가 위쪽으로 굴을 파올라 가서 대회랑에 이르렀고, 고위층들을 구출했다는 것이다.

도굴꾼들이 파올라 갔다는 오래 전에 폐기된 주장과 마찬가지로 이 이론도 특히 '정밀성'이라는 문제에 약점이 있다. C 구역(거칠고 불규칙한 방식으로 구조물을 파들어 갔다)과 G 구역은 모난 면들이 거칠고 그다지 나란하지 않은 상태인 두 예외에 속하고, 나머지 구역은 모두 똑바르고 정밀하고 꼼꼼히 마무리되어 있으며 각 구간 전체에 걸쳐 방향이 일정하다. 왜 구조에 나선 일꾼들(또는 도굴꾼들)이 완전성과 정밀성을 갖추느라 시간을 낭비했을까? 왜 그들은 애써 벽을 매끈하게 다듬어서 오히려 갱도를 올라가기 더 어렵게 만들었을까?

어떤 파라오도 대피라미드에 안치된 적이 없다는 증거가 쌓여가자 새로

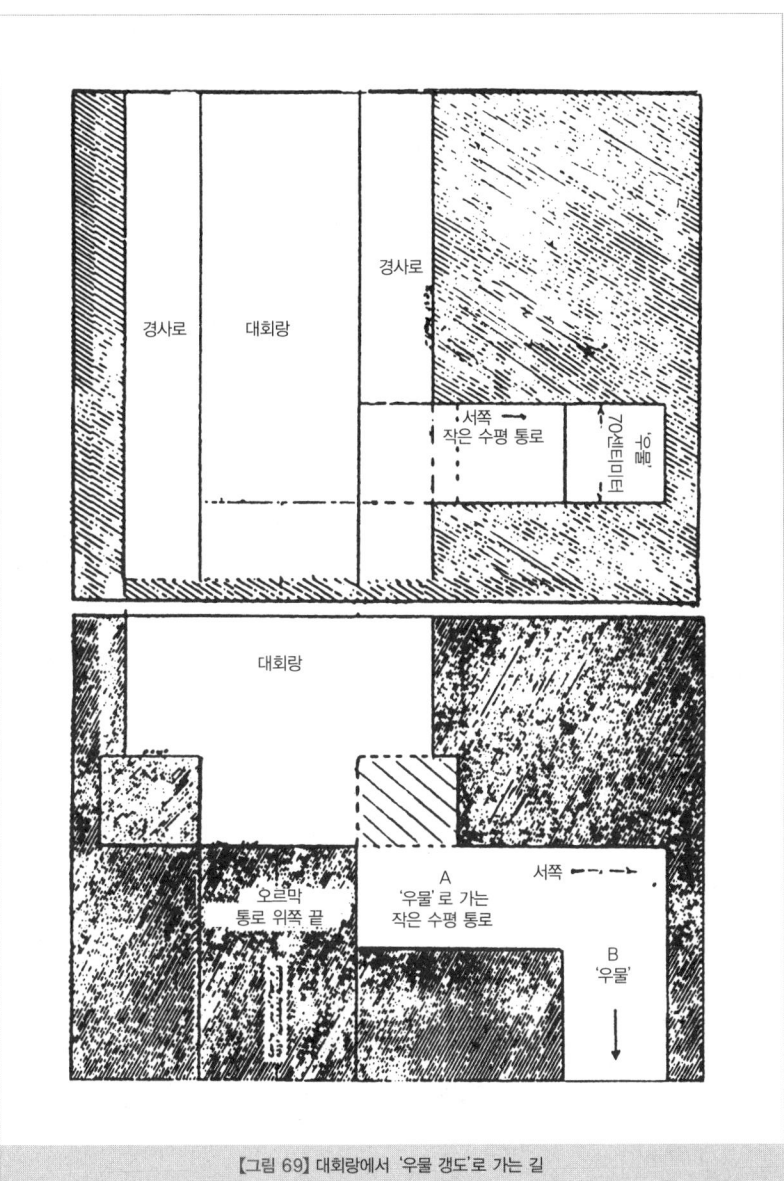

【그림 69】 대회랑에서 '우물 갱도'로 가는 길

운 이론이 지지자를 끌어모았다. '우물 갱도'는 지진 때문으로 바위에 생긴 균열을 조사하기 위해 팠다는 것이다. 이 이론의 가장 분명한 지지자는 『대피라미드의 통로들과 방들 The Great Pyramid Passages and Chambers』을 쓴 존 에드거(John Edgar)와 모턴 에드거(Morton Edgar) 형제다. 이들은 피라미드의 돌에 구약의 예언이 나타나 있다는 종교적 신념에서 출발해 피라미드의 모든 알려진 부분을 방문하고, 청소하고, 조사하고, 측정하고, 사진 찍었다. 이들은 '우물 갱도'의 윗부분인 짧은 수평 통로(A)와 맨 위의 수직 부분(B)이 본래 피라미드 건축의 중요한 일부라고 단호히 말한다. 【그림 69】 그들은 또한 아래의 수직 부분(D)은 돌 토막을 쌓다가 '동굴'이라는 별명을 붙인 기반암의 공동(空洞) 부분이 나오자 이를 돌로 잘 꾸민 것이라고 주장했다. 【그림 70】 그것은 '동굴'이 피라미드를 쌓은 돌 토막으로 덮이기 전, 바위 표면이 아직 드러나 있을 때라야 그렇게 할 수 있었을 것이다. 다시 말해서 이 부분 역시 본래 피라미드 건축의 일부, 아주 초기에 만들어진 부분이어야 한다.

에드거 형제는 피라미드를 기반암 위로 쌓아올렸을 때 대규모 지진이 일어나 기반암 여러 군데가 갈라졌다는 이론을 세웠다. 건축자들은 피라미드가 갈라진 기반암 위에 그대로 서 있을 수 있는지 판단하기 위해 충격의 정도를 알아볼 필요가 생겼고, 바위의 E 구역과 F 구역을 조사용 갱도로 파봤다는 것이다. 충격은 그다지 심각하지 않은 것으로 드러나 피라미드 공사는 계속되었지만, 주기적인 점검을 위해 내리막 통로에서 길이 1.8미터 정도의 짧은 통로(G)를 뚫어 F 구역과 연결하고 아래에서 조사 갱도로 들어갈 수 있게 만들었다는 얘기다.

에드거 형제의 이론에 대해서는 러더퍼드(Adam Rutherford)가 『피라미드

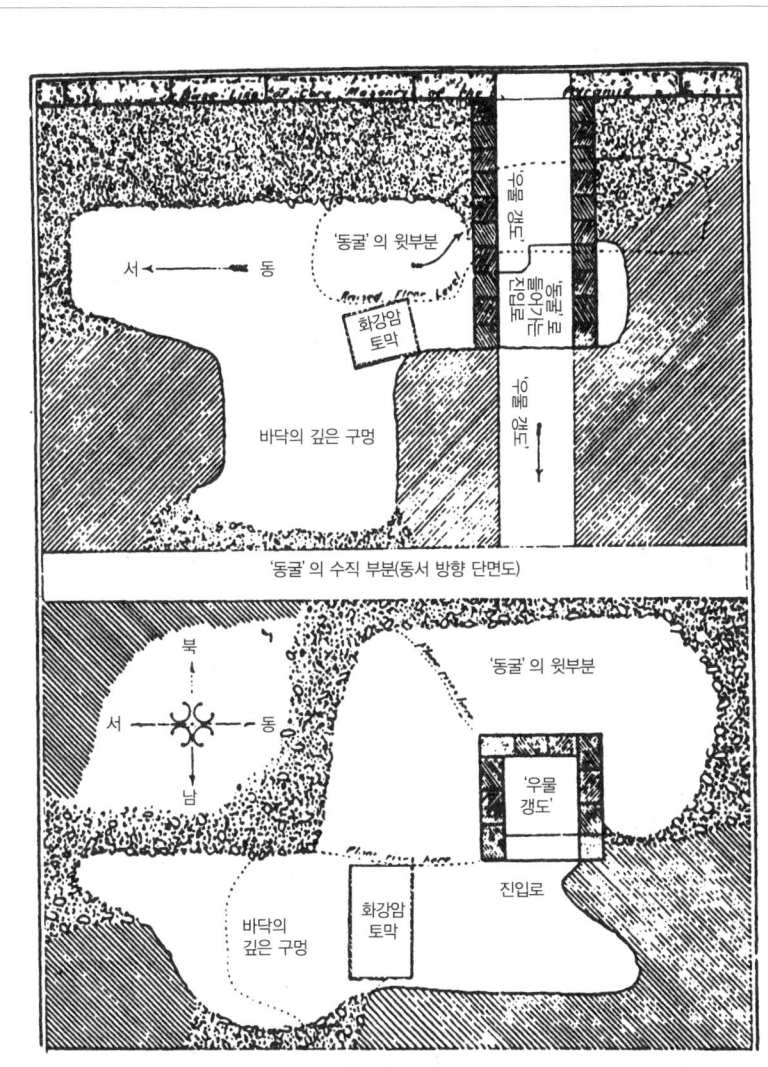

[그림 70] '동굴'의 단면도

학 *Pyramidology*』에서 더욱 자세히 설명하고 있는데, 그런 부류의 모든 피라미드 연구가와 일부 이집트학 연구가들이 이를 받아들이고는 있지만 그들은 아직 수수께끼를 풀기에는 역부족이다. 긴 구간인 E와 F가 비상시의 조사용 갱도라면 왜 그렇게 정밀하고 시간이 많이 드는 형태로 만들었을까? 완전한 수직 구간 B와 D의 목적은 무엇이었을까? 언제, 그리고 왜 불규칙하고 구부러진 C 부분은 돌을 뚫고 만들어졌을까? 그리고 화강암 마개는 어떤가? 거기서 장례를 치르거나 안치한 일이 없다면 그게 왜 필요했을까? 이런 질문들에 대해서는 피라미드 연구가나 이집트학 연구가 어느 쪽에서도 아직 속 시원한 답이 나오지 않았다.

그런데 양쪽 그룹 모두에서 끈기 있고 열정적으로 측정에 재측정을 거듭하는 데에 해답의 열쇠가 있다. '우물 갱도'의 기본적인 부분들은 정말로 본래의 건설자들이 만들었다고 우리는 생각한다. 그러나 뒷궁리나 비상사태에 대한 반응이었던 것은 아니다. 그것들은 오히려 사전 계획의 산물이었다. 피라미드 건설에서 건축 지침 노릇을 하도록 의도된 것이었다.

피라미드의 놀라운 비례나 이상스런 기하학적 비율들에 관해서는 지난 몇 세기 동안 수많은 언급이 있었다. 그러나 다른 모든 피라미드들이 안에 아래쪽 통로와 방들만을 가지고 있기 때문에 위쪽에 있는 시설들 모두를 후대의 발전으로 보려는 경향이 지속되어 왔다. 그 결과 피라미드의 위쪽과 아래쪽 구조물 사이의 정렬 같은 것에는 그다지 관심을 기울이지 않았다. 그런 것은 위쪽과 아래쪽 부분이 완전히 동시에 설계되고 지어졌을 때에만 이해될 수 있는 것이었다. 따라서 예컨대 대회랑에서 바닥이 갑자기 높아져 높은 계단을 이루는 곳(U), '왕비의 방'의 중심선(Q), 그리고 아래쪽 짧은 수평 통로의 벽감(R) 등은 모두 정확히 한 선, 곧 피라미드의 중심선 위에 놓여 있다. 또한 위쪽 수평 통로에 있는 수수께끼의 내려가는 계단(S)

은 내리막 통로의 끝을 이루는 지점(P)과 정렬되어 있다. 그리고 다음에 제시하는 도형에서 볼 수 있듯이 그런 영문을 알 수 없는 정렬은 또 있다.

이 모든 정렬들은 우연이고 건축 과정에서 생긴 특이 사항일 뿐인가, 아니면 꼼꼼하게 설계하고 배치한 결과인가? 우리가 이제 밝히게 되는 것처럼 이런 것들과 아직 인식하지 못하고 있는 여러 정렬들은 독창적이지만 간단한 피라미드 설계에서 생겨났다. 그리고 우리는 '우물 갱도'의 본래 부분이 실제 건축에서뿐만 아니라 바로 피라미드 설계에서도 필수불가결한 요소였음을 증명할 것이다.

이제 D 구역으로부터 시작을 해보자. 그것이 가장 먼저 만들어진 것으로 보이기 때문이다. 이 피라미드의 기반을 이루고 있는 바위 둔덕이 계단 형태로 평평하게 다듬어졌음은 이제 일반적으로 받아들여지는 사실이다. 바위의 가장 낮은 면은 밖으로 드러난 부분으로, 그것이 밑면을 이루고 있다. 가장 높은 바위 표면은 '동굴' 높이에 있다. 거기서는 피라미드 석축의 바닥층('줄')을 볼 수 있다. D 구역은 이 석축보다 낮은 곳에 놓여 있기 때문에 그 위에 어떤 것도 올리기 전에 '동굴'과 기반암 속에서 깎고 만들어야 한다. A·B·C 구역이 만들어지기 전이라는 얘기다. 바위에 굴을 뚫는 유일한 방법은 드러난 표면에서 밑으로 뚫어 내려가는 것이기 때문에 바로 D의 끝부분에서 아래로 경사져 내려간 E 구역은 D 구역이 완성된 뒤라야 뚫을 수 있다. F는 E 다음이어야 하고, G가 마지막이다.

다시 말해서 D는 '우물 갱도'의 다른 모든 구역들에 앞서 '동굴'과 바위에 매우 정밀하게 만들어졌을 것이다. 【그림 70 참조】 그러나 그것은 왜 그 자리에 만들어져야 했을까? 왜 완전한 수직이고, 왜 계속해서 파내려 가지 않고 지금 있는 그대로의 길이로 만들었을까?

얘기가 나온 김에 계속해 보자. 아무도 알아차리지 못하고 넘어간 일이지만 E 구역은 왜 D와 밑면에 대해 정확히 45도 각도로 기울어져 있는가? 그리고 E가 연결 갱도 노릇을 한다면 왜 그대로 내리막 통로에 이를 때까지 계속 이어지지 않고 F 구역처럼 각도를 바꾸었을까? 그리고 역시 알아차리지 못한 일이지만 이 F 구역은 왜 오르막 통로에 대해 정확히 직각인 90도 각도로 기울어져 있을까?

이런 질문들에 답하기 위해 우리는 스스로 질문을 던졌다. 이 피라미드 설계자들은 이런 대칭과 완전한 정렬, 놀라운 기하학적 일치를 어떻게 설계하고 실행했을까? 우리가 발견한 것은 그림을 통해 설명하는 게 가장 나을 것이다. 【그림 71】 이것은 우리가 만든 피라미드 내부의 배치 계획인데, 바로 피라미드의 설계자들이 그렸던 것이 이것이었으리라고 우리는 생각한다. 몇 개의 줄과 세 개의 원을 통해 저 인상적인 대칭과 정렬, 그리고 완전성을 이루어낼 수 있는 간단하지만 독창적인 건축 설계도다!

피라미드 건설은 바위 둔덕을, 그 위에 피라미드가 올라앉을 수 있도록 평평하게 고르는 일로 시작되었다. 피라미드의 높은 안정성을 확보하기 위해 그것이 앉을 범위 부근만을 바닥 높이로 깎았다. 가운데 부분은 바위 표면이 조금 높아서 계단식으로 조금 높게 올라와 있다. 바로 이때 바위에 생긴 자연적인 이상 형태이거나 어쩌면 인공적인 공동일 수도 있는 '동굴'이 구조물의 정렬이 시작되는 출발점으로 선택되었으리라고 우리는 생각한다.

그래서 첫 번째 갱도 D가 '동굴' 속에 수직으로 만들어졌다. 일부는 바위를 자르고 일부는 돌 토막을 이용해 만들었다. 【그림 70 참조】 그 높이는 정확히 피라미드의 중앙부에서 바위가 끝나고 석축이 시작되는 곳과 바닥의 높이 차이에 해당한다. 【그림 71 참조】

원 또는 구와 그 직선 요소들, 그리고 거기서 만들어지는 도형들 사이의 관계를 결정하는 함수인 π 값을 이 피라미드의 범위와 변, 높이를 결정하는

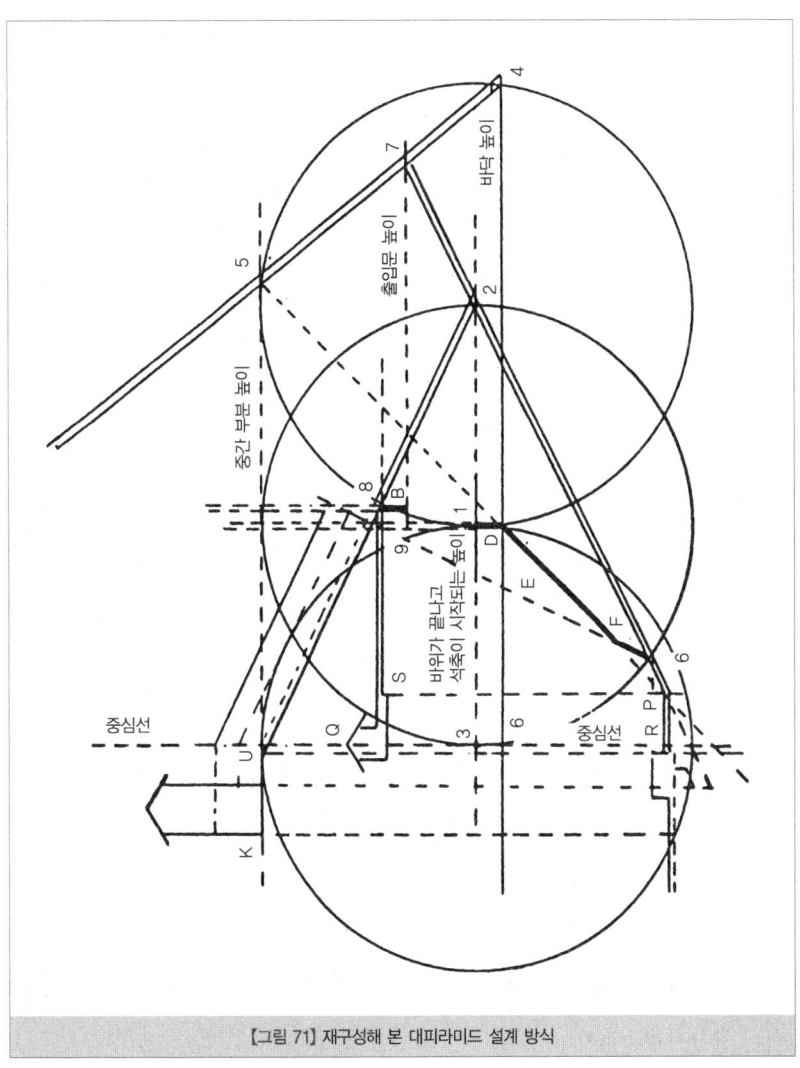

【그림 71】 재구성해 본 대피라미드 설계 방식

데 이용했음은 이미 오래 전부터 인정되어 오고 있다. 우리의 그림이 분명하게 보여주듯이, 피라미드의 외형뿐만 아니라 그 내부의 모든 것은 세 개의 동일한 원에 의해 결정되었다.

갱도 D를 연장해 위로 긋는 수직선은 매우 중요한 선인데, 그 기능에 대해서는 곧 설명하겠다. D의 꼭대기에서 그은 수평선은 바위가 끝나고 석축이 시작되는 높이다. 세 원의 중심은 모두 이 선 위에 위치한다. 그 가운데 첫 번째 것인 점 1은 D에 위치한다. 그 중앙 원이 선과 만나는 곳이 점 2와 점 3이다. 이들은 다른 두 원의 중심 노릇을 하며, 따라서 그 두 원은 첫 번째 원과 일부 겹친다.

물론 피라미드의 설계자는 이 원들을 그리기 위해 적절한 반지름을 정해야 했다. 대피라미드 연구자들은 오랫동안 그 완벽한 비율에 어떠한 고대 이집트의 측정 단위도 적용시킬 수 없어 애를 태워왔다. 약 45센티미터인 평민큐빗도, 약 52.5센티미터인 파라오큐빗도 맞지 않았다. 약 300년쯤 전에 뉴턴(Isaac Newton, 1642~1727)은 약 64센티미터인 수수께끼의 '신성큐빗'을 피라미드 건설은 물론 노아의 방주나 예루살렘 신전 건설에 사용했다고 결론지었다. 이집트학 연구자들과 피라미드 연구자들은 지금 이 결론이 피라미드에 관해서는 옳다고 받아들이고 있다. 우리 스스로의 계산에 따르면 우리가 제시한 세 원의 반지름이 바로 그 신성큐빗으로 60큐빗이었다. 이 60이라는 숫자가 수메르의 수 체계 60진법의 기본 수라는 것은 우연일 수 없다. 이 60신성큐빗이라는 수치는 피라미드 내부 구조의 길이와 높이는 물론, 바닥에서도 가장 많이 찾아볼 수 있는 수치다.

반지름을 정했으니 세 원은 그려졌다. 이제 피라미드의 모양이 만들어질 차례다. 두 번째 원이 바닥 높이와 만나는 곳(점 4)에서 피라미드의 옆면이 52도의 완벽한 각도로 올라간다. 그것은 피라미드에 π 비율을 끼워넣을 수 있는 유일한 각도다.

이제 갱도 D의 밑바닥에서 갱도 E를 파내려 간다. D에 대해 정확히 45도 기울어져 있다. E를 위로 연장시키면 점 5에서 두 번째 원과 만난다. 이곳을 피라미드 옆쪽 경사면이 지나게 되고, 또한 그것이 중간 부분의 높이여서 거기에 '왕의 방'과 곁방이 놓여지고(5-U-K 선) 대회랑도 끝이 난다. 갱도 E를 아래쪽으로 연장하면 내리막 통로가 끝나는 점 P가 정해지고, P에서 수직으로 올라가면 위쪽 수평 통로에서 내려서는 계단 S의 위치가 결정된다.

세 번째 원으로 눈을 돌려보면 그 중심(점 3)이 피라미드의 수직 중심선을 드러내줌을 알 수 있다. 그것이 중간 부분 선과 만나는 곳에 높은 오름 계단(U)이 만들어지며, 대회랑이 끝나고 '왕의 방' 바닥이 시작된다. 그것은 또한 '왕비의 방'(Q)의 위치도 결정하는데, '왕비의 방'은 정확하게 그 중심선에 위치한다. 점 2와 점 U를 연결하면 오르막 통로와 대회랑의 바닥 선이 나온다.

이제 갱도 E의 끝에서부터 갱도 F를 뚫는다. 그것을 연장하면 오르막길 바닥인 2-U 선과 정확히 직각(90도)으로 만나도록 하는 것이다. 그것이 첫 번째 원과 만나는 곳(점 6)에서 점 2를 통과하는 선을 그어 피라미드의 옆면까지 올라간다(점 7). 이것이 내리막 통로가 되며, 그것과 오르막 통로가 갈라지는 지점(점 2) 및 피라미드의 입구도 결정된다.

갱도 D · E · F와 세 개의 원은 이렇게 대피라미드의 기본적인 시설들 대부분의 위치를 결정했다. 그러나 아직 결정되지 않은 것은 오르막 통로가 끝나고 대회랑이 시작되는 지점과, 그에 따라 '왕비의 방'으로 가는 수평 통로의 높이가 어떻게 되어야 하는지다. 우리 생각으로 갱도 B가 바로 여기서 필요하다. 그 길이가 갱도 D의 길이와 완전히 똑같고 그것은 또한 출입문 높이와 수평 통로 높이의 차이를 나타낸다는 사실에 주목한 사람은 아직 없었다. 갱도 B는 오르막길이 두 번째 원과 만나는 곳(점 8)에서 시작된다. 그것을 수직으로 연장하면 벽이 높아져 대회랑이 시작되는 곳이 정해진다. 갱도 D의 연장선이 점 8에서 출발한 수평선과 만나는 곳이 점 9인데, 점 8에서 점 9 사이는 '그림 68'에 나왔던 여러 통로가 만나는 지점이다.

구역 B는 짧은 수평 구역 A를 통해 점 8에서 통로들과 만난다. 이렇게 해서 피라미드 건설자들은 그 내부 구조를 완성할 수 있었다. 그렇게 되자 이제 이들 구역들은 더 이상 어떤 건축상 또는 기능상의 용도도 지니지 않았고, 그리로 들어가는 입구를 거기에 꼭 맞는, 쐐기 모양의 경사로 돌을 놓아 막아버렸다. [그림 72]

D · E · F 구역 역시 피라미드의 석축이 바위 기반 위로 올라옴에 따라 시야에서 사라졌다. 그리고 아마 여기서였을 것이다. 조금 덜 정밀하게 만들어진 구역 G를 통해 D · E · F 구역에서 측량 도구를 꺼내오거나, 아니면 최종 확인을 했는지도 모른다. 마침내 내리막 통로가 G 구역과 만나는 곳의 입구를 잘 맞는 돌 토막으로 막았고, 이 아래쪽 구역들 역시 시야에서 사라졌다.

피라미드는 숨겨진 '우물 갱도'의 모든 구역의 도움을 받아 완벽하게 건립되었다. 모든 구역이라고 했지만 사실 하나만은 빼고서다. 우리가 설명한 데서 빠졌고 피라미드의 설계와 건설 과정에서 아무런 기능이나 목적을 가지지 않은 구역이다.

그 예외는 불규칙하고 특색 없는 구역 C다. 석재를 울퉁불퉁하게 파들어 갔고, 조잡하고 미숙하며, 우격다짐으로 석회석을 뚫었다. 그래서 돌 토막들이 부서지고 삐져나온 곳도 많다. 언제, 왜, 그리고 어떻게 이 수수께끼

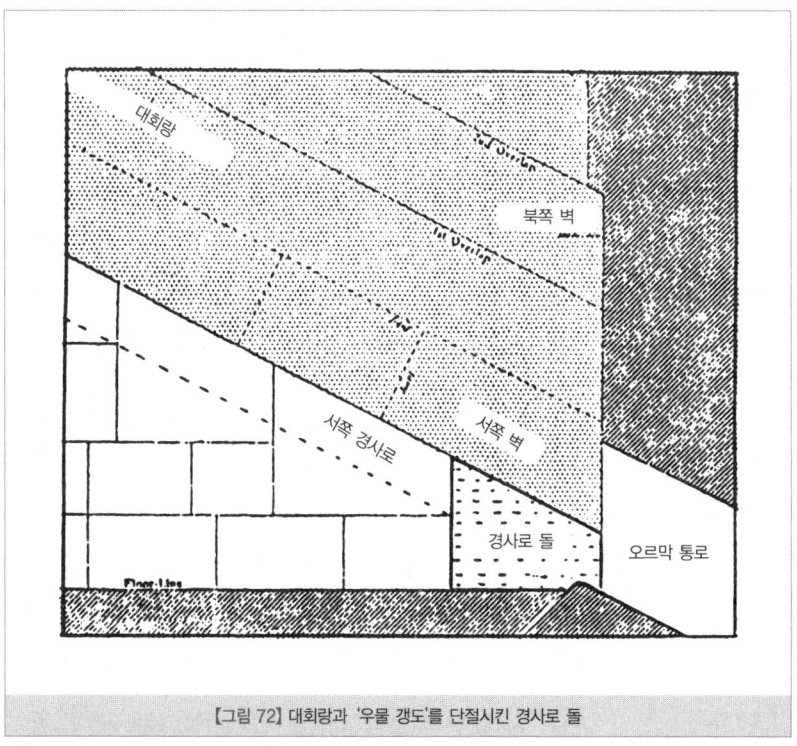

[그림 72] 대회랑과 '우물 갱도'를 단절시킨 경사로 돌

의 구역 C가 만들어졌을까?

우리는 피라미드 건설자들이 공사를 마쳤을 때까지만 해도 이 구역은 존재하지 않았다고 생각한다. 구역 C는 마르둑이 산 채로 피라미드 안에 갇혔을 때 서둘러 파나간 것임을 우리는 밝힐 것이다.

마르둑이 산 채로 '산 같은 무덤'에 갇혔었다는 데는 의문의 여지가 없다. 여러 문서들이 발견되었고 책임 있게 번역되어 이 사실을 확인해 준다. 다른 메소포타미아 문서들은 그가 저지른 죄의 본질을 밝혀준다. 이런 모든 자료들은 우리로 하여금 사건을 실제와 같이 재구성할 수 있게 해준다.

마르둑은 바빌론과 메소포타미아에서 쫓겨나 이집트로 돌아왔다. 그는 재빨리 헬리오폴리스에 정착했고 그곳에 있는 특별 사당에 자신의 천상 기념품을 모아 이 도시의 '숭배센터'로서의 역할을 강화했다. 이후 이곳에는 오랫동안 이집트인들의 순례 행렬이 이어졌다.

그러나 마르둑은 이집트에 대한 지배권 탈환을 모색하면서 자신이 메소포타미아에서 쿠데타를 일으키기 위해 이집트를 떠난 이후 상황이 바뀌었음을 깨달았다. 우리가 추측컨대 토트는 지배권 쟁취에 나서지는 않은 듯하고 네르갈과 기빌도 권력의 중심과는 멀었지만, 그 사이에 새로운 경쟁자가 나타난 것이다. 바로 두무지였다. 이 엔키의 젊은 아들은 상이집트와의 접경에 영지를 가지고 있었으며 이집트 왕권의 잠재 후보로 떠오르고 있었다.

그리고 그 야망의 배경에는 다름 아닌 그의 신부 인안나(이쉬타르)가 있었다. 그녀는 마르둑이 두무지를 의심하고 싫어한 또 하나의 원인이었다.

엔키의 아들인 두무지와 엔릴의 손녀인 인안나의 이야기는 셰익스피어의 희곡 「로미오와 줄리엣 *Romeo and Juliet*」의 원조라 할 수 있을 듯하다. 셰익스피어의 이야기에서처럼 그들의 이야기도 비극과 죽음, 그리고 복수로 끝났다.

인안나(이쉬타르)가 이집트에 처음 나타난 일은 제1차 피라미드 전쟁을 다룬 에드푸 문서에 언급된다. 카나안 이름 아쉬토레트로 불린 그녀는 진군하는 호루스군 사이에 끼여 싸움터에 나타났다고 한다. 그녀가 이렇게 이해할 수 없게도 이집트에 나타난 이유는 신랑 두무지를 찾아왔기 때문으로 이해할 수 있다. 그 지역으로 전투 부대가 지나갔던 것이다. 인안나가 그 먼 시골구석까지 '양치기' 두무지를 찾아갔음은 수메르 문서들을 보면 알 수 있다. 거기에는 또 두무지가 어떻게 그녀의 도착을 기다렸는지가 나타나 있고, 낯선 땅에서의 미래에 당황해하고 있는 신부를 다독인 그의 말도 전하고 있다.

젊은 청년이 기다리고 섰다.
두무지는 문을 밀어 열었다.
달빛처럼 그녀는 그에게 나타났다. (…)
그는 그녀를 바라보고, 그녀가 온 것을 기뻐했다.
팔로 그녀를 껴안고, 그녀와 입맞추었다.
양치기가 처녀를 팔로 감쌌다.
"나는 그대를 데려다 노예로 삼지 않겠소" 하고 그가 말했다.
"근사한 식탁을 차려 그대에게 바치고
그 근사한 식탁에서 나도 먹겠소."

그 당시 인안나(이쉬타르)는 자신의 부모인 난나르(신)와 닌갈로부터, 그리고 오라비인 우투(샤마쉬)로부터 축복을 받았다. 엔릴의 손녀와 엔키의 아들이 이뤄낸 로미오-줄리엣 식의 연애결혼이었다. 두무지의 몇몇 형제들과 아마도 엔키까지도 동의를 한 듯하다. 그들은 인안나에게 청금석(青金石)을 선물했다. 그녀가 아끼는 푸른 빛깔의 보석이었다. 그들은 그녀를 놀라게 하려고 둥글고 모난 보석들을 그녀가 가장 좋아하는 과일인 대추야자 무더기 속에 숨겼다. 그녀는 침실에서 '기빌이 그녀를 위해 네르갈의 땅에서 정련한 청금석으로 장식된 황금 침대'를 발견했다.

그런데 이때 전쟁이 터지고 형제끼리 싸우게 되었다. 싸움이 엔키 자손들 사이에서만 벌어진 동안에는 아무도 엔릴의 손녀가 주변에 있음을 문제시하지 않았다. 그러나 호루스가 승리한 뒤 세트가 남의 땅을 차지하자 상황이 완전히 바뀌었다. 제2차 피라미드 전쟁은 엔릴의 아들·손자 들을 엔키의 자손들과도 싸움을 벌이도록 내몰았다. '줄리엣'은 그녀의 '로미오'와 이별해야 했다.

전쟁이 끝나고 두 연인이 재결합해 제대로 결혼 생활을 하게 되면서 그들은 더없는 행복감과 황홀경 속에서 밤낮을 보냈고, 그것은 수많은 수메르 연가의 주제가 되었다. 그러나 둘이 사랑을 나누는 순간에도 인안나는 두무지를 자극하는 얘기들을 내뱉었다.

당신의 그곳은 입술처럼 달콤해요.
왕자의 지위에 어울려요!
반역의 나라를 정복하고 나라를 키우세요.
내가 나라를 바르게 이끌겠어요!

다른 순간에 그녀는 자신의 꿈을 그에게 고백했다.

나는 큰 나라를 꿈꾸어요.
두무지 님이 그 나라의 신이죠. (…)
내가 두무지 님의 이름을 드높이고
내가 당신을 존귀하게 하죠.

그렇지만 행복한 결혼 생활은 아니었다. 후사를 얻지 못했기 때문이다. 그것은 신으로서 야망을 이루자면 꼭 필요한 부분이었던 듯하다. 그래서 두무지는 자신의 뒤를 이을 아들을 얻기 위해 예전에 자기 아버지가 써먹었던 방법을 끄집어내게 되었다. 그는 자기 누이를 유혹해 관계를 가지려

했다. 그러나 지난날 닌하르삭이 엔키의 구애를 받아들였던 데 반해, 두무지의 누이 게쉬틴안나(Geshtinanna)는 거절했다. 절망에 빠진 두무지는 성적인 금기를 범하고 말았다. 그는 자기 누이를 강간했다.

이 비극적인 이야기는 학자들이 CT-15-28/29로 분류한 서판에 기록되어 있다. 이 문서는 두무지가 인안나에게 자신의 가축 떼가 있는 초원으로 가겠다는 계획을 밝히면서 작별을 고했음을 전해준다. 누이와 사전 약속을 했기 때문에 그의 '노래를 좋아하는 누이는 거기에 와 있었다'. 그녀는 함께 소풍을 나온 것이라 생각했다.

그들은 신선한 음식을 먹고 꿀과 버터를 먹으면서
향기로운 신의 음료도 마셨다. (…)
그리고 즐거운 분위기 속에서 시간을 보내고 (…)
두무지는 그 일을 하자는 중대한 결심을 했다.

두무지는 누이로 하여금 자기가 마음먹은 일에 대한 준비를 할 수 있도록 하기 위해 새끼 양을 끌어다가 그 어미와 흘레[交尾]를 붙이고, 또 새끼 염소에게 동기간끼리 흘레를 하도록 했다. 짐승들이 상피 붙는 것을 본 뒤 두무지는 짐승들이 하던 대로 누이를 건드리기 시작했다. '그러나 누이는 아직도 상황을 이해하지 못하고 있었다.' 두무지의 행동이 점점 노골적이 되어가자 게쉬틴안나는 '저항을 하며 소리를 지르고 또 질렀다'. 그러나 때는 늦었다.

그가 그녀를 덮쳤다. (…)
그의 정액이 그녀의 음문으로 흘러들어 갔다. (…)

"그만해요!"

게쉬틴안나는 외쳤다.

"이게 무슨 추잡한 짓이에요!"

그러나 그는 멈추지 않았다.

그 짓을 하고 난 뒤 '양치기는 두려움도 없고 부끄러움도 없이 누이에게 말했다'. 불행하게도 서판이 깨져 그가 무슨 얘기를 했는지는 알 수 없다. 그러나 그는 게쉬틴안나에게 자기가 왜 그런 짓을 했는지를 내처 설명했을 것이다. 문서에 나온 대로 '두려움도 없고 부끄러움도 없이' 말이다. 이것이 사전에 계획된 것이었음은 문서를 보면 분명하다. 인안나가 그 계획에 개입되어 있었음도 나타난다. 두무지는 떠나기에 앞서 '그녀에게 계획을 말하고 조언을 구했다'.

인안나는 남편에게 그 계획에 대해 대답했고
자신의 조언을 그에게 해주었다.

아눈나키의 도덕률에서 강간은 중대한 성범죄였다. 오래 전 첫 우주비행사 팀이 지구에 착륙했을 때 군사법정은 젊은 간호사를 강간한 자신들의 최고사령관 엔릴에게 추방령을 내렸다(그들은 나중에 결혼했다). 두무지는 분명히 이 모든 것을 알고 있었다. 따라서 그는 누이가 자발적으로 성관계를 맺는 데 동의하리라고 기대했거나, 금제를 어기면서까지 그런 짓을 한 절박한 이유가 있었을 것이다. 인안나의 사전 동의는 구약에 나오는 아브라함과 아들을 낳지 못한 그의 아내 사라의 이야기를 떠올리게 한다. 사라는 아브라함이 후사가 될 아들을 얻도록 하기 위해 자기 여종을 첩으로 들이게 했다.

두무지는 자신이 무서운 짓을 저질렀음을 알고 있었다. 그래서 그 뒤 곧 자신이 저지른 일 때문에 죽을지도 모른다는 예감에 사로잡혔다. 수메르 문서 「그의 가슴은 눈물로 가득 찼네 *Shagane Ir Imshi*」에 나오는 그대로다. 그대로 이루어지는 꿈이라는 형태로 지어진 이 문서는 두무지가 잠들어 꿈꾼 이야기를 전하고 있다. 그가 가진 모든 지위와 재산 등을 '고귀한 새'와 매가 하나하나 빼앗아가는 내용이었다. 그 악몽은 두무지 자신이 죽어 자기의 양 우리 안에 누워 있는 모습을 보는 것으로 마무리되었다.

그는 잠에서 깨어나자 누이 게쉬틴안나에게 그 꿈의 의미가 무엇인지 얘기해 달라고 부탁했다. '오라버니, 그 꿈은 상서롭지 못하군요. 제 생각엔 분명히 그래요' 하고 그녀는 말했다. 그것은 전조라고 했다.

> 도적들이 덤불에서 일어나 당신에게 달려들고 (…)
> 당신의 손에 수갑이 채워지고
> 당신의 발에 차꼬가 채워집니다.

게쉬틴안나가 말을 마치자마자 악마들이 언덕 너머에서 나타나 두무지를 잡아갔다.
수갑과 차꼬에 묶인 두무지는 큰 소리로 우투(샤마쉬)에게 호소했다.

> 오, 우투여,
> 그대는 나의 처남이고
> 나는 그대 누이의 남편이오. (…)
> 내 손이 영양(羚羊)의 손이 되게 하고
> 내 발이 영양의 발이 되게 하여

내가 악마에게서 벗어나게 해주오!

우투는 이 호소를 듣고 그가 도망칠 수 있도록 해주었다. 두무지는 몇 차례의 고비를 넘기고 숨을 곳을 찾아 벨릴리(Belili)라는 노인 집으로 들어갔다. 벨릴리는 이중적인 역할을 하는 의문의 등장인물이다. 두무지는 다시 잡혔다가 다시 탈출한다. 결국 그는 자신이 다시 한 번 양 우리에 숨어 있음을 깨닫는다. 거센 바람이 불고, 술잔이 엎어졌다. 악마들이 다가오고 있었다. 모두가 꿈에서 본 그대로였다. 그리고 결국…

술잔들이 누워 있고
두무지는 죽었다.
양 우리가 바람에 휩싸였다.

이 문서에서 이들 사건의 무대는 강 부근의 황량한 평원이다. 이 사건을 다룬 「가장 비통한 울부짖음」이라는 제목의 또 다른 판본에서는 무대가 더욱 확대된다. 인안나의 애가(哀歌) 형식으로 만들어진 이 문서는 쿠르의 수하 일곱 명이 양 우리로 들어와 잠자고 있는 두무지를 흔들어 깨웠다고 한다. 이전 판본들은 그저 '악마들'이 두무지를 잡아갔다고만 한 데 반해 이 문서는 더 높은 권력자가 그들을 보냈다고 분명히 밝히고 있다.

"우리 상관이 당신을 잡아오라고 해서 왔소."

그들의 우두머리가 깨어난 두무지 신에게 말했다. 이어서 그들은 두무지가 가지고 있던 신의 상징들을 떼어갔다.

머리에 쓴 신의 머리장식을 벗고

맨머리로 나오시오.
몸에 걸친 왕의 옷을 벗고
맨몸으로 나오시오.
손에 든 신의 지팡이를 내려놓고
맨손으로 나오시오.
발에 신은 성스러운 신발을 벗고
맨발로 나오시오!

붙잡힌 두무지는 겨우 도망쳐 '뱀들의 집, 에무쉬(Emush) 사막에 있는 큰 제방 옆' 강에 도착한다. 사막과 강이 큰 제방과 만나는 그런 곳은 이집트에 딱 하나 있었다. 나일 강 제1폭포인데, 지금 거대한 아스완 댐이 자리 잡은 곳이다.

그러나 두무지는 소용돌이치는 강물 때문에 건너편 강둑으로 갈 수 없었다. 그곳에 가면 그의 어머니와 인안나가 자신을 지켜주었을 텐데 말이다.

거기서 강물이 배를 뒤집어
청년을 쿠르로 데려갔다.
강물이 배를 뒤집어
인안나의 낭군을 쿠르로 데려갔다.

이 문서 및 같은 얘기를 하는 다른 문서들은 두무지를 잡으러 온 자들이 높은 신인 쿠르의 주인이 내린 명령에 따라 실제로 그를 체포해 데려갔고, 그 주인이 '두무지에게 선고를 내렸다'고 밝힌다. 그러나 이것은 전체 신들의 회의에서 내려진 선고가 아니었다. 우투(샤마쉬)와 인안나 같은 엔릴파

신들은 두무지가 도망치도록 도왔다. 그렇다면 이 선고는 일방적인 것이었고, 오직 체포조 책임자의 권위에만 의존해 내려진 것이었다. 그는 다름 아닌 마르둑이었고, 그는 두무지와 게쉬틴안나의 형이고 오라비였다.

그의 신원은 학자들이 「인안나와 빌룰루(Bilulu) 신화」라 이름 붙인 문서에서 밝혀진다. 거기서 그 수상쩍은 벨릴리 노인은 엔빌룰루(Enbilulu), 곧 '빌룰루 신'이라는 남자가 변장한 것으로 밝혀졌고, 두무지에 대한 처벌 행위를 지휘한 바로 그 신이었다. 신의 통칭에 관해 쓴 아카드 문서들은 엔빌룰루가 '죄를 저지른 마르둑 신(il Marduk sha hattati)'이고 '인안나를 슬프게 한 자'라고 설명했다.

처음부터 두무지와 인안나의 연애결혼을 찬성하지 않았던 마르둑은 틀림없이 피라미드 전쟁이 끝난 뒤 그들의 재결합을 더욱 반대했을 것이다. 따라서 정치적인 동기에서 두무지가 게쉬틴안나를 강간한 일은 마르둑에게 인안나가 이집트에 대해 꾸미고 있던 계획을 막을 기회였다. 두무지를 체포해 처벌하면 되는 것이었다. 마르둑은 두무지를 죽일 생각이었을까? 아마도 아니었을 것이다. 단신 추방하는 것이 통상적인 처벌이었다. 두무지가 어떻게 죽었는지는 여전히 분명치 않지만, 그의 죽음은 아마도 사고 때문이었을 것이다.

그러나 그것이 사고였는지 아니었는지는 인안나에게 중요치 않았다. 마르둑은 그녀가 사랑하는 상대를 죽게 만들었다. 그리고 문서들이 분명히 밝히듯이 그녀는 복수를 하고자 했다.

청순한 인안나의 마음속에는 무엇이 들어 있을까?
죽이자!
빌룰루 신을 죽이자!

학자들은 몇몇 박물관에 흩어진 메소포타미아 서판 수집품 가운데서 발견된 파편들과 씨름한 끝에 크레이머가 『수메르 신화*Sumerian Mythology*』에서 「인안나와 에비흐*Inanna and Ebib*」라 이름 붙인 문서의 조각들을 짜 맞추었다. 그는 이 문서가 '용을 죽이는 신화'의 부류에 들어간다고 보았다. 그것은 '산'속에 숨은 사악한 신에 맞선 인안나의 투쟁을 다루고 있다.

믿을 만한 서판 조각들은 은신처에 숨은 그 신을 공격하기 위해 인안나가 여러 가지 무기로 무장한 사실을 서술한다. 다른 신들은 인안나를 말리려 했지만 그녀는 대담하게 '그 산'으로 다가갔다. 그녀가 에비흐, 곧 '슬프게 외치는 자의 거처'라 부른 산이었다. 그녀는 당당하게 선언했다.

산아, 너는 아주 높고
너는 모든 것들 위로 솟아 있다. (…)
너는 꼭대기가 하늘까지 닿아 있다. (…)
하지만 나는 너를 깨부수겠다.
나는 너를 땅바닥에 흩어버리겠다. (…)
나는 네 가슴을 쓰리게 만들겠다.

'그 산'이 대피라미드고 그 대결이 이집트 기자에서 벌어졌다는 사실은 문서들에서 분명히 확인될 뿐만 아니라 수메르 원통인장에 그려진 그림에도 나타난다. 【그림 73】 인안나는 낯익은 반라(半裸)의 고혹적인 자세로 그려졌고, 발밑에 세 피라미드가 그려진 신과 맞서고 있는 모습이다. 피라미드들은 기자에서 볼 수 있는 모습 그대로 그려졌다. 이집트의 앙크 기호와 이집트식 머리장식을 한 사제, 그리고 뒤얽힌 뱀들은 모두 같은 배경을 확인

[그림 73] 대피라미드의 마르둑을 공격하는 인안나의 모습

해 주고 있다. 바로 이집트다.

인안나는 이제 튼튼한 구조물 속에 숨어 있는 마르둑을 계속 공격하면서 분노가 치밀어 올랐다. 마르둑이 공격에 응하지 않았기 때문이다.

그의 교만에 화가 난 인안나는
두 번째로 피라미드에 다가가 선언했다.
"내 할아버지 엔릴께서
그 산 안으로 들어가도 좋다고 허락하셨소!"

그녀는 무기를 휘두르며 도도하게 말했다.

그 산의 심장부로
내가 뚫고 들어가겠소. (…)

그 산 안에서
나의 승리를 쟁취하겠소!

아무 응답이 없자 그녀는 공격을 개시했다.

그녀는 에비흐의 측면과 모든 구석을
쉬지 않고 두들겨댔다.
그러나 안에서는 (…)
그리로 들어간 '커다란 뱀'이
쉬지 않고 독을 뿜어댔다.

그때 아누가 직접 개입했다. 아누는 그 안에 숨은 신이 무시무시한 무기들을 갖고 있다고 인안나에게 경고했다.

그것이 터지면 엄청난 일이 벌어진다.
그것 때문에 너는 그 안에 들어갈 수 없을 것이다.

아누는 그 대신 숨어 있는 신을 재판에 넘겨 처벌하게 하자고 권했다.
여러 문서들이 이 신의 신원을 밝히고 있다. 닌우르타 문서들에 나오는 것처럼 그는 아자그로 불렸고 별명은 '커다란 뱀'이었다. 바로 마르둑의 이름이고, 엔릴파가 그를 경멸해 부른 통칭이었다. 그가 숨은 곳 역시 '그 담이 높다랗게 하늘까지 닿아 있는 에쿠르'라고 분명하게 적시되어 있다. 바로 대피라미드다.
마르둑에 대한 재판과 선고 기록은 펜실베이니아대학교(UP) 박물관의 바빌로니아반이 출판한 조각 문서에서 얻을 수 있다. 남아 있는 구절은 신들이 피라미드를 에워싸고 대표로 뽑힌 신이 '포위된' 마르둑에게 말을 건네는 데서 시작된다. '그는 사악한 자에게 간청했다.' 마르둑은 그 이야기를 듣고 생각을 바꾸었다.

마음속에는 분노를 품고 있었지만
그의 눈에는 맑은 눈물이 맺혔다.

그리고 마르둑은 밖으로 나오기로 동의하고 재판을 받았다. 재판은 피라미드가 보이는 강둑의 한 신전에서 열렸다.

강가의 숭배를 위한 집으로
그들은 고발당한 자를 데리고 갔다.
정말로 그들은 적들의 편을 들지 않았다.
처벌은 이루어졌다.

수수께끼인 두무지의 죽음을 이유로 마르둑을 처벌하는 것은 문제가 있었다. 마르둑이 그의 죽음에 책임이 있다는 데에는 의문의 여지가 없었다. 그러나 그것이 사전에 계획된 것이었는가, 아니면 사고였는가? 마르둑은 사형 선고를 받아 마땅했지만, 그의 범죄가 계획적인 것이 아니었다면?

피라미드가 보이는 곳, 방금 그의 은신처에서 나온 마르둑과 함께 그 자리에 선 인안나에게 해법이 떠올랐다. 그녀는 신들에게 말했다.

이날 그 귀부인 스스로가

진실을 말하는 그녀가
아자그를 고발한 위대한 왕녀가
놀라운 생각을 입에 올렸다.

마르둑을 실제로 처형하지 않고 그에게 사형을 선고하는 방법이 있다고 그녀는 말했다. 그를 대피라미드에 산 채로 묻어버리자! 그를 거대한 자루에 넣듯이 거기에 유폐시키자는 것이었다.

밀봉된 거대한 자루 속에서
음식 시중을 들 사람 하나 없이
홀로 견뎌야 한다.
마실 물조차 끊어야 한다.

재판을 맡은 신들은 그녀의 제안을 받아들였다.

당신이 주인이오. (…)
그 운명은 당신이 결정하는 거요.
그렇게 합시다!

아누가 그 평결에 찬성할 것이라고 생각한 '신들은 천상과 지상에 명령을 내렸다'. 에쿠르, 곧 대피라미드는 감옥이 되었다. 그리고 그 이후 인안나 여신에게는 '감옥의 여주인'이라는 통칭이 새로 생겼다.
  우리는 대피라미드가 완전히 봉쇄된 것이 이때였으리라고 생각한다. 집행관들은 마르둑을 홀로 '왕의 방'에 남겨두고 그들 뒤로 오르막 통로의 화강암 마개를 굴려버렸다. 위쪽 방들과 통로들로 가는 모든 접근 통로를, 되돌릴 수 없게 꽉 막아버린 것이다.

'왕의 방'에서 북쪽 및 남쪽 사면으로 난 통풍구가 있어 마르둑은 공기는 마실 수 있었다. 그러나 음식이나 물은 없었다. 그는 산 채로 매장되어 고통 속에 죽어갈 운명이었다.

마르둑을 대피라미드 안에 산 채로 매장한 일에 대한 기록은 고대 아시리아의 수도들인 아슈르와 니네베 유적에서 발견된 점토판들에 보존되어 있다. 아슈르 문서는 그것이 마르둑 신의 고난과 구원을 재현하는 바빌론의 새해맞이 기적극(奇蹟劇, Mysterium)*의 대본으로 쓰였음을 시사하고 있다. 그러나 이 대본의 바탕이 된 바빌론 원본이나 수메르의 역사 기록은 아직 발견되지 않고 있다.

베를린박물관의 점토판에서 이 아슈르 문서를 베끼고 번역한 짐메른(Heinrich Zimmern)은 1921년 9월에 열린 한 강연에서 이에 대한 해석을 발표해 신학계를 발칵 뒤집어놓았다. 그는 이것을 한 신의 죽음과 부활을 다룬 예수 이전의 기적극이며 따라서 예수 이전의 예수 이야기로 보았기 때문이었다. 랭던(Stephen Herbert Langdon, 1876~1937)은 1923년에 '메소포타미아 새해맞이 기적극 문서' 시리즈 가운데 한 권을 내면서 「벨마르둑의 죽음과 부활 The Death and Resurrection of Bel-Marduk」이라는 제목의 이 문서 영역본을 포함시켰고, 그 내용과 신약에 나오는 예수의 죽음 및 부활 이야기와의 유사성을 조명했다.

---

* 중세 유럽에서 유행한 종교극. 대부분 구약의 내용을 간략히 극화한 것이며, 예수와 성자들이 행한 기적이나 사적(事跡) 따위도 많이 다루었다. (옮긴이)

그러나 문서에 나오듯이 마르둑, 곧 '주인' 벨(Bel)은 죽지 않았다. 그는 정말로 무덤에 묻히듯이 '그 산' 안에 유폐되었다. 그러나 그는 산 채로 묻혔다.

이 고대의 '대본'은 등장인물 소개로 시작된다. 첫 번째가 '그 산 안에 갇힌 벨이다'. 그 다음에는 전령이 있고, 그는 투옥 소식을 마르둑의 아들 나부(Nabu)에게 전해준다. 이 소식을 듣고 깜짝 놀란 나부는 수레를 타고 서둘러 '그 산'으로 간다. 나부는 그 건조물에 도착했고, 대본은 이렇게 설명한다.

'그 산'의 모퉁이에 있는 집에서
그들이 그에게 물었다.

흥분한 그 신은 파수꾼들의 물음에 이렇게 대답했다.

보르시파에서 온 나부다.
갇히신 아버지를
안전하게 모시려고 왔다.

이때 배우들이 나와 무대 여기저기를 뛰어다닌다.

그들은 길을 재촉해 온 사람들이었다.
그들은 벨을 찾으며 물었다.
"그분이 어디에 잡혀 있소?"

이 문서를 보면 '벨이 그 산으로 간 뒤 도시가 혼란에 빠졌고' '이 때문에 도시 안에서 싸움이 벌어졌다'. 이때 한 여신이 나타난다. 마르둑의 누이이자 아내인 사르파니트(Sarpanit)다. 그녀는 전령을 만난다.

전령은 그녀 앞에서 눈물을 흘리며 말했다.
"그놈들이 마르둑 님을
'그 산'으로 데려갔어요."

전령은 그녀에게 마르둑의 옷(아마도 피가 묻은 옷이었을 것이다)을 보여준다. '이게 그분 옷인데, 놈들이 벗겨버렸어요' 하고 전령은 말한다. 전령은 마르둑에게 그 옷 대신 '처벌의 옷이 입혀졌다'고 말한다. 관객들이 본 것은 수의(壽衣)였다. '그가 관 속에 들어갔다는 의미였다.' 마르둑은 매장된 것이다!

사르파니트는 마르둑의 무덤을 상징한 어떤 건물로 들어간다. 그녀는 슬픔에 찬 사람들을 본다. 대본은 이렇게 설명한다.

이들은 슬픔에 젖어 있는 사람들이다.
신들이 마르둑을 가두어
그를 산 자들의 세계로부터 격리시켰기 때문이다.
'포로의 집'에 넣어
햇빛을 보지 못하게
그들은 그를 감옥에 집어넣었다.

연극은 불길한 절정에 다다랐다. 마르둑이 죽는 것이다…
그러나 아직 포기는 일렀다. 모든 희망이 사라진 것은 아니다. 사르파니트는 마르둑의 유폐 문제에 대해 인안나에게 얘기해 볼 수 있는 두 신, 곧 그녀의 아버지 신과 오라비 우투(샤마쉬)에게 말한다.

그녀는 신과 샤마쉬에게 간청을 한다.
"제발 벨을 살려주세요!"

이제 점성술사인 사제들과 전령들이 줄지어 나와 기도하고 주문을 왼다. 이쉬타르에게 '자비를 베풀어달라고' 제물을 바친다. 고위 사제가 최고신과 신·샤마쉬에게 '벨의 생명을 돌려주세요!' 하고 호소한다.

이제 연극은 새롭게 방향을 튼다. 갑자기 '피로 얼룩진' 수의를 입은 마르둑 역의 배우가 외친다.

나는 죄인이 아니다!
나는 벌을 받지 않을 것이다!

그는 최고신이 자기 사건을 재검토하고 자신에게 죄가 없음을 발견했다고 말한다.

그렇다면 살해자는 누구였을까? 관객의 관심은 문설주로 옮겨간다. '그것은 바빌론에 있는 사르파니트의 문설주였다.' 관객들은 진짜로 죄를 지은 신이 잡혔다는 것을 알게 된다. 문간에 그의 머리가 나타났다.

그것은 악행을 저지른 자의 머리였고,
그들은 그를 쳐죽이게 되는 것이다.

보르시파로 돌아갔던 나부는 '보르시파로부터 다시 와서 악행을 저지른 자를 지켜본다'. 악행을 저지른 자가 누구인지는 알 수 없다. 다만 나부가 전에 마르둑의 동패 가운데 끼어 있는 그를 보았다는 사실만이 제시된다. '이 자가 죄인이다' 하고 그는 말한다. 이에 따라 갇혀 있던 마르둑의 죽음은 보류된다.

사제들은 악행을 저지른 자를 잡는다. 그리고 그는 죽임을 당한다. '그 죄를 지은 자'는 관에 실려간다. 두무지를 죽인 자는 목숨을 잃었다.

그러나 두무지의 죽음에 간접적인 책임이 있는 마르둑은 죗값을 치렀을까? 사르파니트가 다시 나타난다. '속죄의 옷'을 입은 채였다. 그녀는 상징적으로 흘린 피를 씻어낸다. 그녀는 깨끗한 물로 자기 손을 씻는다.

이것은 손 씻을 물이다.
악행을 저지른 자를 데려간 뒤
그들이 가져온 것이다.

'모든 벨의 성소'에서 횃불이 밝혀진다. 그러나 최고신에게 다시 문제가 제기된다. 닌우르타가 주를 물리쳤을 때 한 차례 나온 바 있던 닌우르타의 지배권 문제를 다시 들고 나온 것이다. 분명히 풀려난 마르둑이 신들의 지배자가 될 위험성을 아예 배제하기 위한 것이었다. 문제 제기는 성공을 거두었고, 최고신은 '모든 신들에게' 신의 전령 누스쿠(Nusku)를 보내 '좋은 소식을 발표'하게 했다.

닌우르타의 배우자인 굴라(Gula)는 사르파니트에게 마르둑의 새 옷과 신발을 보내 호의를 가진 듯이 시늉을 한다. 마르둑의 마부 없는 수레도 등장한다. 그러나 사르파니트는 어리둥절해한다. 마르둑이 열 수 없는 무덤에 갇혀 있다면 그가 어떻게 다시 풀려날 수 있는지 사르파니트는 이해할 수가 없다.

나올 수 없는 사람을
저들이 어떻게 나오게 한다는 거지?

신의 전령인 누스쿠는 그녀에게, 마르둑이 사바드(Sabad), 곧 '정으로 파낸 위쪽 구멍'을 통해 나올 것이라고 말한다. 그는 이렇게 설명한다.

신들이 들어갈 출입 갱도를 팔 것입니다.
그 막힌 것을 뚫고
그분이 있는 곳으로 다시 들어갈 것입니다.
그분을 가두고 막은 문에
내부로 들어가는 구멍의 막힌 곳에
들어갈 수 있는 구부러진 통로를 뚫을 것입니다.
그 가운데로 뚫고 다가갈 것입니다.

마르둑이 어떻게 풀려날 것인가에 관한 이 설명에서 학자들은 아무런 의미도 찾지 못하고 있다. 그러나 우리에게는 이 시구들이 엄청난 의미를 지닌 것으로 생각된다. 우리가 이미 설명했듯이 불규칙하고 구부러진 형태의 '우물 갱도' C 구역은 피라미드가 완성되었을 때나 마르둑이 그 안에 갇힐 때까지는 존재하지 않았다. 그것은 바로 마르둑을 빼내기 위해 '신들이 판 출입 갱도'인 것이다.

아직 피라미드 내부 배치를 잘 알고 있던 아눈나키는, 굶어 죽어가고 있는 마르둑이 있는 곳으로 갈 수 있는 가장 짧고 가장 빠른 길은 기존의 B 구역과 D 구역 사이에 굴을 파는 것임을 깨달았다. 겨우 10미터만 파면 되고, 그것도 비교적 무른 석회석 토막을 파는 것이었다. 며칠씩 걸리지 않고 몇 시간이면 충분한 일이었다.

구조대는 내리막 통로에서 G 구역으로 가는 '우물 갱도' 입구를 막은 돌을 빼내고 경사진 구역 F와 E를 재빨리 기어올랐다. E 구역이 수직의 D 구역으로 연결되는 지점에서 화강석이 '동굴' 입구를 막고 있었다. 그것은 '그림 70'에서 본 대로 옆으로 치워졌다(그리고 아직도 그곳 '동굴'에 놓여 있다). 거기서 구조대는 짧은 D 구역을 기어올라 피라미드의 첫 번째 석축 줄을 만났다.

10미터만 올라가면 바로 옆에 B 구역의 바닥이 있고 대회랑으로 가는 길이 있었다. 그러나 피라미드를 건설해 봉쇄된 위쪽 내부 구조를 알고, 그곳을 찾아낼 수 있는 설계도를 지닌 사람들이 아니라면 어떻게 구부러진 연결 갱도 C를 뚫어야 하는지를 알 수 있는 사람이 누가 있겠는가?

연장을 가지고 D 구역과 B 구역 사이의 석회석 토막들을 뚫은 것은 마르둑 구조대였을 것이다. '내부로 들어가는 구멍에 통로를 뚫을 것'이라는 고대 문서의 말과 일치한다.

B 구역과 연결이 되자 그들은 짧은 수평 통로인 A 구역으로 기어올랐다. 모르는 사람이라면 설사 거기까지 올라갔다고 하더라도 다시 멈췄을 수밖에 없다. 사방이 돌로 된 벽, 딱딱한 석재뿐이기 때문이다. 역시 피라미드의 설계도를 가지고 있는 아눈나키만이 그들이 보고 있는 돌 너머에 대회랑이라는 거대한 공동과 '왕비의 방', 그리고 피라미드의 여러 위쪽 방들과 통로들이 있음을 알 수 있었을 것이다.

그 방들과 통로들로 가기 위해서는 쐐기 모양의 경사로 돌을 치워야 했다. 【그림 72 참조】 그러나 그것은 너무 꽉 박혀 있어서 빼낼 수가 없었다.

그 돌이 치워졌다면 그것은 아직도 그곳 대회랑에 놓여 있을 것이다. 그러나 그 대신 입을 떡 벌린 구멍만이 있을 뿐이고 【그림 68 참조】, 그래서 그곳을 조사한 사람들이 그 모습을 설명하는 데 '폭파되었다'거나 '날아갔다'고 할 수밖에 없었다. 그리고 그 폭파는 회랑 쪽에서가 아니라 갱도 쪽에서 시도한 것이었다. 러더퍼드의 『피라미드학』에 따르면 구멍은 갱도 '내부에서 나온 엄청난 힘에 의해 폭파된 외양을 지니고 있다'고 한다.

역시 메소포타미아 기록이 해답을 제시한다. 돌은 정말로 수평 통로 내부로부터 제거되었다. 구조대가 그쪽에서 왔기 때문이다. 그리고 그것은 정말로 '엄청난 힘에 의해 폭파'되었다. 고대 기록에 나와 있듯이 '그 가운데로 뚫고 다가간' 것이다. 석회석 토막의 파편들은 내리막 통로를 굴러내려 가서 화강암 마개가 있는 곳까지 갔다. 알마문의 일꾼들이 거기서 그것들을 발견했다.

이 폭발로 대회랑 바닥에 미세하고 흰 먼지가 덮였다. 알마문의 일꾼들이 대회랑 바닥에서 본 그대로다. 그것은 고대에 폭파로 인해 구멍이 뚫렸다는 무언의 증거다.

구조대는 대회랑으로 뚫고 들어간 뒤 마르둑을 구출해 그들이 들어온 길로 다시 나갔다. 내리막 통로 쪽에서 들어가는 입구는 다시 막혔다가 알마문의 일꾼들에 의해 발견되었다. 화강암 마개는 연결 부위에 있는 삼각형의 돌과 함께 수천 년 동안 그 자리에 놓여 있었다. 그리고 피라미드 안에는 본래 있던 '우물 갱도' 윗부분과 아랫부분이 구부러지고 거칠게 뚫린 구역에 의해 영원히 연결되었다.

그리고 피라미드에 갇혔다가 풀려난 마르둑은 어떻게 되었을까?

메소포타미아 문서들은 그가 추방되었다고 말한다. 이집트에서 라는 아멘(Amen), 곧 '숨은 자'라는 통칭을 얻었다.

    기원전 2000년 무렵에 그는 다시 나타나서 또 한 번 지배권을 요구했다. 그 때문에 인간들은 가장 호된 대가를 치르게 된다.

11

"나는 여왕이다!"

　인안나(이쉬타르) 이야기는 '입지전적인 여신'의 이야기다. 그녀는 열두 번째 별에서 최초로 지구에 온 우주비행사 집단인 구세대 신들의 일원도 아니었고 이들 가운데 누군가의 2세도 아니었지만, 높은 지위에 올라 결국 12신(神) 전당의 일원이 되었다. 그 자리를 차지하기 위해 그녀는 자신의 교활함과 미모에 냉혹함을 결합시켰다. 그녀는 그녀를 사랑하는 신들과 인간들 사이에서 전쟁의 여신이자 사랑의 여신으로 간주되었다. 그리고 그녀는 바로 죽음과 부활이라는 진짜 사건의 주인공이었다.

　두무지의 죽음은 지구의 여왕이 되려는 인안나의 욕망 때문에 초래된 일인데, 마르둑의 유폐와 추방은 그녀의 야망을 전혀 만족시키지 못했다. 거물급 신에 도전해 승리를 거둔 그녀는 이제 자신이 자기 땅 한 조각 없는 처지로 남아 있을 수는 없다고 생각했다. 그러나 어디를 차지해야 할까?

　「아래 세계로 내려간 인안나」 같은 문서들을 종합해 보면 두무지의 장례식은 남아프리카의 '광산의 땅'에서 열렸다. 그곳은 인안나의 언니 에레쉬키갈과 그 남편 네르갈의 땅이었다. 엔릴과 난나르, 그리고 심지어 엔키까지도 인안나에게 거기에 가지 말라고 충고했다. 그러나 그녀는 결심을 했다.

'광대한 상부'에서 '광대한 하부'로 가기로
그녀는 결심을 했다.

그리고 그녀는 자기 언니의 나라 수도에 도착하자 문지기에게 말했다. 그녀가 '장례식을 보러' 왔다고 '언니 에레쉬키갈에게 말해 달라'고 했다.
이 자매끼리의 만남이 훈훈하고, 낭군을 잃은 인안나를 진정으로 위로하는 자리였으리라고 생각할 수 있다. 그러나 반대로, 초대받지 않은 손님인 인안나는 노골적인 의심을 받았다. 인안나는 에레쉬키갈의 궁전으로 가기 위해 일곱 개의 문을 지나면서 신의 지위를 나타내는 문장(紋章)과 예복을 포기해야 했다. 마침내 인안나가 언니와 마주하고 보니 언니는 사법권이 있는 일곱 명의 아눈나키에 둘러싸여 옥좌에 앉아 있었다.

그들은 눈을 부라리며 그녀를 쳐다보았다.
저승사자의 눈들이었다.

그들은 그녀를 화나게 하는 말들을 했고 '그 말들이 그녀의 마음을 괴롭혔다'. 인안나는 환영을 받기는커녕 죽여서 말뚝에 매달도록 하라는 판결을 받았다. 엔키가 개입해서야 겨우 그녀를 구해내 되살려냈다.
문서들은 인안나에게 이토록 가혹한 대접을 한 이유를 설명하거나 그녀를 비난한 자들이 그녀에게 했다는 '괴롭히는 말들'이 어떤 것이었는지를 밝히지는 않았다. 그러나 이 문서의 시작 부분을 보면 인안나는 여행을 떠나면서 전령을 보냈음을 알 수 있다.

그래서 천상에서 나에 대한 불만이 가득 찼고
신들의 회의에서 나에 대한 아우성이 일었다.

장례식 참석은 이렇게 단순한 핑계일 뿐이었다. 그녀가 속으로 생각한 것은 신들을 압박해 그녀가 꾸며내고자 했던 불만 사항을 만족시키는 것이었다.

인안나는 첫 번째 문에 도착한 순간부터 들여보내 주지 않으면 폭력을 쓰겠다고 위협했다. 인안나가 왔다는 소식을 듣자 에레쉬키갈의 '얼굴이 창백해지고 (…) 입술은 파래졌다'. 그러고는 인안나가 온 진짜 목적이 무엇일까 하고 크게 걱정했다. 마침내 둘은 얼굴을 맞대게 되었다.

에레쉬키갈은 그녀를 보았고
그녀의 면전에서 분통을 터뜨렸다.
인안나도 지지 않고 쏘아붙였다.

어떻든 인안나의 의도가 에레쉬키갈에게 위협이 된 것이다!

우리는 이미 구약의 결혼 및 상속 관련 법들이 아눈나키의 행동을 규정한 법들과 유사했음을 살펴본 바 있다. 이복누이와 관련된 법들은 하나의 사례일 뿐이다. 인안나의 의도에 대한 실마리는 모세 오경의 마지막 책인 「신명기」에서 찾아볼 수 있을 듯하다. 거기에 히브리인의 개인 행위에 대한 규범이 자세히 설명되어 있다. 그 25장 5~10절에서는 결혼한 남자가 아들을 낳지 못하고 죽었을 경우를 다루고 있다. 그 남자에게 형제가 있으면

홀로 된 여자는 다른 사람과 재혼하지 못한다. 그 형제는 설사 결혼했더라도 홀로 된 형수 또는 제수와 결혼해 아이를 낳는 것이 의무다. 그리고 그 사이에서 낳은 맏아들은 죽은 형제의 이름을 따서 '그 죽은 형제의 이름이 사라지지 않게 해야 한다'.(「신명기」 25:6)

이것이 인안나가 그 위험한 여행에 나선 이유이기도 한 듯하다. 에레쉬키갈은 네르갈과 결혼했는데, 이는 두무지와 형제간이었던 것이다. 인안나는 법을 실천하기 위해 온 것이다. 관습상 책임은 맏형에게 있다. 이 엔키의 아들들의 경우에는 마르둑이 이에 해당한다. 그러나 마르둑은 두무지의 죽음에 간접적인 책임이 있어 처벌을 받고 추방당했다. 그렇다면 인안나는 그 다음 순서인 네르갈에게 자신을 두 번째 아내로 맞아 대를 이을 아들을 낳게 하도록 요구할 권리가 있었던 것이었을까?

개인 및 상속 문제를 둘러싼 인안나의 속셈이 에레쉬키갈을 걱정스럽게 만들었음은 충분히 상상할 수 있다. 인안나가 두 번째 부인이 되는 것에 만족할 것인가, 아니면 모른 체하고 아프리카 영지의 왕비 자리를 빼앗으려고 획책할 것인가? 분명히 에레쉬키갈은 위험을 무릅쓰고 싶지는 않았을 것이다. 그리고 자매간에 설전이 오간 뒤 인안나가 급히 소집된 '일곱 아눈나키 판사'의 법정에 소환되고, 법을 위반했음이 밝혀지고, 즉결로 말뚝에 매달려 서서히 죽어가게 되었을 것이다. 인안나는 시아버지인 엔키가 이 엄청난 소식을 듣고 심부름꾼 둘을 급파해 그녀를 구하게 함으로써 겨우 목숨을 건졌다.

시신 위에 그들은
진동하는 것과 내쏘는 것을 대었다.

그들은 인안나에게 '생명의 물'과 '생명의 음식'을 투여했고, 그녀는 '되살아났다'.

되살아난 인안나는 수메르로 돌아가 비탄과 외로움 속에서 유프라테스 강둑의 야생나무들을 가꾸고 슬픔을 노래하며 시간을 보내고 있었다.

"언제쯤 내가 신성한 옥좌를 얻어
그 위에 앉을 수 있을까?
언제쯤 내가 신성한 침대를 얻어
그 위에 누울 수 있을까?"
그것이 걱정스러워 인안나는 말한다. (…)
터놓고 얘기하는 그녀 가슴은 쓰리다네.
순수한 인안나, 그녀는 왜 우는가!

이런 인안나를 불쌍히 여기고 한편으로 좋아한 이가 그녀의 증조부 아누였다. 수메르 문서들을 보면 지구에서 태어난 인안나는 적어도 한 번 이상 '천상으로 올라갔다'. 아누가 지구를 몇 차례 방문한 사실도 확인된다. 정확히 언제, 어디서 아누가 인안나를 자신의 아누니툼(Anunitum, 아누의 사랑)으로 안았는지는 분명치 않지만, 수메르 문서들이 아누와 그 증손녀 사이의 사랑이 정신적인 사랑 이상이었음을 내비춘다면 그것은 단순한 가십일 수만은 없다.

이렇게 최고위층의 연민을 확신한 인안나는 '땅' 문제, 곧 지배할 영토 문제를 제기했다. 그러나 어디를 차지해야 할까?

인안나에게 주어진 처우는 이유 여하를 막론하고 그녀가 아프리카에서 영토를 얻을 수 없음을 분명히 하고 있다. 그녀의 남편 두무지는 죽었고,

그의 죽음과 함께 엔키 자손들의 땅에서 더 이상 왕비 자리를 주장할 수도 없었다. 그녀가 고난을 당하고 거물급 신을 이겨 그녀 자신의 영토를 얻을 수 있게 되었다 해도, 그곳은 아프리카가 아닌 다른 곳이어야 했다. 그러나 메소포타미아 역시, 그리고 메소포타미아와 붙어 있는 땅들도 모두 이미 주인이 있었다. 인안나는 어디서 영토를 얻을 수 있을까? 신들은 궁리 끝에 해답을 찾아냈다.

두무지의 죽음과 함께 마르둑의 투옥을 다룬 문서들은 수메르 도시들의 이름과 그 주민들에 대해서도 언급하고 있다. 이는 수메르 도시 문명이 이미 일어난 기원전 3800년 무렵 이후에 이 사건들이 일어났음을 의미한다. 반면에 이 이야기의 이집트 쪽 배경은 도시 정착에 관해서는 전혀 언급이 없고 시골 풍경만 묘사해 이집트 도시 문명이 시작된 기원전 3100년 이전 시대임을 시사한다. 마네토의 저작에는 메네스의 도시 왕정에 앞서 350년 간의 혼란기가 있었다고 한다. 기원전 3450년에서 기원전 3100년 사이가 마르둑의 바벨탑 사건과 두무지 사건 등으로 시작된 진통과 고난의 시기였던 듯하다. 이집트의 신이 잡혀서 죽고, 이집트의 높은 신이 갇히고 추방되었던 시기다.

이때 아눈나키는 인더스 강 유역의 제3구역으로 관심을 돌렸던 듯하다. 그 뒤 곧 거기서 문명이 시작되었다.

메소포타미아와 이집트 문명은 수천 년 동안 유지되고 자손 문명을 통해 오늘날까지 이어지는 데 반해, 제3구역의 문명은 고작 1,000년 동안 유지되었다. 이 문명은 그 이후 곧 쇠퇴하기 시작해 기원전 1600년까지는 완전히 사라지고 말았다. 도시는 폐허가 되고, 사람들은 흩어졌다. 인간의 약탈과 자연의 파괴로 문명의 유적은 점차 사라져갔다. 그것은 곧 완전히 잊혀졌다. 윌러(Robert Eric Mortimer Wheeler, 1890~1976)가 이끄는 고고학자들이 두 주요 중심지와 그 사이에 있는 몇몇 유적지를 발굴하기 시작한 것은 1920년대가 되어서였다. 인도양 해안에서 인더스 강 및 그 지류를 따라 북쪽으로 600여 킬로미터까지 이르는 지역에 펼쳐진 곳이었다.

남쪽의 모헨조다로(Mohenjo-Daro)나 북쪽의 하라파(Harappa) 모두 둘레가 5킬로미터쯤 되는 분명한 도시였음을 보여준다. 도시의 둘레와 내부에 높은 성벽이 쳐져 있는데, 이 성벽들과 공·사 건물들은 모두 진흙으로 만든 벽돌로 지어졌다. 본래 이런 벽돌들은 너무도 많아서 이후 고대에 집을 짓던 사람들이 건축용으로, 보다 최근에는 라호르(Lahore) – 물탄(Multan) 철도의 바닥 돌로 쓰기 위해 끊임없이 빼갔지만 아직도 도시 유적지임을 충분히 알아볼 수 있을 만큼 남아 있다. 또한 이들은 미리 마련된 도시 건설 계획에 따라 배치되었다는 사실도 알 수 있다.

두 유적지의 경우 모두, 도시는 땅을 돋워 성채들과 신전들을 세운 아크로폴리스를 중심으로 형성되어 있다. 두 경우 모두 건물들은 같은 치수에 똑같이 남북 축에 방향이 맞추어져 있다. 그 건설자들이 신전을 세우면서 엄격한 원칙을 따랐다는 증거다. 두 도시에서 두 번째로 큰 건물은 거대한 곡물 창고다. 상당한 규모와 인상적인 기능성을 갖춘 곡물 저장고로, 강둑 부근에 위치해 있다. 이는 곡물이 인더스 문명에서 가장 중요한 농작물이었을 뿐 아니라 주요 수출품이기도 했음을 시사한다.

이 도시들과 그 유적지에서 아직도 찾아볼 수 있는 화로와 단지, 도기류, 청동 제품, 구리 염주, 얼마간의 은 그릇, 장신구 등 몇몇 유물들은 모두 다른 어딘가에서 갑자기 이식되어 온 고도 문명을 입증한다. 예컨대 모헨조다로에서 발견된 초기 벽돌 건물인 거대한 곡물 창고와 요새 망루는 목재로 보강되었는데, 이는 인더스 강 유역의 기후와는 전혀 맞지 않는 건축 방식이다. 그러나 이 방법은 곧 버려졌고, 이후의 모든 건축에서는 목재 보강을 피했다. 학자들은 이러한 사실을 근거로 초기 건설자들이 외지인들이어서 자기네 기후의 필요에 맞는 건축을 했다고 결론지었다.

인더스 문명의 뿌리를 찾던 학자들은 그것이 수메르 문명과 별개로 일어났을 수는 없다고 결론지었다. 수메르 문명은 인더스 문명보다 거의 1,000년 앞선 문명이다. 아직도 해독하지 못한 상형문자 등 두드러진 차이점들도 있지만, 메소포타미아와 비슷한 점은 곳곳에 널려 있다. 말린 진흙 벽돌을 건축에 쓴 일, 도시 거리의 배치, 배수 시설, 조각과 유리 제품, 염주 만들기에 사용한 화학적 방법들, 금속제 단검과 단지의 외양 및 디자인 등 모든 것이 우르나 키쉬 또는 다른 메소포타미아 유적지에서 발굴된 것들과 놀라울 정도로 유사성을 지닌다. 의미심장한 것은, 아눈나키의 고향 행성 니비루의 상징인 메소포타미아의 십자 기호가 인더스 문명 전반에도 널리 퍼져 있다는 점이다.

인더스 강 유역 사람들은 어떤 신들을 숭배했을까? 발견된 몇몇 그림에 묘사된 것을 보면 그 신들은 메소포타미아의 뿔 달린 신의 머리 장식을 얹고 있음을 알 수 있다. 좀 더 많이 발견되는 진흙 소상(小像)은 주로 여신을 형상화한 것인데, 보통 나신(裸身)이고 가슴을 드러내거나【그림 74a】펜 구슬과 목걸이 정도만을 걸치고 있다【그림 74b】. 이는 메소포타미아와 근동 전역에서 숱하게 발견되는, 잘 알려진 인안나 묘사와 같다. 아눈나키가 인안나를 위한 땅을 찾다가 제3구역, 곧 인더스 강 유역을 그녀의 영토로 삼도록 결정했다고 우리는 생각한다.

인더스 문명이 메소포타미아에서 기원하고 수메르와 인더스 강 유역이 계속해서 접촉을 유지했다는 증거가 몇몇 고고학적 유적으로 제한되어 있다는 것이 일반적인 생각이지만, 우리는 이들의 연결을 입증하는 문헌 증거도 있다고 생각한다. 특히 흥미를 끄는 것은 학자들이 「엔메르카르

【그림 74a】 인더스 문명에서 발견된 나체의 여신상　　【그림 74b】 목걸이 장식을 단 여신상

(Enmerkar)와 아라타(Aratta)의 영주」라 이름 붙인 긴 문서인데, 우루크(구약의 에레크)와 인안나의 세력 확대를 배경으로 한다.

　이 문서는 아라타가 산맥 너머, 안샨 너머에 위치한 땅의 수도라고 묘사하고 있다. 다시 말해서 이란 동남부 너머라는 얘기다. 바로 인더스 강 유역이 위치한 곳이다. 그리고 반데이크(J. van Dijk) 같은 학자들은 아라타가

'이란 고원이나 인더스 강 유역에 위치한' 도시였을 것으로 추측했다(『오리엔탈리아 Orientalia』 39, 1970). 가장 놀라운 점은 이 문서가 아라타의 거대한 곡물 저장고를 언급한다는 사실이다. 그곳은 '밀이 저절로 자라고, 콩류도 저절로 자라는 곳'이었다. 농작물은 재배해 아라타의 창고에 저장했다. 그리고 그들은 수출을 위해 '곡물을 자루에 담고 상자를 나르는 당나귀에 실었다'.

아라타의 지리적 위치와 그곳이 곡물과 콩 창고로 유명했다는 사실은 인더스 문명과의 어쩔 수 없는 유사성을 드러내고 있다. 사실 하라파 또는 아라파(Arappa)가 고대 아라타의 흔적이 지금 남아 있는 이름은 아닌지 모르겠다.

이 고대의 이야기는 에레크의 왕정 시작 때로 거슬러 올라간다. 우투(샤마쉬)가 인간 여성과의 사이에서 낳은 반신반인의 아들이 도시가 건설되는 지역의 신성 구역에서 고위 사제 겸 왕으로 있을 때다. 그의 왕위는 기원전 2900년 무렵에 그 아들 엔메르카르가 이어받았고, 「수메르 왕 명부」에 따르면 이 엔메르카르가 '우루크를 건설하고' 이곳을 외지에 있는 신 아누의 명목상 주거지에서, 통치하는 신의 으뜸 도시로 탈바꿈시켰다. 그는 인안나로 하여금 에레크를 그녀의 권력 중심지로 선택하게 했고 그녀를 위해 에안나 신전, 곧 '아누의 집'을 확장함으로써 이를 이루어냈다.

이 고대 문서를 보면 처음에 엔메르카르가 아라타에 요구한 것은 신전 확장 공사에 필요한 '보석과 청동, 납, 청금석 판'을 대고 인안나를 위해 세우는 '성스러운 산'이 여신의 위상에 걸맞도록 '솜씨 있게 가공한 금·은'으로 꾸미라는 것이 전부였다.

그러나 이 일이 완성되자마자 엔메르카르의 마음은 교만에 빠져들었다. 아라타는 가뭄으로 고생하고 있었고, 엔메르카르는 이제 물자뿐만 아니라 복종까지 요구했다. '아라타를 에레크에 복속시켜라!' 하고 그는 요구했다. 엔메르카르는 자신의 목적을 이루기 위해 아라타에 잇달아 사절을 보냈다. 크레이머가 『역사는 수메르에서 시작된다 History Begins at Sumer』에서 '첫 번째 신경전'으로 규정한 일을 벌이기 위해서였다. 사절은 자기네 왕과 그의 힘을 칭송한 뒤 아라타를 멸망시키고 그 백성을 흩어버리겠다는 엔메르카르의 위협을 그대로 전했다. 그러나 아라타의 지배자는 자신만의 책략으로 이 신경전에 응수했다. 그는 사절에게 바벨탑 사건 이후에 일어난 언어 혼란을 상기시킨 뒤 수메르어로 전해주는 얘기를 알아듣지 못하겠다고 주장한 것이다.

실패를 맛본 엔메르카르는 글의 여신 니다바(Nidaba)의 도움을 얻어, 점토판에 쓴 또 다른 전갈을 보냈다. 이번에는 아라타 말이었을 것이다. 위협과 함께 아누 신전에 보관하고 있던 '옛날 곡물'의 종자를 보내주었다. 아라타는 오랜 가뭄으로 농사를 망쳤기 때문에 종자가 절실히 필요했을 것이다. 이 가뭄은 아라타가 '에레크의 보호막 아래'로 들어오기를 인안나 스스로가 바라고 있다는 징표로 받아들여졌을 것이다.

> 아라타의 영주는 전령으로부터
> 그 구운 서판을 받았다.
> 아라타의 영주는 판을 살펴보았다.

편지는 쐐기문자로 씌어 있었다. '쓰인 글은 손톱 같은 모양이었다.' 굴복해야 할까, 저항해야 할까? 바로 그때 '커다란 사자가 공격하는 것처럼 폭풍이 몰려왔다'. 가뭄은 갑자기, 온 땅을 떨게 하고 산을 흔들리게 한 뇌우가 쏟아지면서 끝났다. 그리고 '흰 성벽의 아라타'는 다시 한 번 곡물이 풍성한 땅으로 변했다.

아라타는 에레크에 굴복할 필요가 없어졌다. 그리고 아라타의 영주는 전령에게 말했다.

이 땅의 여왕이신 인안나께서는
아라타에 있는 자신의 집을 버리지 않으셨다.
그분은 아라타를 에레크의 손에 넘기지 않으셨다.

아라타에서 환호가 일어났지만 인안나가 그곳에 있는 자신의 주거를 버리지 않으리라는 그들의 기대는 완전히 채워지진 않았다. 인안나는 수메르 아누의 도시에 있는 거대한 신전에서 살 수 있다는 가능성에 이끌려 통근하는 여신이 되었다. 말하자면 멀리 떨어진 아라타에서 '일하는 신'이지만 대도시인 에레크에서 사는 것이었다.

인안나의 통근은 '천상의 배'를 타고 이곳저곳을 돌아다니는 방식이었다. 그녀가 여기저기 날아다니는 모습은 그녀를 우주비행사처럼 묘사한 여러 그림들에 남아 있다. 【그림 75】 그리고 몇몇 문서들로 추정해 보건대 그녀는 직접 그것을 몰고 다녔던 듯하다. 반면에 좀 더 복잡한 비행에서는 그녀도 다른 거물급 신들과 마찬가지로 조종사를 두었다. 베다에서도 신들의 조종사를 언급하고 있다. 예컨대 푸샨(Pushan)은 '공중의 중간 지역을 여행하는 황금 배'를 타고 '인드라를 널려 있는 구름들 사이로 모시고 갔다'. 초기 수메르 문서들도 마찬가지다. 여기에 나오는 압갈(Abgal)들은 신들을 태우고 하늘을 가로질렀다. 인안나의 조종사는 눈갈(Nungal)이었다고 하며, 그의 이름은 특히 인안나가 에레크에 있는 '아누의 집'으로 갈 때 언급되고 있다.

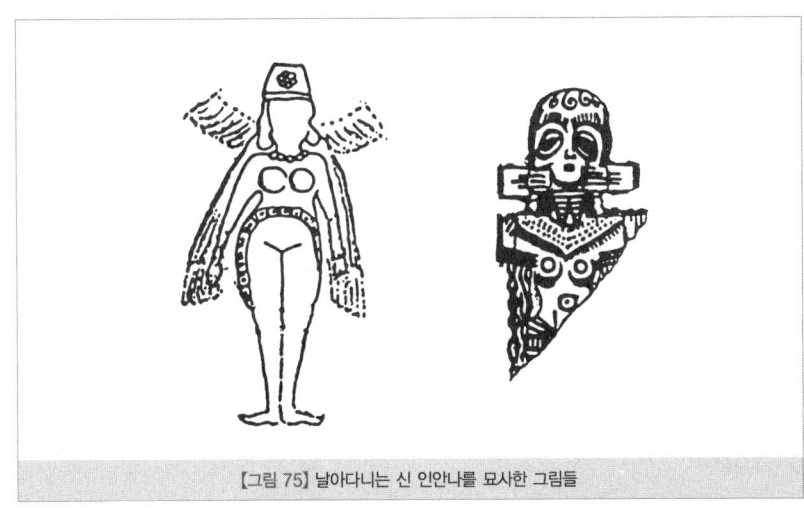

【그림 75】 날아다니는 신 인안나를 묘사한 그림들

우루크의 엔메르카르가 통치하던 시절에
사자 머리의 눈갈이 조종사였다.
그는 이쉬타르를
하늘로부터 에안나까지 실어왔다.

「수메르 왕 명부」에 따르면 대홍수 이후의 왕정은 키쉬로부터 시작되었다. 그때 '왕권은 에안나로 옮겨졌다'. 고고학자들이 확인했듯이 에레크는 정말로 신전 도시로서 출발했다. 돋우어진 기단 위에 아누의 아담한 첫 번째 사당 '흰 신전'이 지어진 신성 구역이었다. 【그림 76】 이 유적지는, 도시와 그 성벽의 잔해가 보여주듯이 에레크가 확대되었고 그 신전도 확장되었지만 여전히 도시의 중심에 남아 있었다. 【그림 77】

학자들은 인안나에게 봉헌된, 기원전 제3천년기 초까지 거슬러 올라가는 거대한 신전의 유적을 발견했다. 아마도 그때 엔메르카르가 이 신전을

"나는 여왕이다!" **379**

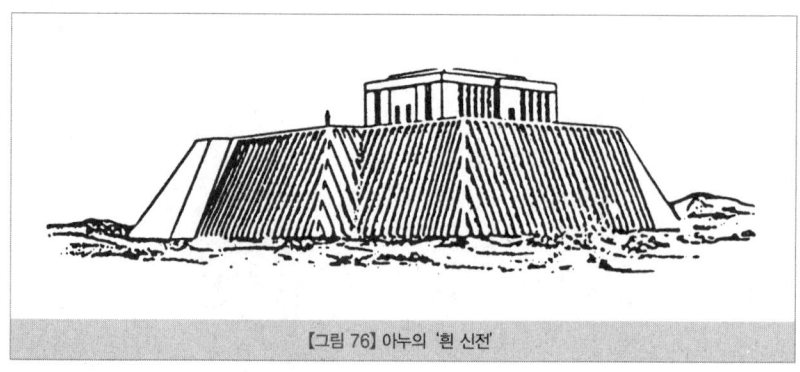

[그림 76] 아누의 '흰 신전'

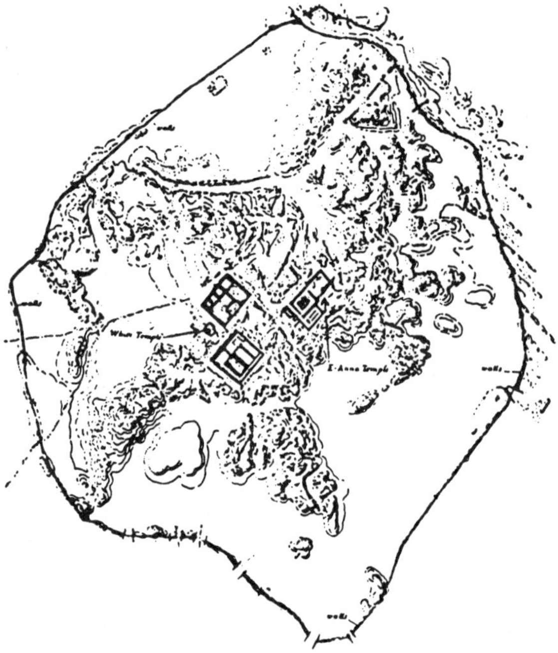

[그림 77] 에레크의 중심에 자리 잡은 신전

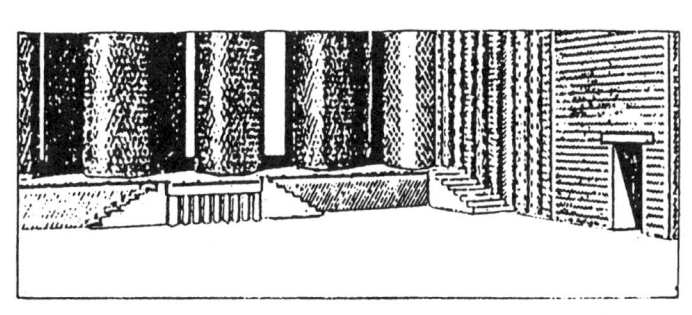

【그림 78】 엔메르카르가 건립한 신전

건립했을 것이다. 신전은 장식한 높은 기둥들로 독특하게 세워졌으며【그림 78】, 그 훌륭함을 노래한 찬가가 묘사했듯이 화려하고 인상적이었던 것이 틀림없다.

> 그것은 청금석으로 장식되었고
> 닌아갈의 수공으로 수놓아졌다.
> 밝은 곳에 (…)
> 인안나의 처소에
> 그들은 아누의 수금(竪琴)을 비치해 놓았다.

그러나 아무리 그래도 에레크는 아직 '지방' 도시에 불과했다. 대홍수 이전 도시들 자리에 재건되어 위용을 지닌 다른 수메르 도시들 수준을 따라갈 수 없었다. 그곳은 '신의 메(Me)'를 가진 데서 생기는 지위와 이득을 얻지 못하고 있었다. 그들은 끊임없이 메라는 말을 입에 올리고 있지만, 그

본질은 분명치 않다. 그리고 학자들은 이 말을 '신의 명령'이나 '신의 힘', 심지어 '신화적인 덕목'으로 번역한다. 그러나 메는 사람이 집거나 옮기거나 심지어 켤 수 있는 구체적인 물체, 비밀 지식이나 데이터를 지닌 것으로 그려진다. 아마도 그것은 현대의 컴퓨터칩 같은 것으로, 그 위에 데이터와 프로그램, 작동 방법 같은 것들이 자세히 기록된 것인 듯하다. 그 위에 문명의 정수(精髓)가 암호화되어 들어 있는 것이다.

이 메는 아눈나키의 수석 과학자인 엔키의 손에 들어 있었다. 그는 이것을 하나씩 하나씩 점차 풀어서 인간에게 도움을 주고 있었다. 그리고 인안나가 에레크에 상주하는 신이 되었을 때 그곳은 분명히 아직 고도 문명의 혜택을 누릴 차례가 되지는 않았던 듯하다. 조급해진 인안나는 상황을 개선하기 위해 자기의 여성적인 매력을 써먹기로 결심했다.

크레이머가 『수메르 신화』에서 「인안나와 엔키 *Inanna and Enki*」라고 이름 붙였지만 보다 시적이었을 본래의 제목은 알 수 없는 한 문서는 인안나가 그녀의 '천상의 배'를 타고 엔키가 메를 숨겨둔 압주로 여행한 일을 묘사한다.

　이 독신녀는 혼자서
　압주로 발길을 향했다.

인안나가 자기에게 부탁하러 직접 오고 있다는 사실을 안 엔키는 집사에게 호화로운 식사를, 특히 대추야자 술을 잔뜩 준비하라고 명령했다. 인안나와 엔키가 요리를 즐기고 엔키의 마음이 술로 흡족해진 뒤 인안나는 메 이야기를 꺼냈다. 술을 마신 탓에 마음이 넉넉해진 엔키는 그녀에게 '영주권과 (…) 신권, 고귀하고 영원한 보관(寶冠), 왕의 옥좌'에 관한 메를 주었고, '영리한 인안나는 그것을 손에 넣었다'. 인안나가 나이 든 집주인 엔키에게 교태를 부리자 그는 그녀에게 '고귀한 홀과 지팡이, 고귀한 사당, 정당한 지배권'이라는 두 번째 선물을 주었고, 역시 '영리한 인안나는 그것을 손에 넣었다'.

잔치가 계속되고 술이 들어가면서 엔키는 천상의 귀부인이 지녀야 할 기능과 속성을 포함한 중요한 메 일곱 가지를 내놓았다. 그녀의 신전과 의식과 그 사제·환관·창녀, 전쟁과 무기, 정의와 법정, 음악과 예술, 석공·목공과 금속 가공, 가죽 세공과 직조, 필경(筆耕)과 수학 등등이었다.

인안나는 이 모든 고도 문명의 속성에 관한 암호화된 데이터를 손에 넣은 뒤 몰래 빠져나와 천상의 배를 몰고 다시 에레크로 향했다. 몇 시간 뒤 술에서 깨어난 엔키는 인안나와 메가 사라졌음을 알아차렸다. 조금 어리둥절해진 엔키의 집사는 엔키가 스스로 인안나에게 메를 선물했다고 일깨워주었다. 엔키는 몹시 당황해 집사에게 자신의 '거대한 천상의 하늘 방'을 타고 인안나를 뒤쫓아 메를 찾아오라고 명령했다. 첫 번째 정류 지점에서 인안나를 따라잡은 집사는 엔키의 명령을 전했다. 그러나 인안나는 '엔키께서 왜 내게 하신 말씀을 바꾸었다는 거죠?' 하며 넘겨주지 않았다. 집사가 엔키에게 상황을 보고하자 엔키는 인안나가 탄 천상의 배를 붙잡아 에리두로 끌어오고 인안나는 메만 회수한 뒤 돌려보내라고 명령했다. 그러나 에리두에서 인안나는 신임하는 조종사에게 '천상의 배와 인안나가 선물받은 메를 빼내가도록' 명령했다. 그래서 인안나가 엔키의 집사와 실랑이를 벌이는 사이에 그녀의 조종사는 그녀의 배에 귀중한 메를 싣고 슬그머니 떠나가 버렸다.

회중과 주고받는 형식으로 만들어진 〈인안나의 기쁨〉 같은 찬가는 에레크 사람들의 정서를 전해주고 있다.

메의 귀부인인 여왕이
　　　찬란하게 빛난다.
정의롭고, 빛나는 옷을 걸친
　　　천상과 지상에서 사랑하는 자.
아누의 노예로서
　　　독실한 경외심을 지녔지.
고귀하고 영원한 보관이 어울리고
　　　고위 사제에 적합하네.
그녀가 얻은 일곱 가지 메를
　　　그녀는 손에 들고 있네.
위대한 메의 귀부인
　　　그녀가 메의 수호자일세.

이 무렵에 인안나는 12신의 전당에 들어갔다. 또 닌하르삭을 대신해 물 딜바트(Mul Dilbat), 곧 행성인 금성이 그녀의 상징 천체가 되었고, 별자리 압신(Absin), 곧 처녀자리를 황도대의 집으로 삼았다. 처녀자리에 대한 묘사는 수메르 시대부터 거의 변하지 않았다. 【그림 79】 인안나는 스스로 희열을 드러내면서 신과 인간을 포함한 모두를 향해 '나는 여왕이다!' 하고 외치고 있는 것이다.

찬가들은 신들 사이에 자리한 그녀의 새로운 지위와 그녀의 천체 상징들을 확인한다.

천상에서 나타난 분에게
천상에서 나타난 분에게

[그림 79] 처녀자리의 상징 그림

"만세!" 하고 우리는 외친다. (…)

고귀하고 위대하고 믿을 수 있는 그분

그녀가 밤에 찬란하게 나타난다.

거룩한 횃불이 천상을 가득 채운다.

천상에서 그녀가 차지한 위치는 달과 해와 같다. (…)

천상에서 그녀는 걱정이 없는, 아누의 착한 '야생 암소'이고

지상에서 그녀는 영원한 땅의 여주인이다.

압주에서, 에리두로부터 그녀는 메를 받았다.

그녀의 후견자 엔키가 그것을 선물했다.

영주권과 왕권을 그가 그녀 손에 쥐여주었다.

아누와 함께 그녀는 높은 옥좌에 앉고

엔릴과 함께 그녀는 자기 땅의 운명을 결정한다.

찬가는 신들 사이에서 자리한 그녀의 높은 지위에서 방향을 돌려 '검은 머리 사람들', 곧 수메르인들의 그녀에 대한 숭배로 이어진다.

수메르의 창고들이 풍요로 가득 찰 때

온 땅에서 검은머리 사람들이 모여든다. (…)

그들은 그녀에게 …을 가져오고

그들은 그녀 앞에 분쟁을 해결해 달라고 가져온다.

그녀는 악을 심판하고 죄악을 허물어뜨린다.

그녀는 정의로운 자를 좋아하고

그들에게 순탄한 운명을 허락한다. (…)

선한 귀부인이고 아누의 기쁨인 그녀는 여걸이다.

그녀가 정말로 천상에서 나타난다. (…)

그녀는 강하고, 그녀는 믿을 수 있고, 그녀는 위대하다.

그녀에게서는 젊음이 넘친다.

에레크 사람들은 인안나에게 감사해야 할 충분한 까닭이 있었다. 이 여신의 통치 아래서 에레크는 풍요로운 수메르 문명의 중심지가 되었기 때문이다. 에레크 사람들은 그녀의 지혜와 용맹을 칭찬하면서 그녀의 미모와 매력도 잊지 않고 덧붙였다. 그리고 인안나가 '신성 결혼(Hieros Gamos)'이라는 성적 의식을 관례화한 게 이때쯤이었을 것이다. 사제 통치자가 인안나와 결혼하도록 하는 의식인데, 단 하룻밤에 그치는 것이었다. 잇딘다간(Iddin-Dagan)이라는 왕이 지었다고 하는 한 문서는 음악과 남창(男娼) 등이 함께하는 인안나의 신전 생활 모습 전체를 묘사하고 있다.

남창들이 그녀의 머리를 빗긴다. (…)

그들은 색색의 띠로 그녀의 목을 장식한다. (…)

그들이 순수한 인안나의 앞을 걸을 때

오른쪽은 여자의 옷으로 꾸미고 (…)

그들이 순수한 인안나의 앞을 걸을 때

왼쪽은 남자의 옷으로 덮는다. (…)

그들은 그녀 앞에서 줄넘기와 물들인 끈 재주를 겨룬다. (…)

굴렁쇠를 든 젊은이가 그녀 앞에서 노래를 부른다. (…)

처녀 여사제 슈기아(Shugia)들이 인안나 앞을 행진한다. (…)

그들은 귀부인을 위해 잠자리를 준비한다.

그들은 향기로운 삼나무 기름으로 침대를 닦는다.

인안나를 위해, 왕을 위해 그들은 잠자리를 준비한다. (…)

왕은 당당하게 그녀의 깨끗한 무릎 아래로 다가간다.

당당하게 그는 인안나의 무릎 아래로 다가간다. (…)

그는 그녀의 깨끗한 무릎을 쓰다듬는다.

그녀는 침대 위에서 깨끗한 무릎을 뻗는다.

그녀는 침대 위에서 그와 사랑을 한다.

그녀는 잇딘다간에게 말한다.

"정말로 당신은 내 사랑이오."

이런 인안나의 성적 습관은 바로 엔메르카르로부터 시작되었을 것이다. 그 성적 결합으로 낳은 아들이 '신성한 루갈반다(Lugalbanda), 정의의 감독자'로 알려진, 반신반인의 다음 우루크 지배자였다. 루갈반다에 관해서도 엔메르카르의 경우처럼 몇 개의 서사 설화가 발견되었다. 인안나는 그가 자기 대신 아라타에 정주하기를 원했던 듯하다. 그러나 루갈반다는 매우 불안정하고 모험적이어서 한 곳에 머물러 있지 못했다. 「루갈반다와 후룸(Hurum) 산」이라는 서사 설화는 그가 '검은 신조(神鳥)'를 찾으러 '지구의 무시무시한 곳'으로 떠난 위험한 여행을 묘사한다. 그가 찾아간 산은 '산의 신들인 아눈나키가 땅속을 흰개미 굴처럼 파놓은 곳'이었다. 루갈반다는 '천상의 새'를 타려고 그 관리자에게 간청했다. 그의 말은 인간의 날고자 하는 욕망을 표현한 불후의 명언이다.

우투처럼, 인안나처럼 가게 해주세요.
이쉬쿠르의 일곱 폭풍처럼
불꽃을 뿜으며 날아오르게 해주세요.
굉음을 울려 퍼지게 해주세요!
내가 볼 수 있는 곳은 어디든 가게 해주세요.
내가 원하는 곳은 어디든 밟을 수 있게 해주세요.
내가 바라는 곳은 어디든 이를 수 있게 해주세요.

루갈반다는 후룸 산에 도착했다. '그 전면은 엔릴이 거대한 문으로 막아 놓았는데', 그가 다가가자 경비병이 막아섰다.

"그대가 신이라면
내가 호의적인 말을 하고
안으로 들여보내 주겠소.
그대가 인간이라면
그대의 운명은 내가 정하겠소." (…)
소중한 아들 루갈반다는
그의 손을 뻗치며 말했다.
"나는 샤라(Shara) 신과 마찬가지로

인안나의 소중한 아들이오."

그러나 성소의 경비병은 루갈반다를 들여보내지 않고 계시를 하나 주었다. 그는 참으로 먼 땅에 도착해 그 자신과 에레크를 유명하게 할 것이지만, 거기에 걸어서 가지는 않으리라는 것이었다.

본래 학자들이 「루갈반다와 엔메르카르」라 불렀다가 보다 최근에는 「루갈반다 서사시」라 부르는 또 다른 긴 서사 설화는 루갈반다가 반은 신의 혈통임을 확인하고 있지만 아버지가 누구인지는 밝히지 않는다. 그러나 그 상황과 이후의 사건들을 통해 우리는 그의 아버지가 엔메르카르임을 추측할 수 있다. 엔메르카르가 상징적 결혼을 빙자하거나 그런 형식조차 없이 인안나와 잠자리를 같이하도록 초대된 수많은 통치자들 가운데 첫 주자였음을 확인할 수 있다.

인안나의 이 '초대'는 유명한 「길가메쉬 서사시」에 잘 묘사되어 있다. 에레크의 다섯 번째 통치자인 길가메쉬는 죽어야 하는 인간의 운명을 피하고자 했다. 닌순(Ninsun) 여신의 아들이고 쿨라브(Kullab)의 고위 사제인 그는 '3분의 2가 신'이었기 때문이다. 『틸문, 그리고 하늘에 이르는 계단』에서 상세히 검토했듯이 그는 영생을 찾기 위해 먼저 삼나무 산의 '착륙장'으로 갔다. 레바논 산악에 있는 옛 착륙장이다(루갈반다도 분명히 거기에 간 것이다). 길가메쉬와 그 친구는 이 통제 지역의 방어선을 지키고 있던 기계 괴물과 싸웠는데, 우투의 도움이 없었으면 거의 죽을 뻔했다. 싸움에 지친 길가메쉬는 씻고 쉬려고 땀에 젖은 옷을 벗었다. 바로 이때 그 싸움을 하늘에서 보고 있던 인안나(이쉬타르)가 길가메쉬에 대한 갈망에 사로잡혔다.

그는 더러워진 머리칼을 감고 무기를 닦았다.

그는 등 뒤에서 머리채를 털었다.
그는 더러워진 옷을 벗어버리고 깨끗한 것으로 갈아입었다.
술 달린 외투를 휘감고 띠로 죄었다.
길가메쉬가 머리띠를 두르자
화사한 이쉬타르가 길가메쉬의 아름다움을 쳐다보았다.
"자, 길가메쉬, 내 사랑이 되어주오!" 하고 그녀는 말했다.
"그대의 아이를 낳게 해주오.
그대는 낭군이 되고 나는 각시가 됩시다."

그녀는 초대에 힘을 싣기 위해 길가메쉬가 그 제안에 동의하면 화려한 (영원하지는 않지만) 생활을 보장하겠다고 약속했다. 길가메쉬는 그녀가 '젊은 시절의 사랑 탐무즈, 곧 두무지와 짝 지워져 세월이 가도 비탄에 빠져 있으면서' 수많은 남자들과 사귀었다고 반박했다. 생각건대 그녀가 아직도 슬픔에 잠겨 있으면서도 사랑을 얻고 버린다는 것이다.

발에 꽉 끼는 신발처럼 (…)
바람을 막지 못하는 문처럼 (…)
당신은 누구를 영원히 사랑해 보았나요?

그는 이렇게 묻는다.

당신이 나와 사랑을 한다면
당신은 나도 그들처럼 대할 것이오.

화가 난 인안나는 이 때문에 길가메쉬를 향해 '천상의 황소'를 발사하도록 아누의 허락을 받았다. 길가메쉬는 에레크의 거리에서 이를 겨우 피해 목숨을 건졌다.

에레크의 황금시대는 영원히 계속될 수 없었다. 일곱 명의 왕들이 길가메쉬의 뒤를 이어 왕좌에 올랐다. 그리고 '우루크는 무기에 맞았고, 왕권은 우르로 옮겨졌다'. 야콥센(Thorkild Jacobsen, 1904~1993)은 『수메르 왕 명부 Sumerian king List』라는 그 주제의 가장 완벽한 연구를 내놓은 사람인데, 그는 수메르 왕권이 에레크에서 우르로 옮겨간 때가 기원전 2850년 무렵이라고 본다. 다른 학자들은 조금 늦은 기원전 2650년 무렵으로 보는데, 이런 두 세기의 차이는 후대까지 이어졌지만 학자들은 그 이유를 설명하지 못하고 있다.

여러 통치자들의 지배 기간은 왕권 소재지가 수메르의 주요 도시들 사이에서 이리저리 왔다갔다하면서 갈수록 짧아져 갔다. 우르에서 아완(Awan)으로, 그리고 다시 키쉬로, 하마지(Hamazi)라는 도시로, 그런 다음에 다시 에레크와 우르로, 아다브(Adab)와 마리(Mari)로, 그리고 다시 키쉬로, 악샤크(Akshak)와 다시 키쉬로, 그리고 마지막으로 다시 한 번 에레크로 옮겨갔다. 겨우 220년이 지나는 동안에 키쉬 왕조가 세 번 더 있었고, 에레크에 세 번, 우르에 두 번, 그리고 다른 다섯 개 도시에 한 번씩 있었다. 이 시기는 어느 모로 보나 변동이 심한 기간이었다. 이 시기는 또한 도시들 사이에 분쟁이 많아진 때였다. 주로 용수권(用水權)과 관개 시설을 둘러싼 것이었는데, 이는 한편으로 기후가 건조해진 탓이었고 다른 한편으로는 인구가 늘어나고 있었기 때문이었다. 모든 경우에 패한 도시들은 '무기에 맞았다'고 표현되었다. 인간들이 스스로의 전쟁을 시작한 것이다!

국지적인 분쟁을 해결하기 위해 전쟁에 의존하는 일이 더욱 일상화되었다. 이 시대의 새김글들을 보면 전쟁에 시달리던 주민들이 공물과 숭배 강화 등으로 신들의 지원을 이끌어내기 위해 경쟁하고 있었음을 알 수 있다. 전쟁을 벌이는 도시국가들은 사소한 분쟁에서까지도 뒷배를 봐주는 신들에게 점점 더 의존하게 되었다. 한 번은 닌우르타가 어떤 도시의 관개 수로가 다른 도시의 경계를 침범했는지의 여부를 판정하는 일에 연루되었음이 기록에 남아 있다. 엔릴 역시 전쟁 당사국들에 교전 중지를 명령해야 하는 상황에 내몰리기도 했다. 이런 상시적인 분쟁과 불안정 상태는 곧 신들이 더 이상 참을 수 없는 한계점에 이르렀다. 전에 한 번, 대홍수가 오기 전에 엔릴은 인간들에게 넌더리가 나서 이들을 대홍수로 절멸시킬 계획을 세웠었다. 그리고 바벨탑 사건 때 그는 인간들을 흩어버리고 말을 혼란시키도록 명령했다. 그리고 이제 그의 혐오감이 다시 커지고 있었다.

신들이 본래의 수도인 키쉬를 왕권의 중심으로 재건하고자 했던 마지막 시도가 그 이후 일어난 사건들의 역사적 배경이었다. 신들은 네 번째로 왕권을 키쉬로 돌리고 신·이쉬타르·샤마쉬에 충성함을 나타내는 이름을 가진 지배자들의 왕조를 열었다. 그러나 그 가운데 두 지배자는 닌우르타 부부의 추종자임을 나타내는 이름을 지녔다. 신 가문과 닌우르타 가문 사이의 경쟁이 되살아났다는 증거인 것이다. 그 결과 왕위에는 '석수(石手)' 난 니아(Nannia)라는 보잘것없는 사람이 앉게 되었다. 그는 겨우 7년 동안 재위했다.

이런 혼란스런 상황에서 인안나는 왕권을 에레크로 되찾아올 수 있었다. 이 일을 위해 선택된 루갈자게시(Lugal-zagesi)라는 사람은 25년 동안 신들의 지원을 유지했다. 그러나 결국 그는 키쉬를 확실하고 영구하게 멸망시키기 위해 그곳을 공격했다가 엔릴의 노여움만 사고 말았다. 그리고 인간

【그림 80】 샤르루킨의 모습을 새긴 조상

왕이 지배하는 강력한 국가라는 생각이 점차 설득력을 얻게 되었다. 이 모든 분쟁에 휘말리지 않은 누군가가, 확실한 지도력을 발휘해 모든 세속적인 일에서 신들과 인간들 사이의 유일한 가교로서 다시 한 번 왕의 역할을 제대로 해낼 수 있는 누군가가 필요했다.

그런 사람을 발견한 것은 인안나였다. 어느 날 하늘을 날아서 이동하고 있을 때였다.

기원전 2400년 무렵에 인안나가 그를 만난 뒤 새로운 시대가 열렸다. 그는 키쉬 왕의 성배(聖盃) 담당으로 입신한 사람이었다. 그는 중앙 메소포타미아에서 국가의 정권을 이어받은 뒤 재빨리 영토를 수메르 전역으로 확장했고, 이웃 나라와 심지어 먼 땅까지 손을 뻗쳤다. 이 첫 제국 건설자의 통칭은 샤르루킨, 곧 '진정한 지배자'였다. 현대의 교과서에서는 그를 사르곤 1세 또는 사르곤 대왕으로 부른다. 【그림 80】 그는 바빌론에서 멀지 않은 곳에 완전히 새로운 수도를 스스로 건설하고 '통합'이라는 의미의 아가데라 불렀다. 우리는 이를 아카드로 알고 있고, 거기서 최초의 셈계 언어인 아카드어라는 말이 나왔다.

「사르곤의 전설」로 알려진 한 문서는 사르곤 자신의 입을 빌려 그의 기묘한 개인사를 기록하고 있다.

> 나는 아가데의 강력한 왕 사르곤이다.
> 내 어머니는 고위 여사제였고, 아버지는 알지 못한다. (…)
> 고위 여사제인 나의 어머니는 나를 잉태하고
> 남의 눈을 피해 나를 낳았다.
> 그녀는 나를 골풀 바구니에 넣고 역청으로 덮개를 봉했다.
> 그녀는 나를 강물에 던졌지만 그래도 나는 가라앉지 않았다.
> 강은 나를 싣고 수로를 관리하는 아키(Akki)에게 데려다주었다.
> 수로를 관리하는 아키는 물을 대다가 나를 들어 올렸다.
> 수로를 관리하는 아키는 나를 아들로 삼고 길러주었다.
> 수로를 관리하는 아키는 나를 그의 정원사로 삼았다.

모세의 경우와 유사한 이 이야기는(모세 시대보다 1,000년 이상 전에 쓰인 것이다!) 여기서 명백한 의문에 대한 대답으로 이어진다. 어떻게 부계조차 모르는 사람이, 일개 정원사가 강력한 왕이 되었는가? 사르곤은 이 의문에 이렇게 대답했다.

> 내가 정원사였을 때 이쉬타르가 내게 사랑을 허락했다.
> 그리고 54년 동안 왕권을 행사했다.
> 나는 검은머리 사람들을 지배하고 통치했다.

이 간결한 설명은 다른 문서에서 부연된다. 일꾼인 사르곤과 사랑스런 여신 이쉬타르의 만남은 우연이었지만 순수한 것과는 거리가 멀었다.

어느 날 나의 여왕이
하늘을 건너고 땅을 건넌 뒤
인안나가
하늘을 건너고 땅을 건넌 뒤
엘람과 슈부르(Shubur)를 건넌 뒤
…을 건넌 뒤
여신에게 피로가 몰려와 잠에 빠졌다.
나는 나의 정원 끝에서 그녀를 보았다.
그녀와 입을 맞추고 그녀와 한몸이 되었다.

인안나는(그때쯤은 잠에서 깼을 것이다) 사르곤에게서 이상형의 모습을 발견했다. 그는 그녀의 잠자리에 대한 열망뿐만 아니라 정치적 야심까지도 채워줄 수 있는 남자였다. 「사르곤 연대기」로 알려진 한 문서는 이렇게 전하고 있다.

아가데 왕 샤르루킨은
이쉬타르의 시대에 권좌에 올랐다.
그에게는 경쟁자도 적수도 없었다.
그는 공포를 불러일으키는 마법을
모든 나라에 펼쳤다.

그는 동쪽의 바다를 건넜고
그는 서쪽의 나라를 정복했다.
할 수 있는 한 모든 나라를 정복했다.

수수께끼 같은 '이쉬타르의 시대'라는 언급이 학자들을 당황케 했다. 그러나 그것은 말 그대로의 의미일 따름이다. 어떤 이유에서든 그 시기에 인안나(이쉬타르)는 그녀가 선택한 사람을 권좌에 앉히고 자신을 위한 제국을 만들게 할 수 있었던 것이다.

그는 우루크를 무찌르고 그 성벽을 무너뜨렸다. (…)
그는 우르 주민들과 벌인 싸움에서 이겼다. (…)
그는 라가쉬에서 멀리 바다까지 이르는 모든 땅을 정복했다.

수메르의 옛 영역을 넘어서까지 정복 활동이 벌어졌다. '마리와 엘람이 사르곤 앞에 복종했다.'

사르곤의 위풍당당함과 안안나의 위대함이 한데 합쳐져 새로운 수도 아가데와 인안나에게 봉헌되는 그곳의 울마쉬(Ulmash) 신전 건설로 나타났다. 울마쉬는 '화려함'이라는 뜻을 지녔다. 수메르의 한 역사 기록은 이렇게 말한다.

그 시절에 아가데의 집들은 금으로 가득 찼고
그 밝게 빛나는 건물들은 은으로 가득 찼다.
그 창고로 구리와 납, 청금석 판들이 들어왔으며
그 곡물 창고는 옆구리가 터질 지경이었다.

그 할아버지들에게는 지혜가 있었고
그 할머니들에게는 말솜씨가 있었다.
그 젊은이들에게는 강한 무기가 있었고
그 아이들의 가슴에는 기쁨이 넘쳐났다. (…)
그 도시는 음악 소리로 가득 찼다.

그 아름답고 행복한 도시에 신전이 세워졌다.

신성한 인안나는 아가데에 신전을 세웠다.
그녀의 웅장한 거처였다.
그녀는 울마쉬에 옥좌를 마련했다.

그 신전은 그녀에게 봉헌된 수메르 온 도시의 사당 가운데 최고였다. '에레크에서는 에안나가 나의 것이다' 하는 식으로 인안나는 니푸르·우르·기르수(Girsu)·아다브·키쉬·데르(Der)·악샤크·움마에 있는 그녀의 사당을 열거한 뒤 마지막으로 아가데의 울마쉬를 꼽았다. 그녀는 '나만 한 신이 어디 있는가?' 하고 반문했다.

그러나 사르곤이 그 이후 수메르 및 아카드로 알려진 지역의 왕위에 오르도록 인안나가 추진하긴 했지만, 아누와 엔릴의 동의와 축복이 없었다면 불가능했을 것이다. 본래 니푸르 엔릴 신전의 엔릴 앞에는 사르곤 조각상이 놓여 있었다. 그 조각상에 새겨진 두 언어(수메르어와 아카드어)의 문서는 사르곤이 이쉬타르가 위임한 '지휘·감독자'일 뿐만 아니라 '아누에게서 임명된 사제'이고 '엔릴의 고위 대리인'이기도 했다고 말한다. 사르곤은 '자신을 영주와 왕의 자리에 올린' 것이 엔릴이었다고 기록했다.

자신의 정복 활동에 관한 사르곤의 기록들은 인안나를 전쟁터에 적극적으로 나타나는 존재로 묘사하고 있지만, 정복 범위와 영토의 넓이 등에 관한 전체적인 결정은 엔릴 덕분이라 여기고 있다.

엔릴은 그 땅의 왕 사르곤에
누구도 맞서지 못하게 했다.
위쪽 바다에서 아래 바다까지를
엔릴은 그에게 주었다.

사르곤 새김글은 반드시 마무리 부분에서 아누·엔릴·인안나와 우투(샤마쉬)를 자신의 '증거자'로 들고 있다.

위쪽 바다(지중해)에서 아래 바다(페르시아 만)까지 펼쳐져 있는 이 거대한 제국을 유심히 살펴보면 우선 사르곤의 정복이 신(Sin)과 그 자손인 인안나 및 우투의 영지에 한정되어 있고 그 전성기에조차도 틀림없이 엔릴계 신들의 영토 안에 머물렀음을 알 수 있다. 사르곤은 닌우르타의 도시인 라가쉬에 이르고 라가쉬보다 남쪽에 있는 땅들을 정복했지만 라가쉬 자체는 건드리지 않았다. 또한 닌우르타가 지배하고 있는 수메르 북동쪽으로 뻗어가지도 않았다. 그는 옛 수메르 영토를 넘어서면서 남동쪽 엘람 땅으로 들어갔다. 초기부터 인안나의 영향 아래 있던 지역이었다. 그러나 사르곤이 아다드의 영토인 서쪽의 유프라테스 강 중류와 지중해 해안으로 들어갈 때는 사정이 달랐다.

사르곤은 그 신 앞에서 기도하며 엎드렸다. (…)
그리고 신은 그에게 위쪽 지역 마리·야르무티(Yarmuti)·에블라와 멀리 삼나무 숲과 은의 산까지를 주었다.

사르곤의 새김글들을 보면 그는 신들이 직접 나눈 제4구역인 틸문이나, 엔키 자손들의 영지인 제2구역의 마간(이집트)과 멜루하(에티오피아)도 얻지 못했음이 분명하다. 그는 이들 땅과 평화적인 교역 관계만 유지했을 뿐이다. 수메르 안에서도 그는 닌우르타가 통제하는 지역이나 마르둑의 관할 구역에는 들어가지 않았다. 그러나 사르곤은 '그의 노년에' 실수를 저질렀다.

그는 바빌론의 토대에서 흙을 퍼다가
아가데 옆에 그 흙을 펴고
그 위에 새로운 바빌론을 건설했다.

이 행위가 얼마나 지독한 짓인지 이해하기 위해서는 '바빌론'의 의미를 상기할 필요가 있다. 바빌론은 밥일리, 곧 '신들의 관문'이었다. 도전적인 마르둑이 바빌론에 붙인 이 칭호와 기능은 신성화된 흙으로 상징되고 있었다. 지금 사르곤은 인안나의 부추김과 그녀의 야망에 내몰려 그 신성한 흙을 퍼다가 새로운 밥일리의 토대로 뿌렸다. 대담하게도 그 칭호와 기능을 아가데로 옮기려 한 것이다.

그것은 결국 여러 세기 동안 무시되어 온 마르둑이 다시 자기주장을 펼 수 있는 기회를 만들어주었다.

이렇게 사르곤은 불경죄에 걸렸다.
높은 신 마르둑이 격노해

기근으로 그 백성들을 궤멸시켰다.

동쪽에서 서쪽까지, 마르둑은 사르곤에게서 백성들을 떼어놓았다.

그리고 그가 안식할 수 없도록 벌을 주었다.

사르곤은 필사적으로 잇달아 터지는 반란을 진압하느라 '안식할 수 없었다'. 그는 신망을 잃고 괴로움에 지쳐 54년의 통치 끝에 숨을 거두었다.

12
재앙의 서곡

이쉬타르 시대 말기에 관한 정보는 여러 문서들로부터 얻을 수 있다. 이들을 한데 모으면 극적이고 놀라운 사건들에 대한 이야기가 펼쳐지게 된다. 한 여신이 지구의 최고 권력을 찬탈한 일, 니푸르에 있는 엔릴의 지성소(至聖所)가 더럽혀진 일, 제4구역에 인간의 군대가 쳐들어간 일, 이집트 침공, 아프리카 신들이 아시아 영토에 나타난 일, 이전에는 생각조차 할 수 없었던 행동들과 사건들, 신들 사이에서 격변이 일어나 인간 지배자들이 제 구실을 하지 못하는 계기가 되고 인간들이 처절하게 피를 흘린 일 등이다.

옛 적수가 다시 움직이기 시작하자 인안나는 무슨 수를 쓰더라도 절대 포기할 수 없었다. 그녀는 사르곤의 옥좌에 자신의 아들들을 차례로 앉히고 동부 산악 지역에 있는 자기 휘하 왕들을 전투에 끌어들이면서 자신의 무너진 제국을 위해 분노한 암사자처럼 싸웠다.

그 땅에 불길을 퍼붓고 (…)

성난 폭풍처럼 공격을 했다.

사르곤의 딸은 한 애처로운 시에서 이렇게 읊었다.

당신이 반역의 땅을 부수는 것을 보면
당신이 어떤 분인지 알 수 있습니다.
당신이 그 땅의 사람들을 몰살시키는 것을 보면
당신이 어떤 분인지 알 수 있습니다.

'이 땅은 당신의 것이라고 말하지 않는 도시들에 대해' '그 강에 피가 흐르게' 만들었다는 것이다.

인안나는 2년 넘게 닥치는 대로 파괴를 자행했고, 결국 신들은 이 대학살을 막는 유일한 방법은 마르둑을 다시 추방하는 것뿐이라는 결정을 내렸다. 사르곤이 바빌론의 신성한 흙을 가져가려 했을 때(그 상징성은 전설적인 사건들에 기원을 둔다) 바빌론으로 돌아온 마르둑은 도시를 요새화하고 특히 지하수로 시스템을 솜씨 좋게 정비해 도시가 공격을 받아도 끄떡없게 만들었다. 마르둑을 힘으로 몰아낼 수 없었거나 그러고 싶지 않았던 아눈나키는 마르둑의 동생 네르갈에게 도움을 청했다. '마르둑에게 겁을 주어' 바빌론의 '신의 자리에서 몰아내 달라'고 했다.

이 사건들에 대해서는 학자들이 「에르라(Erra) 서사시」라 이름 붙인 문서를 통해 알 수 있다. 이 문서에서 연대기 필자는 네르갈을 '에르라'라고 불렀는데, 이는 '라의 종'이라는 뜻으로 다소 경멸적인 통칭이다. 이 문서는 대파멸로 끝나는 일련의 사건들이 네르갈에게 책임이 있다고 주장하기 때문에 「네르갈의 죄상 이야기」라고 부르는 게 나을 듯하다. 그러나 이것

[그림 81] 네르갈을 환영하고 있는 마르둑

은 그 대재앙의 서곡에 대해 알고 이해하기 위한 귀중한 자료다.

그 임무를 받아들인 네르갈(에르라)은 마르둑과 직접 만나 이야기하기 위해 메소포타미아로 갔다. 메소포타미아에 도착하자 그는 먼저 에레크에 들렀다. '모든 신의 왕인 아누의 도시'지만, 물론 인안나(이쉬타르)와 부딪쳐야 하는 곳이기도 했다. 바빌론에 도착한 '그는 천상과 지상의 신전인 에삭일라에 들어가 마르둑 앞에 섰다'. 이 중대한 만남은 고대 미술가들이 기록해 왔다. [그림 81] 이 그림에서 두 신은 모두 무기를 잡은 모습이지만, 투구를 쓰고 기단 위에 올라서 있는 마르둑은 동생을 향해 어떤 환영의 표시를 해보이고 있다.

에르라는 칭찬과 비난을 섞어 마르둑에게 말했다. 마르둑이 바빌론을 위해 한 놀라운 일들, 특히 그 수로 시설은 마르둑의 명성을 '하늘의 별처럼 빛나게' 했다고 말하고, 그러나 그것이 다른 도시들의 물을 빼앗았다고 지적했다. 게다가 스스로 바빌론의 왕좌에 앉아 '그 신성한 구역에 불을 밝한' 것이 다른 신들을 화나게 했다고 말했다. '아누의 처소가 어둠으로 덮였다'는 것이다. 그는 마르둑이 계속해서 다른 아눈나키의 뜻을 거스를 수 없고, 틀림없이 아누의 뜻을 거스를 수 없을 것이라고 결론지었다.

그러나 마르둑은 대홍수의 여파로 지구에 생겨난 변화들을 지적하면서, 자신은 독자적으로 일을 처리할 수밖에 없었다고 설명했다.

대홍수의 여파로
천상과 지상의 명령이 길을 잃었다.
드넓은 지구에 있는 신들의 도시들이
온통 바뀌었다.
도시들은 본래 있던 위치로 돌아오지 않았다. (…)
내가 살펴보니 그 사악함에 혐오감이 들었다.
도시들이 본래의 자리로 돌아오지 않고
인간들의 존재는 줄어들었다. (…)
대홍수가 쓸어간 내 주거를
나는 다시 세워야 한다.
그 이름을 다시 붙여야 한다.

대홍수 이후 마르둑을 괴롭혔던 무질서 중에는 어떤 신성한 물건들을 차지하기 위해 에르라 자신이 저질렀던 잘못도 들어 있었다. 마르둑은 이렇게 묻는다.

명령을 내리는 도구인 '신들의 계시'와
통치권에 빛을 더해주는

왕권의 표지인 '신성한 홀'과 (…)

모든 것을 파괴하는 신성한 '발산의 돌'은 어디 있는가?

마르둑은 자신을 억지로 떠나게 하려는 것에 대해 이렇게 말했다.

내가 옥좌에서 내려오는 날

샘에서 물이 나오지 않고 (…)

물이 밀려오지 않으며 (…)

벌건 대낮이 어둠으로 바뀔 것이며 (…)

혼란이 일어나고 (…)

바람이 거세게 불고 (…)

질병이 퍼질 것이다.

이야기가 더 오간 뒤 에르라는 마르둑에게 '천상과 지상의 물건들'을 돌려주겠다고 제의했다. 그것들을 가지러 마르둑이 직접 아래 세계로 내려가야 한다는 조건이었다. 그리고 그는 바빌론의 '일'에 대해서는 걱정할 게 없다고 마르둑을 안심시켰다. 에르라 자신은 '그 문에 아누와 엔릴의 황소를 세우기 위해'서만 마르둑의 집에 들어갈 것이며, 수로 시설을 망가뜨리거나 하지는 않을 것이라고 말했다. (그런 날개 달린 황소 조각상들이 실제로 신전 유적지에서 발견되었다.)

마르둑은 이 말을 들었다.

에르라의 약속에서 호의를 느꼈다.

그래서 그는 옥좌에서 내려왔다.

그리고 광산의 땅으로, 아눈나키의 거처로

그는 발길을 향했다.

마르둑은 이렇게 설득당해 바빌론을 떠나기로 동의했다. 그러나 마르둑이 그렇게 하자마자 네르갈은 자신의 약속을 저버렸다. 호기심을 참지 못한 네르갈(에르라)은 수수께끼의 지하실 기구누(Gigunu)로 뛰어 들어갔다. 마르둑이 들어가면 안 된다고 신신당부한 곳이었다. 그리고 거기서 에르라는 '빛'(에너지가 발산되는 근원)을 사라지게 했다. 그러자 마르둑이 경고했던 대로 '낮이 어둠으로 바뀌고' '물이 제대로 솟아나지 않았으며' 곧 '땅이 황폐해지고 사람들은 죽어갔다'.

메소포타미아 전체에 영향이 미쳤다. 에아(엔키)와 신, 샤마쉬가 깜짝 놀랐다. '그들은 에르라에 대한 분노로 가득 찼다.' 사람들은 아누와 이쉬디르에게 희생을 바쳤지만 소용이 없었다. '물줄기는 말라갔다.' 에르라의 아버지인 에아가 그를 꾸짖었다.

"지금 마르둑 왕자가 물러났는데, 너는 무슨 짓을 한 거냐?"

그는 이미 준비된 에르라의 조각상을 에삭일라에 세우지 말라고 지시했다. 그러고는 에르라에게 명령했다.

"꺼져버려! 신들이 한 번도 가본 적 없는 곳으로 가라구!"

'에르라는 말을 하지 못했다.' 그러나 잠시뿐이었고, 곧 뻔뻔스런 말들을 내뱉었다. 그는 화가 나서 마르둑의 거처를 때려 부수고 그 문에 불을 질렀다. 도전적인 자세를 '그는 드러냈다'. 그는 마음을 바꾸어 떠나기로 하면서도 자기 부하들은 그대로 남아 있을 것이라고 말했다.

나의 전사들 문제라면

[그림 82] 종교 의식의 모습을 형상화한 엘람 출토 청동 조각상

그들은 돌아가지 않을 것이오.

그리고 에르라는 쿠타로 돌아갈 때 그렇게 했다. 그와 함께 왔던 사람들은 거기에 남아, 네르갈의 영향력이 셈의 땅에 오랫동안 유지되는 발판이 되었다. 그들에게는 바빌론에서 멀지 않은 곳에 거류지가 배정되었는데, 아마도 영구 주둔지로서였을 것이다. 구약 시대에 사마리아(Samaria)에는 '네르갈을 숭배하는 쿠타인들'이 있었다. 그리고 엘람에서는 공식적으로 네르갈을 숭배했다. 이 증거로 그곳에서 발견된 독특한 청동 조각상을 들 수 있는데[그림 82], 거기에는 틀림없이 아프리카인의 모습을 한 숭배자들이 신전 뜰에서 종교 의식을 진행하는 모습이 묘사되어 있다.

마르둑이 바빌론을 떠남으로써 그와 이쉬타르 사이의 갈등은 끝이 났다. 마르둑과 네르갈 사이에 틈이 생기고 네르갈이 아시아에서 영향력을 유지하게 되자 의도하지는 않았지만 이쉬타르와 네르갈 사이에 동맹 관계가 형성되었다. 아무도 예측하거나 아마도 아무도 바라지 않았을 잇단 비극적 사건들은 이렇게 운명적으로 잉태되었고, 아눈나키와 인간들을 궁극적인 파멸에 한 발 더 다가서게 만들었다.

인안나는 자신의 권위가 회복되자 아가데의 왕권을 재확립하고 '신(Sin)이 가장 좋아하는 자'라는 뜻의 이름을 지닌, 사르곤의 손자 나람신을 왕좌에 앉혔다. 마침내 그에게서 사르곤의 진정한 후계자가 될 소지를 발견한 인안나는, 그를 부추겨 웅장하고 거대한 것을 추구하도록 했다. 짧은 평화와 번영의 시기가 지난 뒤 인안나는 나람신을 몰아세워 옛 제국의 팽창에 나서도록 했다. 인안나는 곧 다른 신들의 영토를 잠식하기 시작했다. 그러나 그들은 인안나와 싸울 수 없었거나 싸우려 하지 않았다. 인안나에게 바치는 한 찬가는 이렇게 말한다.

고위 아눈나키 신들은 당신 앞에서
퍼덕이는 박쥐처럼 도망칩니다.
당신의 무시무시한 얼굴 앞에서
그들은 견딜 수 없습니다. (…)
당신의 화난 마음을 달랠 수 없습니다.

합병된 영토에 있는 바위 조각들을 보면 인안나가 무자비한 정복자로 변한 모습으로 그려져 있다. 【그림 83】

인안나는 정복전을 시작할 때만 해도 '엔릴이 사랑하는 자' 또는 '아누

[그림 83] 무자비한 정복자 인안나의 모습

의 지시를 수행하는 자' 등으로 불렸다. 그러나 이때 그녀의 생각은 본질적으로 바뀌기 시작했다. 반란 진압에서, 계산된 대권 장악 계획으로 변화한 것이었다.

두 부류의 문서들이 그 시기의 사건들을 기록하고 있다. 하나는 인안나 여신을 다룬 것이고, 다른 하나는 그녀의 대리인인 나람신 왕에 대한 것이다. 두 부류 모두, 인안나가 첫 번째로 도를 넘어선 목표로 삼은 것이 삼나무 산에 있는 착륙장이었다고 지적한다. 날아다니는 여신이었던 인안나는 그곳이 매우 익숙했다. 그녀는 그 산의 '커다란 문들을 태워버리고' 잠시 포위 공격을 한 끝에 그 경비 부대의 항복을 받아냈다. '그들은 자진해서 부대를 해체했다.'

재앙의 서곡

나람신 새김글에 기록된 것처럼 인안나는 그 뒤 남쪽으로 방향을 돌려 지중해 해안을 따라 도시들을 하나하나 정복해 나갔다. 비행통제센터가 있는 예루살렘을 정복했다고는 특별히 언급되지 않았지만, 인안나는 그곳에도 갔었던 게 틀림없다. 그녀가 내처 예리코까지 점령했다는 기록이 있기 때문이다. 전략적 요충지인 요르단 강 도하 지점이자 텔가술의 아눈나키 요새 맞은편에 자리 잡은 예리코는 신(Sin)에게 바쳐진 도시였는데, 역시 반역을 했다.

"이곳은 당신을 낳으신 당신 아버지의 땅입니다"
하고 예리코는 말하지 않았다.
그들은 굳은 맹세를 했지만
그것을 외면해 버렸다.

구약은 '이방 신들에 미혹되는 일'에 대한 훈계로 가득 차 있다. 수메르 문서도 같은 죄에 대해 말하고 있다. 예리코 사람들은 인안나의 아버지인 신(Sin)을 숭배하기로 굳게 약속했지만 마음을 바꾸어 다른 이방 신에게 충성을 바쳤다. 이 '대추야자의 도시'가 무기를 든 인안나에게 항복한 일은 원통인장에 묘사되어 있다. 【그림 84】

인안나는 카나안 남부를 정복함으로써 우주공항이 있는 제4지구 문턱에 섰다. 사르곤은 금지된 선을 넘을 엄두를 내지 못했다. 그러나 나람신은 인안나의 부추김 속에 선을 넘었다.

한 메소포타미아 왕실 연대기는 나람신이 시나이 반도로 들어갔을 뿐 아니라 여세를 몰아 마간(이집트) 땅까지 쳐들어갔음을 확인한다.

[그림 84] 대추야자의 도시 예리코의 항복을 표현한 원통인장 그림

사르곤의 자손인 나람신은 아피샬(Apishal)로 진군해
그 성벽을 부수고 이를 정복했다.
그는 아피샬의 왕인 리쉬아다드(Rish-Adad)와
아피샬의 재상을 직접 사로잡았다.
그리고 그는 마간국으로 진군해
직접 마간 왕 만누단누(Mannu-Dannu)를 사로잡았다.

위에 언급한 메소포타미아 왕실 연대기의 정확성은 거기에 나오는 다른 세부 사항들을 통해 별도로 확인되기 때문에 이 부분에 대해서도 의문을 가질 필요가 없다. 믿기 어려운 얘기로 들리겠지만 신들이 정한 제4지구 시나이 반도에 인간 왕과 인간의 부대가 지나갔다는 얘기다. 아주 먼 옛날부터 아시아와 아프리카 사이의 교역로는 시나이 반도의 지중해 쪽 해안을 따라 이어졌다. 나중에 이집트인들이 급수 기지를 세우고 로마인들이 긴요한 '해변 길'로 이용해 확대된 길이다. 따라서 고대에 이 길을 이용한 행인들은 우주공항이 위치한 중앙 평원에서 멀찍이 떨어져 다녔다. 그러나 군대를 이끈 나람신이 그저 해안로만 따라 행군했는지는 의문거리다. 이집트에서 만들었지만 메소포타미아와 엘람에서 고고학자들이 발견한 설화석고 병들에는 아카드어로 그 소유자가 '네 구역의 왕 나람신'이며 '마간 땅 왕의 병'이라고 밝혀져 있다. 나람신이 자신을 '네 구역의 왕'으로 부르기 시작했다는 것은 그의 이집트 정복을 확인해 줄 뿐 아니라 그의 영향권에 시나이 반도가 포함되어 있었음을 시사한다. 인안나가 '그저 지나간' 것만은 아닌 듯하다.

이집트 기록들에서도 나람신 시대쯤에 외세의 침입이 있었음이 확인된다. 이 기록들은 혼란과 무질서의 시기를 묘사하고 있다. 이집트학 연구자들에게 「이푸웨르(Ipuwer)의 경고」로 알려진 파피루스의 말을 빌리면 '외국인들이 이집트로 와서 (…) 고관들은 비탄에 빠졌다'. 이 시기는 종교와 왕권의 중심지가 북쪽의 멤피스-헬리오폴리스에서 남쪽의 테베로 옮겨간 때다. 학자들은 이 200여 년의 혼란기를 '제1중간기'라 부른다. 이는 제6왕조가 붕괴한 뒤의 시기다.

분명한 언질을 받지도 못한 인안나는 어떻게 이집트 신들의 저항을 받지 않고 시나이 반도에 쳐들어가고 이집트를 침략할 수 있었을까?

그 해답은 학자들을 당황케 한 나람신 새김글의 어떤 부분에 있다. 이 메소포타미아 지배자 나람신이 분명하게 아프리카의 신 네르갈을 숭배한 것이다. 이해할 수 없는 일이지만 「쿠타의 나람신 전설」 또는 종종 「쿠타 왕 문서」라고도 불리는 긴 문서를 보면 나람신이 아프리카에 있는 네르갈 숭배 중심지 쿠타에 가서 돌기둥을 세우고 상아로 만든 서판을 덧붙였는데, 거기에는 이 이례적인 방문이 모두 네르갈에게 경배하기 위한 것이라는 이야기가 담겨 있다.

네르갈이 아프리카를 훨씬 넘어 힘과 영향력을 미치고 있다는 사실을 나람신이 인식했었음은 그가 엘람의 지역 지배자들과 조약을 맺으면서 네르갈을 증거자 역의 신으로 거론했다는 사실에서 확인할 수 있다. 그리고 나람신의 레바논 삼나무 산 진군을 다룬 새김글에는 나람신이 그곳에서 성공을 거둘 수 있었던 것은 이쉬쿠르(아다드)가 아니라 네르갈 덕분이라고 나와 있다.

인간이 통치자가 된 이래
어느 왕도 아르만과 에블라를 쳐부수지 못했지만
이제 네르갈 신이 강한 나람신에게 길을 열어주셨다.
그가 나람신에게 아르만과 에블라를 주시고
아마누스와 삼나무 산과 위쪽 바다를 주셨다.

네르갈이 이상하게도 아시아에 영향력 있는 신으로 떠오르고 인안나의 대리인인 나람신이 대담하게도 이집트로 진군한 것은 모두 피라미드 전쟁 이후 확립된 4구역 현상 유지 체제 위반이며, 가능한 설명은 딱 한 가지다. 마르둑이 관심을 바빌론으로 돌린 사이에 네르갈은 이집트 최고신의 역할을 자임했다는 것이다. 그리고 마르둑에게 더 이상 싸움을 벌이지 말고 메소포타미아를 떠나도록 설득하러 갔는데, 좋은 의미에서 출발했던 것이 형제간의 지독한 반목으로 바뀌고 말았다.

그리고 이는 네르갈과 인안나 사이의 동맹으로 이어졌다. 그러나 그들이 서로를 밀어주는 형국이 되자 곧 다른 모든 신들의 반발을 사게 되었음을 깨닫는다. 인안나의 행동이 가져온 파괴적인 결과를 논의하기 위한 신들의 회의가 니푸르에서 열렸다. 엔키조차도 그녀가 지나쳤다는 데 의견을 같이 했다. 그리고 엔릴은 그녀를 체포해 재판에 회부하라는 포고를 내렸다.

이 사건들에 대한 정보는 학자들이 『아가데의 저주』라 부르는 연대기에서 얻을 수 있다. 인안나가 통제 불능 상태라는 판단에 따라 '에쿠르(니푸르에 있는 엔릴의 성역)의 말'이 그녀에게 발부되었다. 그러나 인안나는 잡히거나 재판에 회부될 때까지 손 놓고 기다리지 않았다. 그녀는 자신의 신전을 버리고 아가데에서 탈출했다.

> 죽음을 알리는 정적(靜寂)처럼
> '에쿠르의 말'이 아가데에 떨어졌다.
> 아가데는 온통 벌벌 떨었다.
> 그 울마쉬 신전은 공포에 휩싸였다.
> 거기에 살던 여신은 도시를 떠났다.
> 그 여자는 자신의 집을 버렸다.
> 성스러운 인안나가 아가데의 자기 사당을 버렸다.

그때쯤 높은 신들의 대표단이 아가데에 도착했지만 신전은 텅 비어 있었다. 그들이 할 수 있는 일이라고는 그 권한의 상징인 지위를 박탈하는 것뿐이었다.

> 닷새를 기다리고 열흘을 기다릴 필요도 없었다.
> 영주의 머리띠, 왕의 보관
> 지배자에게 주어진 옥좌를
> 닌우르타는 자기 신전으로 가지고 갔다.
> 우투는 그 도시의 '화술(話術)'을 가지고 갔다.
> 엔키는 그 '지혜'를 빼앗아갔다.

천상에 닿을 수 있는 그 무시무시함은
아누가 천상 가운데로 가지고 갔다.

'아가데의 왕권은 쇠약해지고 그 미래는 극도로 불행해졌다.' 그때 '나람신은 환상을 보았다'. 그의 여신 인안나로부터 온 전갈이었다.

그는 그것을 자기 혼자만 간직하고
입 밖에 내지 않았다.
누구에게도 그것에 관해 말하지 않았다. (…)
나람신은 7년 동안이나 기다리고 있었다.

인안나는 아가데를 떠나 숨어 있던 7년 동안 네르갈을 찾아가 머물렀을까? 이 문서는 답을 주지 않는다. 그러나 그곳은 인안나가 엔릴의 노여움에서 벗어나 있을 수 있는 유일한 피난처였으리라고 우리는 생각한다. 이어지는 사건들은, 이전보다 더욱 대담해지고 어느 때보다 더욱 큰 야망을 품은 인안나가 최소 한 명 이상의 거물급 신에게서 지원을 얻어냈음을 시사한다. 그리고 그것은 네르갈이었을 수밖에 없다. 따라서 인안나가 네르갈의 영지인 아래 아프리카에 숨어 있었으리라는 것이 가장 그럴듯한 추측인 듯하다.

인안나와 네르갈, 이 두 신은 상황에 대해 논의하고, 과거의 사건들을 돌아보며, 미래를 토론하고, 마침내 신들의 영토를 재편하기 위한 새로운 동맹을 결성했을까? 신체제는 정말로 가능해 보였다. 인안나가 지구에 있는 신들의 구체제를 산산조각 내버렸기 때문이다. 고대의 제목이 「모든 메의 여왕」인 한 문서는 실제로 인안나가 계획적으로 아누와 엔릴의 권위에 맞서 그들의 지배와 통제를 폐기하고 자신이 최고신인 '위대한 최고의 여왕'이라 선언했다고 밝힌다. 인안나는 자신이 '자기를 낳은 어머니보다도 더 높아졌으며, (…) 심지어 아누보다도 더 높아졌다'고 말하고 자신의 선언을 행동으로 뒷받침했다. 에레크에 있는 '아누의 집' 에안나를 접수해 이 아누 권위의 상징을 파괴하려 했다.

> 천상의 왕권은 여신이 접수했다. (…)
> 그녀는 성스러운 아누의 지배를 모두 바꾸었다.
> 위대한 아누를 두려워하지 않고
> 그녀는 아누에게서 에안나를 접수했다.
> 그 뇌쇄적인 매력과 줄기찬 유혹의 집
> 그 집을 그녀는 부수어버렸다.
> 인안나는 그곳 사람들을 공격해 사로잡았다.

아누에 대한 쿠데타와 함께 엔릴의 지위 및 권위의 상징에 대한 공격이 이루어졌다. 인안나는 이 일을 나람신에게 시켰다. 그가 니푸르의 에쿠르를 공격하고 이에 따라 아가데가 몰락한 일에 대해서는 「아가데의 저주」 문서에 상세히 나와 있다. 이 글을 보면 나람신은 7년을 기다린 뒤 새로운 계시를 받고 그로부터 '행동 방침을 바꾸었음'을 알 수 있다. 그는 새로운 명령을 받고 이를 실행에 옮겼다.

> 그는 엔릴의 말을 무시했다.
> 엔릴을 섬기던 자들을 쳐부수었다.
> 자신의 군대를 동원했고

영웅처럼 고압적인 태도에 익숙해졌다.
에쿠르에 감시자를 붙였다.

외관상 무방비의 도시를 활보하며 '그는 도적떼처럼 그곳을 약탈했다'. 그런 다음 그는 신성 구역에 있는 에쿠르로 가서 '그 집에 커다란 사다리를 세워놓았다'. 그는 문을 박차고 그 지성소로 들어갔다.

사람들은 이제 신성한 신상 안치소를 보았다.
빛이 들어갈 수 없었던 방이다.
아카드인들은 신의 성스런 그릇을 보았다.

나람신은 '그것들을 불구덩이에 던졌다'. 그는 '엔릴의 집 옆에 있는 부두에 커다란 배들을 대고 도시의 재산을 실어갔다'. 무서운 신성모독이 마무리되었다.

엔릴(그의 행방은 기록되지 않았으나 분명히 니푸르에서 멀리 떠나 있었을 것이다)은 '눈을 들어' 니푸르가 파괴되고 에쿠르에 대한 모독이 자행되는 것을 보았다. 엔릴은 '그의 소중한 에쿠르가 공격을 받자' 메소포타미아 북동쪽 산악지대에 사는 구티움 유목민들에게 아카드를 공격해 초토화시키라고 명령했다. 그들은 아카드와 그 도시들로 '메뚜기처럼 거대한 무리를 지어' 몰려들었고, '아무도 그들의 손아귀를 벗어나지 못했다'.

지붕 위에서 잠자던 사람은 지붕 위에서 죽었고
집 안에서 잠자던 사람은 매장을 하지 못했다. (…)
머리가 부스러지고 입이 부스러졌다. (…)

배반자의 피가 충직한 자의 피 위로 흘렀다.

한 번, 그리고 다시 한 번 다른 신들이 엔릴에게 의견을 전했다. 얘긴즉슨 '아가데에는 심한 재앙을 내려야 하지만' 다른 도시들과 농촌들은 살려달라는 것이었다! 엔릴이 마침내 동의하자 여덟 명의 높은 신들이 '에쿠르를 공격하려 했던 도시' 아가데에 재앙을 내리는 데 동참했다. 이 고대의 역사가는 이렇게 말했다.

그리고, 보라!
그 일이 일어났다. (…)
아가데가 파괴되었다!

신들은 아가데가 지구에서 사라져야 한다고 결정했다. 그리고 파괴되는 다른 도시들이 재건되어 사람이 다시 살게 되는 것과 달리, 아가데는 영원히 폐허로 남아 있어야 한다는 것이었다.

인안나는 그 부모의 노력으로 결국 '마음을 진정시켰다'. 정확히 무슨 일이 일어났는지는 문서에 나오지 않는다. 그러나 그녀의 아버지 난나르가 나서서 그녀를 다시 수메르로 데려오고, '그녀의 어머니 닌갈이 그녀를 위해 기도하고 신전 현관에서 그녀를 다시 맞아들였다'는 사실은 말하고 있다. 신들과 사람들은 그녀에게 호소했다.

충분히, 그러고도 남을 만큼 반성해 주길,
오, 위대한 여왕이여!

'그리고 최고의 여왕은 그녀를 위한 모임에서 이 기도를 받아들였다.'
이쉬타르의 시대는 끝이 났다.

모든 문헌 증거는 나람신이 니푸르를 공격했을 때 엔릴과 닌우르타가 메소포타미아에서 멀리 떠나 있었음을 시사한다. 그러나 산악지대로부터 아카드로 휩쓸고 내려온 유목민들은 '엔릴의 유목민들'이었으며 이들은 십중팔구 닌우르타의 인솔로 메소포타미아 대평원에 들어온 것으로 보인다.

「수메르 왕 명부」는 침입자들이 나온 땅을 구티움이라 부른다. 메소포타미아 북동쪽 산악지대에 있는 땅이다. 「나람신의 전설」에서는 이들을 움만만다(Umman-Manda)로 부르는데, 이는 아마도 '먼(또는 강한) 형제들의 유목민'이라는 뜻인 듯하다. 이들은 '신들이 건설한 도시가 있는 산악지대'에 위치한 '엔릴의 주거지 캠프'에서 온 것으로 되어 있다. 이 문서의 시구들을 보면 이들은 엔메르카르의 장거리 여행에 따라왔던 사람들의 후예들로 보인다. 엔메르카르는 '이들 무리를 죽여' 우투(샤마쉬)로부터 추방지에 머물라는 벌을 받았다. 이제 부족이 커지고 일곱 족장이 이끌게 된 이들은 엔릴의 명령에 따라 메소포타미아를 쳐부수고 '니푸르의 살인자들을 공격'한 것이다.

유목민들이 도시들을 차례차례 유린하고 있을 무렵 나람신을 뒤이은 허약한 후계자들이 얼마 동안 중앙 지배를 유지해 보려 했다. 이 혼란스런 상황은 「수메르 왕 명부」에 이렇게 묘사되어 있다.

누가 왕이었는가?
누가 왕이 아니었는가?
이르기기(Irgigi)는 왕이었는가?

나눔(Nanum)은 왕이었는가?

이미(Imi)는 왕이었는가?

엘룰루(Elulu)는 왕이었는가?

마침내 구티움인들이 수메르와 아카드 전체를 장악했다. '구티움 유목민들이 왕권을 쟁취했다.'

구티움인들은 91년 하고도 40일 동안 메소포타미아를 지배했다. 그들은 새 수도를 건설하지 않았다. 수메르에서 그 침입자들의 약탈을 피한 유일한 도시 라가쉬가 그들의 수도로 쓰였던 듯하다. 닌우르타는 라가쉬의 자기 옥좌에서 서서히 이 나라의 농업 재건을 추진했다. 가장 먼저 에르라-마르둑 사건 이후 붕괴된 관개 시설을 정비했다. 수메르 역사에서 닌우르타의 시대라는 명칭이 가장 적합한 시기였다.

이 시대의 중심은 라가쉬였다. 이 도시는 닌우르타와 그의 '검은 신조'를 위한 '신성 구역' 기르수로 출발한 곳이었다. 그러나 인간들과 신들의 야망이 충돌하기 시작하면서 닌우르타는 라가쉬를 수메르의 주요 중심지로 탈바꿈시켜야겠다고 결심했다. 그 자신과 아내 바우(Bau), 곧 굴라【그림 85】의 중심 거처일 뿐만 아니라, 법·질서에 대한 그의 생각과 도덕성·정의에 관한 그의 이상을 실현할 수 있는 곳으로서 변모시키는 것이었다. 이 일을 돕도록 하기 위해 닌우르타는 라가쉬에 인간 총독들을 두고 그들에게 이 도시국가의 행정과 방위를 맡겼다.

지금은 텔로(Tello)라고 불리는 라가쉬의 역사는 사르곤이 왕위에 오르기 300년 전에 시작되어 500년 동안 이어진 한 왕조를 만나게 해준다. 갈수록 무력이 판치는 환경에서 자위력을 갖추어 섬처럼 안정을 유지해 온 라가쉬 역시 수메르 문화의 주요 중심지 가운데 하나였다. 수메르의 종교적

【그림 85】 닌우르타의 아내 바우(굴라)

축일(祝日)들은 니푸르에서 연원했지만, 라가쉬는 만물 축제 같은 농사 일정과 관련된 축제의 전통을 만들어냈다. 그 필경사들과 학자들은 수메르어를 완전한 것으로 만들었다. 닌우르타가 '정의의 통치자'라는 칭호를 부여한 그 지배자들은 정의와 도덕성의 모범이었다.

　오랜 라가쉬 왕조의 초기 지배자 가운데 두드러진 사람이 기원전 2600년 무렵의 우르난쉐(Ur-Nanshe)다. 라가쉬 유적에서는 50개가 넘는 그의 새김글이 발견되었다. 여기에는 기르수를 짓기 위한 건축 자재를 들여오는 일도 기록되어 있다. 예컨대 신전 가구를 위해 틸문에서 들여온 특정 목재 같은 것들이다. 또한 광범위한 수로 시설과 운하 굴착, 제방 건설 등의 내용도 기록되어 있다. 그 서판 가운데 하나에는 우르난쉐가 건설 팀 하나를 지휘한 것으로 묘사되어 직접 육체노동을 하는 것도 마다하지 않았음을 보여준다.【그림 86】이름이 알려진 그 이후 40명의 총독들도 농업과 건축, 사회 입법, 윤리 개혁 등에서 이룬 업적을 기록으로 남겼다. 이들이 이룬 물

[그림 86] 우르난쉐의 모습을 담은 서판 그림

질적·도덕적 성취는 어떤 정부라도 자랑스러워할 만한 것들이었다.

그러나 라가쉬가 사르곤 및 나람신의 난세에 참화를 모면할 수 있었던 이유는 그곳이 닌우르타의 '숭배 중심지'였기 때문만은 아니다. 더욱 중요한 것은 그곳 사람들이 지닌 군사력이었다. '엔릴의 최고 전사'였던 닌우르타는 라가쉬를 다스리도록 그가 선택한 사람들이 반드시 군사 전문가가 되도록 유념했다. 에안나툼(Eannatum)이라는 사람은 최고의 전략가이자 상승(常勝) 장군으로, 그의 비석과 새김글이 발견된 바 있다. 그의 비석은 그가 전차를 타고 있는 모습을 보여주지만, 전차는 일반적으로 그보다 후대에 도입된 전투 장비로 받아들여진다. 여기에는 또 투구를 쓰고 정확하게 대형을 갖춘 부대의 모습도 담겨 있다. [그림 87]

랑베르(Maurice Lambert)는 『사르곤 이전 시대 La Période Pre-Sargonique』에서 이 비석에 대해 논평하면서 이렇게 썼다.

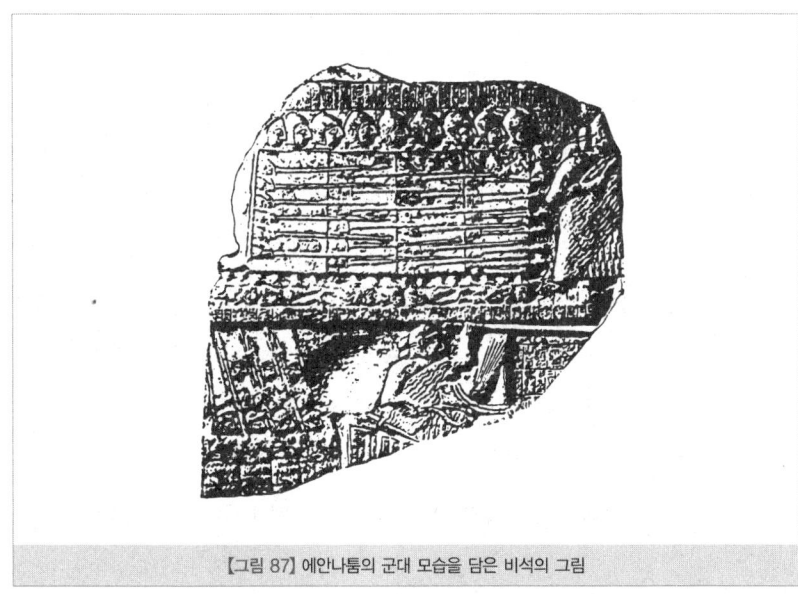
【그림 87】 에안나툼의 군대 모습을 담은 비석의 그림

방패병의 보호를 받는 이 창수(槍手) 보병은 라가쉬 군대로 하여금 가장 견고한 방어와 가장 빠르고 융통성 있는 공격을 가능케 했다.

이에 따른 에안나툼의 전승(戰勝)은 인안나(이쉬타르)조차도 감동시켜 그를 사랑하게까지 만들었다.

그녀는 에안나툼을 사랑한 나머지
라가쉬의 통치권과 더불어
키쉬의 왕권까지 그에게 주었다.

이런 방법으로 에안나툼은 수메르의 루갈(Lugal), 곧 '위대한 사람'이 되었고 그 땅을 군사적으로 장악해 법과 질서가 뿌리내리게 만들었다.

공교롭게도 아가데의 사르곤이 천하를 통일하기 이전의 혼란기에 라가쉬에는 강력한 군사 지도자가 아니라 우루카기나(Urukagina)라는 사회 개혁가가 나타났다. 그는 도덕성 회복과, 죄와 벌 개념에 근거하지 않고 공정과 정의에 바탕을 둔 법률 도입에 힘을 쏟았다. 그의 통치 아래서 라가쉬는 그 땅에 법과 질서를 유지하기에는 너무나 허약하다는 사실이 드러났다. 그의 허약함 때문에 인안나는 온 나라의 지배권을 회복하기 위한 노력의 일환으로 야심가인 움마의 루갈자게시를 에레크로 데려올 수 있었다. 그러나 이미 보았듯이 루갈자게시는 실책을 저질러 인안나가 새로이 선택한 사르곤에 의해 실각하고 말았다.

아가데가 종주(宗主)이던 시기 내내 라가쉬의 통치권은 끊이지 않고 유지되었다. 사르곤 대왕조차도 라가쉬는 비켜가고 건드리지 않았다. 나람신의 격동기 동안에도 멸망이나 복속을 면했다. 무엇보다도 그곳은 어떠한 공격에도 견딜 수 있도록 요새화하고 또 요새화한 강력한 성채였기 때문이다. 나람신 격동기에 라가쉬 총독이었던 우르바우(Ur-Bau)의 새김글을 보면, 그는 닌우르타로부터 기르수의 성벽과 임두구드 비행선 격납고의 방비를 강화하라는 지시를 받았다.

우르바우는 흙을 다져 돌처럼 만들고 (…)
진흙을 구워 금속처럼 만들었다.

그리고 임두구드의 착륙장은 '옛 흙을 새로운 토대로 바꾸고' 멀리서 수입해 온 거대한 목재 들보와 돌로 보강했다.

기원전 2160년 무렵 구티움인들이 메소포타미아를 떠났을 때 라가쉬는 갑자기 새로운 개화를 맞아, 수메르에서 가장 개명되고 유명한 몇몇 지배자들을 배출했다. 그 가운데 긴 새김글과 여러 개의 조각상으로 가장 유명한 축에 속하는 사람이 기원전 22세기에 재위했던 구데아(Gudea)다. 그의 시대는 평화와 번영의 시기였다. 그에 관한 기록은 군대와 전쟁이 아니라 교역과 재건에 관해 말하고 있다. 구데아의 활동 가운데 가장 두드러진 것은 크게 확장된 기르수에 닌우르타를 위해 웅장한 새 신전을 지은 일이었다. 구데아의 새김글에 따르면 '기르수의 영주'가 그의 '검은 신조' 옆에 선 채로 그의 환상 속에 나타났다고 한다. 그 신은 새로운 에닌누(Eninnu), 곧 '50단계 신의 집'을 구데아가 지어줘야겠다는 희망을 그에게 피력했다. 구데아는 두 가지 지침을 받았다. 하나는 여신에게서 받는데, 그녀는 한 손에 '좋아하는 하늘의 별에 관한 서판을 들었고' 다른 손에는 '성스러운 철필을 들었다'. 이를 통해 여신은 구데아에게 신전이 '좋아하는 행성' 쪽으로 방향을 잡아야 함을 가르쳐주었다. 또 한 가지 지침은 구데아가 알아보지 못하는 신이 주었는데, 그는 닌기쉬지다였던 것으로 밝혀졌다. 그는 구데아에게 보석으로 만들어진 서판을 건네주었다. '거기에는 신전의 설계도가 들어 있었다.' 구데아의 조각상 가운데 하나는 그가 이 서판을 무릎 위에 올려놓고 신의 철필을 그 옆에 놓은 모습으로 묘사되어 있다. 【그림 88】

구데아는 신전 설계도를 이해하려면 점술가와 '비밀 탐구자'의 도움이 필요하다고 생각했다. 그것은 현대 연구자들이 밝혀냈듯이 일곱 단 피라미드인 지구라트를 건설하기 위한 정교한 7분의 1 건축 설계도였다. 이 구조물에는 닌우르타의 공중 수레 착륙을 위한, 대단히 강화된 착륙장도 포함되어 있었다.

닌기쉬지다가 에닌누 설계에 참여했음은, 기르수에 이 신을 위한 특별한 사당이 포함되어 있다는 사실로 입증되듯이 단순한 건축상의 도움을 넘어

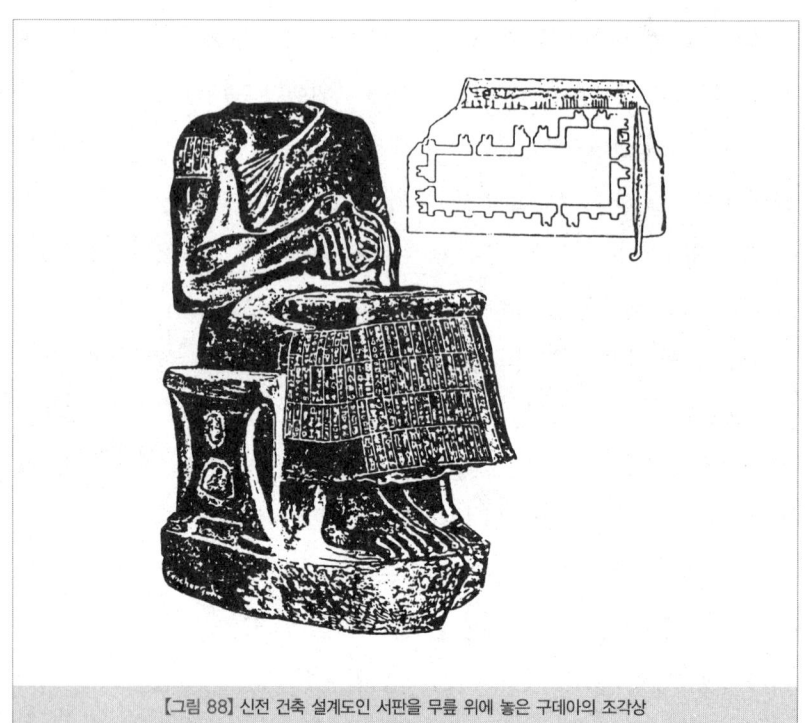

【그림 88】 신전 건축 설계도인 서판을 무릎 위에 놓은 구데아의 조각상

서는 중요성을 지닌 것이었다. 엔키의 아들인 닌기쉬지다는 치유 및 마법의 힘과 관련된 신으로, 수메르 새김글들에서 신전의 토대를 어떻게 해야 안전하게 할 수 있는지를 알고 있는 신으로 간주되었다. 그는 '설계도를 들고 있는 높은 신'이었다. 이미 살펴본 대로 닌기쉬지다는 바로 다름 아닌 토트였다. 토트는 이집트의 마력의 신이고, 기자 피라미드의 비밀 설계도 수호자로 지명된 바 있다.

이제 생각나겠지만 닌우르타는 피라미드 전쟁이 끝난 뒤 대피라미드 안에서 몇 개의 '돌'을 가져온 바 있다. 이제 신들과 인간들에 군림하려는 인안나와 그 뒤를 이은 마르둑의 뒤틀린 노력을 보고 닌우르타는 라가쉬에

【그림 89a】 닌우르타와 닌기쉬지다의 문양을 결합한 그림

【그림 89b】 스핑크스로 묘사된 닌우르타

자신을 위한 계단식 피라미드를 세움으로써 자신의 '50단계 지위'를 재확인하고 싶었다. 그 피라미드는 '50단계 신의 집'으로 알려지게 될 건물이었다. 이런 이유로 닌우르타는 닌기쉬지다(토트)를 메소포타미아로 초청해 자신을 위한 높은 피라미드를 설계해 달라고 부탁한 것으로 보인다. 이집트에서처럼 거대한 돌 토막으로 짓는 게 아니라 메소포타미아의 초라한 진흙 벽돌로 짓는 것이었다.

닌기쉬지다가 수메르에 머물면서 닌우르타에게 협조한 일은 닌기쉬지다의 사당뿐만 아니라 다양한 미술 작품들에도 남아 있다. 그 가운데 일부는 텔로에서 행한 60년 동안의 고고학적 작업을 통해 발견되기도 했다. 그 가운데 하나【그림 89a】는 닌우르타의 문장인 신의 새를 닌기쉬지다의 뱀과 결합시켰다. 다른 것【그림 89b】은 닌우르타를 이집트 스핑크스로 묘사했다.

구데아와 닌우르타–닌기쉬지다 협조의 시대는 이른바 이집트의 제1중간기와 일치한다. 이때 제9~10왕조(기원전 2160년~기원전 2040년) 왕들은 오

재앙의 서곡 **427**

시리스와 호루스 숭배를 버리고 수도를 멤피스에서 나중에 그리스인들이 헤라클레오폴리스(Heracleopolis)라 부른 도시로 옮겼다. 따라서 토트가 이집트를 떠난 일은 거기서 일어난 이런 동란의 한 양상이며, 그 뒤 그가 수메르에서 사라진 일도 마찬가지일 것이다. 반뷔런(E. D. van Buren)의 『닌기쉬지다 신*The God Ningizzida*』을 인용하자면 닌기쉬지다는 '구데아의 시대에 어둠 속에서 불려나온 신'이며 그저 '허깨비 신'이 되어서 후대에 바빌로니아와 아시리아에서 단지 기억으로만 존재하게 되었다.

구티움의 침입과 그 이후의 재건 기간 동안 계속된 수메르의 닌우르타 시대는 그저 막간극에 불과했다. 닌우르타는 본성상 산골 주민이어서 곧 다시 그의 '검은 신조'를 타고 하늘을 날아 북동쪽의 바위투성이인 자기 영지에 가거나 심지어 더 멀리까지 돌아다니기 시작했다. 그는 끊임없이 자기의 산악지대 부족민들에게 무예를 훈련시켜 기병대를 도입하기 쉽게 만들었고, 이에 따라 그들의 세력권을 수백 킬로미터에서 심지어 수천 킬로미터까지 확대했다.

그는 엔릴의 부름을 받고 메소포타미아로 돌아왔다. 나람신이 저지른 신성모독과 인안나가 일으킨 동란을 끝내기 위해서였다. 다시 평화와 번영이 찾아오자 닌우르타는 또 한 번 수메르에서 자취를 감췄고, 절대 포기할 리 없는 인안나가 그의 부재를 틈타 왕권을 다시 에레크로 가져갔다.

그 기도는 몇 해 가지 못했다. 아누와 엔릴이 그녀의 행위를 묵과하지 않았기 때문이다. 그러나 아슈르-13955로 분류된 부분적으로 파손된 서판에는 매우 흥미진진한 이야기를 담은 수수께끼의 문서가 들어 있다. 그 이야기는 아서(Arthur) 왕이 지닌 마법의 칼인 고대의 엑스칼리버(Excalibur) 전설 같다. (엑스칼리버는 바위 속에 끼워져 있어 왕위에 오르도록 선택된 자만이 뽑을 수 있었다고 한다.) 그리고 이것은 사르곤이 마르둑을 거스른 사건 등 이전에 일어난 사건들에 대해서도 밝혀준다.

'왕권이 하늘에서 내려와' 키쉬에서 시작되었을 때 아누와 엔릴은 그곳에 '하늘의 대행소'를 세웠다. 그들은 그 '토대의 땅에, 영원히 보존할' 슈하다쿠(Shuhadaku)라는 합금으로 만든 물건을 꽂아놓았다. 이 이름은 글자 그대로 번역하자면 '가장 강한 빛의 무기'다. 이 신성한 물건은 왕권이 키쉬에서 에레크로 옮겨가면서 그리로 옮겨졌다. 그것은 왕권이 옮겨가는 대로 옮겨졌는데, 다만 그 왕권의 변화가 높은 신들에 의해 결정된 경우에만 그러했다.

이런 관습에 따라 사르곤은 그 물건을 아가데로 가져갔다. 그러나 마르둑이 이의를 제기했다. 아가데는 전혀 새로운 도시이고 '천상과 지상의 높은 신들'이 왕도가 되도록 선택한 도시들에 들지 못했다는 것이었다. 마르둑의 견해에 따르면 아가데를 선택한 신들, 곧 인안나와 그 지지자들은 '반역자들이고 모호한 외피를 걸치고 있는 신들'이라는 것이다.

바로 이 문제를 해결하기 위해 사르곤은 바빌론으로 가서 이 '신성화된 흙'이 있는 장소를 찾았다. 그의 생각은 그 흙을 조금 파내 '아가데 앞에 있는 터에 옮겨놓고' 거기에 신성한 무기를 꽂아 그것이 아가데에 있음을 정당화시킨다는 것이었다. 마르둑이 사르곤에 맞서는 반란을 조장하고 그를 '안식할 수 없게'(일부는 '불면증'이라는 용어를 쓰기도 한다) 만든 것은 그에 대한 벌이었다고 문서는 말한다. 사르곤은 결국 이 때문에 죽었다.

이 수수께끼의 문서를 더 읽어보면 나람신 통치기 이후의 구티움 점령기에는 이 신성한 물건이 '수리 시설 한구석에' 처박혀 있었다. '그들은 이 신성한 물건을 어떻게 다루어야 하는지 몰랐기' 때문이다. 이때 마르둑은 이 물건이 지정된 자리에 있어야 하며, '파괴를 초래한 신들이 이를 원상

회복할 때'까지 '이를 공개'하거나 '어떤 신에게도 제공'되어서는 안 된다고 주장했다. 그러나 인안나가 다시 기회를 잡아 에레크의 왕권을 회복하자 그녀가 선택한 왕 우투헤갈(Utu-Hegal)은 '슈하다쿠를 처박혀 있던 곳에서 찾아내 자기 손에 넣었다'. 하지만 '원상회복은 아직 이루어지지 않은' 때였다. 우투헤갈은 승인도 없이 '자기가 포위하고 있는 도시를 향해 이 무기를 사용하려 했다'. 그는 이 무기를 사용하고는 곧바로 죽어 넘어졌다. '강이 물에 빠진 그의 시체를 삼켜버렸다.'

닌우르타가 수메르를 비우고 인안나가 왕권을 에레크로 다시 돌리려다가 실패한 뒤 엔릴은 신들의 수메르 통치가 더 이상 방치되어서는 안 된다는 사실을 깨달았다. 그리고 이 일에 가장 적합한 후보는 난나르(신)였다.

난나르는 격동의 시기 내내, 바로 자신의 딸인 인안나를 비롯한 보다 적극적인 대권 주자들에 가려 있었다. 이제 그는 마침내 엔릴의 맏아들(지구에서의)이라는 위상에 걸맞은 자리를 차지할 기회를 얻게 되었다. 이 이후의 시기(이를 난나르의 시대라 부르자)는 수메르 연대기에서도 가장 영광스러운 축에 속하는 시대다. 그 시대는 또한 수메르의 마지막 성세(盛世)이기도 했다.

그가 가장 먼저 해야 할 일은 그의 도시 우르를 대도시로 만들어 거대 제국의 수도가 될 수 있도록 하는 것이었다. 난나르는 학자들에 의해 우르 제3왕조로 알려진 새로운 계통의 지배자들을 발탁해 이 수도와 수메르 문명이 물질적·문화적으로 전례 없는 고도의 진보를 이룰 수 있도록 했다. 난나르와 그의 아내 닌갈은 이 성곽 도시의 가장 우뚝한 건물인 거대한 지구라트에서 나랏일을 적극적으로 보살폈다. 【그림 90】 그 지구라트의 무너진 잔해는 4,000여 년이 지난 지금까지도 메소포타미아 평원에 떡 버티고 솟

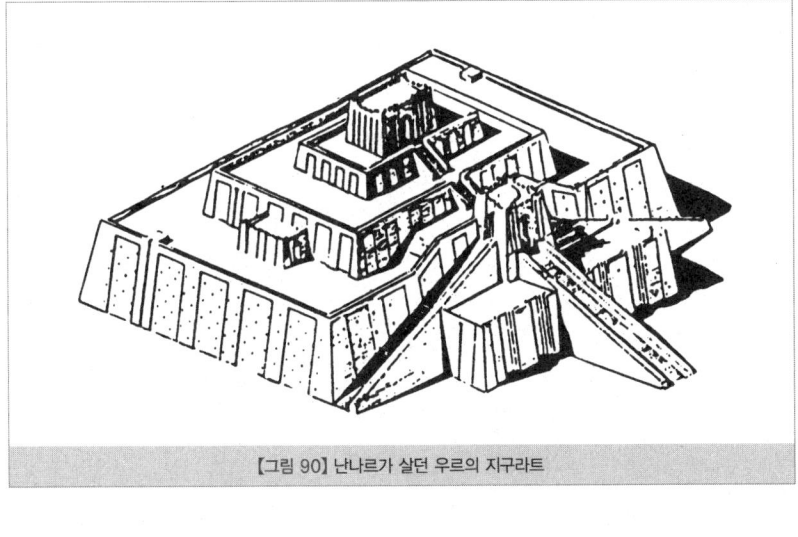
【그림 90】 난나르가 살던 우르의 지구라트

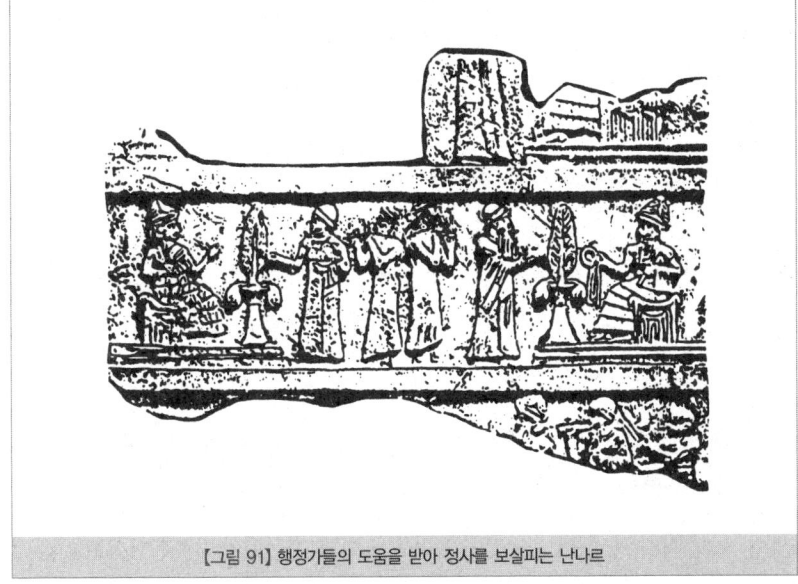
【그림 91】 행정가들의 도움을 받아 정사를 보살피는 난나르

재앙의 서곡 431

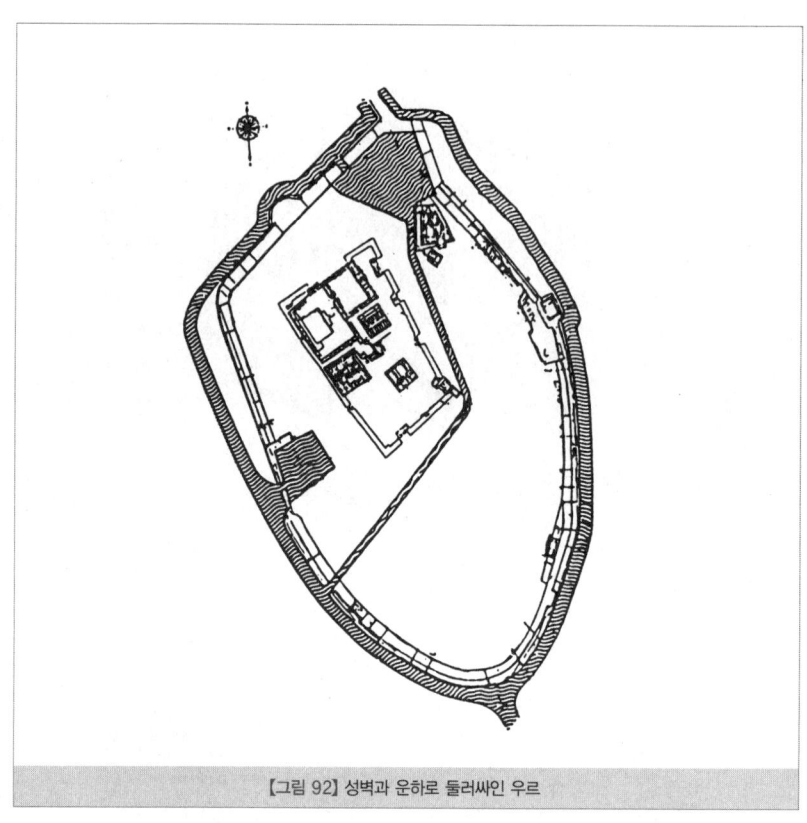

[그림 92] 성벽과 운하로 둘러싸인 우르

아 있다. 그들은 각급 사제들과 왕을 비롯한 공무원들의 도움을 받아[그림 91] 우르의 농업을 지도해 수메르의 곡창이라는 소리를 듣게 만들었고, 목축을 이끌어 우르를 근동의 모직물 및 의류 산업 중심지가 되게 했으며, 육상로 및 해상로를 통한 대외 교역을 발전시켜 수천 년이 지난 뒤에도 우르의 상인을 기억할 수 있게 만들었다. 이 번성하는 교역과 널리 미치는 연결망에 이바지하는 한편, 도시의 방어도 강화하기 위해 도시를 둘러싼 성벽 주위에 다시 배가 다닐 수 있는 운하를 팠다. 서항(西港)과 북항(北港)의 두 항구를 설치하고 내부 운하를 파서 이 두 항구를 연결시켰으며, 이 내부 운

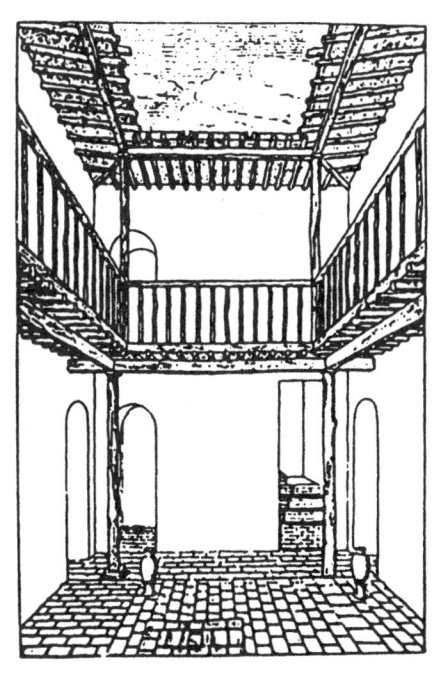

【그림 93】 우르의 다층집 내부

하는 다시 성소·왕궁·관청가를 도시의 주거 및 상업 지역과 구분해 주는 역할도 하도록 했다. 【그림 92】 이 도시의 하얀 집들은 대부분 다층이었는데 【그림 93】, 멀리서 보면 보석처럼 빛났다. 거리는 반듯반듯하고 폭이 넓었으며, 네거리에는 사당이 많이 들어섰다. 이 도시의 사람들은 근면했고, 행정은 매끄럽게 돌아갔다. 주민들은 신앙심이 깊은 사람들이어서 자신들을 보살펴주는 신들에게 기도를 잊지 않았다.

'우르의 기쁨'이라는 뜻의 이름을 지닌 우르 제3왕조의 첫 번째 지배자 우르남무(Ur-Nammu)는 그저 인간이 아니었다. 그는 반신반인이었고, 그의

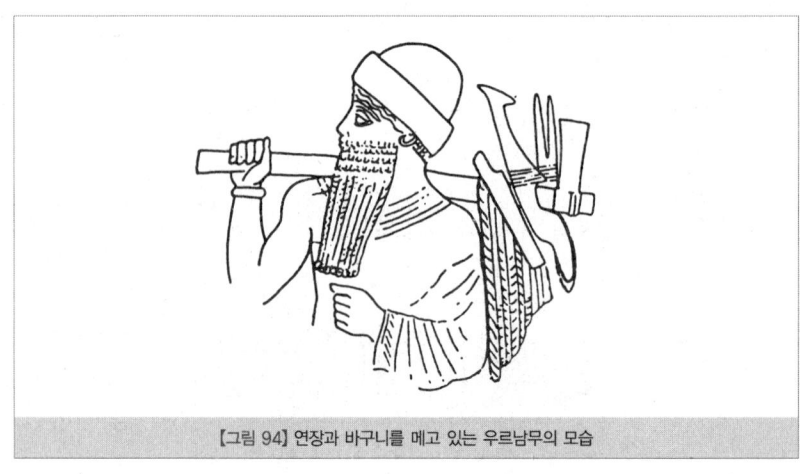

[그림 94] 연장과 바구니를 메고 있는 우르남무의 모습

어머니는 닌순 여신이었다. 그에 관한 방대한 기록을 보면 '아누와 엔릴이 왕권을 우르의 난나르에게 넘겨주고' 우르남무가 백성들의 '진정한 목자'로 선택된 직후 신들은 우르남무에게 새로운 도덕성 회복에 나서도록 주문했다. 라가쉬의 우루카기나가 도덕성 회복을 추진한 이래 300년 가까운 세월이 흐르면서 아카드의 흥망과 아누의 권위에 대한 도전, 엔릴의 에쿠르에 대한 모독 등이 이어졌다. 불법과 억압, 부도덕이 판을 쳤다. 엔릴은 우르남무 통치 하의 우르에서 다시 한 번 인간들을 '나쁜 길'에서 '올바른' 길로 이끌기 위한 시도를 추진했다. 우르남무는 정의와 사회적 행동에 관한 새로운 규범을 선포해 '평등성을 확립하고 비방을 없앴으며 폭력과 싸움을 종식시켰다'.

엔릴은 이 '새출발'에 상당한 기대를 갖고 처음으로 니푸르의 수호를 난나르에게 맡겼다. 또한 우르남무에게는 나람신에 의해 부서진 에쿠르의 복구를 위해 필요한 지침을 내렸다. 우르남무는 이 일에 관해 돌기둥을 세워 기록을 남겼는데, 거기에는 그가 건설 공사에 필요한 연장들과 바구니를 메고 있는 모습이 그려져 있다. 【그림 94】 공사가 끝나자 엔릴과 닌릴은 재건된 거처에 살기 위해 니푸르로 돌아왔다. '엔릴과 닌릴은 거기서 즐겁게 생활했다'고 한 수메르 새김글은 말하고 있다.

'올바른 길로의 복귀'에는 사람들 사이의 사회 정의뿐만 아니라 신들에 대한 적절한 경배도 필요했다. 우르남무는 이를 위해 에레크에 있는 아누와 인안나에게 바쳐진 사당을 비롯해 우르에 있는 자기 어머니 닌순에게 바쳐진 사당, 라르사의 우투에게 바쳐진 사당, 아다브에 있는 닌하르삭에게 바쳐진 사당 등을 복구하고 확장했다. 그는 또 엔키의 도시인 에리두에 대한 약간의 복구 작업도 펼쳤다. 닌우르타의 라가쉬와 마르둑의 바빌론이 명단에 빠져 있는 게 눈에 띈다.

학자들은 우르남무의 사회 개혁과 우르가 상공업에서 거둔 성공을 근거로 제3왕조를 번영의 시기일 뿐만 아니라 평화의 시기이기도 했다고 본다. 따라서 학자들은 우르 유적지에서 그 시민들의 모습을 그린 두 개의 판자를 발견하고 어리둥절하지 않을 수 없었다. 하나는 '평화의 판자'였는데, 다른 하나는 놀랍게도 '전쟁의 판자'였다. 【그림 95】 익히 들었던 우르 사람들의 이미지와 전투태세를 갖춘 전사들은 전혀 어울리지 않는 듯했다.

그러나 무기류와 군복, 전차 등 고고학적 증거들과 수많은 새김글들에 나오듯이 실제는 평화 이미지와 다른 듯했다. 사실 우르남무가 처음 벌인 행동 가운데 하나는 라가쉬를 정복하고 그 지배자를 죽이는 것이었으며, 이후에 그는 다른 일곱 개의 도시를 점령했다.

군사적 수단의 필요성은 난나르와 우르 패권기의 초기 단계에만 국한되지 않았다. 새김글들을 보면 '우르와 수메르가 번영의 시기를 보내고 우르남무를 열렬히 환영한' 뒤, 그리고 우르남무가 니푸르에 에쿠르를 재건한 뒤 엔릴은 '신의 무기'를 가질 필요가 있음을 느꼈다. 이를 가지고 우르남

[그림 95] 우르 유적지에서 발견된 '전쟁의 판자' 그림

무는 '외국 땅'에 있는 '사악한 도시들'을 정복하게 된다.

적들의 땅에서
역도들의 시체를 산더미처럼 쌓아놓는
'신성한 무기'를
목자 우르남무에게
그가, 엔릴 신께서 그에게 주셨다.
황소처럼 외국 땅을 쳐부수고
사자처럼 그들을 쫓아라.
사악한 도시들을 쳐부수고
맞서는 그들을 높이 날려버려라.

이 말들은 구약의 천벌 예언들을 상기시킨다. 인간 왕들을 매개로 해서 '사악한 도시들'과 '죄지은 백성'에게 내려지는 것이다. 이는 번영의 외피

아래에 새로워진 신들 사이의 싸움이 숨겨져 있음을 보여준다. 인간 대중의 충성을 차지하기 위한 싸움이다.

서글픈 사실은 우르남무 자신이 힘센 전사이자 '난나르의 힘'으로 불렸지만 싸움터에서 비극적인 죽음을 맞는다는 것이다.

적의 땅이 반역을 했다.
적의 땅이 공격을 했다.

이 이름을 밝히지 않은, 그러나 먼 땅에서 벌어진 싸움에서 우르남무의 수레가 진흙 구덩이에 빠졌다. 우르남무는 거기서 나동그라졌다. '수레는 폭풍처럼 달려나갔다.' 우르남무만 남겨졌다. '부서진 물병처럼 싸움터에 버려졌다.' 비극은 배가 그의 시신을 싣고 수메르로 돌아올 때 배가되었다.

어딘지 모를 곳에서 배가 가라앉았다.
파도가 배를 삼켰다.
배에 실려 있던 그(우르남무)도 삼켰다.

이 소식이 우르에 전해지자 엄청난 애도의 물결이 일었다. 사람들은 이해할 수가 없었다. 어떻게 그런 '진정한 목자'가, 오직 백성들을 위했고 신들에게 성실했던 사람이 그런 명예스럽지 못한 종말을 맞았을까? 그들은 이해할 수 없었다. 왜 '난나르 신은 그의 손을 잡아주지 않았는지, 왜 천상의 귀부인 인안나는 그녀의 고귀한 팔로 그의 머리를 감싸주지 않았는지, 왜 용맹스런 우투는 그를 돕지 않았는지'를 말이다. 왜 이 신들은 우르남무의 처참한 운명이 결정될 때 비켜서 있었을까? 틀림없이 이는 높은 신들의 배반이었다.

> 어떻게 해서 영웅의 운명이 바뀌었는가!
> 아누는 그의 거룩한 말을 뒤집었다. (…)
> 엔릴은 기만적으로 그의 운명 결정을 뒤집었다.

우르남무가 기원전 2096년에 이렇게 죽은 것이 그 후계자의 행동에 영향을 미쳤던 듯하다. 이 후계자는 구약에서 경멸한, '자신을 팔고' '하느님이 보시기에 사악한 일을 한' 왕에 비견할 만한 사람이었다. 슐기(Shulgi)라는 이름의 이 사람은 신의 보호 아래 태어났다. 이 아이가 니푸르에 있는 엔릴 사당에서, 우르남무와 엔릴의 고위 여사제 사이에서 잉태될 수 있도록 주선한 것은 난나르 자신이었다. 거기에는 이유가 있었다.

> 작은 '엔릴'이 (…)
> 왕권과 옥좌에 합당한 아이가
> 잉태될 것이다.

새 왕은 그의 오랜 치세를 시작하면서 평화적인 수단과 종교적 화해를 통해 광대한 제국을 단결시키는 방식을 택했다. 그는 왕위에 오르자마자 니푸르에 있는 닌우르타 신전을 건립(또는 재건)하는 일에 착수했다. 이렇게 함으로써 그는 우르와 니푸르가 '형제 도시'라고 선언할 수 있었다. 그러고 나서 그는 닌릴의 이름을 딴 배를 만들어 타고 '생명을 위한 비행의 땅'으로 갔다. 그의 시를 보면 그는 자신을 제2의 길가메쉬로 생각하고 이 초기 왕의 발자국을 따라 '삶의 땅', 곧 시나이 반도로 갔다.

'진입로가 있는 곳'(또는 '매립지')에 상륙한 슐기는 그곳에 난나르를 위한 제단을 만들었다. 뭍에 올라 여행을 계속하던 슐기는 하르삭(남부 시나이에 있는 닌하르삭의 '높은 산'이다)에 도착해 거기에도 역시 제단을 만들었다. 그는 반도를 감고 나아가 바드갈딘기르(Badgaldingir), 곧 '거대한 신의 요새지'에 이르렀다. 아카드어로는 두르마일루(Dur-Mah-Ilu)라고 하는 곳이다. 그는 정말로 길가메쉬를 따라한 것이었다. 사해 방면에서 도착한 길가메쉬 역시 네게브와 시나이 본토 사이에 위치한 그 입구가 있는 곳에서 멈춰 신들에게 기도하고 제물을 바쳤던 것이다. 거기서 슐기는 '재판하는 신'을 위한 제단을 만들었다.

슐기가 수메르로 돌아가는 여행을 시작한 것은 그의 재위 8년째 되는 해였다. '비옥한 초승달 지대(Fertile Crescent)'*를 통과하는 그의 여정은 카나안과 레바논에서 시작되었고, 그는 '밝은 계시가 내리는 곳'과 '눈 덮인 곳'에 제단을 만들었다. 그는 일부러 천천히 여행했다. 제국과 먼 지방 사이의 유대를 강화하려는 의도였다. 이 여행의 결과로 슐기는 도로망을 구축해 제국을 정치적·군사적으로 한데 묶고 교역을 확대해 번영을 누리게 할 수 있었다. 지역 족장들과 개인적으로 안면을 익힌 슐기는 딸들의 혼인을 약속해 그들과의 유대를 더욱 공고히 했다.

슐기는 수메르로 돌아가 자신이 네 개의 외국어를 배웠다고 자랑했다. 그의 당당한 위세는 최고조에 올랐다. 감사의 표시로 그는 니푸르의 신성 구역에 난나르(신)의 사당을 지었다. 그 반대급부로 그는 '아누의 고위 사제 겸 난나르의 사제'라는 칭호를 얻었다. 슐기는 이 두 의식을 그의 원통인장

---

* 페르시아 만 입구에서 출발해 티그리스·유프라테스 강 유역과 시리아·팔레스티나를 거쳐 이집트의 나일 강 하구에 이르는 초승달 모양의 지역을 일컫는다. 고대 중동 문명의 발상지다. (옮긴이)

【그림 96/ 97】 슐기가 아누 및 난나르의 사제로 임명되는 의식을 그린 그림들

에 새겼다. 【그림 96, 97】

그러나 시간이 흐르면서 슐기는 점차 지방의 어려움은 잊은 채 우르의 사치에 빠져들었으며, 정치는 여러 대리인들에게 맡겼다. 그는 자화자찬의 찬가를 짓는 일로 소일했고, 스스로 반신반인이라고 생각했다. 그의 망상은 결국 희대의 요부 인안나의 주목을 끌게 되었다. 새로운 기회를 발견한 그녀는 슐기를 에레크로 초대해 그를 '인안나의 음부를 위해 선택한 남자'로 만들고 바로 아누에게 바쳐진 신전에서 사랑을 했다. 슐기 자신의 말을 들어보자.

형제 같은 친구, 용맹한 우투와

아누가 세운 신전에서

나는 독한 술을 마셨다.

나의 음유시인들은 나에게 사랑의 노래 일곱 곡을 불러주었다.

최고의 음문을 가진 여왕 인안나가

내 곁에서, 신전에서 잔치를 벌였다.

어쩔 수 없는 저항이 안팎에서 일어나 확산되자 슐기는 남동부 지역의 엘람으로부터 군사력 지원을 얻고자 했다. 슐기는 엘람 총독에게 자기 딸을 시집보내겠다고 약속하고 도시 라르사를 지참금으로 주었다. 그러자 총독은 수메르에 엘람인 부대를 보내 외인부대로서 슐기를 지키도록 했다. 그러나 엘람인 부대는 평화가 아니라 전투의 격화를 불러왔고, 슐기 치세 연보를 보면 북쪽 지방에서 거듭 파괴가 자행되고 있었음을 알 수 있다. 슐기는 평화적인 방법으로 서부 지방의 장악력을 유지하려 했고, 그가 재위한 지 37년째 된 해의 기록에는 푸주르이쉬다간(Puzur-Ish-Dagan)이라는 지역 왕과 조약을 맺은 사실이 적혀 있다. 분명히 카나안(펠리시테) 냄새가 나는 이름이다. 이 조약으로 슐기는 '네 지구의 왕'이라는 칭호를 써먹을 수 있게 되었다. 그러나 서부에서의 평화는 오래가지 않았다. 재위 41년째인 기원전 2055년에 슐기는 난나르(신)로부터 어떤 계시를 받았고, 대규모 원정군이 카나안 지방을 향해 출발했다. 두 해가 되기 전에 슐기는 다시 한 번 자신이 '영웅이고, 우르의 왕이며, 네 지구의 지배자'라고 주장할 수 있게 되었다.

이 원정에서 각 지방을 정복하기 위해 엘람인 부대가 동원되었고 이 외인부대가 시나이 문턱까지 진군했음을 시사하는 증거들이 있다. 이 외인부대의 대장은 스스로를 '재판하는 신의 총아이고 인안나가 사랑하는 자이며 두르일루(Dur-Ilu)의 정복자'라고 불렀다. 그러나 점령군이 철수하자마자 불안이 다시 시작되었다. 기원전 2049년에 슐기는 메소포타미아를 방어하기 위해 '서쪽 성벽'을 쌓으라고 명령했다.

그는 한 해 더 흔들거리는 왕좌에 있었다. 슐기는 그의 통치 마지막까지 자신이 '난나르가 총애하는 자'라고 주장했지만, 그는 이제 더 이상 아누와 엔릴이 '선택한 자'가 아니었다. 기록에 나오는 그들의 입장은 이렇다.

> 그는 신이 정한 바를 이행하지 않았고
> 자신의 정당성을 더럽혔다.

이에 따라 그들은 슐기가 '죄를 지었으니 죽어야 한다'고 결정했다. 기원전 2048년의 일이었다.

슐기의 뒤를 이어 우르의 왕이 된 것은 그의 아들 아마르신(Amar-Sin)이었다. 그의 재위 첫 두 해 동안은 전쟁을 치렀지만 이후 세 해는 평화로웠다. 그러나 6년째 되는 해에 북쪽 아슈르 지역에서 토벌해야 할 반란이 일어났고, 7년째 되는 해인 기원전 2041년에는 서부 네 개 지역을 진압하기 위해 대규모 원정군을 일으켜야 했다.

이 원정은 분명히 그리 성공적이지 못했던 듯하다. 원정 후 왕에 대한 난나르의 의례적인 칭호 수여가 없었기 때문이다. 그 대신 아마르신이 관심을 에리두(엔키의 도시다!)로 돌려 거기에 왕궁을 짓고 그곳에 종교적 기능을 부여했다는 얘기가 나온다. 이렇게 갑자기 종교적인 열의를 보인 것은 에리두 조선소의 통제권을 얻으려는 실제적인 욕구에 의해 촉진된 일일 것이다. 아마르신은 재위 9년째인 이듬해 배를 타고 슐기가 갔던 바로 그 '진입로가 있는 곳'으로 떠났기 때문이다. 그러나 '생명을 위한 비행의 땅'에 닿은 그는 더 이상 나아가지 못했다. 그는 전갈(또는 뱀)에 물려 죽었다.

그의 왕위는 동생 슈신(Shu-Sin)에게로 넘어갔다. 그의 재위 9년(기원전 2038~2030) 동안 북쪽 지역에 대한 두 차례의 급습이 기록되어 있지만 대체로는 방어에 치중한 모습이었다. 그 가운데는 아모리(Amori)인에 대비하기 위해 '서쪽 성벽'을 강화한 일과 '큰 배' 및 '압주의 배'라는 배 두 척을 건조한 일이 포함되어 있다. 슈신은 해상 탈출을 준비한 것으로 보인다.

우르의 다음 왕이자 마지막 왕인 입비신(Ibbi-Sin)이 즉위했을 때 서쪽에서 온 침략군과 엘람인 용병 부대가 메소포타미아 본토에서 맞붙었다. 곧 수메르의 심장부가 점령당했다. 우르와 니푸르 사람들은 방어벽 뒤로 몰려들었고, 난나르의 세력권은 손바닥만 한 크기로 쪼그라들었다.

전에도 한 번 그랬지만 기회를 잡기 위해 기다리고 있던 것은 마르둑이었다. 대권을 잡을 시기가 마침내 왔다고 판단한 그는 추방되어 있던 땅을 떠나 부하들을 이끌고 바빌론으로 돌아왔다.

그리고 그때 '무시무시한 무기들'이 투입되었고, 대홍수 이래 인간에게 닥쳤던 어떤 것과도 다른 재앙이 터져 나왔다.

13
아브라함 : 운명의 시간들

그리고 그 일이 일어났다.

시나르의 암라펠(Amraphel, 아므라벨) 왕과

엘라사르(Ellasar, 엘라살)의 아리오크(Ariokh, 아록/아리옥) 왕과

엘람의 케돌라오메르(Khedorla'omer, 그돌라오멜) 왕과

고임(Go'im)의 티달(Tidhal, 디달/티드알) 왕 시절에 이들이

소돔의 베라(Bera) 왕과

고모라(Gomorrah)의 비르샤(Birsha, 비르사) 왕과

아드마(Admah)의 쉬나브(Shinab, 시납) 왕과

제보임(Zevoyim, 스보임)의 쉠에베르(Shem-eber, 세메벨) 왕과

벨라(Bela), 곧 조아르(Zoar, 소알)의 왕 등과 싸웠다.

_「창세기」 14:1~2

동부 네 왕국의 동맹과 카나안 다섯 왕이 맞붙은 고대의 전쟁에 관한 구약 「창세기」의 이야기는 이렇게 시작된다. 이 이야기는 학자들 사이에서

가장 격렬한 논쟁 몇 가지를 불러일으켰다. 이 이야기는 히브리의 첫 족장인 아브라함을 특정한 히브리 밖의 사건과 연결시킴으로써 민족 형성에 관한 구약 이야기를 객관적으로 입증할 수 있게 하기 때문이다.

많은 사람들은 여러 왕들의 신원이 밝혀지고 아브라함의 정확한 연대를 확정할 수 있다면 얼마나 좋을까 하고 생각했다. 그러나 엘람은 알고 있고 시나르도 수메르로 밝혀졌지만, 거론된 왕들은 누구이며 다른 동부의 땅들은 어디일까? 구약 비판자들은 별도의 입증이 없으니 구약에서 말하는 역사에 의문을 표하며 이렇게 물었다. 우리는 왜 메소포타미아 새김글들에서 케돌라오메르·암라펠·아리오크·티달의 이름을 발견하지 못하는가? 그리고 그들이 존재하지 않는다면, 그런 전쟁이 일어나지 않았다면, 나머지 아브라함 이야기를 어떻게 믿을 수 있겠는가?

수십 년 동안은 구약 비판자들이 옳은 듯했다. 그러다가 19세기가 마무리될 무렵 구약의 것과 그리 다르지 않은 이야기 속에서 케돌라오메르·아리오크·티달의 이름이 언급된 바빌로니아 서판들이 발견되자 학계와 종교계는 경악했다.

이 발견은 1897년에 열린 런던의 빅토리아협회(Victoria Institute) 강연에서 핀치스(T. G. Pinches)가 공개했다. 그는 대영박물관의 '스파르톨리 컬렉션(Spartoli Collection)'에 포함된 몇몇 서판을 조사하면서 이 서판들이 굉장히 넓은 범위에 걸친 전쟁을 묘사하고 있음을 알게 되었다. 이 전쟁에서 쿠두르라가마르(Kudur-laghamar)라는 엘람 왕이 동맹군을 이끌었는데, 거기에 참여한 한 지배자의 이름은 에리아쿠(Eri-aku)였고 다른 한 사람은 투드굴라(Tud-ghula)로 불렸다. 히브리어로 케돌라오메르·아리오크·티달로 쉽게 바뀔 수 있는 이름들이다. 그 쐐기문자들을 꼼꼼히 베낀 사본과 그 번역본을 강연과 함께 발표한 핀치스는 구약의 이야기가 별개의 메소포타미아

사료로 입증되었다고 확신을 갖고 주장할 수 있었다.

그것이 정당하다는 데 흥분을 느낀 당시의 아시리아학 연구자들은 그 쐐기문자 이름들에 대한 핀치스의 독법에 동의했다. 서판들은 정말로 '엘람 땅의 왕 쿠두르라가마르'에 대해 말하고 있었다. 섬뜩할 정도로 구약의 '엘람 왕 케돌라오메르'와 비슷한 이름이었다. 모든 학자들은 이것이 완벽한 엘람 왕명이라는 데 입을 모았다. 앞에 붙은 '쿠두르'는 '종[僕]'이라는 뜻으로 몇몇 엘람 왕 이름에 들어간 구성 요소였고, '라가마르'는 어떤 신에 대한 엘람식 통칭이었다. 바빌로니아 쐐기문자로 에리에아쿠(Eri-e-a-ku)로 쓰인 두 번째 이름은 본래의 수메르어로 '아쿠 신의 종'이라는 뜻인 에리아쿠에 해당한다는 데 의견이 모아졌다. 아쿠는 난나르(신)라는 이름의 다른 형태다. 여러 개의 새김글을 통해 라르사의 엘람인 지배자들이 '신(Sin)의 종'이라는 이름을 갖고 있었다는 사실은 알려져 있었다. 때문에 아리오크 왕의 왕도인 구약의 엘라사르가 사실은 라르사였다는 데 의견을 모으는 일에도 별다른 어려움이 없었다. 학자들은 또한 바빌로니아 문서의 투드굴라가 구약의 '고임 왕 티달'에 해당한다는 사실도 만장일치로 받아들였다. 그리고 그들은 「창세기」의 고임이 쐐기문자 서판에 케돌라오메르의 동맹군으로 나열된 '유목 민족'이라는 데도 의견이 일치했다.

따라서 여기에 찾을 수 없었던 증거가 있었다. 구약의 정확성과 아브라함의 존재에 대해서뿐만 아니라 그가 휩쓸려들어 간 국제적인 사건에 대한 증거이기도 한 것이다!

그러나 흥분은 오래가지 않았다. 세이스(Archibald Henry Sayce, 1846~1933)가 11년 뒤 성서고고학회 강연에서 쓴 표현대로 '불행하게도' 핀치스의 발견을 뒷받침했어야 할 동시대의 발견 하나가 오히려 그것을 망쳐놓고 심지어 의심하게 만들고 말았다.

두 번째 발견은 셰일(Jean-Vincent Scheil, 1858~1940)이 발표한 것이었다. 그는 콘스탄티노플의 오스만제국박물관에서 유명한 바빌로니아 왕 함무라비가 쓴 편지를 발견했는데, 바로 그 쿠두르라가마르를 언급하고 있다는 것이었다! 그 편지는 라르사 왕에게 보낸 것이었기 때문에 셰일 신부는 그 셋이 동시대인이고 구약에 나오는 동부 네 왕 가운데 셋과 일치하니 함무라비가 다름 아닌 '시나르 왕 암라펠'이라고 결론지었다.

얼마 동안은 모든 것이 아귀가 맞는 듯했다. 아직도 교과서나 구약 주해서 가운데는 암라펠을 함무라비라고 설명한 것들이 있다. 거기서 나온, 아브라함이 이 지배자들과 동시대인이라는 결론은 그럴듯했다. 당시에는 함무라비가 기원전 2067년에서 기원전 2025년 사이에 재위했다고 생각했기 때문에 아브라함과 왕들의 전쟁, 그리고 그 이후의 소돔과 고모라 파괴가 기원전 제3천년기 말에 일어났다고 정리한 것이다.

그러나 그 이후의 연구로 함무라비의 재위 연대가, 『케임브리지 고대사 The Cambridge Ancient History』에서 기원전 1792년에서 기원전 1750년으로 밝히고 있듯이 훨씬 후대임을 대부분의 학자들이 확신하게 되었다. 셰일이 밝혀낸 것으로 생각되었던 연대 비정은 파탄이 나버렸고, 발견된 새김글들에 대한 모든 연구는(핀치스가 발표한 것을 포함해) 모두 의문스러워졌다. 이름이 거론된 세 왕이 누구로 판명되든(쐐기문자 문서의 케돌라오메르·아리오크·티달이 함무라비와 동시대인들이 아니라 하더라도) 세 이름을 담고 있는 그 문서의 이야기는 여전히 '역사와 놀랍도록 부합하니 그 점은 인정할 만하다'는 핀치스의 호소는 무시되었다. 1917년에 예레미아스(Alfred Karl Gabriel Jeremias, 1864~1935)는 『이른바 케돌라오메르 문서들 Die sogenanten Kedorlaomer-Texte』에서 이 문제에 대한 관심을 되살리려 했다. 그러나 학계는 스파르톨리 서판들을 점잖게 무시하는 쪽을 택했다.

대영박물관 지하실에 파묻혀 잊혔던 이 문제는 반세기 뒤에 아스투어(Michael C. Astour)의 『'창세기' 14장의 정치적 및 우주론적 상징성*Political and Cosmic Symbolism in Genesis 14*』에서 다시 다루어졌다. 그는 구약과 바빌로니아의 각 문서 편집자들이 어떤 오래된 공통의 메소포타미아 출처를 인용했음을 인정하면서 동부의 네 왕을 알려진 지배자들로 설명했다.

(1) 기원전 8세기의 바빌론 왕
(2) 기원전 13세기의 아시리아 왕
(3) 기원전 16세기의 히타이트 왕
(4) 기원전 12세기의 엘람 왕

그는 아무도 서로간에, 또는 아브라함과 동시대인이 아니라면서, 이 문서는 역사 기록이 아니라 종교철학적 저작이며 여기서 저자는 사악한 왕들의 운명이라는 한 가지 교훈을 주기 위해 네 개의 서로 다른 역사적 사건들을 이용했다는 독창적인 주장을 펼쳤다. 아스투어의 주장이 그럴듯하지 않다는 사실은 곧 다른 학자들의 책에서 지적되었고, 그와 함께 「케돌라오메르 문서들」에 대한 관심은 다시 시들어버렸다.

그러나 학계의 중론은 구약 이야기와 바빌로니아 문서들이 더욱 이른 시기의 공통된 출처로부터 끌어온 것이라는 얘기여서, 우리는 핀치스의 호소와 그의 핵심 주장을 되새겨보지 않을 수 없다. 어떻게 대규모 전쟁이라는 구약 속 이야기의 배경과 거기에 나오는 세 왕의 이름들을 확인해 주는 쐐기문자 문서를 무시할 수 있겠는가? 이 증거를, 그저 암라펠이 함무라비가 아니라는 이유로 버려야 하는가? (앞으로 보겠지만 이 증거는 운명적인 시간들을 이해하는 데 결정적인 요소다.)

그 해답은 세일이 발견한 함무라비의 편지가, 핀치스가 발표한 발견을 부정하는 것은 아니라는 데 있다. 세일이 편지를 잘못 읽은 것이다. 그의 번역에 따르면 함무라비는 라르사 왕 신이딘나(Sin-Idinna)가 '케돌라오메르 시대에 영웅적인 행위를 했다' 해서 그에게 상을 주기로 약속한다. 이는 그 둘이 함께 케돌라오메르와 맞서 싸운 동맹군이었고, 따라서 엘람 왕 케돌라오메르와 동시대인들이었다는 얘기다. 세일의 발견이 불신을 당했던 것은 바로 이 부분이었다. 이는 그 세 왕이 동맹군이었다는 구약의 주장이나 알려진 역사적 사실들과도 모두 배치된다. 함무라비는 라르사를 동맹군이 아니라 적으로 취급해 그가 '싸움에서 라르사를 거꾸러뜨렸으며' '신들이 그에게 준 강력한 무기로' 그 신성 구역을 공격했다고 자랑했다.

함무라비의 편지라는 실제 문서를 찬찬히 살펴보면 세일 신부는 함무라비와 암라펠이 동일인임을 입증하는 데 열중한 나머지, 편지의 의미를 반대로 해석했음이 드러난다. 함무라비는 상으로 어떤 여신들을 라르사의 신성 구역, 곧 에무트발로 돌려주겠다고 한 것이 아니었다. 오히려 그는 여신들을 라르사에서 바빌론으로 돌려보내라고 요구했다.

신이딘나에게
함무라비는 이렇게 말하오.
쿠두르라가마르 시대부터
상복을 걸치고
문 뒤에 있던
에무트발에 있는 여신들을
내 부하들이 그대에게 돌려달라고 하면
여신들을 넘겨주시오.

그들이 여신들의 손을 잡고
자기 거처로 데려다줄 것이오.

따라서 여신들을 빼간 사건은 그 이전에 일어났다. 여신들은 '케돌라오메르 시대부터' 에무트발에 잡혀 있었다. 그리고 함무라비는 이제 케돌라오메르가 여신들을 잡아다 놓은 곳에서 바빌론으로 그들을 돌려놓으라고 요구하는 것이다. 그러니 케돌라오메르의 시대는 함무라비 시대보다 훨씬 전일 수밖에 없다.

셰일 신부가 콘스탄티노플박물관에서 발견한 함무라비의 편지에 대한 우리의 독법을 뒷받침하는 것은 함무라비가 신이딘나에게 또 다른 강경한 전갈을 보내 여신들을 바빌론으로 되돌려 보내라고 거듭 요구했다는 사실이다. 이번에는 군대의 고위 장교들 손에 전갈을 들려 보냈다. 이 두 번째 편지는 대영박물관에 분류번호 23131이 붙어 소장되어 있으며 킹이 『함무라비의 편지들과 새김글들 The Letters and Inscriptions of Hammurabi』에 실어 출판했다.

신이딘나에게 함무라비는 이렇게 말하오.
나는 이제 수송 무관인 지키르일리슈(Zikir-ilishu)와
일선 무관인 함무라비바니(Hammurabi-bani)를 보내노니
그들이 에무트발에 있는 여신들을 데려올 수 있게 하시오.

여신들이 라르사에서 바빌론으로 돌아가야 한다는 것은 그 편지의 다른 부분에도 나온다.

여신들을 떠나보내시오.

사당에 모셨듯이 줄지은 배에 모시고

바빌론으로 돌아오게 하시오.

신전의 하녀들도 함께 보내시오.

여신들을 위한 음식으로

신선한 유지(乳脂)와 곡물을 배에 실으시오.

신전 하녀들이 쓸 수 있도록

양과 식량도 배에 실으시오.

바빌론으로 가는 동안 충분히 쓸 만큼 실으시오.

그리고 배를 저을 사람들과

여신들을 바빌론까지 안전하게 모셔올

군사들도 붙이시오.

꾸물거리지 말고, 최대한 빨리 바빌론에 닿게 하시오.

따라서 이 편지를 보면 라르사의 동맹군이 아니라 적인 함무라비는 그의 시대보다 오래 전, 라르사의 엘람인 지배자 쿠두르라가마르 시대에 일어났던 일들을 되돌리려 했었음이 분명하다. 이렇게 함무라비의 편지 본문은 케돌라오메르와 라르사(엘라사르)의 엘람인 정권이 존재했다는 사실을 입증하고, 따라서 이 구약 이야기의 핵심 부분을 입증하고 있다.

이 핵심 부분의 배경이 된 시대는 언제였을까?

역사 기록들로 확인된 것처럼 슐기는 그의 재위 28년째 되는 기원전 2068년에 그의 딸을 엘람인 족장에게 시집보내고 도시 라르사를 지참금으로 그에게 주었다. 그 대가로 엘람에서는 엘람 군사들로 이루어진 '외인부대'를 슐기가 부릴 수 있도록 제공했다. 슐기는 이 군사들을 카나안 등 서부 지역을 진압하는 데 동원했다. 따라서 슐기의 재위 말년과 그의 바로 다음 계승자 아마르신의 통치 아래 우르가 아직 제국의 수도이었던 시기가 구약 및 메소포타미아 기록들 모두에 꼭 들어맞는 역사 속의 시간대라고 우리는 생각한다.

이 시기가 바로 역사 속의 아브라함에 대한 탐색이 이루어져야 할 시기인 듯하다. 앞으로 보게 되겠지만 아브라함 이야기는 우르의 멸망 이야기와 뒤얽혀 있고, 그의 시대는 수메르의 마지막 나날들이었기 때문이다.

암라펠과 함무라비가 동일인이라는 생각이 불신을 받게 되면서 아브라함 시대에 대한 입증은 아무나 뛰어들 수 있는 주제가 되었다. 어떤 사람들은 최초의 족장인 아브라함이 후대 이스라엘 왕의 자손이 되어야 할 정도로 늦은 시기를 제시하기도 했다. 그러나 그의 시대와 사건들의 정확한 시기에 관해서는 추측이 필요 없다. 그 정보는 바로 구약 안에 있다. 우리는 그 정확성을 받아들이기만 하면 된다.

연대 계산은 놀라울 정도로 간단하다. 출발점은 솔로몬(Solomon)이 예루살렘에서 왕위에 올랐다고 생각되는 기원전 963년이다. 「열왕기」는 솔로몬이 재위 4년째에 예루살렘의 야훼 신전 건설을 시작해 재위 11년 말에 완성했다고 분명하게 전한다.

> 이스라엘 자손이 이집트 땅에서 나온 지 480년째가 되고
> 솔로몬이 이스라엘 왕이 된 지 4년째 되는 해에 (…)
> 그는 야훼의 집을 짓기 시작했다.
>
> _「열왕기 상」 6:1

이 이야기는 약간의 차이는 있지만 사제들의 계승에서 뒷받침된다. 이집트 탈출 이후 '솔로몬이 예루살렘에 세운 신전에서 사제 일을 본'(「역대기상」5:36) 아자리야(Azariah, 아사리아/아사랴)까지의 사제가 12세대이고 각 세대는 40년씩이었다는 것이다.

두 자료는 모두 480년이 흘렀다는 데 일치하고 있다. 다만 하나는 신전 건축이 시작된 해(기원전 960년)를 기준으로 하고 다른 하나는 사제 일을 볼 수 있는 시기인 신전이 완성된 해(기원전 953년)를 기준으로 했다는 차이뿐이다. 그러면 이스라엘 사람들의 이집트 탈출은 기원전 1440년이나 기원전 1433년이 된다. 우리의 조사 결과, 나중 연대가 다른 사건들과 더 잘 부합한다.

이집트학 연구자들과 성서학자들은 20세기가 시작될 무렵까지 축적된 지식에 근거해 이집트 탈출이 정말로 기원전 15세기 중반에 일어났다는 결론에 도달했다. 그러나 이때 학계의 의견은 기원전 13세기 쪽으로 중점이 옮겨갔다. 그쪽이 여러 카나안 유적지에 대한 고고학적 연대 추정과 더 잘 부합해 구약에 나오는 이스라엘 사람들의 카나안 정복 기록과 조화를 이루었기 때문이다.

그러나 그런 새로운 연대 추정에 모두가 동의하고 있는 것은 아니다. 정복된 도시들 가운데 가장 유명한 곳은 예리코였다. 그리고 그 발굴자 중 한 사람인 케년(Kathleen Mary Kenyon, 1906~1978)은 예리코의 파괴가 기원전 1560년 무렵에 일어났다고 결론지었다. 구약의 사건들보다 한참 전이다. 반면에 예리코 발굴 책임자인 가스탕(John Garstang, 1876~1956)은 『예리코 이야기 The Story of Jericho』(1940)에서 고고학적 증거들로 보면 카나안 정복은 기원전 1400년에서 기원전 1385년 사이에 있었을 것이라고 말했다. 여기에 이스라엘 사람들이 이집트를 떠난 뒤 광야를 떠돈 40년을 더하면 그들은 이집트 탈출 시기가 기원전 1440년에서 기원전 1425년 사이임을 고고학적으로 뒷받침한 셈이다. 우리가 제시한 기원전 1433년과 일치하는 시간대다.

100여 년 동안 학자들은 또한 남아 있는 이집트 기록들을 뒤져 이집트 탈출과 그 연대에 관한 이집트 쪽의 단서를 찾아보았다. 명백한 언급은 마네토의 저작들에 나오는 것뿐이었다. 요세푸스의 「아피온에게 보내는 반론」에 인용되었듯이 마네토는 '하느님의 진노가 이집트에 떨어진 뒤' 투모시스(Toumosis)라는 이름의 파라오가 '양 치는 사람들'과 협상을 해서 '동쪽에서 온 사람들이 이집트를 떠나 방해받지 않고 그들이 가고자 하는 곳으로 갈 수 있도록' 했다고 말했다. 그리고 그들은 광야를 가로질러 갔다.

그리고 지금 유대라 부르는 곳에 도시를 건설하고 (…) 예루살렘이라는 이름을 붙였다.

요세푸스가 마네토의 저작을 구약 이야기에 맞도록 손을 봤을까, 아니면 실제로 이스라엘 사람들이 이집트에 가서 붙어살고 학대당하고 결국 탈출하는 일들이 투트모세(Thutmose)라는 이름의 유명한 파라오 시절에 일어났을까?

마네토는 제18왕조 파라오들을 다루는 부분에서 '유목민들을 이집트에서 몰아낸 왕'을 언급하고 있다. 지금 이집트학 연구자들은 제18왕조의 창설자인 아흐모세(Ahmose), 곧 그리스어로 아모시스(Amosis)가 기원전 1567년 힉소스(Hyksos), 곧 아시아의 '유목민 왕들'을 몰아낸 것을 역사적 사실로 받아들인다. 이집트에 새로운 왕국을 건설한 이 새 왕가는 구약에서 말하는 '요세프(Joseph, 요셉)를 알지 못하는'(「출애굽기」 1:8) 파라오들의 새 왕가였을 것이다.

2세기 안티오키아(Antiochia)의 주교였던 테오필루스(Theophilus) 역시 자신의 저작에서 마네토를 언급하면서 히브리인들이 테트모시스(Tethmosis) 왕 아래서 노예 생활을 했고 그의 요구에 따라 '유력 도시인 페이토(Peitho)와 람세스(Ramses), 그리고 온(헬리오폴리스)을 건설했다'고 썼다. 그리고 그들은 '아마시스(Amasis)라는 이름의' 파라오가 다스릴 때 이집트를 떠났다고 한다.

이 고대의 자료들을 보면 이스라엘 사람들의 고난은 투트모세라는 이름의 파라오 밑에서 시작되었고, 결국 그들은 아마시스라는 이름의 후대 파라오 때 떠나게 된다. 그러면 지금까지 확인된 역사적 사실은 무엇인가?

아흐모세가 힉소스를 몰아낸 후, 그 뒤를 이어 이집트 왕좌에 오른 후계자들은 대(大)카나안으로 군사 원정에 나섰는데, 그 원정로로 해안길을 이용했다. 이들 가운데 몇몇은 정말로 고대 역사가들이 말했던 투트모세라는 이름을 갖고 있었는데, 전문적인 군인이었던 투트모세 1세(기원전 1525~1512)는 이집트를 전시 체제로 돌리고 멀리 유프라테스 강까지 가는 군사 원정대를 발진시켰다. 우리 생각에 이스라엘 사람들의 불충을 걱정했던 사람이 바로 그였던 듯하다. 그는 '전쟁이 터지면 그들은 적 쪽에 가담할 것'(「출애굽기」 1:10)이라며 새로 태어나는 이스라엘의 모든 남자 아기를 죽이라고 명령했다. 우리 계산으로 모세는 투트모세 1세가 죽기 전 해인 기원전 1513년에 태어났다.

20세기 초에 잭(J. W. Jack) 등은 『이집트 탈출 연대 *The Date of the Exodus*』에서 갓난아이 모세를 강에서 데려다가 궁중에서 기른 '파라오의 딸'이 하트셉수트(Hatshepsut)가 아닐까 하고 추측했다. 그녀는 투트모세 1세가 정식 부인과의 사이에서 낳은 맏딸로 당시의 유일한 왕녀여서 '왕의 딸'이라는 고귀한 칭호를 얻었는데, 이는 구약에 표현된 칭호와 같다. 우리는 정말로 그녀가 맞다고 생각한다. 그리고 그녀가 계속해서 모세를 양자로 대우한 것은 그녀가 파라오 자리를 이어받은 이복 오라비 투트모세 2세와 결혼한 뒤 아들을 낳지 못했다는 사실로 설명될 수 있다.

투트모세 2세는 오래 왕위에 있지 못하고 죽었다. 그 뒤를 이은 투트모세 3세는 첩이 낳은 아들이었는데, 일부 학자들이 고대의 나폴레옹이라고 할 정도로 이집트에서 가장 위대한 전사 파라오였다. 그는 대규모 건설 공사에 필요한 물자와 인력을 얻기 위해 열일곱 차례나 원정을 했는데, 대부분 카나안과 레바논에 대한 공격이었고 멀리는 북쪽으로 유프라테스 강까지 진격했다. 우리는 피트(T. E. Peet) 등이 20세기 초에 『이집트와 구약*Egypt and the Old Testament*』에서 주장한 대로 이스라엘 사람들을 노예로 부린 사람이 바로 이 파라오 투트모세 3세라고 생각한다. 그의 군사 원정은 북쪽으로 나하린(Naharin)까지 뻗쳤는데, 그곳은 구약에서 아람나하림(Aram-Naharim, 아람나하라임)이라 부른 북부 유프라테스 지역에 대한 이집트 명칭으로, 거기에는 히브리 족장들의 친족들이 남아 있었다. 그리고 이런 사실은 '전쟁이 터지면 그들(이스라엘 사람들)은 적 쪽에 가담할 것'이라는 파라오의 우려를 잘 설명해 준다. 모세가 자신이 히브리 혈통임을 알고 공개적으로 동족들을 편들다가 파라오로부터 사형 선고를 받고 시나이 반도의 광야로 도망가는데, 바로 그때의 파라오가 투트모세 3세였다고 우리는 생각한다.

투트모세 3세는 기원전 1450년에 죽었고, 그의 왕좌는 아멘호텝(Amenhotep) 2세가 이어받았다. 마네토를 인용한 테오필루스가 아마시스라는 이름으로 부른 파라오다. 정말로 '오랜 시간이 흐른 뒤에 이집트 왕이 죽었다'(「출애굽기」 2:23). 모세는 대담하게도 계승자(우리 생각에 아멘호텝 2세다)에게 가서 '우리 백성을 보내주시오'(「출애굽기」 5:1) 하고 말했다. 아멘호텝 2세는 기원전 1450년부터 기원전 1425년까지 재위했다. 이집트 탈출은 모세가 정확히 여든 살(「출애굽기」 7:7)이던 기원전 1433년에 일어났다는 게 우리의 결론이다.

  이 계산을 뒤로 돌리면 이스라엘 사람들이 이집트에 도착한 때를 찾을 수 있다. 히브리 전승은 야훼가 아브라함에게 한 말을 근거로 이스라엘 사람들이 400년 동안 이집트에 머물렀다고 주장한다(「창세기」 15:13~14). 신약 역시 그렇게 말한다(「사도행전」 7:6). 그러나 「출애굽기」는 '이스라엘 자손이 이집트에 붙어산 지 430년'(「출애굽기」 12:40)이라고 말한다. 이 30년의 차이는 이집트에 먼저 가서 산 요셉과 나중에 도착한 그 형제들 가족 사이의 거주 기간 차이일 것이다. 이렇게 보면 이스라엘 사람들이(요셉이 아니라) 이집트에 붙어살았다는 400년이라는 기간이 들어맞는다. 따라서 그들의 이주는 기원전 1433년으로부터 400년 전인 기원전 1833년에 있었던 일이 된다.

  그 다음 실마리는 「창세기」 47장에 나온다.

> 그리고 요셉이 자기 아버지 야곱을 모시고
> 파라오에게로 갔다. (…)
> 파라오가 야곱에게 말했다.
> "그대 나이가 얼마요?"
> 야곱이 파라오에게 대답했다.
> "내가 보낸 세월이 130년입니다. (…)"
>
> _「창세기」 47:7~9

따라서 야콥은 기원전 1963년에 태어났다.

그리고 야콥이 태어났을 때 이사악(Isaac, 이삭)은 예순 살이었다(「창세기」 25:26). 이사악은 그 아버지 아브라함이 100살 때 태어났다(「창세기」 21:5). 따라서 175살까지 살았던 아브라함은 그 손자 야콥이 태어났을 때 160살이었다. 아브라함의 출생 연도가 기원전 2123년이라는 얘기가 된다.

결국 아브라함이 출생한 때부터 그의 아들이자 후계자 이사악이 태어나기까지의 한 세기는 우르의 제3왕조가 일어났다가 사라진 한 세기였다. 구약 연대기와 이야기들에 대한 우리의 독법은 아브라함이 그 시기에 일어난 중대한 사건들의 한가운데에 있었음을 보여준다. 단순한 관찰자로서가 아니라 적극적인 참여자로서 말이다. 구약이 아브라함 이야기를 계기로 인류와 근동의 보편사에 대한 관심을 버리고 한 특정 민족의 '부족사'에 초점을 맞추었다는 구약 비판론 옹호자들의 주장과는 반대로, 구약은 사실 대홍수 및 바벨탑 이야기에서 그랬듯이 인류와 그 문명에 중대한 영향을 미치는 사건들을 계속해서 이야기하고 있다. 전대미문의 양상으로 전개된 전쟁과 독특한 성격을 지닌 재앙, 이 히브리 족장 아브라함이 중요한 역할을 맡았던 사건들 따위다. 이것은 수메르 자체는 파멸을 맞았는데도 그 유산이 어떻게 전해졌느냐에 대한 이야기다.

아브라함에 관해서는 여러 연구들이 나왔지만 우리가 그에 대해 정말로 알고 있는 것은 모두 구약에 나오는 이야기뿐이라는 사실이 문제로 남는다. 셈 계통으로 거슬러 올라가는 가계에 속한 아브라함은 처음 이름이 아브람(Abram)이었는데, 테라(Terah, 데라)의 아들이었고 형제로는 하란(Harran)과 나호르(Nahor, 나홀)가 있었다. 하란은 젊은 나이에 죽었는데, 그때 그 가족은 우르카쉬딤(Ur Kaśdim), 곧 '칼데아의 우르'에 살고 있었다. 거기서 아브람은 사라이(Sarai)와 결혼했고, 그녀는 나중에 사라로 개명한다.

> 테라는 그의 아들 아브람과
> 하란의 아들인 손자 로트(Lot, 롯)와
> 아들 아브람의 아내인 며느리 사라이를 데리고
> 우르카쉬딤을 떠나 카나안 땅을 향해 길을 나섰다.
> 그들은 하란까지 가서 그곳에서 살았다.
> _「창세기」11:31

고고학자들은 '카라반의 땅' 하란을 찾아냈다. 메소포타미아 북서쪽의 토로스 산맥 기슭에 위치한 그곳은 고대에 중요한 갈림길이었다. 마리가 메소포타미아에서 지중해 연안으로 가는 남쪽 관문이었듯이, 하란은 서아시아로 가는 북쪽 루트의 관문이었다. 하란은 우르 제3왕조 시대에 난나르의 영토 끄트머리여서 아다드의 소아시아와 경계를 이루고 있는 지역이었는데, 고고학자들은 그곳이 도시 배치에 있어서나 난나르(신) 숭배에 있어서나 우르와 쌍둥이임을 발견했다.

구약에는 그들이 왜 우르를 떠났는지에 대한 설명도 없고 그 시기도 밝히지 않았다. 그러나 그렇게 떠난 일을 메소포타미아 일반이나 특히 우르에서 일어난 사건들과 연관시켜 보면 해답을 추측해 낼 수 있다.

아브라함이 나중에 하란을 떠나 카나안으로 갈 때 그의 나이는 일흔다섯이었다. 구약 이야기의 분위기로 보아 그들은 하란에서 오래 머물렀던 듯하고, 아브라함은 젊어서 갓 결혼한 신부와 그곳에 도착한 것으로 묘사된다. 우리가 결론지은 대로 아브라함이 기원전 2123년에 태어났다면 그는 우르남무가 우르의 왕좌에 오르고 난나르가 처음으로 니푸르의 통제권을 부여받았을 때 열 살짜리 아이였다. 그리고 우르남무가 알 수 없게도 아누와 엔릴의 후원을 잃어 머나먼 싸움터에서 죽었을 때는 스물일곱 살의 젊은이였다. 우리는 이 사건이 메소포타미아 사람들에게 준 정신적인 상처, 그것이 난나르의 전능함에 대한 믿음과 엔릴의 말에 대한 충성심에 끼친 충격을 살펴본 바 있다.

우르남무가 죽은 해는 기원전 2096년이었다. 테라와 그 가족이 머나먼 목적지를 향해 우르를 떠나 또 하나의 우르인 하란에 중간 기착한 것이 이때가 아니었을까? 그 사건의 충격 내지 여파로 말이다.

이후 우르의 몰락과 슐기의 신성모독이 진행되던 기간 내내 그 가족은 하란에 머물렀다. 그러다가 갑자기 야훼가 다시 무대에 나섰다.

> 그리고 야훼께서 아브람에게 말씀하셨다.
> "너는 네 나라와
> 네가 태어난 곳에서 나와,
> 네 아비의 집을 떠나
> 내가 네게 보여주는 땅으로 가라. (…)"
> 그래서 아브람은 야훼께서 그에게 말씀하신 대로 떠났고
> 로트도 함께 갔다.
> 아브람이 하란을 떠날 때 그 나이는 일흔다섯이었다.
>
> _「창세기」 12:1, 4

또다시 이 중대한 이주에 아무런 이유도 제시되지 않는다. 그러나 연대기적 실마리는 매우 시사적이다. 아브라함이 일흔다섯 살이 되던 해는 기

원전 2048년이었고, 바로 슐기가 죽은 해였다!

「창세기」 11장을 보면 아브라함의 가계는 바로 셈 계통에서 이어졌다. 아브라함은 셈의 자손으로 간주되었고, 그의 출신이나 문화적 유산, 언어도 셈 계통이었다. 학자들은 이들을 셈계가 아닌 수메르인이나 나중의 인도유럽어계 사람들과 구분한다. 그러나 구약의 본래적인 의미로는 대(大)메소포타미아의 모든 사람들은, '셈족'이건 '수메르인'이건 모두 셈의 후손이다. 구약에는 일부 학자들이 생각하기 시작하는 것처럼 아브라함과 그 가족들이 아모리인이었음을 시사하는 근거는 전혀 없다. (서부 셈족인 아모리인은 이민자로서 수메르에 왔다가 다시 그들의 본향으로 돌아간 민족이다.) 반면에 이른 시기부터 수메르에 뿌리박고 살다가 서둘러 자기 나라와 태어난 곳을 등지고 떠나 낯선 땅으로 가라는 명령을 받은 가족이라는 인상을 뒷받침하는 증거는 넘쳐난다.

구약에 나오는 두 사건과 수메르에서 일어난 두 가지 중대 사건의 시기가 맞아떨어지는 것은(앞으로도 더 나올 것이다) 이 모든 일들이 서로 직접 연결되어 있다는 징표로 볼 수 있을 것이다. 아브라함은 이민 온 외지인의 아들이 아니라 수메르의 현실과 긴밀히 연관된 집안의 귀공자였음이 드러나게 되는 것이다!

학자들은 '아브라함이 누구였는가?' 하는 문제에 대한 해답을 찾으면서 히브리, 곧 이브리(Ibri)라는 명칭과 아시리아인 및 바빌로니아인들이 기원전 18~17세기에 서부 셈족 약탈단을 지칭하는 데 썼던 하피루(Hapiru) 또는 그 근동 지역 변형인 하비루(Habiru)라는 말의 유사성에 주목했다. 기원전 15세기 말에 예루살렘에 있던 이집트 주둔군 사령관은 하피루가 쳐들어오고 있으니 증원군을 보내달라고 자기네 왕에게 청했다. 학자들은 이 모든 것을 아브라함이 서부 셈족이라는 견해를 입증해 주는 증거로 받아들였다.

그러나 많은 학자들은 이 말이 민족 집단을 나타내는 것인지조차 의문스러워했다. 이 말이 그저 '약탈자'나 '침입자'를 의미하는 설명적인 명사가 아닌가 생각한 것이다. 이브리(분명히 '교차하다'라는 뜻의 동사에서 나온 말이다)와 하피루가 같은 말이라는 주장은 상당한 문헌학적·어원학적 문제를 안고 있다. 또한 중대한 연대기상의 모순들도 안고 있으며, 이 모든 것은 아브라함의 정체에 대한 이런 방식의 해법에 심각한 결함을 초래하고 있다. 특히 구약의 자료를 하피루라는 말의 '도적떼' 개념과 비교할 때 더욱 그러하다. 구약에는 우물과 관련된 사건들이 나오는데, 그것은 아브라함이 카나안을 지나가면서 현지 주민들과의 마찰을 피하려 조심했음을 보여준다. 아브라함은 '왕들의 전쟁'에 휘말렸을 때 전리품을 나누어주겠다는 것도 거절했다. 이는 약탈을 일삼는 야만족의 행동이라기보다는 고도의 행동규범을 갖고 있는 사람의 행동이다. 이집트에 갔을 때는 아브라함과 사라가 파라오의 궁정에 가게 된다. 카나안에서는 아브라함이 지역 지배자들과 협정을 맺는다. 이는 다른 정착민을 약탈하는 유목민의 이미지가 아니라 협상과 외교에 능하고 높은 기준을 가진 인사의 이미지다.

당대 최고의 아시리아학 연구자이며 라이프치히(Leipzig)대학교 종교사 교수였던 예레미아스가 그의 주저(主著) 『고대 오리엔트의 관점에서 본 고대 '성서' *Das Alte Testament im Lichte des Alten Orients*』 1930년판에서 '아브라함은 그 지성적 외양으로 보아 수메르인이었다'고 말한 것은 이러한 고려를 통해서였다. 그는 『수메르의 우주 *Der Kosmos von Sumer*』라는 제목의 1932년 연구에서 이 결론을 부연해 '아브라함은 셈계 바빌로니아인이 아니라 수메르인'이라고 말했다. 아브라함은 수메르 사회의 종교적 수준을 한 단계 높이려는 개혁파 신도들의 우두머리였다고 그는 주장했다.

이런 주장들은 나치즘과 그 인종론이 부상하고 있던 독일에서는 대담한 생각이었다. 히틀러가 정권을 장악한 직후 예레미아스의 이 이단적인 주장은 호된 비판을 받았다. 『아브라함은 수메르인이었는가?*War Abraham Sumerer?*』라는 제목의 슈나이더(Nicolaus Schneider)의 반론을 통해서였다. 아브라함은 수메르인도 아니고 순수한 혈통도 아니었다는 게 그의 결론이었다.

아브라함의 고향 우르를 아카드 왕 사르곤이 지배했던 시대 이래, 순수하고 섞이지 않은 수메르 주민이나 동질적인 수메르 문명은 전혀 존재하지 않았다.

그 이후의 격변과 제2차 세계대전으로 이 문제에 대한 더 이상의 논쟁은 중단되고 말았다. 유감스럽게도 예레미아스가 발견한 실마리는 묻혀버렸다. 그러나 구약과 메소포타미아의 모든 증거들은 아브라함이 정말로 수메르인이었음을 말해준다.

사실 구약은 아브라함이 수메르의 귀족에서 서부 셈족 유력자로 변신한 시기와 과정을 알려준다. 아브라함과 그의 하느님 사이의 약속을 통해서였다(『창세기』 17:1~16). 할례 다짐과 함께 그의 수메르 이름 아브람('아버지가 사랑하는 자')은 아카드/셈계의 아브라함('만국의 아버지')으로 바뀌었고, 그의 아내 이름은 사라이('왕녀')에서 셈계의 사라로 바뀌었다.

아브라함이 '셈족'이 된 것은 그가 아흔아홉 살이 되어서였다.

아브라함의 정체와 그의 '카나안 미션'이라는 해묵은 수수께끼를 풀어 해답을 찾아내기 위해서는 수메르의 역사와 관습, 언어를 살펴야 한다.

카나안 미션을 위해, 한 민족의 형성을 위해, 그리고 이집트 끄트머리로부터 메소포타미아 끄트머리까지 모든 땅을 다스리는 왕권을 위해 하느님이 닥치는 대로, 우르 거리에 나가 아무나 뽑았다고 생각하는 것은 순진한 게 아닐까? 아브라함과 결혼한 젊은 여자는 '왕녀'라는 통칭을 지니고 있었다. 그녀는 아브라함의 이복누이였기 때문에 아브라함의 아버지나 사라의 어머니가 모두 왕가의 후예였음이 틀림없다고 생각된다.

사실 그녀는 내 누이인데,
내 아버지의 딸이지만 내 어머니의 딸은 아닙니다.
_「창세기」 20:12

아브라함의 형제 하란의 딸이 밀카(Milkha, 밀가)인데, 이는 '여왕의'라는 뜻이어서 역시 왕가와 관련된 이름이다. 왕가의 핏줄은 아브라함의 아버지를 통해 이어졌음이 분명한 것이다. 따라서 아브라함의 가족을 얘기하는 것은 수메르의 최상류층을 얘기하는 셈이다. 이들은 우리가 여러 수메르 조각상들에서 볼 수 있듯이 품위 있는 행동거지를 지니고 세련된 옷을 입은 사람들이다. [그림 98]

이들은 셈의 후예임을 내세울 수 있을 뿐만 아니라 맏아들로 여러 세대를 내려온 족보를 가진 집안이라고 할 수 있다. 아르팍샤드와 셸라크(Shelach, 셀라)와 에베르, 펠레그(Peleg, 벨렉)와 레우(Re'u, 르우)와 세루그(Serug, 스룩), 나호르와 테라와 아브라함으로 이어진다. 이 가족의 기록된 역사는 300년을 넘는 것이다!

통칭은 무엇을 의미하는가? '칼'이라는 뜻의 셸라크가 「창세기」 11장에 나오는 대로 아브라함보다 258년 앞서 태어났다면 그의 출생 연도는 기원전 2381년이다. 이때는 참으로 투쟁의 시기였고, 그 결과로 사르곤이 왕좌에 올라 새 수도 이름을 아가데, 곧 '통합'이라 했다. 각 지역의 통합과 새

[그림 98] 수메르 상류층의 차림새

로운 시대를 상징한 것이다. 64년 뒤 이 집안은 맏손자 이름을 펠레그, 곧 '분열'이라 붙였다. '그의 시대에 나라가 분열되었기 때문이다.' 실제로 사르곤이 바빌론에서 신성한 흙을 퍼가려다가 죽은 뒤 수메르와 아카드가 분열된 것이 이 시기였다.

그러나 이 시기에서 가장 큰 관심을 끄는 것은 '에베르'라는 이름의 의미와 그것을 기원전 2351년에 태어난 맏이에게 붙인 이유다. 거기서 구약의 '이브리', 곧 히브리라는 말이 유래했고, 아브라함과 그 가족들은 자신들을 그렇게 불렀다. 이는 분명히 '교차하다'라는 뜻을 지닌 말에서 유래했다. 그러나 대부분의 학자들이 그 설명으로 내놓은 것은 하비루/하피루와의 연관성을 찾는 것이었다. 우리는 이미 그것을 언급했고, 폐기해 버렸다. 이런 그릇된 해석은 이 통칭의 의미를 서아시아 쪽에서 찾으려 했기 때문에 생겨났다. 오히려 해답은 아브라함과 그 조상들이 수메르 출신이었고 수메르어를 썼다는 데서 찾아야 한다고 우리는 확신한다. 이 가족과 그들의 이름이 지닌 수메르 쪽 근원을 살펴보면 놀라우리만치 간단한 해답이 나온다.

구약에서 끄트머리의 'i'는 사람 이름에 붙을 경우 '어디어디의 토박이'라는 뜻이다. '길레아디(Gileadi)'가 '길레아드 토박이'를 의미하는 식이다. 마찬가지로 이브리는 '교차로'라 불리는 곳 토박이라는 의미다. 그리고 그것은 정확하게는 니푸르다. 그 수메르식 이름 니비루가 '교차하는 곳'이라는 뜻이다. 그곳은 대홍수 이전에 착륙 좌표가 서로 교차하던 본래의 지구의 배꼽, 옛 비행통제센터가 있던 곳이었다.

수메르어에서 아카드어 내지 히브리어로 바뀔 때 'n'이 빠지는 것은 흔한 일이다. 구약에서 아브라함이 이브리였다고 한 것은 그저 아브라함이 니비리(Nibiri), 곧 니푸르 출신의 사람이라는 의미일 뿐이었다!

아브라함의 가족이 우르에서 하란으로 이주했다는 사실을 두고, 학자들은 우르가 아브라함에게도 출생지라는 의미로 받아들였다. 그러나 그런 얘기는 구약 어디에도 나오지 않는다. 반면에 아브라함에게 예전에 살던 곳을 영원히 떠나 카나안으로 가라는 명령에는 떠날 대상이 세 가지로 구분되어 나열된다. 그의 아버지 집(그것은 그때 하란에 있었다)과 그의 땅(도시국가 우르)과 그가 태어난 곳(이에 대해 구약은 구체적으로 밝히지 않았다)이다. 이브리가 니푸르 토박이를 의미한다는 우리의 주장은 아브라함의 진짜 출생지 문제를 해결해 준다.

에베르라는 이름이 보여주듯이 이 집안이 니푸르와 관계를 맺기 시작한 것은 아브라함의 시대, 즉 기원전 24세기 중반이었다. 니푸르는 왕도였던 적은 없었다. 오히려 그곳은 신성화된 도시, 수메르의 '종교 중심지'였다고 학자들은 보고 있다. 또한 그곳 고위 사제들이 천문학 지식을 맡고 있었기에 궤도를 돌고 있는 태양-지구-달 사이의 관계를 의미하는 책력(冊曆)이 만들어지는 곳이기도 했다.

학자들은 오늘날 우리가 쓰는 책력이 니푸르에서 쓰던 옛 책력에서 나온 것임을 인정한다. 여러 증거들을 보면 니푸르 책력은 황소자리 시대인 기원전 4000년 무렵에 처음 만들어졌다. 여기서 히브리와 니푸르를 연결하는 탯줄을 다시 한 번 확인할 수 있다. 유대 책력은 아직도, 이상하게도 기원전 3760년부터 시작해 연도를 세고 있다(따라서 1983년은 유대 책력으로 5743년이다). 이는 '세상이 시작된 때부터' 센 것으로 여겨져 왔다. 그러나 유대 현인들이 실제로 얘기한 바에 따르면 이것은 '해를 헤아리기 시작한 때로부터' 흐른 햇수를 뜻한다. 우리는 이 연도가 니푸르에서 책력이 도입된 이후 지난 세월을 의미한다고 생각한다.

따라서 아브라함의 조상들은 왕가 혈통의 사제 집안 사람들이었던 듯하다. 집안의 어른인 니푸르의 고위 사제는 신전의 가장 깊숙한 방에 출입이 허용된 유일한 사람이었으며, 거기서 신의 말을 받아다가 왕과 백성들에게 전했던 것이다.

이런 측면에서 아브라함의 아버지 테라의 이름이 매우 흥미롭다. 셈계라는 배경에서만 실마리를 찾는 성서학자들은 하란이나 나호르와 마찬가지로 이 이름 역시 지명에서 따온 것으로 본다. 메소포타미아 중부 및 북부에 그런 이름의 도시들이 있었다는 것이다. 첫 번째 셈계 언어인 아카드어의 용어를 탐구하는 학자들은 티르후(Tirhu)가 '마법 용도로 쓰이는 물건 또는 그릇'을 의미한다는 사실을 알아낼 수 있었을 뿐이었다. 그러나 수메르어로 눈을 돌리면 티르후에 해당하는 쐐기문자는 '계시 전달자'를 뜻하는 수메르어 둑남타르(Dugnamtar)에서 직접 유래한 것임을 알 수 있다. 문자 그

대로는 '운명을 말하는 자'라는 뜻이다.

따라서 테라는 계시를 담당한 사제였다. '속삭이는 돌'에 다가가 신의 말을 듣고 그것을(해석을 붙이거나 붙이지 않고) 일반인들에게 전해주도록 지명된 사람이었다. 이것은 후대에 이스라엘의 고위 사제가 맡았던 기능이었다. 그만이 지성소에 들어가 드비르(Dvir), 곧 '말하는 것'에 다가가서 '언약궤 위에 있는 두 케룹(Cherub, 거룹/그룹) 사이의 어둠 속에서 그에게 들려주는 하느님의 음성을 듣도록'(「민수기」 7:89) 허락된 사람이었다. 이스라엘 사람들의 이집트 탈출 도중, 시나이 산에서 하느님은 자신이 아브라함의 자손들과 한 약속이 '너희는 내게 사제들의 왕국이 될 것'(「출애굽기」 19:6)임을 의미한다고 선언했다. 이는 아브라함 후손들의 신분을 반영한 이야기였다. 그들은 바로 왕가의 사제들이었다.

이런 결론이 무리한 얘기로 들릴지 모르지만, 이는 수메르의 관행과 완전히 일치한다. 수메르에서는 왕들이 자기 딸이나 아들, 경우에 따라서는 왕 자신을 고위 사제 자리에 임명해 왕가와 사제 가문이 뒤섞이는 결과를 낳았다. 펜실베이니아대학교 고고학 탐사단이 발견한 것과 같은 니푸르에서 발견된 봉헌 새김글들을 보면 우르의 왕은 '니푸르의 충실한 목자'라는 칭호를 소중히 여기고 그곳에 가서 사제의 기능을 수행했다. 그리고 니푸르의 통치자 파테시 니비루(Patesi Nibiru)는 또한 최고의 우르엔릴(Urenlil), 곧 '엔릴의 으뜸 종'이었다.

이들 왕가 사제 요인(要人)들이 지닌 이름 가운데 어떤 것들은 아브라함의 수메르 이름 아브람과 비슷하게 아브(Ab), 곧 '아버지/조상'이라는 구성 요소로 시작한다. 예컨대 슐기 재위시 니푸르의 통치자는 압바무(Abbamu)라는 이름을 지녔다.

이 집안이 니푸르와 매우 밀접하게 연관되어 '니푸르 사람', 곧 히브리로 불렸으면서도 우르에서 높은 지위에 있었다는 것은 우리가 제시한 당시 수메르의 일반적인 실상과 완전히 일치한다. 신들의 문제에서, 그리고 수메르의 역사상 처음으로 난나르와 우르 왕이 니푸르에 대한 통치권을 부여받아 종교 기능과 세속 기능을 결합한 것이 바로 이때인 우르 제3왕조 시절이었기 때문이다. 그리고 우르남무가 우르의 왕좌에 올랐을 때 테라는 그의 가족과 함께 니푸르에서 우르로 이주했을 가능성이 높다. 니푸르에 있는 신전과 우르에 있는 왕궁 사이의 연락자 역할을 맡기 위해서였을 것이다. 그들은 우르남무의 재위 동안에는 내내 우르에 머물렀다. 이 가족이 우르를 떠나 하란으로 간 것은 앞서 보았듯이 우르남무가 죽던 해였다.

아브라함의 집안이 하란에서 어떤 일을 했는지는 어디에도 나와 있지 않다. 그러나 왕가의 혈통과 사제의 신분을 감안하면 그들은 하란의 지배층에 속했던 게 틀림없다. 아브라함이 나중에 여러 왕들을 쉽게 다룬 것을 보면 그는 하란에서 외교 문제를 담당했던 듯하다. 그는 군사적 경험으로 잘 알려진 카나안의 히타이트 거류민들과 특별한 친교를 맺었는데, 이는 아브라함이 왕들의 전쟁에서 그렇게 성공적으로 써먹은 숙달된 군사적 능력을 어디서 습득했는가 하는 문제를 해명해 준다.

고대 전승들은 또한 아브라함이 천문학에 매우 조예가 깊었던 것으로 그리고 있다. 그것은 당시 별들을 보고 따라가야 하는 장거리 여행에 소중한 지식이었다. 요세푸스에 따르면 베로소스는 아브라함의 이름을 직접 거론하지는 않지만 그를 언급했다고 한다. '어떤 정의롭고 위대하며 천문학에도 밝은 인물이 칼데아인들 가운데서' 나온 일에 대해서 썼다는 것이다. (바빌로니아 역사가인 베로소스가 정말로 아브라함을 언급했다면 이 히브리 족장 아브라함을 바빌로니아 연대기에 포함시킨 것은 그저 그에게 천문학 지식이 있었다는 얘기와는 비교할 수도 없는 일이다.)

슐기가 통치하던 그 수치스러운 기간 내내 테라의 가족은 하란에 머물렀다. 그리고 슐기가 죽자 카나안으로 계속 가라는 신의 명령이 내려왔다. 테라는 이미 매우 늙었고, 그의 아들 나호르는 하란에 계속 남아 그를 모셔야 했다. 미션을 위해 선택된 사람은 아브라함이었다. 그는 이미 일흔다섯의 원숙한 나이였다. 때는 기원전 2048년으로, 24년에 걸친 운명적인 나날이 시작되는 것이었다. 슐기 직후의 두 후계자 아마르신과 슈신이 통치하던 전란의 시기 18년과, 우르의 마지막 왕 입비신의 6년이었다.

슐기의 죽음이 아브라함의 이주는 물론이고 근동의 신들이 재편되는 신호탄이었음은 의심할 여지 없이 단순한 우연의 일치 이상이었다. 추방되어 방랑하던 마르둑이 '하티 땅'에 나타난 것은 나중에 보게 되듯이 아브라함이 정예 군단과 함께 히타이트 땅의 관문인 하란을 떠난 바로 그때였다. 더구나 마르둑이 거기에서 똑같이 24년을 머물렀다는 것은 놀라운 우연의 일치다. 커다란 재앙으로 끝나는 운명의 나날들이었다.

마르둑의 움직임들에 대한 증거는 아슈르바니팔 도서관에서 발견된 한 서판이다. [그림 99] 여기서 나이 든 마르둑은 자신이 방랑을 하다가 마침내 바빌론으로 돌아왔음을 이야기하고 있다.

오, 높은 신들이여, 내 비밀을 들어보오.
나는 허리띠를 조이면서 내 기억을 되살리오.
나는 마르둑 신, 높은 신이오.
나는 죄를 지어 내쳐졌소.
나는 산으로 갔소.
나는 여러 땅을 방랑했소.

【그림 99】 마르둑의 귀환을 전해주는 서판

해가 뜨는 곳에서 지는 곳까지 나는 걸었소.

하티 땅 산꼭대기까지 나는 갔소.

하티 땅에서 나는 계시를 물었소.

내 옥좌와 내 왕권에 대해서 말이오.

나는 "언제까지 있어야 하는가?"를 물었소.

나는 거기서 24년 동안 둥지를 틀고 있었소.

마르둑이 소아시아에 나타난 것은 그가 아다드와 뜻밖의 동맹을 맺었음을 의미하는데, 이는 아브라함이 카나안으로 달려간 것과 표리 관계를 이루었다. 문서 파편을 보면 마르둑은 자신의 새 추방지에서 하란을 경유해 바빌론에 있는 부하들에게 밀사와 물자를 보냈고 마리에는 교역 대리인을 보냈다. 이로써 두 관문으로 쳐들어간 것인데, 하나는 난나르(신)의 영토를 빼앗은 것이었고 다른 하나는 인안나(이쉬타르)의 영토를 빼앗은 것이었다.

술기의 죽음이라는 신호탄이 울리자 고대 세계 전체는 요동을 치기 시작했다. 난나르 가문은 신뢰를 잃었고, 마르둑 가문은 마지막 지배의 시간이 다가옴을 느끼고 있었다. 마르둑 자신은 아직 메소포타미아에 받아들여지지 않았지만, 그 맏아들 나부는 아버지의 주장을 전파하려 애쓰고 있었다. 그의 추진 본부는 자신의 '숭배 중심지' 보르시파였다. 그러나 그의 노력은 모든 땅을 포괄하고 있었고, 대카나안도 예외는 아니었다.

아브라함에게 카나안으로 가라는 명령이 떨어진 것은 이처럼 빠르게 전개되는 상황에 대한 대응이었다. 구약은 아브라함의 미션에 대해서는 입을 다물고 있지만 그의 행선지는 분명히 밝히고 있다. 카나안으로 급히 가라는 것이었다. 아브라함과 그의 아내, 그의 조카 롯, 그리고 그의 측근들은 남쪽으로 발길을 재촉했다. 그들은 잠시 셰켐(Shechem, 세겜)에 들렀는데, 거기서 아브라함은 하느님의 말씀을 들었다.

그 뒤 그는 그곳을 떠나 산 쪽으로 옮겨
베트엘 동쪽에 임시 주거를 정했다.
그리고 그는 거기에 야훼를 향한 제단을 만들고
야훼의 이름을 불렀다.

_「창세기」 12:8

'하느님의 집'이라는 뜻의 베트엘은, 아브라함이 계속 찾아가는 곳으로, 예루살렘 근처에 있다. 그곳의 신성시된 '가리키는 산' 모리야 산의 신성한 바위에는 솔로몬이 예루살렘의 야훼 신전을 지을 때 언약궤가 놓였다.

거기서 떠나 '아브람은 계속 이동을 했는데, 여전히 네게브*쪽을 향하고 있었다'(「창세기」 12:9). 카나안과 시나이 반도가 만나는 건조지대인 네게브가 분명히 아브라함의 행선지였다. 일부 신학자들의 견해는 지금 엘아리쉬(El-Arish) 와디라 부르는 '이집트 시내'가 아브라함의 세력 범위 남쪽 경계이며 카데쉬바르네아(Kadesh-Barnea, 카데스바르네아/가데스바네아) 오아시스가 그의 최남단 기지라고 지적했다. 【480쪽 지도 참조】 네게브는 '건조함'이라는 뜻을 지녀 이름 자체가 그 기후를 나타내는데, 그는 이 네게브에서 무슨 일을 하려던 것이었을까? 무엇 때문에 족장 아브라함은 하란에서 여기까지 그 먼 길을 서둘러 왔고, 그가 몇 킬로미터씩 뻗쳐 있는 이 황량한 땅에 있어야 할 이유는 무엇이었을까?

아브라함이 첫 번째로 관심을 쏟았던 모리야 산의 중요성은 그것이 형제산인 '관찰자의 산' 조핌(Zophim, 소빔) 산 및 '신호의 산' 지온(Zion, 시온) 산과 함께 아눈나키의 비행통제센터 기지였다는 데 있었다. 네게브의 중요성, 그 유일한 중요성은 그것이 시나이에 있는 우주공항의 관문이라는 데 있었다.

이어지는 이야기는 아브라함에게 이 지역의 동맹군이 있었음을, 그의 측근 가운데는 수백 명의 정예 부대 전사들이 들어 있었다는 사실을 전해준다. 이들을 가리키는 구약의 용어 '나아르(Naar)'는 '부하'나 그저 '젊은이'

---

* 이스라엘 남부 사막 지방을 가리키는 지명이지만, 구약의 일부 국역본은 이를 고유명사가 아닌 '남방'으로 옮기고 있다. (옮긴이)

등 여러 가지 말로 번역되어 왔다. 그러나 연구 결과 이 말은 후르리어에서 '기수(旗手)'나 '기병'의 뜻이었다. 실제로 군사 작전을 다룬 메소포타미아 문서들에 관한 최근 연구들은 전차와 기병대원 가운데 경기병 노릇을 한 루나르(Lunar), 곧 '나르 부대원'이 들어 있었음을 밝히고 있다. 우리는 구약에서도 같은 용어를 발견했다. 다비드 왕이 아말렉(Amalek) 진영을 공격하자 도망친 것은 '낙타를 탄 400명의 이쉬나아르(Ish-Naar)*뿐'(「사무엘 상」 30:17)이었다는 것이다. 이 이쉬나아르는 문자 그대로 '나르 부대원' 또는 루나르다.

구약은 아브라함의 전투원들을 '나아르 부대원'이라고 함으로써 그가 기병 부대를 거느렸음을 알려주고 있다. 그들은 십중팔구 낙타를 탄 사람들이었지 말을 탄 사람들은 아니었을 것이다. 그는 이런 경기(輕騎) 전투 부대에 대한 아이디어를 하란과 경계를 맞대고 있는 히타이트에서 얻었을 테지만, 네게브나 시나이 같은 사막지대에서는 말보다 낙타가 더 적합했다.

여기서 그리고 있는, 양 치는 유목민이 아니라 왕실 혈통의 창조적인 군 지휘자라는 이미지는 이 히브리 족장 아브라함에 대한 통상적인 이미지와는 맞지 않는다. 그러나 그것은 아브라함에 대한 고대의 회고록들과는 일치한다. 기원후 1세기의 요세푸스는 아브라함에 관한 이전 자료들을 인용해 이렇게 썼다.

아브라함은 다마스쿠스(Damascus)를 지배했다. 거기서 그는 외지인이었지만 바빌론 위쪽 땅에서 군대를 끌고 와 있었다. (…) 오랜 시간이 지난 뒤 하느님께서 그를 일으켜 세워 그 부하들과 함께 그 나라를 떠나게 하셨다. 당시 카나안

---

* 국역본들은 '소년' 또는 '젊은이'로 번역했다. (옮긴이)

땅이라고 불렀고 지금은 유대 땅이라고 하는 곳으로 그는 갔다.

아브라함의 미션은 군사적인 것이었다. 바로 아눈나키의 군사 시설, 곧 비행통제센터와 우주공항을 보호하는 것이었다!

네게브에 잠시 머무른 뒤 아브라함은 시나이 반도를 건너 이집트로 들어갔다. 분명히 통상적인 유목민이 아니었던 아브라함과 사라는 곧바로 왕궁으로 인도되었다. 우리 계산으로는 이때가 기원전 2047년 무렵이다. 당시 하(북)이집트를 통치하던 아멘, 곧 '숨어 있는 신' 라(마르둑)를 따르지 않는 파라오들이, 아멘을 최고신으로 생각하던 남쪽 테베의 왕자들에게서 거센 도전을 받고 있을 때였다. 우리는 이 곤경에 처한 파라오와 니푸르의 장군인 이브리 사이에 어떤 현안 문제가 논의되었는지 추측만 할 수 있을 뿐이다. 동맹이나 공동 방위, 신의 명령 등에 관한 것이었을지도 모른다. 구약은 이에 관해 입을 다물고 체류 기간조차 알려주지 않는다. (「희년서」는 체류 기간이 5년 동안이었다고 말한다.) 아브라함은 네게브로 돌아갈 때 많은 파라오의 부하들을 함께 데리고 간다.

> 그리고 아브라함은 이집트에서 나와
> 아내와 로트를 데리고
> 네게브로 올라갔다.
>
> _「창세기」 13:1

그에겐 의식주를 위한 '가축의 무리가 매우 많았고' 그의 경기병을 위한 나귀와 낙타도 많았다. 그는 다시 베트엘로 가서 '야훼의 이름을 불러' 지시를 청했다. 그리고 곧 로트와 분가했다. 조카 로트는 자신의 가축 떼를 몰고 요르단 평원을 선택해 그곳에서 살기로 했다.

그곳은 하느님의 동산처럼 물이 풍부했다.
야훼께서 소돔과 고모라를 멸망시키기 전이었던 것이다.

_「창세기」 13:10

아브라함은 더 가서 구릉지대에 도착해 헤브론 부근의 가장 높은 봉우리에 자리 잡았다. 그곳에서는 사방이 확 틔어 있었다. 그리고 하느님이 그에게 말했다.

자, 이 땅을 이리저리 돌아보아라.
내가 이곳을 네게 주겠다.

_「창세기」 13:17

그로부터 얼마 뒤인 '시나르의 암라펠 왕 시대에' 동부 동맹의 군사 원정이 일어났다.

그들(카나안 왕들)은 12년 동안 케돌라오메르를 섬겼는데
13년째 되는 해에 반란을 일으켰다.
그리고 14년째 되는 해에
케돌라오메르와 그 편 왕들이 출정했다.

_「창세기」 14:4~5

학자들은 오랫동안 구약에 그려진 사건들에 대한 고고학적 증거를 찾아

왔다. 그들의 노력은 성공을 거두지 못했다. 그들이 엉뚱한 곳에서 아브라함의 흔적을 찾고 있었기 때문이다. 그러나 우리의 연대 추정이 맞는다면 '암라펠' 문제에 대한 간단한 해법을 얻을 수 있다. 그것은 새로운 해법이지만, 거의 한 세기 전에 제시된(그리고 무시된) 학자들의 주장에 바탕을 둔 것이기도 하다.

지난 1875년에 초기 구약 번역본에서 이름의 전통적인 독법을 그 철자와 비교해 본 르노르망(François Lenormant, 1837~1883)은 『칼데아의 원시 언어와 북알타이 언어 *La langue primitive de Chaldée et les idiomes touraniens*』에서 암라펠은 정확하게는 '아마르팔(Amar-pal)'로 읽어야 한다고 주장했다. 기원전 3세기에 구약을 히브리 원전에서 그리스어로 옮긴 번역본인 70인역본에 그렇게 되어 있다는 것이었다. 2년 뒤 하이그(D. H. Haigh) 역시 『이집트 언어 및 고고학 저널 *Zeitschrift für Ägyptische Sprache und Altertumskunde*』에서 '아마르팔'로 읽는 독법을 채택하고 '왕 이름의 두 번째 요소는 달의 신 신(Sin)의 이름'이라고 말했다. 그러고는 '나는 오랫동안 아마르팔이 우르의 왕들 가운데 하나라고 생각해 왔다'고 밝혔다.

1916년에 뵐(Franz M. Böhl)은 『'창세기' 14장의 왕들 *Die Könige von Genesis 14*』에서 이 이름을 70인역본에 나오는 대로 '아마르팔'로 읽어야 한다고 재차 주장했지만 반향을 일으키지 못했다. 그는 그것이 '아들이 돌봐주는 자'라는 뜻이며, '토트가 돌봐주는 자'라는 뜻인 이집트의 투트모세 같은 다른 근동의 왕족 이름과 일치하는 왕족의 이름이라고 설명했다. 그러나 어떤 이유에선지 뵐 등은 70인역본에서 케돌라오메르의 이름을 스파르톨리 서판의 쿠두르라가마르와 비슷한 코돌로고마르(Khodologomar)로 표기했다는 더욱 중요한 사실은 언급하지 않았다.

'아들'이라는 뜻의 팔(Pal)은 정말로 메소포타미아 왕족의 이름들 끝에 자주 붙는 요소인데, 총애하는 아들 신(神)을 나타낸다. 우르에서 총애하는 아들은 난나르(신)인 것으로 받아들여지고 있었기 때문에 우리는 아마르신과 아마르팔이 우르에서는 똑같은 이름이었을 것으로 생각한다.

「창세기」 14장의 '아마르팔'이 우르 제3왕조의 왕 아마르신과 동일인이라는 우리의 생각은 구약 및 수메르 연대기들과 척척 맞아떨어진다. 구약에 나오는 왕들의 전쟁 이야기는 이 사건이 아브라함이 이집트로부터 네게브로 돌아온 이후에, 그가 카나안에 도착한 지 10년이 되기 전에 일어났다고 한다. 기원전 2042년에서 기원전 2039년 사이라는 얘기다. 아마르신(아마르팔)의 재위 기간은 기원전 2047년에서 기원전 2039년 사이였다. 따라서 전쟁은 그의 재위 후반에 일어났다.

아마르신의 재위 연보를 정리해 보면 재위 7년째인 기원전 2041년에 서쪽 지방으로 대규모 군사 원정이 이루어진다. 앞서 인용한 구약 「창세기」 자료는 케돌라오메르 때 엘람인들이 카나안 왕들을 복속시킨 지 14년째 되는 해에 전쟁이 일어났다고 주장한다. 그리고 기원전 2041년은 정말로 난나르의 계시를 받은 슐기가 기원전 2055년 엘람인들이 이끄는 군사 원정대를 카나안에 보낸 지 14년이 지난 때였다.

이렇게 구약과 수메르에서 일어난 사건 및 그 시기가 일치하기 때문에 사건의 순서를 다음과 같이 정리할 수 있고, 이는 또한 구약에 나오는 모든 시간적 전개를 확인해 준다.

기원전 2123년　　○ 아브라함이 니푸르에서 테라의 아들로 태어남.
　　　　2113년　　● 우르남무가 우르의 왕위에 오르고 니푸르 통치권을 부여받음.
　　　　　　　　　○ 테라와 그 가족이 우르로 옮겨감.
　　　　2095년　　● 우르남무 사후 슐기가 왕위에 오름.

	○	테라와 그 가족이 우르를 떠나 하란으로 이주함.
2055년	●	슐기가 난나르의 계시를 받고 엘람인 부대를 카나안으로 보냄.
2048년	●	아누와 엔릴에 의해 슐기의 죽음이 결정됨.
	○	일흔다섯 살이 된 아브라함에게 하란을 떠나 카나안으로 가라는 명령이 내림.
2047년	●	아마르신(아마르팔)이 우르의 왕위에 오름.
	○	아브라함이 네게브를 떠나 이집트로 감.
2042년	●	카나안 왕들이 '다른 신들' 쪽으로 변절함.
	○	아브라함이 정예 부대를 이끌고 이집트에서 돌아옴.
2041년	●	아마르신이 왕들의 전쟁을 일으킴.

카나안 도시들의 충성을 빼앗아간 '다른 신들'은 누구였을까? 그들은 인근 추방지에서 음모를 꾸민 마르둑과, 동부 카나안을 돌며 대권과 지지자를 얻고자 했던 그 아들 나부였다. 구약의 지명들이 보여주는 것처럼 온 모아브 땅이 나부의 영향권 안에 들어갔다. 그 땅은 나부의 땅으로도 알려져 있으며, 그곳에 있는 많은 지명들이 나부를 기려 이름 붙여졌다. 그 이름이 들어간 최고봉 니부 산은 수천 년째 그 이름으로 이어져 오고 있다.

이 역사적인 프레임 속에 구약은 동부로부터의 침입을 끼워넣었다. 그러나 메소포타미아 신들의 이야기를 일신교(一神敎)의 틀 속에 우겨넣은 구약의 관점에서 보더라도 이것은 특이한 전쟁이었다. 반란 진압이라는 표면적인 목표는 전쟁의 부차적인 측면이었음이 드러난다. 진짜 목표는 광야의 길목에 있는 오아시스를 점령하는 것이었지만, 이는 결국 이룰 수 없었다.

침략군은 메소포타미아에서 카나안으로 가는 남쪽 루트를 타고 남하했다. 그들은 왕의 대로를 따라 요르단 강 동쪽 지역으로 진군하며 요르단 강

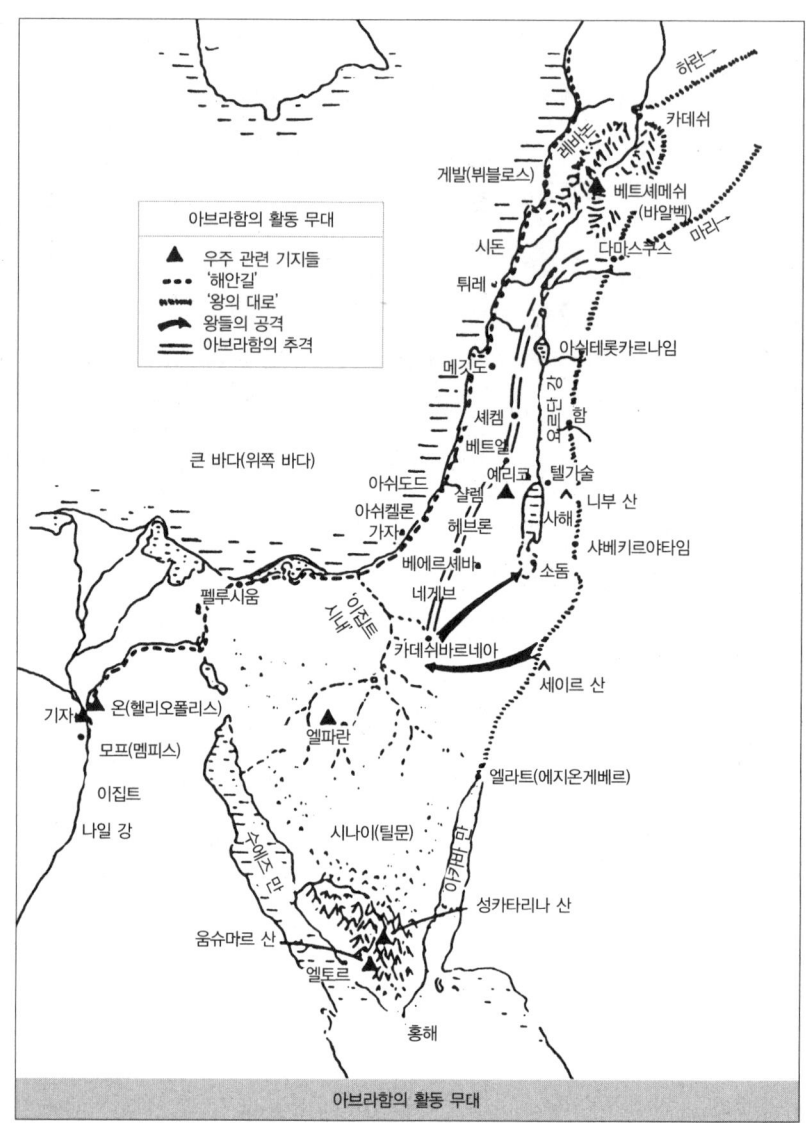

도하 지점에 있는 주요 주둔 기지들을 공격했다. 북부의 아쉬테롯카르나임(Ashterot-Karnayim, 아스드롯가르나임)과 중부의 함(Ham), 남부의 샤베키르야타임(Shaveh-Kiryatayim, 사웨기랴다임) 등이 그 대상이었다.

구약의 이야기에 따르면 엘파란(El-Paran, 엘바란)이라는 곳이 침략군의 진짜 목표였으나, 그들은 그곳을 점령할 수 없었다. 침략군은 요르단 강 동쪽으로 내려와 사해를 우회한 뒤 세이르(Se'ir, 세일) 산을 넘어 '광야에 있는 엘파란을 향해'(「창세기」 14:6) 진격했다. 그러나 그들은 '에인미쉬팟(Ein-Mishpat, 엔미스밧), 곧 카데쉬(Kadesh, 가데스) 옆으로 돌아가지'(「창세기」 14:7) 않을 수 없었다. '신의 자랑스러운 곳' 엘파란에는 가지 못했다. 어떻든 침략군은 에인미쉬팟, 곧 지금의 카데쉬 또는 카데쉬바르네아에서 패배했다. 【지도 참조】

그들이 다시 카나안 쪽을 향해 돌아선 것은 그때였다.

그래서 소돔 왕과 고모라 왕과
아드마 왕과 제보임 왕과
벨라 왕, 곧 조아르 왕이 진격해
싯딤(Siddim, 시띰) 골짜기에서 그들과 싸웠다.

_「창세기」 14:8

따라서 이 카나안 왕들과의 전투는 전쟁의 후반 상황이었고, 그 첫 번째 목적은 아니었다. 거의 한 세기 전에 트럼불(Henry Clay Trumbull, 1830~1903)은 『카데쉬바르네아 Kadesh-Barnea』(1883)라는 철저한 연구에서 침략군의 진짜 목표는 엘파란이었다고 결론지었다. 그곳은 그가 정확히 파악했듯이 시나이 중앙 평원의 요새화된 나클(Nakhl) 오아시스였다. 그러나 그는 물론 다른 사람들도 여러 동맹국이 왜 수천 킬로미터 떨어진 그곳까지 군대를 보내 신들 및 인간들과 싸우면서 넓고 황량한 평원에 있는 고립된 오아시스를 점령하려 했는지는 설명할 수 없었다.

그렇다면 그들은 왜 거기에 갔고, 카데쉬바르네아에서 침략군의 진로를 막아 그들을 돌아가게 한 것은 누구였을까?

해답이 제시된 적은 없었다. 그리고 우리가 제시한 것 말고는 사리에 맞는 대답은 없었다. 그 목적지의 유일한 중요성은 그곳에 있는 우주공항이었다. 그리고 카데쉬바르네아에서 침입자들의 진로를 막은 것은 아브라함이었다. 오래 전부터 카데쉬바르네아는 인간이 특별한 허가 없이 우주공항 지역에 접근할 수 있는 가장 가까운 곳이었다. 슐기는 그곳에 가서 '재판하는 신'에게 청을 하고 공물을 바쳤고, 그보다 1,000년 가까이 전에 수메르 왕 길가메쉬도 특별한 허락을 얻기 위해 거기에 머물렀다. 그곳은 수메르인들이 바드갈딘기르라 부르고, 아카드의 사르곤이 두르마일라니(Dur-Mah-Ilani)라 해서 자기 새김글에 틸문(시나이 반도)에 있는 장소로 명기해 놓은 곳이다.

그곳이 구약에서 카데쉬바르네아라고 부른 곳이라고 우리는 생각한다. 그리고 아브라함은 그의 정예 부대와 함께 그곳을 지키고 서서 침입자들이 우주공항 영내로 들어가는 일을 막은 것이다.

구약의 암시는 「케돌라오메르 문서들」에서 상세한 이야기가 된다. 이를 통해 전쟁은 마르둑의 복귀를 막고, 우주공항에 들어가려는 나부의 시도를 꺾기 위한 것이었음이 분명해진다. 이 문서들은 구약에 언급된 똑같은 왕들의 이름을 들고 있을 뿐만 아니라 구약에서 말하는 '13년째 되는 해에' 충성의 대상을 바꾸었다는 세부적인 이야기까지도 되뇌고 있다!

우리가 구약의 프레임에 세부 내용을 채워넣기 위해 「케돌라오메르 문서들」로 돌아가려면, 그것들은 바빌론을 '천상을 향한 네 구역의 배꼽'으로 만들려는 마르둑의 욕망을 지지한 바빌로니아 역사가들이 쓴 것임을 유념해야 한다. 이것을 막기 위해 마르둑을 반대하는 신들이 케돌라오메르에게 명령을 내려 바빌론을 접수하고 모독하게 했던 것이다.

신들은 (…)
엘람 땅의 왕 쿠두르라가마르에게
"저리로 내려가라!"고 명령했다.
그는 도시에 나쁜 짓을 했다.
마르둑의 귀중한 도시 바빌론에서
그는 통치권을 장악했다.
신들의 왕 마르둑의 도시 바빌론에서
그는 왕권을 전복했다.
그는 그 신전을 개떼들의 소굴로 만들었다.
날아가는 까마귀들이 시끄럽게 지저귀며 거기에 똥을 쌌다.

바빌론의 훼손은 시작일 뿐이었다. 거기서 '악행'이 저질러진 뒤 우투(샤마쉬)는 나부에 대해 행동을 취하고자 했다. 그는 나부가 자기 아버지 난나르(신)에 대한 어떤 왕의 충성심을 훼손했다고 비난했다. 「케돌라오메르 문서들」은 이것이 「창세기」 14장에 나오는 것과 똑같이 열세 번째 해에 일어났다고 말한다.

신들 앞에 그 아버지의 아들이 나섰다.

그날 '밝은 자' 샤마쉬가
신 중의 신 마르둑에게 말했다.
"그 왕의 충성하는 마음이 사라져버렸소.
열세 번째 해에 말이오.
그는 내 아버지에게서 떨어져 나갔소.
그 왕은 더 이상 신의를 지키지 않소.
이 모든 건 나부가 일으킨 것이오."

그러자 모인 신들은 반란이 확산되는 데 나부가 한몫했음을 경고했으며, 충성스러운 왕들을 모아 동맹군을 편성하고 엘람인 쿠두르라가마르를 군사령관에 임명했다. 그들의 첫 명령은 '나부의 요새인 보르시파를 무력으로 파괴하라'는 것이었다. 명령은 이행되었다.

마르둑이 못마땅했던 쿠두르라가마르는
보르시파의 사당을 불 질러 파괴하고
그 주민들을 칼로 베어 죽였다.

그리고 반역한 왕들에 대한 군사 정벌 명령이 떨어졌다. 이 바빌로니아 문서에는 공격 목표와 각 목표에 대한 공격자 이름이 나열되어 있다. 그들 가운데 구약에 나오는 이름들을 쉽게 발견할 수 있다. 에리아쿠(아리오크)는 셰부(Shebu), 곧 베에르셰바(Beer-Sheba, 브엘세바)를 공격하도록 되어 있었고, 투드굴라(티달)는 '가자 백성을 칼로 치도록' 되어 있었다.

동부 왕들이 끌어모은 군대는 이쉬타르의 계시에 따라 움직여 요르단 강 동쪽 지역에 도착했다. 먼저 칠 곳은 당시 라바툼(Rabattum)이라 불린 '산악

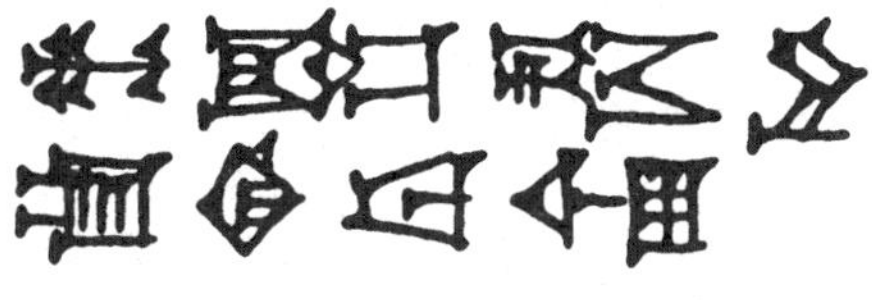

【그림 100】 '입루움의 양치기 거처가 공격당한 해'라 쓰인 쐐기문자

지대'의 요새였다. 그 루트는 구약에 묘사된 것과 동일했다. 그 북쪽의 산악지대에서 중부의 라바트아몬(Rabat-Amon)을 거쳐 남쪽의 사해 부근으로 내려가는 것이었다. 그렇게 해서 두르마일라니를 점령하고 가자와 네게브의 베에르셰바를 포함한 카나안 도시들을 징벌하는 것이었다. 그러나 이 바빌로니아 문서에 따르면 두르마일라니에서 '신들로부터 진정한 지혜를 받은 사제의 아들'이 침입자들의 길을 막아서서 '들어가는 것을 막았다'.

이 바빌로니아 문서가 정말로 사제 테라의 아들 아브라함을 이야기하고 그가 침입자들을 돌려보내는 데 기여했다고 말하는 것일까? 그 가능성은 이 메소포타미아 문서와 구약이 같은 지역에서 일어난 같은 사건을 다뤘고 그 결과도 같다는 데서 더욱 높아진다.

그러나 여기에는 단순한 가능성 이상의 것이 있다. 우리는 매우 흥미로운 실마리 하나를 발견했다.

이는 주목받지 못한 사실이지만, 아람신의 재위 연보를 정리해 보면 그의 재위 7년째, 곧 군사 원정이 있었던 그 결정적인 기원전 2041년이 '입루움의 양치기 거처가 공격당한 해(Mu Ne Ibruum Bahul)'로도 불리고 있다. 【그림 100】

이 완전히 결정적인 해에, 이것이 아브라함과 그의 양치기 거처가 아닌 다른 얘기일 수 있을까?

아브라함 : 운명의 시간들

【그림 101】 아브라함의 활약을 그린 것으로 보이는 수메르 원통인장

이 침입에 대한 논평일 가능성이 있는 그림도 있다. 한 수메르 원통인장에 새겨진 장면이다. 【그림 101】 이 그림은 초기 키쉬 왕인 에타나가 '날개 달린 관문'으로 떠난 여행을 묘사했다고 생각되어 왔다. 거기서 '독수리'가 그를 지구가 시야에서 사라질 정도로 아주 높은 곳으로 데려갔다. 그러나 이 인장은 말을 타고 왕관을 쓴 영웅을 그리고 있다. 에타나의 시대보다는 훨씬 뒤다. 그리고 그 영웅은 날개 달린 관문과 별개의 두 집단 사이에 있다. 한 집단은 역시 말을 탄 지휘자가 이끄는 네 명의 무장한 '강한 사람'으로 이루어져 시나이 반도의 경작지로 향하고 있다. 그것은 신(Sin)의 초승달 상징과 밀이 자라고 있는 것으로 표현되어 있다. 다른 집단은 다섯 왕으로 이루어져 있고 반대쪽을 향하고 있다. 따라서 이 묘사는 에타나가 우주공항으로 여행하는 것이라기보다는 왕들의 전쟁과 거기서 '사제의 아들'이 맡을 역할에 대한 고대 그림이 지녀야 할 모든 요소를 갖추고 있다. 따라서 중앙에 말을 탄 모습으로 그려진 영웅은 에타나가 아니라 아브라함일 수 있는 것이다.

우주공항을 지키는 임무를 완수한 아브라함은 헤브론 부근의 기지로 돌아왔다. 그의 승리에 힘입은 카나안 왕들은 퇴각하는 동부 군대를 붙잡기 위해 군대를 진격시켰다. 그러나 침입자들은 그들을 물리치고 '소돔과 고모라의 모든 재산을 빼앗았으며'(「창세기」 14:11) 인질까지 한 명 잡았다.

그들은 아브라함의 조카 로트를 잡아갔다.
그는 소돔에 살고 있었다.

_「창세기」 14:12

이 소식을 들은 아브라함은 정예 기병을 뽑아 퇴각하는 침입자들을 추격했다. 다마스쿠스 부근에서 그들을 따라잡은 아브라함은 로트를 구해내고 빼앗겼던 재물도 모두 되찾았다. 그가 돌아오자 사람들은 그를 샬렘, 곧 예루살렘 계곡의 승리자로 환영했다.

그때 샬렘 왕 말키제덱(Malkizedek, 멜기세덱)이
빵과 포도주를 가지고 나왔다.
그는 '가장 높으신 하느님'의 사제였다.
그리고 그는 아브람을 축복해 말했다.
"하늘과 지구의 주인이신 가장 높으신 하느님,
아브람에게 복을 내리소서.
아브람 그대는 적을 그대 손에 넘겨주신
가장 높으신 하느님을 찬양하시오."

_「창세기」 14:18~20

곧 카나안 왕들이 도착해 아브라함에게 감사의 뜻을 표했다. 그들은 아브라함에게 노획한 모든 재물을 사례로 주겠다고 했다. 그러나 아브라함은 그 지역 동맹군들이 나누어 가지라고 말하면서 사양했다. 자신과 자기 전사들은 '신발끈 하나도' 가지지 않겠다는 것이었다. 그는 카나안 왕들 편에 서서 싸운 것도 아니었고, 동부 동맹에 대한 적대감에서 싸운 것도 아니었다. 난나르 가문과 마르둑 가문 사이의 싸움에서 그는 중립이었다. 그는 야훼를 위해 싸웠다고 말한다.

> 천상과 지상의 주인이신
> 가장 높으신 하느님께
> 나의 손을 들어 맹세합니다.

_「창세기」 14:22

침입은 실패했지만 그것으로 고대 세계에서 중대 사건들이 잇달아 터지는 것을 막지는 못했다. 이듬해인 기원전 2040년에 테베 왕자들을 이끈 멘투호텝(Mentuhotep) 2세가 북부 파라오들을 물리치고 테베의(그리고 그 신들의) 지배 범위를 시나이 반도의 서쪽 입구까지 확대했다. 그 다음해에 아마르신은 뱃길로 시나이 반도에 도착했으나 독충에 물려 죽고 말았다.

우주공항에 대한 공격들은 실패했다. 그러나 그 위험성은 상존하고 있었다. 그리고 대권을 차지하려는 마르둑의 노력은 어느 때보다도 강화되었다. 15년 뒤 소돔과 고모라는 닌우르타와 네르갈이 대파멸의 무기를 발사하자 불길에 휩싸이고 말았다.

14

핵으로 인한 전멸

운명의 날은 아브라함이 헤브론 부근에 주둔한 지 24년 만에, 그가 아흔 아홉 살 되던 해에 일어났다.

> 그리고 하느님께서 아브라함에게 나타나셨다.
> 마므레(Mamre)의 상수리나무 곁이었는데,
> 한창 더운 대낮에 아브라함이 장막 입구에 앉아 있을 때였다.
> 그가 눈을 들어보니
> 세 사람이 자기를 보고 서 있었다.
> 아브라함은 그들을 보자 장막 입구에서 달려나가
> 머리가 땅에 닿도록 절을 했다.
>
> _「창세기」 18:1~2

한 세력가가 장막 그늘에서 쉬고 있는 전형적인 중동의 풍경이었는데, 「창세기」 18장의 구약 화자는 재빨리 아브라함의 눈을 들게 한 뒤 그를(그리고 독자 역시) 신들과의 갑작스런 만남 속으로 밀어넣었다. 아브라함은 앞을 바라보고 있었지만 그 셋이 다가오고 있는 것을 보지 못했다. 그들은 갑자기 '자기를 보고 서 있었'던 것이다. 그리고 그들은 '사람'이었지만 아브라함은 단박에 그들의 진짜 정체를 알아차리고 그들에게 절을 했다. 그들을 '어르신들'이라 부르며 '당신의 종 곁을 지나쳐'(「창세기」 18:3) 가지 말고 풍성한 식사를 대접할 기회를 달라고 청했다.

이 손님 신들이 다 먹고 쉬고 난 다음 일어선 것은 땅거미가 질 무렵이었다. 그 우두머리는 아브라함의 아내 사라에 대해 묻고는 그에게 이렇게 말했다.

내년 이맘때에 내가 다시 너를 찾아오겠다.
그때 네 아내 사라는 아들을 안고 있을 것이다.

_「창세기」 18:10

늙은 아브라함과 사라에게 적통의 후사를 약속하는 것이 아브라함에게 들른 유일한 까닭은 아니었다. 거기에는 더욱 불길한 목적이 있었다.

그리고 그 사람들은 거기서 일어나서
소돔을 살펴보러 갔다.
아브라함은 그들을 배웅하려고 그들과 함께 갔다.
그때 하느님께서 말씀하셨다.
"내가 앞으로 하려고 하는 일을 어찌 아브라함에게 숨기겠는가? (…)".

_「창세기」 18:16~17

아브라함의 지난 노고와 앞으로의 약속을 되새기면서 하느님은 신들이 이곳에 온 진짜 목적을 그에게 밝힌다. 그들은 소돔과 고모라의 죄상을 확인하러 온 것이었다.

소돔과 고모라에 대한 아우성이 매우 크고
그들에 대한 비난이 통탄할 만하다.

_「창세기」 18:20

하느님은 결심했다고 했다.

이제 내려가서 확인해 보겠다.
내게 들려오는 저 아우성과 같다면
저들은 완전히 파괴될 것이고
그렇지 않다면 내가 확인해야겠다.

_「창세기」 18:21

이어지는 소돔과 고모라 파괴는 구약 이야기 가운데 가장 자주 그려지고 전달된 에피소드 중 하나가 되었다. 정통파와 근본주의자들은 하느님이 말 그대로 하늘에서 불과 유황을 쏟아부어 죄악의 도시들을 지구에서 쓸어냈음을 전혀 의심치 않는다. 그러나 학자들과 이론가들은 끊임없이 이 구약 이야기에 대한 '자연현상적' 설명을 찾으려 애썼다. 하느님의 행위, 곧 죄에 합당한 벌로 해석될 수 있는 지진이나 화산 폭발, 그리고 그 밖의 자연현상들을 말이다.

그러나 구약의 이야기로 보자면(그리고 아직도 그것이 모든 해석들의 유일한

근거였다) 이 사건은 거의 확실하게 자연 재해는 아니었다. 그것은 사전에
계획된 사건으로 그려진다. 하느님은 아브라함에게 무슨 일이 일어날지,
그리고 그 이유는 무엇인지 미리 알려준다. 그것은 피할 수 있는 사건이었
지 어쩔 수 없는 자연의 힘이 일으킨 재난이 아니었다. 그 재난은 소돔과
고모라에 대한 '아우성'이 확인된 뒤라야 일어나게 되는 것이었다. 그리고
셋째로 그것은 우리가 곧 보게 되듯이 마음대로 연기할 수 있는 것이었다.
발생 시기를 당길 수도, 늦출 수도 있는 일이었다는 얘기다.

재난을 피할 수 있음을 깨달은 아브라함은 논리를 동원한 설득 전술을
폈다. 그는 이렇게 말했다.

그 도시 안에 올바른 사람 쉰 명은 있을 것입니다.
그 안에 올바른 사람 쉰 명이 있는데도
그곳을 용서하지 않고 파괴하시겠습니까?

_「창세기」 18:24

그러고 나서 그는 재빨리 덧붙였다.

올바른 사람을 죄지은 사람과 함께 베는 것은
하느님께서 하실 일이 아닙니다!
온 지구의 심판관이신 당신께서
공정하지 않은 일을 하실 수는 없습니다!

_「창세기」 18:25

인간이 자기를 만든 신을 가르치고 있는 것이다! 그리고 그가 청하는 바

는 그 도시에 올바른 사람이 쉰 명만 있다면 파괴를, 미리 계획되고 피할 수 있는 파괴를 취소해 달라는 것이었다. 그러나 하느님이 그러한 사람 쉰 명이 있으면 도시를 용서하겠다고 승낙하자마자, 쉰 명이라는 숫자가 받아들여질 것임을 알고 그 숫자를 선택했을 아브라함은 거기서 다섯 명이 빠진다면 하느님께서는 도시를 파괴하실 것이냐고 물었다. 하느님이 올바른 사람 마흔다섯 명만 있으면 파괴를 취소하겠다고 승낙하자 아브라함은 그 숫자를 마흔 명으로, 그리고 서른 명, 스무 명, 열 명으로 줄이면서 흥정을 계속했다.

그러자 하느님께서 말씀하셨다.
"열 명만 있다면 그 도시를 파괴하지 않겠다."
하느님께서는 아브라함에게 말씀을 마치고 떠나가셨고,
아브라함도 자기가 사는 곳으로 돌아갔다.

_「창세기」 18:32~33

저녁에 하느님의 동패 두 명이 소돔에 도착했다. 구약 이야기에서는 이들을 말라크(Mal'akh)라 했다. 이는 '천사'로 번역되지만 '파견원'이란 뜻이다. 그들의 임무는 그 도시에 대한 비난 내용을 확인하고 그들이 확인한 내용을 하느님에게 보고하는 것이었다. 그때 로트는 도시 성문에 앉아 있었는데, 앞서 아브라함이 그랬던 것처럼 두 방문객이 신이라는 사실을 단박에 알아차렸다. 그들의 정체는 옷차림이나 무기, 아니면 아마도 그들이 날아왔다든가 하는 출현 방식 등으로 알아볼 수 있었을 것이다.

이번에는 로트가 접대를 하겠다며 나섰고, 그 둘은 초대를 받아들여 그날 밤을 로트의 집에서 묵게 되었다. 그러나 편안한 밤은 될 수 없었다.

그들이 도시에 들어왔다는 소식이 도시 전체를 발칵 뒤집어놓았기 때문이다.

> 그들이 잠자리에 들기도 전에
> 도시 사람들이, 소돔 사람들이 그 집을 둘러쌌다.
> 젊은이 노인 할 것 없이 사방에서 주민들이 모두 몰려들었다.
> 그들은 로트를 불러낸 뒤 그에게 말했다.
> "오늘 밤에 당신 집으로 온 사람들 어디 있소?
> 그들을 우리에게로 데려오시오.
> 우리가 좀 만나봐야겠소."
>
> _「창세기」 19:4~5

로트가 그들을 내주지 않자 군중들은 문을 부수고 들어가려고 몰려들었다. 그러나 이때 두 말라크가 나섰다.

> 그 집 대문 앞에 모여든 남자들을
> 젊은이 노인 할 것 없이 모두 쳐서 눈을 어둡게 했다.
> 그래서 그들은 대문을 찾느라 법석을 떨었다.
>
> _「창세기」 19:11

두 조사관은 온 도시 사람들 가운데 로트만이 '올바른' 사람임을 깨달았고, 더 이상 조사할 필요가 없었다. 도시의 운명은 결정되었다.

그들이 로트에게 말했다.

"당신 말고 여기에 누가 또 있소?
사위나 아들이나 딸이나 다른 친척들 말이오.
이 도시 안에 있는 사람들은 모두 데리고 나가시오.
우리는 지금 이곳을 파괴하려고 합니다. (…)"

_「창세기」 19:12~13

로트는 이 소식을 전하려고 사위에게 달려갔지만 그는 믿지 않고 웃을 뿐이었다. 그래서 동틀 무렵 조사관들은 로트에게, 그 집에 사는 그의 아내와 결혼하지 않은 두 딸만 데리고 바로 떠나도록 재촉했다.

그러나 로트는 여전히 머뭇거렸다.
그래서 조사관들은 로트의 손을 잡고
로트의 아내와 두 딸의 손을 잡아끌어
도시 바깥으로 끌어내었다.
야훼께서 그에게 자비를 베푸신 것이다.

_「창세기」 19:16

조사관들은 말 그대로 네 사람을 높이 들어 올렸다가 도시 밖에 내려놓고는 로트에게 산으로 도망치라고 재촉했다. 그들은 이렇게 일러줬다.

어서 피해 목숨을 건지시오.
뒤를 돌아보거나, 들의 어느 곳에도 머무르지 마시오.
죽지 않으려거든 저 산속으로 도망치시오.

_「창세기」 19:17

그러나 제때에 산에 도착하지 못하고 '재앙에 붙들려 죽지 않을까'(「창세기」 19:19) 겁이 난 로트는 한 가지 건의를 했다. 그가 소돔에서 멀리 떨어진 도시 조아르까지 갈 동안 소돔 파괴를 늦춰줄 수 있는지 하는 것이었다. 승낙을 한 조사관 가운데 하나는 로트에게 빨리 그리로 가라고 말했다.

서둘러 그리로 도망치시오.
당신이 거기 도착하기 전까지는
아무 일도 하지 않을 것이오.

_「창세기」 19:22

따라서 재난은 예측할 수 있었고 피할 수 있었을 뿐만 아니라 연기할 수도 있었다. 그리고 그것은 서로 다른 시각에 여러 도시들을 덮칠 수도 있었다. 이런 모든 측면은 자연 재해에서는 전혀 나타날 수 없는 특징이다.

로트가 조아르에 이르렀을 때 해가 떠올라 지구를 비췄다.
그리고 하느님께서 하늘로부터 소돔과 고모라를 향해
유황과 불을 퍼부으셨다.
하느님께서는 그 도시들과 전체 평원,
그리고 도시에 사는 모든 사람들,
그리고 땅에서 자라는 모든 식물까지 파괴하셨다.

_「창세기」 19:23~25

도시와 주민, 식물 등 모든 것이 신들의 무기에 의해 '파괴되었다'. 그

열기와 불은 앞에 있는 모든 것을 태워버렸다. 그 방사능은 상당히 멀리 떨어져 있는 사람에게도 피해를 주었다. 소돔에서 달아나면서 멈춰서 뒤돌아보지 말라는 경고를 깜빡한 로트의 아내는 '증기 기둥'으로 변해버렸다.*
로트가 우려했던 '재앙'이 그녀를 덮친 것이다.

'하느님을 진노케 했던' 도시들은 하나씩 하나씩 파괴되었고, 로트는 매번 탈출해 나올 수 있었다.

신들이 평원에 있는 도시들을 파괴할 때
그들은 아브라함을 기억하고
로트를 파괴되는 도시에서 건져낸 것이다.

_「창세기」 19:29

그리고 로트는 지시받은 대로 '산에서 살기 위해' 그리로 갔다.

----

* 히브리어 'Netsiv melah'에 대한 전통적인, 그리고 문자 그대로의 번역은 '소금 기둥'이었고, 사람이 결정체인 소금으로 변하는 과정을 설명하는 책자들도 중세에 만들어진 바 있다. 그러나 우리가 생각하는 대로 아브라함과 로트의 모국어가 수메르어이고 이 사건이 처음에 셈계 언어가 아니라 수메르어로 기록되었다면 로트의 아내의 운명에 관한 전혀 다르고 보다 그럴듯한 이해가 가능해진다.
하우프트(Paul Haupt, 1858~1926)는 1918년 미국 오리엔트학회에 제출한 논문과 『아시리아학 논설 Beiträge zur Assyriologie』에 실린 후속 연구를 통해 수메르에서는 초기에 페르시아 만과 가까운 늪에서 소금을 얻었기 때문에 수메르어의 니무르(Nimur)에서 '소금'과 '증기'의 두 의미가 파생되었음을 확실하게 보여주었다. 사해가 히브리어로 '소금 바다[鹽海]'로 불렸기 때문에 구약의 히브리 화자는 이 수메르 말을 잘못 해석한 듯하다. 사실은 로트의 아내가 '증기 기둥'이 되었다고 해야 하는데 '소금 기둥'이라고 한 것이다. 이런 맥락에서, 아브라함 이야기와 매우 비슷한 카나안의 아카트(Aqhat) 이야기 등이 들어 있는 우가리트 문서에서 신의 손에 한 인간이 죽는 것을 '콧구멍에서 나온 김처럼 증기가 되어 그의 영혼이 빠져나갔다'고 묘사한 것은 주목할 만하다. 사실 핵 격변에 대한 수메르의 기록이었다고 생각되는 「에르라 서사시」에서는 신이 사람들의 죽음을 이렇게 묘사하고 있나.
"나는 사람들을 사라지게 할 것이다. 그들의 영혼은 증기로 변할 것이다."
'증기로 변한' 사람들의 대열에 끼게 된 것이 로트의 아내가 맞이한 불운이었던 것이다.

그리고 동굴에서 살았는데,
두 딸이 그와 함께 살았다.

_「창세기」 19:30

요르단 평원에 있는 모든 것을 불태워 없애는 모습과 자기 어머니를 증기로 만들어버린 보이지 않는 죽음의 손을 보고 로트와 그 딸들은 무엇을 생각했을까? 구약 이야기를 보면 그들은 자신들이 지구에서 일어난 인류의 종말을 보았고 인간 가운데 생존자는 그들 셋밖에 없다고 생각했음을 알 수 있다. 그리고 그렇기 때문에 인류를 보존하는 유일한 길은 근친상간을 저질러 딸들이 자기 아버지의 아이를 갖는 수밖에 없었다.

어느 날 언니가 동생에게 말했다.
"우리 아버지는 늙으셨고
온 세상의 방식대로 우리와 결혼할 남자가
이 지구에는 하나도 없다.
자, 아버지께서 술을 마시도록 해서
아버지와 함께 잠자리에 든 뒤
우리 아버지로부터 생명의 씨를 보존하도록 하자."

_「창세기」 19:31~32

그렇게 해서 둘은 모두 임신을 하고 아이를 낳았다.
대파멸 전야는 아브라함에게 불안과 불면의 밤이었을 것이다. 소돔에서 올바른 사람이 얘기한 숫자만큼 나와 도시가 용서받을 수 있을지, 로트와 그 가족의 운명은 어떻게 될지 걱정했을 것이다.

그리고 아브라함은 아침에 일찍 일어나
야훼와 함께 서 있던 곳으로 갔다.
소돔과 고모라, 그리고 평원 지역 쪽을 보니
연기가 땅에서 솟아나오고 있었다.
마치 가마에서 연기가 나는 것 같았다.

_「창세기」 19:27~28

그는 '히로시마(廣島)'와 '나가사키(長崎)'를 보고 있었다. 원자 무기에 의해 사람들이 모여 살던 풍요로운 평원이 파괴된 것이었다. 이 해는 기원전 2024년이었다.

소돔과 고모라의 터는 지금의 어디일까? 고대 그리스와 로마의 지리학자들은 한때 풍요로웠던 계곡의 다섯 도시가 대재앙 이후 침수되었다고 말했다. 현대 학자들은 구약에 묘사된 '대재앙'이 사해의 남쪽 해안을 붕괴시키고 그 물이 흘러넘쳐 남쪽 저지대를 침수시켰다고 본다. 전에 남쪽 해안이었다가 남은 부분은 그 모양을 나타내는 '혀'라는 뜻의 엘리산(el-Lissan)이라는 지역이 되었고, 한때 사람이 살아 다섯 도시를 이루었던 계곡은 새로이 사해의 남쪽 부분이 되었다. 아직도 이 지역에서는 그곳을 '로트의 바다'라는 별명으로 부르고 있다. 【그림 102】 북쪽에서 남쪽으로 물이 쏟아져 들어와 해안선을 붕괴시킨 것이다.

1920년대에 바티칸의 교황청성서연구소가 추진한 과학 탐사대의 이 지역에 대한 철저한 탐사를 필두로, 현대의 여러 연구가 고대의 기록들을 확

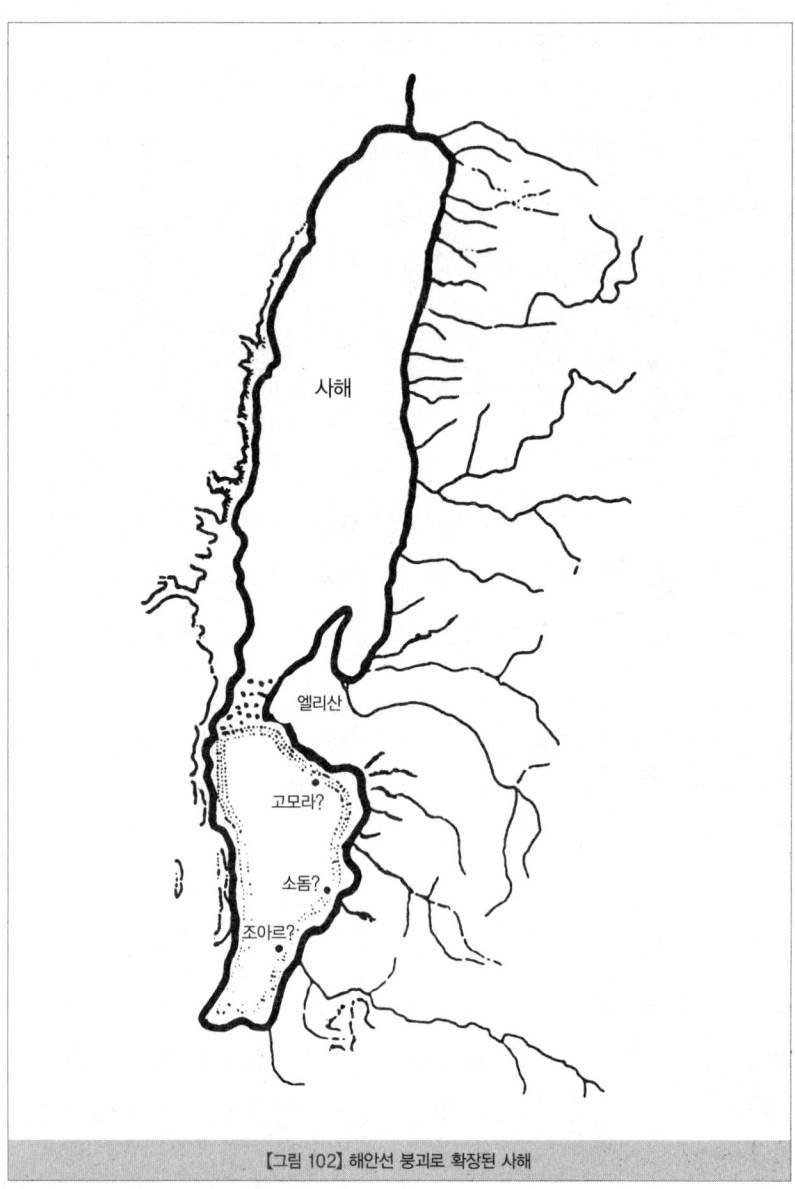

【그림 102】 해안선 붕괴로 확장된 사해

인하고 있었음은 말롱이 『사해 동남부 탐사 여행 Voyage d'Exploration au sud-est de la Mer Morte』에서 지적한 바다. 올브라이트(William Foxwell Albright, 1891~1971)와 할란드(P. Harland) 같은 선도적인 고고학자들은 이 지역 주변 산악지대에서의 정주(定住)가 기원전 21세기에 갑자기 중단되었으며, 그 이후 수백 년 동안 재정착이 이루어지지 않았음을 발견했다. 그리고 오늘날까지도 사해 주변 샘물들은 방사능에 오염되어 있음이 밝혀져, 블레이크(I. M. Blake)는 『계간 팔레스티나 The Palestine Exploration Quarterly』에 실린 「조슈아의 저주와 엘리사의 기적 Joshua's Curse and Elisa's Miracle」에서 '이 물을 여러 해 동안 마시면 불임과 관련 증상들을 일으킬 가능성이 높다'고 썼다.

이 평원 도시들의 하늘에서 일어난 유독한 구름은 로트와 그의 딸들뿐 아니라 아브라함까지도 깜짝 놀라게 만들었다. 그는 80킬로미터 정도 떨어진 헤브론 산악 지역도 안전하지 않다고 생각했다. 구약은 그가 야영지를 걷어서, 보다 서쪽인 게라르(Gerar, 그랄)에 옮겨 주둔했다고 전한다.

또한 그 이후 그는 시나이로 들어가려 한 적이 없었다. 몇 년 뒤 카나안의 기근 때문에 아브라함의 아들 이사악이 이집트로 가고자 했을 때도 마찬가지였다.

야훼께서 이사악에게 나타나서 말씀하셨다.
"이집트로 내려가지 말아라.
내가 너에게 보여주는 땅에서 살아라."

_「창세기」 26:2

시나이 반도를 통과하는 여행은 분명히 아직 안전하지 않았다.

그러나 왜였을까?

평원 도시들의 파괴는 오직 에피소드였을 뿐이라고 우리는 생각한다. 그와 동시에 시나이 반도에 있는 우주공항 역시 핵무기에 의해 파괴되었고 그 이후 여러 해 동안 지속된 치명적인 방사능 유출을 초래했다.

핵의 주요 목표는 시나이 반도였다. 그리고 결국 진짜 피해자는 수메르 자체였다.

우르의 종말은 빨리 왔지만, 그 슬픈 운명은 왕들의 전쟁 이후 줄곧 더욱 어둡게 다가오고 있었다. 한 해 한 해가 지나면서 멀리서부터 더욱 가까워지고 더욱 커지는 북소리, 처형의 북소리와도 같았다. 대파멸의 해 기원전 2024년은 우르의 마지막 왕 입비신의 재위 6년째가 되는 해였다. 그러나 대재앙의 이유와 본질에 대한 설명, 그리고 그 범위에 대한 상세한 설명을 찾으려면 전쟁의 시기로 돌아가 운명적인 나날들의 기록들을 살펴봐야 한다.

임무에 실패하고 카데쉬바르네아와 다마스쿠스 부근에서 잇달아 아브라함에게 굴욕을 당한 침략군 왕들은 곧 권좌에서 물러났다. 우르에서는 아마르신 대신 그의 형제 슈신이 왕이 되었다. 슈신이 왕위에 올랐을 때는 거대 동맹체가 붕괴되었고 우르의 옛 동맹국들이 무너져가는 제국을 갉아먹어가고 있었다.

난나르와 인안나 역시 왕들의 전쟁으로 불신을 당하기는 했지만, 슈신은 처음에는 그들을 믿었다. 슈신의 초기 새김글들은 왕권을 '그에게 부여한' 것은 난나르였다고 말한다. 그는 '인안나가 사랑하는 자'였고, 인안나는 직접 슈신을 난나르에게 데려갔다. 【그림 103】 슈신은 '놀라운 능력을 지닌 신(Sin)의 맏딸, 거룩한 인안나께서' 자신에게 '복종하지 않는 적국과 싸울 때

[그림 103] 난나르 앞에 슈신을 데려간 인안나

쓸 무기들을 주셨다'고 으스댔다. 그러나 이 모든 것은 제국을 하나로 묶기에는 충분치 않았고, 슈신은 곧 높은 신들에게 구원을 요청했다.

연보(왕실은 물론 상업적·사회적 목적을 위해 해마다 적은 새김글로, 거기에는 어떤 왕이 해마다 벌인 통치 내용이 그해의 주요 사건들과 함께 적시되어 있다)를 보면 슈신은 재위 2년째에 아래 세계까지 직접 갈 수 있는 난바다 항해용 배를 만들어 엔키에게 바치고 이 신의 후원을 얻으려 했던 것으로 보인다. 재위 3년째도 엔키에 붙어 알랑거리는 데 열중한 한 해였다. 그런 노력으로 더 알려진 것은 별로 없으나, 그것은 마르둑과 나부 추종자들을 달래기 위한 에움길이었을 것이다. 그러나 그런 노력은 분명히 실패했다. 그는 재위 4년과 5년에 메소포타미아 서쪽 변경에 거대한 성벽을 쌓아야 했다. 특히 마르둑 추종자들인 '서쪽 사람들'의 침입을 막기 위한 것이었다.

서쪽으로부터 압박이 거세어지자 슈신은 니푸르의 높은 신들에게 용서와 구원을 청했다. 미국 니푸르 탐사대의 고고학적 발굴에서 확인된 연보에 따르면 슈신은 니푸르의 신성 구역에서 대규모 재건 사업을 벌였다. 우르남무 이래 유례가 없는 규모였다. 이런 노력은 엔릴과 닌릴을 기리는 비석 건립으로 극에 달했는데, '그 비석은 이전에 어느 왕도 건립한 적이 없는 것'이었다. 슈신은 필사적으로 '그가 엔릴이 진심으로 선택한 왕'임이 받아들여지고 인정되기를 추구했다. 그러나 대답을 해주어야 할 엔릴은 거기 없었다. 오직 엔릴의 아내 닌릴만이 니푸르에 남아 슈신의 탄원을 들었다. 닌릴은 동정적인 반응을 보였다. '슈신의 행복과 그의 재위 기간을 연장하기 위해' 그에게 '그 무시무시한 섬광이 하늘까지 닿는 (…) 빛으로 쏘아 죽이는 무기'를 주었다.

'소장품 B'로 분류된 한 슈신 문서를 보면 슈신은 니푸르와 맺었던 이전의 관계를 복원하기 위해, 테라 집안처럼 우르남무 사후 우르를 떠난 니푸르 사람들과 화해하기를 추진했던 듯하다. 이 문서는 그가 하란이 위치한 지역을 '그 무기들에 대한 두려움에 떨게' 만든 뒤 평화적인 제스처를 취했다고 말한다. 슈신은 자기 딸을 그 지역에 시집보냈다. 아마도 그 지역의 우두머리나 그 아들에게 보낸 것이었겠다. 그녀는 그 뒤 하란 지역 주민들과 함께 수메르로 돌아와 '니푸르 경내에 엔릴과 닌릴을 위한 도시를 건설했다'. '운명이 정해진 시기 이후 엔릴과 닌릴을 위한 도시가 건설된 것'은 이 경우가 처음이었다고, 슈신은 칭찬이 담긴 분명한 기대를 드러냈다. 슈신은 돌아온 니푸르 사람들에게서 지원을 받을 가능성이 생기자 니푸르 신전에서 하던 일도 재개했다. 자신에게 고위 사제의 역할과 칭호를 부여한 것이다.

그러나 이런 모든 노력도 소용이 없었다. 안전이 더욱 보장되기는커녕 보다 위험해졌고, 먼 지방들의 충성심에 대한 우려보다 수메르 자체의 영토에 대한 걱정이 앞서게 되었다. '강한 왕, 우르의 왕'은 '그 땅(수메르 자체)을 다스리는 것'이 왕가의 최대 임무가 되었다고 슈신의 새김글은 말했다.

엔릴을 다시 수메르로 돌아오게 하고 그의 보호 아래 피난처를 발견하기 위한 마지막 노력이 하나 있었다. 분명히 닌릴의 조언에 따른 것으로 보이지만 슈신이 이 부부에게 선물한 것이었다.

커다란 여행용 배였다.
가장 큰 강에서도 다닐 수 있는 것이었다.
그는 그것을 보석으로 완벽하게 장식했다.

거기에는 최상급 목재로 만든 노와 장대와 정교한 방향타를 갖추었고, 원앙금(鴛鴦衾)을 비롯한 온갖 휴식 용품을 비치했다. 그리고 그는 '이 여행용 배를 닌릴의 즐거움의 집 앞에 있는 넓은 항구에 두었다'.
옛 향수를 자극하는 부분이 엔릴의 심금을 울렸다. 그는 닌릴이 아직 젊은 간호사였던 시절 그녀가 강에서 벌거벗고 목욕하는 모습을 보고 사랑에 빠졌었다. 그래서 그는 니푸르로 돌아왔다.

엔릴은 이 모든 얘기를 듣고
저쪽 지평선에서 이쪽 지평선으로 한달음에 달려왔다.
남쪽에서 북쪽으로 달려왔다.
하늘을 통해, 땅을 넘어 그는 달음질쳤다.
그의 사랑하는 왕비 닌릴과 큰 즐거움을 누리기 위해서였다.

그러나 이 감상적인 여행은 짧은 막간극일 뿐이었다. 이 서판은 뒷부분에서 결정적인 몇 행이 떨어져 나가 그때 어떤 일이 일어났는지 자세한 내용을 알 수 없다. 그러나 맨 마지막 몇 행에는 '엔릴의 위대한 전사 니우르타가 침입자를 물리쳤다'는 얘기가 나온다. 분명히 배의 조각상에서 아마도 엔릴과 닌릴을 저주하기 위한 것인 듯한 '새김글이, 사악한 새김글이' 발견된 직후다.

이 비겁한 짓에 대한 엔릴의 반응이 나와 있는 기록은 없다. 그러나 다른 모든 증거들을 보면 그가 다시 니푸르를 떠났음을 시사하고 있다. 이번에는 분명히 닌릴도 데리고 갔던 듯하다.

그로부터 얼마 지나지 않아서(우리 계산으로는 기원전 2031년 2월이다) 근동지역은 개기월식(皆旣月蝕)으로 두려움에 빠졌다. 밤에 달이 완전히 가려져 까맣게 변했다. 니푸르의 계시 담당 사제들은 슈신의 불안을 잠재울 수가 없었다. 그들이 글로 적은 계시 내용에 따르면 그것은 하나의 조짐이었다.

네 지구를 다스리는 왕에 대한 것이다.
그의 성벽은 무너질 것이다.
우르는 황폐해질 것이다.

높은 구세대 신들에게 퇴짜를 맞은 슈신은 마지막 행동에 나섰다. 반항의 발로가 아니면 신의 지지를 얻기 위한 마지막 발악이었을 것이다. 그는 내처 니푸르의 매우 신성한 구역에 샤라라는 젊은 신의 사당을 지었다. 그는 인안나의 아들들 가운데 하나였다. 그리고 젊은 시절 같은 통칭을 지녔던 루갈반다와 마찬가지로 이 '왕자' 샤라도 왕의 아들이었다. 이 신전에 봉헌된 새김글에서 슈신은 자기가 이 젊은 신의 아버지라고 주장했다.

인안나의 사랑하는 아들
천상의 영웅 샤라 신에게

강력한 왕이고 우르의 왕이자 네 지구의 왕인

그의 아버지 슈신은

그의 소중한 신전, 샤기파다(Shagipada) 신전을

그에게 지어주었다.

슈신 왕이 새 생명을 얻기를.

슈신의 재위 9년째 해였다. 그리고 그의 마지막 해이기도 했다.

우르의 왕위에 오른 새 지배자 입비신은 퇴각과 영토 축소의 추세를 멈출 수 없었다. 그가 할 수 있는 일이라고는 수메르의 심장부인 우르와 니푸르에 서둘러 성벽과 요새를 건설하는 것뿐이었다. 이 나라의 나머지 부분은 방치되어 있었다. 그의 연보는 5년째(그는 이보다 더 오래 통치했지만) 해의 것 외에는 발견되지 않았는데, 여기에는 그의 시대 상황에 대한 정보가 별로 없다. 더 많은 정보는 의례적인 서신과 교역 중단 기록에서 얻을 수 있다. 부용국인 다른 중심 도시들이 해마다 우르로 보내게 되어 있는 충성 서신이 하나씩 하나씩 중단되었다. 먼저 중단된 것은 서부 지역에서 오는 충성 서신들이었다. 그리고 재위 3년에는 동부 지역의 도시들이 서신 발송을 그만두었다. 재위 3년에 우르의 대외 교역은 가드(C. J. Gadd)의 『우르의 역사와 유적History and Monument of Ur』에 나오듯이 '정말로 갑작스럽게 중단'되었다. 세금 징수의 중심지였던 니푸르 인근 드레헴(Drehem)에서는 우르 제3왕조 동안에 상품 및 가축의 수송과 세금 징수 등이 기록되었고 그 기록은 수천 개의 온전한 점토판으로 발견된 바 있는데, 이 꼼꼼한 회계장부 기장(記帳) 역시 그 재위 3년에 갑자기 중단되었다.

입비신은 높은 신들이 떠난 니푸르를 무시하고 다시 난나르와 인안나를 믿기로 하면서 재위 2년에 스스로 우루크에 있는 인안나 신전의 고위 사제

지리에 앉았다. 그는 기둡 신들의 인도와 후원을 요청했다. 그러나 그가 들은 것은 파괴와 파멸에 대한 계시뿐이었다. 재위 4년에 그는 이런 얘기를 들었다.

> 서방의 자손이 일어날 것이다. (…)
> 이것이 입비신에 대한 예언이다.
> 우르는 심판받을 것이다.

재위 5년에 입비신은 우르에 있는 인안나 사당의 고위 사제가 됨으로써 더 큰 힘을 얻고자 했다. 그러나 이 일 역시 도움이 되지 않았다. 그해에 수메르 내부의 다른 도시들이 충성의 서신 보내기를 중단했다. 그해는 또한 이 도시들이 우르의 난나르 신전에 줄곧 보내오던 희생 동물을 마지막으로 보낸 해였다. 우르의 중앙 권력과 그 신들, 그리고 거대한 지구라트 신전은 그로부터 잊혀버렸다.

재위 6년째가 시작되면서 '파괴에 관한' 예언은 더욱 긴급하고 더욱 구체적인 것으로 변해갔다. 한 예언은 이렇게 말했다.

> 여섯 번째 해가 되면
> 우르 주민들은 함정에 빠질 것이다.

다른 예언은 이런 때에 예언된 대재앙이 닥칠 것이라고 말했다.

> 그때에 두 번째로 자신이 신의 지정을 받은 것처럼
> 스스로 지상권자라고 하는 자가 서쪽에서 올 것이다.

바로 그해에, 국경에서 온 서신들이 전하고 있는 것처럼 '서방의 적들이 메소포타미아 평원으로 들어왔다'. 그들은 저항도 받지 않고 빠르게 '나라 안으로 진군해 하나씩 하나씩 큰 요새들을 모두 탈취했다'.

입비신의 수중에 남은 것이라고는 우르와 니푸르의 고립된 땅덩어리뿐이었다. 그러나 그 운명의 여섯 번째 해가 가기도 전에 우르 왕 입비신을 기리는 새김글들이 니푸르에서도 갑자기 자취를 감췄다. 우르와 그 신들의 적, 곧 '스스로 지상권자라고 하는 자'가 수메르의 심장부에 도달했다.

예언에 나와 있는 대로 마르둑이 두 번째로 바빌론으로 돌아온 것이다.

아브라함이 하란을 떠난 이래, 슐기가 왕좌에서 물러난 이래, 마르둑의 히타이트 추방이 시작된 이래 24년에 걸친 운명의 나날들은 모두 그 파멸의 해 2024년으로 집중되고 있다. 별개지만 서로 연결된 구약의 아브라함 이야기와 우르 및 그 마지막 세 왕들의 이야기를 추적하면서 이제 마르둑의 발자취를 따라가 보자.

마르둑의 자서전이 새겨진 서판(우리는 이미 그 일부를 인용한 바 있다)은 그가 24년 동안 하티 땅에 체류하다가 돌아온 사실을 계속 서술하고 있다.

하티 땅에서 나는 계시를 물었소.
내 옥좌와 내 왕권에 대해서 말이오.
나는 "언제까지 있어야 하는가?"를 물었소.
나는 거기서 24년 동안 둥지를 틀고 있었소.

그리고 24년째가 되면서 마르둑은 희망적인 예언을 들었다.

내 추방의 나날은 끝났소.

내가 있던 도시로 나는 방향을 잡았소.

내 신전 에삭일라를 산처럼 높이 세울(또는 재건할) 것이오.

나의 영원한 처소를 재건할 것이오.

나는 바빌론을 향해 발꿈치를 들었소.

(…) 땅을 지나서 나는 나의 도시로 갔소.

그 도시의 미래(또는 행복)를 위해

바빌론의 왕을 세울 것이오.

내 언약의 집에서 (…)

산 같은 에삭일라에서 (…)

아누에 의해 창조된 (…)

에삭일라 안으로 (…)

기단을 세울 것이오. (…)

나의 도시에서 (…)

기쁨 (…)

이 부서진 서판은 그 뒤에 마르둑이 바빌론으로 가는 길에 지나간 도시들을 나열한다. 판독할 수 있는 몇몇 도시 이름들을 보면 마르둑이 소아시아에서 메소포타미아로 간 이동 경로가 처음에는 남쪽에 있는 도시 하마(Hama), 곧 구약의 하마트(Hamat, 하맛)로 갔다가 다시 동쪽으로 마리를 통과하고 있다. 【480쪽 지도 참조】 예언되었던 대로 그는 정말로 서쪽에서 메소포타미아로 왔다. '서방의 적' 아모리인 지지자들과 함께였다.

그의 희망은 그 땅에 평화와 번영을 가져오는 것이었다고 마르둑은 이어 말한다.

사악함과 불운을 떨쳐버리고 (…)

인간들에게 자애로운 사랑을 베풀 것이오.

그러나 이 모든 것은 실패로 끝났다. 상대편 신 하나가 그 도시 바빌론을 향해 '분노를 표출'한 것이다. 그 상대편 신의 이름은 다음 단락이 새로 시작되는 부분에 나와 있다. 그러나 남아 있는 부분은 첫 번째 음절뿐이다. '닌…(Nin…) 신'이다. 이 언급은 결국 닌우르타를 말한 것이었다고 볼 수 있다.

이 서판에서는 이 상대편이 취한 행동에 대해 거의 알기가 어렵다. 그 뒤의 구절들이 심하게 손상되어 문서를 읽을 수 없게 되어버렸기 때문이다. 그러나 「케돌라오메르 문서들」의 세 번째 서판에서 잃어버린 실마리 일부를 찾을 수 있다. 수수께끼 같은 구석은 조금 있지만 그것은 동란의 전체적인 윤곽을 그리고 있다. 맞서 싸우는 신들이 자기네 편 인간 부대를 이끌고 상대방을 향해 진격하는 모습이다. 아모리인들로 이루어진 마르둑 지지자들이 유프라테스 강 유역 정복에 나섰고, 닌우르타는 그들과 싸우기 위해 엘람인 부대를 편성했다.

우리가 이 시련의 시대에 관한 기록을 읽고 또 읽어보면 적을 잔학하다고 비난하는 것은 예나 지금이나 마찬가지임을 알 수 있다. 이 바빌로니아 문서는(마르둑 숭배자가 썼음을 유념해야 한다) 샤마쉬와 이쉬타르의 사당을 포함한 신전을 모독한 것이 오직 엘람인 부대의 책임이라고 말한다. 이 바빌로니아 연대기는 더 나아가 닌우르타가, 마르둑 추종자들이 니푸르에 있는 엔릴의 지성소를 모독했다고 잘못 비난해 엔릴로 하여금 마르둑과 그 아들 나부의 반대편에 서게 만들었다고까지 말한다.

그것은 대립하는 양측 군대가 니푸르에서 서로 마주쳤을 때 일어났다고 이 바빌로니아 문서는 말한다. 그때 그 성스러운 도시가 파괴되었고 사당인 에쿠르에 대한 모독이 행해졌다. 닌우르타는 마르둑 추종자들이 이런 만행을 저질렀다고 비난했다. 그러나 사실은 그렇지 않았다. 그 짓을 한 것은 그와 한패인 에르라였다!

네르갈(에르라)이 이 바빌로니아 문서에 갑작스레 등장한 까닭은 「에르라 서사시」를 보기 전에는 수수께끼로 남을 수밖에 없다. 그러나 이 신이 「케돌라오메르 문서들」에 등장하고 에쿠르를 모독했다고 비난받는 것을 보면 여기에는 의문의 여지가 없다.

무자비한 에르라가
신성 구역에 들어갔다.
그는 직접 신성 구역에 들어가
에쿠르를 바라보았다.
그는 입을 열어 젊은 부하들에게 말했다.
"에쿠르의 물건들을 들어내라.
거기에 있는 귀중품들을 가져가라.
그 토대를 때려 부수고
사당의 담을 무너뜨려라!"

'높직이 옥좌에 앉은' 엔릴은 그의 신전이 파괴되었고 그 사당에 모독이 가해졌으며 '지성소의 장막이 찢어졌다'는 말을 듣고 다시 니푸르로 달려갔다. '진홍색 옷을 입은 신들이 그보다 먼저 달려갔다.' 그는 하늘에서 내려오면서 직접 '번개 같은 빛을 쏘았다'. 【그림 104】 그는 신성 구역으로 내려오자 '그 성스러운 곳을 진동시켰다'. 그리고 자신의 아들인 '닌우르타

【그림 104】 하늘에서 내려오며 번개를 쏘는 엔릴 신

왕자'에게 직접 명령을 내려 누가 성스러운 곳을 모독했는지 색출토록 했다. 그러나 닌우르타는 자기편인 에르라가 그랬다고 사실대로 말하지 않고 비난의 화살이 마르둑과 그 추종자들에게 향하도록 만들었다.

이 장면을 묘사하면서 이 바빌로니아 문서는 닌우르타가 자기 아버지를 만날 때 당연히 보여주어야 할 경의도 표하지 않았다고 주장했다.

죽을 수 있는 일인데도 겁도 없이
그는 자신의 왕관을 벗지 않았다.

엔릴에게 '그는 나쁜 얘기를 했다'.

공정하지가 않았다.

파괴는 멋대로 꾸며졌다.

그러고는 '바빌론이 만행을 꾸몄다 해서 엔릴의 그에 대한 반감을' 자극했다.

마르둑과 바빌론에 대한 '만행'과 함께 나부와 보르시파에 있는 그의 신전 에지다(Ezida)에 대한 공격도 획책되었다. 그러나 나부는 겨우 서쪽으로 도망쳐 지중해 부근에 있는, 그에게 충성하는 도시들로 갔다.

에지다에서 (…)
나부는 자기 편 도시들을 집결시키기 위해
발길을 내디뎠다.
그는 큰 바다 쪽으로 진로를 잡았다.

여기서 이 바빌로니아 문서에는 소돔과 고모라 파괴에 관한 구약 이야기와 그대로 일치하는 구절들이 나온다.

이 마르둑의 아들(나부)이
해안 땅에 있을 때
'재앙의 바람을 일으킨 남자'(에르라)가
열로 평원 땅을 태워버렸다.

이것은 참으로 하늘에서 쏟아진 '유황과 불'이 '그 도시들과 평원 전체를 파괴했다'는 구약의 묘사와 공통된 자료에서 나왔음이 틀림없는 구절인 것이다!

구약의 진술에서 확인되듯이 요르단 평원 도시들의 '사악함'은 이런 것이었다.

그들은 하느님의 언약을 버리고 (…)
다른 신들을 따라가 섬겼다.

_「신명기」 29:25~26

이 바빌로니아 문서를 통해 알 수 있듯이 그들에 대한 '아우성'(비난)은 대립한 신들 사이의 마지막 충돌에서 마르둑과 나부 쪽에 대한 그들의 반격이었다. 구약 본문은 이 정도에서 그치고 있지만, 이 바빌로니아 문서는 또 다른 중요한 세부 사항을 추가한다. 카나안 도시들에 대한 공격은 마르둑 지지의 본거지를 파괴하려 했을 뿐만 아니라 그곳에 피난처를 마련하려 한 나부를 죽이기 위한 것이기도 했다. 그러나 두 번째 목표는 이루지 못했다. 나부는 제때에 빠져나가 지중해의 한 섬으로 갔기 때문이다. 나부가 자신들의 신은 아니었지만 그곳 사람들은 그를 받아들였다.

그(나부)는 큰 바다로 들어가
그의 자리가 아닌 옥좌에 앉았다.
본래의 거처인 에지다가 파괴되었기 때문이었다.

아브라함 시대에 고대 근동을 뒤덮은 대동란에 관해 구약과 바빌로니아 문서들에서 모을 수 있는 그림은 우리가 앞서 언급한 바 있는「에르라 서사시」에 더욱 완전하고 상세한 모습으로 그려져 있다. 처음에 니네베의 아슈르바니팔 도서관에서 발견된 파편들로 짜맞추어 지기 시작한 이 아시리아 문서는 다른 고고학 유적지들에서 더 많은 파편의 판본들이 발굴되면서 형태와 의미를 갖추어나가기 시작했다. 이제 이 문서는 다섯 개의 서판에 기록되어 있었음이 분명하게 밝혀졌다. 그리고 깨지고 떨어져 나가거나 불완전한 행도 있지만, 그리고 일부 조각들이 어디에 속해야 하는지에 대해 학자들 사이에서 약간의 이견도 있지만, 두 개의 방대한 역본이 만들어졌다. 괴스만(P. Felix Gössmann)의 『에르라 서사시 Das Era-Epos』(1956)와 카니(L. Cagni)의 『에르라 서사시 L'Epopea di Erra』다.

「에르라 서사시」는 사람이 살고 있는 도시를 향해 '최후의 무기'를 발사해서까지 그곳에 숨어 있으리라고 생각되는 한 신(나부)을 죽이려 하게 만든 갈등의 본질과 원인을 설명해 준다. 뿐만 아니라 그것은 극단적인 조치가 가볍게 취해지지 않았음을 분명하게 보여준다.

몇몇 다른 문서들을 보면 이 첨예한 갈등의 시기에 높은 신들은 상설 전시(戰時) 위원회에 나와서 아누와 계속 의견을 교환했음을 알 수 있다.

아누는 지구에 대고 말했고
지구는 아누에게 이야기를 전달했다.

「에르라 서사시」는 그 무서운 무기가 사용되기 전에 네르갈(에르라)과 마르둑 사이에 한 차례 더 대면이 있었고, 거기서 네르갈은 자기 형 마르둑이 바빌론을 떠나고 대권 주장을 포기토록 하기 위해 위협을 가했다는 정보도 추가로 제공하고 있다.

그러나 이번에는 설득이 실패했다. 그리고 신들의 각의로 돌아온 네르갈은 마르둑을 몰아내기 위해 무력을 써야 한다는 권고안을 주장했다. 문서들을 보면 토론은 매우 열띠고 신랄했다. 그들은 '하루 밤낮을 쉬지 않고'

논의를 계속했다. 엔키와 그 아들 네르갈 사이에서 특히 격렬한 논쟁이 붙었다. 엔키는 자신의 맏아들 편을 들었다. 엔키는 이렇게 물었다.

이제 마르둑 왕자가 다시 일어서고
이제 사람들이 두 번째로 그에 대한 평가를 높이고 있는데
에르라는 왜 계속 그에게 반대하는가?

결국 인내심이 바닥난 엔키는 네르갈에게 자기 앞에서 물러가라고 소리를 질렀다.
발끈해서 떠나온 네르갈은 자기 영토로 돌아갔다. '곰곰 생각한' 그는 무서운 무기를 발사하기로 결심했다.

그 땅들을 나는 파괴할 것이다.
그곳들을 먼지만 수북이 쌓인 곳으로 만들어버릴 것이다.
그 도시들을 나는 파괴할 것이다.
그곳들을 황무지로 바꿔버릴 것이다.
그 산들을 나는 깎아버릴 것이다.
거기서 동물들이 살 수 없게 만들어버릴 것이다.
그 바다들을 나는 뒤흔들어놓을 것이다.
거기에 가득 찬 것들을 나는 몰살시켜 버릴 것이다.
그곳 사람들을 나는 없애버릴 것이다.
그들의 영혼은 증기가 되어서 사라질 것이다.
아무도 살아남지 못할 것이다.

CT-xvi-44/46으로 알려진 문서를 보면 네르갈이 꾸민 파괴 음모를 마르둑에게 귀띔해 준 것이 기빌이었는데, 그의 아프리카 영지는 네르갈의 영지와 접해 있었다. 그때는 밤이었고, 높은 신들은 휴회를 하고 쉬는 중이었다. 이때 기빌이 '아누가 만든 일곱 개의 무서운 무기'에 관한 '얘기를 마르둑에게 해주었다'. '이 흉악한 무기 일곱 개가 형을 향해 겨누어져 있소' 하고 그는 마르둑에게 알려주었다.

깜짝 놀란 마르둑은 기빌에게 그 무서운 무기들이 어디에 설치되어 있는지 물었다.

오, 기빌,
그 일곱 개의 무기가
어디서 생겨나고 어디서 만들어졌지?

그러자 기빌은 그것들이 땅속에 숨겨져 있다고 알려주었다.

그 일곱 개의 무기는 산속에 있소.
땅속에 파놓은 구멍 속에 있소.
그곳에서 빛을 뿜으며 달려나갈 것이오.
지구에서 천상까지, 공포에 휩싸일 거요.

그러나 그곳은 정확하게 어디일까? 마르둑은 거듭거듭 물었지만, 기빌이 말할 수 있는 것은 '슬기로운 신들도 그것은 알지 못하고 있다'는 사실뿐이었다.

그러자 마르둑은 이 놀라운 소식과 함께 아버지 엔키에게 달려갔다. '그

(마르둑)는 아버지 엔키의 집으로 들어갔다.' 엔키는 밤에 들어가서 자는 방의 침상에 누워 있었다. 마르둑은 이렇게 말했다.

아버님,
기빌이 제게 이런 말을 해주었습니다.
일곱 개의 무기가 오고 있는 것을
그가 알아냈다고요.

그는 이 고약한 소식을 전하면서 모든 것을 아는 아버지를 재촉했다.

그것들이 있는 곳을 찾아내야 합니다.
서두르셔야 합니다!

곧 신들이 다시 회의를 재개했다. 엔키조차도 '최후의 무기'가 숨겨진 정확한 장소를 알 수 없었기 때문이다. 다른 신들이 모두 그가 받았던 만큼 충격을 느끼지 않는 것이 그에게는 놀라웠다. 엔키는 그런 생각에 힘주어 반대를 표시하고 네르갈이 그 무기 사용을 중지토록 하기 위해 조치를 취할 것을 촉구했다. 그는 '그 땅들은 황폐해질 것이고 그 사람들은 전멸할 것'이라고 지적했다. 난나르와 우투는 엔키의 말에 대해 주저하는 쪽이었으나, 엔릴과 닌우르타는 단호한 행동을 지지했다. 그리고 그렇게 신들의 각의에서 정리가 되지 않자 결정은 아누에게로 넘어갔다.

마침내 닌우르타가 아누의 결정을 듣고 아래 세계에 도착했을 때 네르갈은 이미 '일곱 개의 무서운 무기들'에 '독', 곧 핵탄두를 장착하도록 명령을 내린 뒤였다. 「에르라 서사시」는 닌우르타를 계속 이슘(Ishum), 곧 '뜨거운 자'라는 통칭으로 부르는데, 이 문서는 닌우르타가 네르갈(에르라)에게 그 무기들이 구체적으로 승인된 목표물을 향해서만 발사될 수 있음을 분명히 밝혔다고 매우 상세히 서술한다. 또한 발사 전에 특정한 기지의 아눈나키 신들과 우주 발사장 및 왕복비행선들에서 근무하고 있던 이기기에게는 사전 경고를 해야 했다. 그리고 마지막으로, 특히 중요하게는 인간들이 다치지 않도록 해야 했다. '신들의 주인인 아누가 땅에 동정심을 갖고' 있기 때문이었다.

처음에 네르갈은 누구에게든 사전 경고한다는 생각 자체에 대해 난색을 표했다. 그리고 이 고대 문서는 두 신 사이에서 험한 말들이 오갔음을 이야기하고 있다. 마침내 네르갈은 우주 시설들에서 근무하는 아눈나키와 이기기에게 사전 경고를 하는 것은 받아들였지만, 마르둑이나 그 아들 나부, 그리고 마르둑을 추종하는 인간들에게는 알려주지 않겠다고 했다. 그때 닌우르타는 네르갈이 무차별적인 살상을 하지 못하도록 하기 위해 구약에서 아브라함이 소돔을 살리기 위해 했다고 하는 바로 그 말을 사용했다.

용맹한 에르라여,
당신은 올바른 자를 올바르지 않은 자와 함께 죽이렵니까?
당신은 당신에게 죄를 지은 자들과 함께
당신에게 죄를 짓지 않은 자도 죽이렵니까?

두 신은 칭찬과 위협, 그리고 논리를 동원해 파괴의 범위를 놓고서 밀고 당기며 설전을 벌였다. 닌우르타보다는 네르갈이 개인적인 증오심에 불타고 있었다. 그는 이렇게 외쳤다.

나는 아들을 죽여버리고
아비가 그를 묻게 하겠소.
그리고 나는 그 아비를 죽이고
아무도 그를 묻을 사람이 없게 하겠소!

절충도 해보고 무차별적 파괴의 부당성과 표적 선별의 전략적 장점들도 지적한 끝에 닌우르타의 말이 마침내 네르갈을 동요시켰다.

그는 이쑴(닌우르타)이 하는 말을 들었다.
그 말들은 그에게 향유처럼 호소했다.

네르갈은 바다를 제외하고 메소포타미아도 공격 대상에서 **빼기**로 동의한 뒤 수정 계획을 세웠다. 파괴는 선택적으로 하고, 전술적 목표는 나부가 숨어 있을 만한 도시들을 파괴하는 것이 되었으며, 전략적 목표는 '위대한 자들이 하늘로 올라가는 곳'인 우주공항이라는 최대의 전리품을 마르둑이 챙기지 못하게 하는 것이었다.

도시마다 나는 사람을 보낼 것이다.
아버지의 자손인 아들은 피하지 못할 것이다.
그 어머니는 웃음을 그칠 것이다. (…)
그는 신들이 있는 곳에 가지 못할 것이다.
위대한 자들이 하늘로 올라가는 곳을
나는 파괴할 것이다.

네르갈이 우주공항 파괴를 포함하는 이 최신 계획을 다 이야기하자 닌우르타는 할 말을 잃었다. 그러나 다른 문서들이 주장하듯이 엔릴은 이 계획에 대한 결재가 요청되자 이를 승인했다. 분명히 아누도 마찬가지였다. 그러자 네르갈은 바로 닌우르타에게 둘이서 당장 실행에 옮기자고 재촉했다.

그러자 영웅 에르라는 이슘의 말을 기억하고
그보다 앞서 나갔다.
이슘도 그 말에 따라 앞으로 나아갔다.
진심에서 나온 말이었다.

그들의 첫 번째 목표는 우주공항과 '최고봉'에 숨어 있는 그 통제 단지, 주변 대평원에 널려 있는 착륙장들이었다.

이슘은 '최고봉'으로 방향을 잡았다.
필적할 만한 것이 없는 무서운 일곱 무기가
그의 뒤를 따랐다.
영웅은 '최고봉'에 도착했다.
그가 손을 올렸다.
산이 무너졌다.
'최고봉' 옆에 있는 평원을
그는 그 다음에 없애버렸다.
숲에는 나무 둥치 하나 남아 있지 않았다.

그래서 핵 공격 한 방으로 우주공항이 사라졌고, 통제실이 숨어 있던 산이 무너졌고, 그 활주로로 쓰였던 평원이 사라졌다. 이 기록이 입증하듯이 이것은 닌우르타(이슘)가 실행한 파괴 행위였다.

이번에는 네르갈이 복수의 맹세를 실천할 차례였다. 에르라는 시나이 반도에서 왕의 대로를 따라 카나안 도시들로 가서 그곳들을 파괴했다. 「에르라 서사시」에 쓰인 말들은 구약의 소돔과 고모라 얘기에 나온 것들과 거의 같다.

그러자 에르라는 이슘과 경쟁이라도 하듯
왕의 대로를 따라갔다.
그는 그 도시들을 끝장내
뒤엎어 폐허로 만들었다.
산에서는 기근을 일으켜
동물들이 모두 사라지게 했다.

이어지는 시구들은 사해의 새로운 남쪽 부분 형성에 관한 묘사일 것이다. 그 남쪽 해안선이 붕괴되었고 그 안에 있던 모든 수중 생물이 사라졌다.

그는 바다를 파서
그것의 전체를 나누었다.
그 안에 사는 것은
악어까지도
그가 죽게 만들었다.
불로 동물들을 태워버렸듯이

곡물도 먼지로 사라지게 만들었다.

「에르라 서사시」는 이렇게 핵 사건의 세 가지 양상을 모두 포괄하고 있다. 시나이에 있는 우주공항을 없애버리고, 요르단 평원의 도시들을 '뒤엎었으며'(구약에서는 '파괴했다'고 했다), 사해가 넘쳐 남쪽으로 확대되게 만들었다. 이런 특별한 파괴 사건은 한 문서에만 기록되고 언급되지는 않았을 것이라 예상할 수 있다. 정말로 우리는 다른 문서들에서도 핵에 의한 파괴를 묘사하고 회고한 것들을 찾아볼 수 있다.

그런 문서들 가운데 K-5001로 알려져 『옥스퍼드판 쐐기문자 텍스트 *Oxford Editions of Cuneiform Texts*』 6권으로 출간된 것이 특히 중요하다. 수메르어 원본인데다가 수메르어에 한 줄씩 아카드어 번역본이 딸려 있는 대역본 문서이기 때문이다. 틀림없이 이 주제를 다룬 초기 문서 가운데 하나일 것이다. 그리고 그 표현을 보면 정말로 구약 이야기의 자료로 쓰인 것이 이 문서 또는 이와 비슷한 수메르어 원본이었을 것이라는 인상을 받게 된다. 파편이기 때문에 신원이 불확실한 한 신에게 얘기하는 이런 구절이 있다.

적을 태워버린
뜨거운 것을 지닌 신이여,
복종치 않는 나라를 쓸어버린 이여,
사악한 말을 따른 자들을 말라죽게 한 이여,
. . . .
적들의 머리 위로 돌과 불을 퍼부은 이여.

한 바빌로니아 문서에는 우주공항을 지키는 아눈나키가 미리 경고를 받고 '하늘의 돔으로 올라가' 피해야 할 상황이 되었을 때 닌우르타와 네르갈 두 신이 한 일에 대한 회상이 실려 있다. 한 왕이 '초기 어떤 왕 시절에' 일어난 중대한 사건들을 전한 것이다. 그 왕의 표현으로 살펴보자.

그때에,
이전 어떤 왕의 치세에
상황이 달라졌다.
출발은 좋았지만, 고난은 일상적인 것이 되었다.
신들의 주인은 화가 났고
그 분노를 표출했다.
그는 명령을 내렸다.
그곳의 신들은 그곳을 버렸다. (…)
악행을 저지르게 된 두 신은
경비병들을 물러서게 했다.
보호자들은 천상의 돔으로 올라갔다.

그 두 신을 통칭으로 닌우르타와 네르갈이라고 밝힌 「케돌라오메르 문서」는 이렇게 말한다.

높이 왕좌에 앉은 엔릴은
분노에 사로잡혔다.
파괴자들이 다시 사악한 일을 제안했다.
불로 태워버린 남자(이슘/닌우르타)와
재앙의 바람을 일으킨 남자(에르라/네르갈)가

함께 악행을 저질렀다.

둘은 신들을 피하게 해서

그들이 불타지 않도록 했다.

목표는 발사장이었고, 그들은 그곳을 지키던 신들을 대피하도록 했다.

아누를 향해 이륙하기 위해 세운 곳을

그들은 없애버렸다.

그 표면을 사라지게 만들었다.

그 장소를 그들은 황폐하게 만들었다.

서로 차지하려고 여러 차례 신들끼리 전쟁을 일으키는 빌미가 되었던 우주공항은 이렇게 제거되었다. 그 통제 시설들이 들어서 있던 산도 무너졌다. 그 발사 기단은 지구 표면에서 사라졌다. 우주비행선이 활주로로 사용한 딱딱한 평원도 파괴되어 나무 한 그루 남아 서 있지 못했다.

이 대단한 곳은 다시 볼 수 없었다. 그러나 그 무서웠던 날에 지구 표면에 난 흉터는 아직도 볼 수 있다. 바로 지금까지도 말이다! 그것은 거대한 흉터로, 너무 커서 그 모습은 오직 하늘에서만 볼 수 있다. 인공위성이 지구의 사진을 찍기 시작함에 따라 최근에 들어서야 모습을 드러내기 시작한 것이다. 【그림 105】 그것은 어떤 과학자도 아직 설명해 내지 못한 흉터다.

시나이 반도 정면에 이 수수께끼의 모습 북쪽으로 펼쳐져 있는 것은 평평한 시나이 중앙 평원이다. 초기 지질 시대에 호수가 있던 자취다. 그 평평하고 딱딱한 땅은 왕복비행선 착륙에 이상적이었다. 미국 캘리포니아의 모하비(Mojave) 사막과 에드워즈(Edwards) 공군기지가 우주왕복선 착륙에

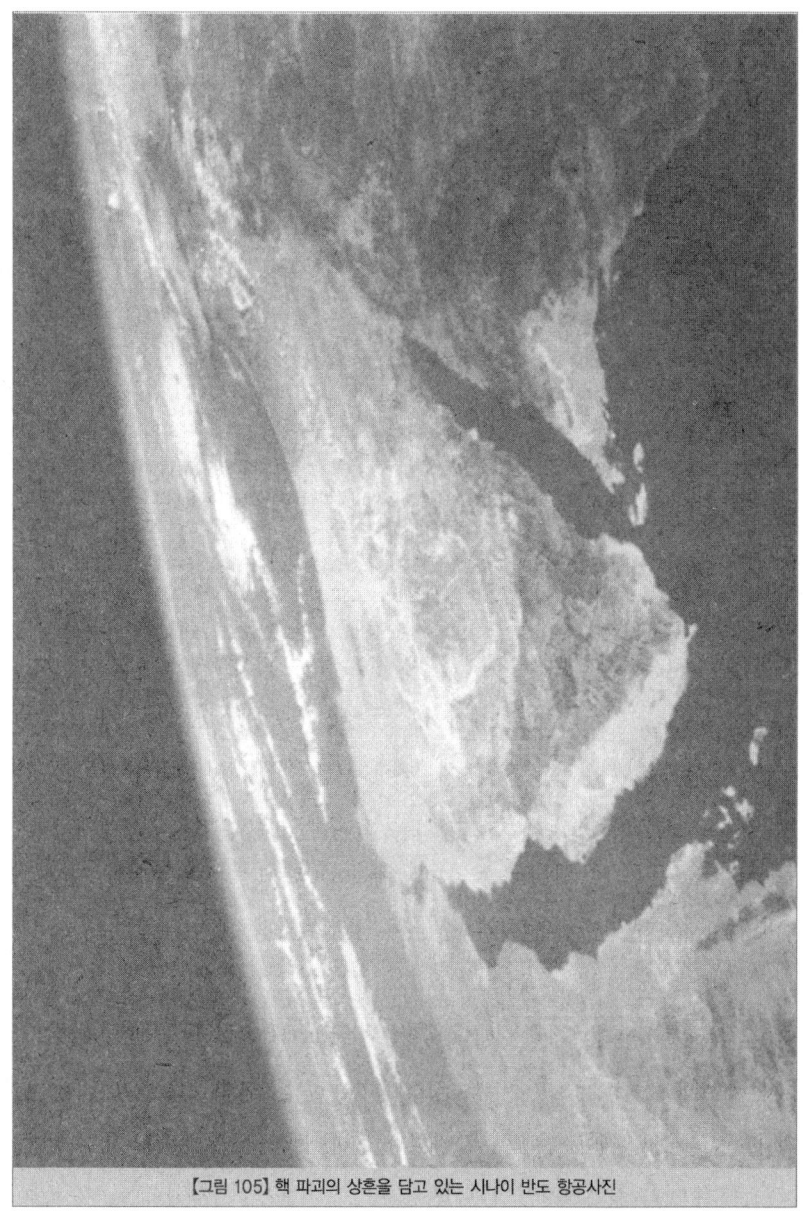

【그림 105】 핵 파괴의 상흔을 담고 있는 시나이 반도 항공사진

【그림 106】 검은색과 흰색이 뚜렷이 대비되는 시나이 평원

이상적인 것과 똑같은 이유다.

이 시나이 반도 대평원의 딱딱하고 평평한 땅에서 최근세사에는 탱크전이 벌어졌고, 고대에는 그곳이 왕복비행선 착륙에 쓰였다. 이 평원에 서보면 멀리서 평원을 둘러싸는 산들을 볼 수 있고 그것이 타원형 모양으로 이루어져 있음을 알 수 있다. 그 석회암 산들은 지평선에 흰색으로 희미하게 나타난다. 그러나 중앙 대평원이 시나이의 거대한 흉터와 만나는 곳에서는 평원의 검은색이 주변의 흰색과 뚜렷한 대조를 보인다. 【그림 106】

검은색은 시나이 반도에서 자연스러운 색깔이 아니다. 거기서는 석회암의 흰색과 사암의 붉은색이 합쳐져 밝은 노랑부터 회백색과 암갈색까지 여러 색조가 눈을 현란케 한다. 그러나 현무암에서 자연스럽게 나올 수 있는 검은색은 어디에도 없다.

하지만 수수께끼의 거대한 흉터 북북동쪽에 있는 중앙 평원은 땅의 색깔

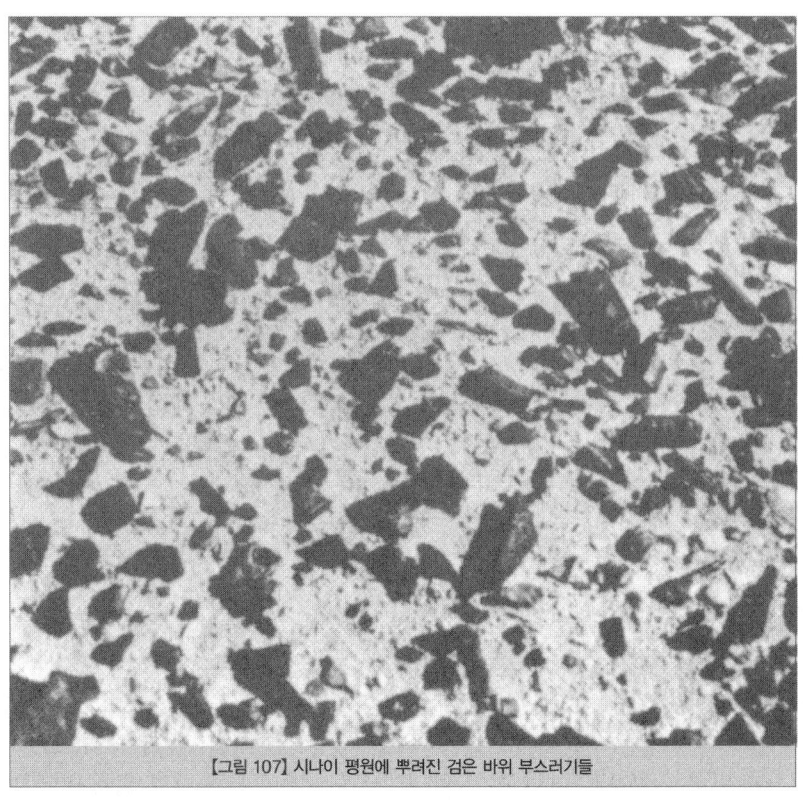

[그림 107] 시나이 평원에 뿌려진 검은 바위 부스러기들

이 검은빛이다. 사진에서 분명히 볼 수 있듯이 그것은 수많은 그을린 바위 부스러기 때문이다. 마치 거인의 손으로 이 지역 전체에 뿌려놓은 듯하다. 【그림 107】

시나이 반도 정면의 거대한 상처가 미국 국가항공우주국(NASA) 인공위성에 의해 하늘에서 관찰되고 사진 찍힌 이래, 이에 대한 설명은 없었다. 중앙 평원 전역에 뿌려진 그을린 바위 부스러기에 대한 설명도 없었다. 고대 문서들의 시구를 읽고 아브라함 시대에 네르갈과 닌우르타가 핵무기로 그곳에 있던 우주공항을 쓸어버렸다는 우리의 결론을 받아들이지 않는다

면 설명할 수가 없다.

아누를 향해 이륙하기 위해 세운 곳을
그들은 없애버렸다.
그 표면을 사라지게 만들었다.
그 장소를 그들은 황폐하게 만들었다.

그리고 우주공항과 심지어 사악한 도시들도 더 이상 존재하지 않았다.

서쪽으로 멀리 떨어진 수메르 본토에서는 핵폭풍이나 그 눈부신 섬광도 느끼거나 볼 수 없었다. 그러나 네르갈과 닌우르타가 저지른 일은 기록에 남지 않을 수 없었다. 그것은 수메르와 그 주민, 그리고 그 존재 자체에 더할 수 없이 심대한 영향을 미친 것으로 드러났기 때문이다.

네르갈이 인간에게 해를 끼치는 것을 말리려고 닌우르타가 온갖 노력을 기울였지만 커다란 재난이 뒤따라 일어났다. 두 신이 의도한 것은 아니었지만 핵폭발은 거대한 바람을 일으켰다. 회오리바람으로 시작된 방사능 바람이었다.

폭풍, 곧 '재앙의 바람'이
하늘에 떠돌았다.

그리고 방사능 회오리바람이 지중해에서 불어오는 탁월풍(卓越風)*과 함께 확산되고 서쪽으로 움직이기 시작했다. 그로부터 얼마 뒤 수메르의 종말에 대한 예언이 현실화되었다. 그리고 수메르 자체가 최종적인 핵 피해

자가 되었다.

입비신의 재위 6년 말에 수메르에 일어난 대재앙은 몇몇 애가(哀歌) 문서들에 묘사되어 있다. 웅대한 우르와 대(大)수메르 문명의 다른 중심 도시들이 멸망한 것을 애통해하는 장시(長詩)들이다. 수메르의 애가들은 바빌로니아인에 의한 예루살렘 파괴를 애통해하는 구약의 「예레미야 애가 Books of Lamentations」를 상당히 떠올리게 하는데, 이들을 처음 번역한 학자들은 메소포타미아의 대재앙 역시 엘람인 부대와 아모리인 부대의 충돌로 생긴 침략의 결과라는 인상을 받았다.

초기 애가 서판들이 발견되자 학자들은 우르만 파괴를 당했다고 생각하고 역본 제목을 그렇게 붙였다. 그러나 더 많은 문서들이 발견되자 우르는 유일하게 영향을 받은 도시도, 대재앙의 초점도 아니었음을 깨닫게 되었다. 니푸르·우루크·에리두의 운명을 애통해하는 비슷한 애가들이 발견되었을 뿐 아니라 몇몇 문서들은 영향을 받은 도시들의 명단까지 싣고 있었다. 그런 도시들은 남서부에서 시작되고 북동부로 확산되어 남부 메소포타미아 전체를 포괄했다. 전체적이고 갑작스럽고 동시적인 대재앙이 모든 도시들에 일어났음이 분명해졌다. 점차적인 침입의 경우에 일어날 수 있는 느리고 연속적인 것이 아니라 모두가 한꺼번에 일어난 것이었다. 그러자 『입비신의 치세 The Reign of Ibbi-Sin』의 야콥센 같은 학자들은 '이방인 침입자들'은 이 '무서운 재앙'에 아무런 영향을 미치지 않았다고 결론지었다. 그는 이 재난이 '정말이지 너무도 의문스러운 것'이라고 말했다. 야콥센은 이렇게 썼다.

---

* 어느 지역에서 어떤 시기나 계절에 따라 특정 방향에서 가장 자주 부는 바람. (옮긴이)

그때에 일어난 일들을 아주 분명하게 볼 기회가 있을지는 오직 시간이 말해 줄 것이다. 그 전모는 여전히 우리가 파악하기에는 너무 멀리 있다고 우리는 확신한다.

그러나 이 의문은 풀릴 수 있고 전모는 파악할 수 있다. 메소포타미아의 대재앙을 시나이의 핵폭발과 연관시키기만 하면 말이다.

이 문서들은 놀라울 정도로 길고 대부분 보존 상태도 매우 뛰어난데, 통상 모든 수메르의 신성 구역들이 그 신들에 의해 갑자기 버려지고 그 신전들이 '바람의 처분에 내팽개쳐졌음'을 비통해하는 것으로 시작한다. 그러고는 이런 시구들을 통해서 대재앙이 초래한 황폐화를 생생하게 묘사한다.

도시들을 황폐하게 만들고
집들을 폐허로 만들었다.
외양간을 텅 비게 만들고
양 우리를 비게 만들었다.
수메르의 황소들은 더 이상 외양간에 서 있지 않고
양들은 더 이상 양 우리에서 서성이지 않는다.
그 강에는 독이 든 물이 흐르고
경작지인 들에는 잡초가 자라며
그 초원에는 시들어가는 작물이 자란다.

도시와 촌락의 모습은 어떨까?

어미는 자기 아이를 돌보지 않고

아비는 '오, 나의 아내여'를 부르지 않는다. (…)
어린 아이는 스스로 튼튼하게 자라지 않고
아이 보는 여자는 자장가를 부르지 않는다.
그 땅의 왕권은 빼앗겨버렸다.

제2차 세계대전이 끝나기 전에는, 히로시마와 나가사키가 하늘에서 퍼붓는 원자 무기로 참사를 맞기 전에는, 구약의 소돔과 고모라 이야기를 읽어도 전통적인 '불과 유황' 설명에 그칠 수밖에 없었다. 더 나은 설명을 할 수 없었기 때문이다. 핵무기의 무서움을 경험하지 못한 학자들에게 수메르 애가 문서들은, 그 학자들이 이름 붙였듯이 '우르의 파괴'나 '수메르의 파괴'를 나타내는 것이었다. 그러나 이들 문서에서 묘사한 것은 그게 아니다. 이들은 황폐화를 묘사한 것이었지 단순한 파괴를 묘사한 것이 아니었다. 도시는 그대로 남았지만 사람들은 사라졌다. 외양간은 그대로 남았지만 소는 사라졌다. 양 우리는 남았지만 텅 비었다. 강은 흘렀지만 그 물은 독이 든 물이 되었다. 들은 여전히 펼쳐져 있었지만 거기서는 잡초만 자랄 뿐이었다. 초원에서는 식물이 싹을 틔웠지만 곧 시들어버리고 말았다.

침략과 전쟁과 살해 등 이 모든 악행들은 그때 이미 인간들이 잘 알고 있는 것들이었다. 그러나 애가 문서들이 분명하게 말하고 있듯이 이번 것은 독특하고 전에 한 번도 경험해 보지 못한 것이었다.

그 땅(수메르)에 재난이 닥쳤다.
인간이 알지 못하는 것이었다.
이전에 한 번도 본 적이 없는 것이었다.
견뎌낼 재간이 없는 것이었다.

죽음은 적의 손에 죽는 것이 아니었다. 듣도 보도 못한 죽음이었다.

길거리에 떠도는 것은
붙잡아 맬 수 없는 것이다.
그것이 사람 옆에 있어도
아무도 볼 수가 없다.
그것이 집 안에 들어와도
그것이 들어와 있음을 알아차릴 수가 없다.

이렇게 '유령처럼 그 땅을 공격하는 재앙'에 대해서는 방비할 방법이 없었다.

가장 높은 벽도, 가장 두꺼운 벽도
그것은 홍수처럼 지나가버린다.
문으로도 막을 수 없고
빗장으로도 되돌려 보낼 수 없다.
뱀처럼 문으로 미끄러져 들어오고
바람처럼 문틈으로 불어 들어온다.

문 뒤에 숨은 사람들은 안에서 죽고, 지붕으로 달아난 사람들은 지붕에서 죽었다. 거리로 도망친 사람들은 거리에서 공격당했다.

기침과 가래가 가슴을 약화시키고
입에는 침과 게거품이 가득했다. (…)

말도 못하고 보지도 못하며

환자처럼 무감각해졌다. (…)

악마의 저주와 두통 (…)

정신이 몸에서 떠나가 버렸다.

이들의 죽음은 가장 소름 끼치는 죽음이었다.

사람들은 공포에 질려 숨도 쉬지 못했다.

재앙의 바람이 그들을 붙잡았다.

그들은 새날을 볼 수 없었다. (…)

입은 피에 흠뻑 젖었다.

머리는 핏속에 파묻혔다. (…)

얼굴은 재앙의 바람으로 창백해졌다.

이 듣도 보도 못한 죽음의 근원은 수메르의 하늘에 나타나 '그 땅을 외투처럼 덮고 그 위에 종잇장처럼 펼쳐진' 구름이었다. 갈색을 띤 그 구름은 낮 동안에도 '떠 있는 해를 검게 지워버렸다'. 밤에는 가장자리에 빛을 내는('무섭게 빛나는 그것이 땅을 가득 채웠다') 그것이 달을 막아버렸다. '달은 뜨자마자 그것에 가려버렸다.' 서쪽에서 동쪽으로 움직인 이 치명적인 구름('공포에 싸여 두려움을 사방에 퍼뜨렸다')은 무서운 바람에 실려 수메르로 왔다.

그것은 높이 질주하는 거대한 바람이었고

온 땅을 휩쓰는 재앙의 바람이었다.

그러나 그것은 자연 현상이 아니었다.

그것은 아누의 지시에 따른 거대한 폭풍이었다. (…)
그것은 엔릴의 심중에서 나온 것이었다.

그것은 무시무시한 일곱 무기가 만들어낸 것이었다.

한 번의 산란으로 그것은 알을 낳았다. (…)
신들의 쓰디쓴 독액(毒液) 같은 것이었다.
그 산란은 서쪽에서 이루어졌다.

'하늘에서 어둠을 만들어내는 짙은 구름을 날라 이 도시에서 저 도시로 어둠을 퍼뜨리는' 재앙의 바람은 '번쩍이는 섬광'의 결과물이었다.

그것은 산들 사이에서 땅으로 내려왔다.
그것은 '무자비의 평원'에서 왔다.

사람들은 당혹스러워했지만 신들은 재앙의 바람이 일어난 원인을 알고 있었다.

고약한 폭발이 불길한 폭풍을 예고했다.
고약한 폭발은
불길한 폭풍의 전조였다.
힘센 자손, 용맹한 아들들이

전염병의 예고였다.

두 용맹한 아들들인 닌우르타와 네르갈은 '한 번의 산란으로' 아누가 만든 무시무시한 일곱 무기를 발사해 그 바람이 미치는 곳에서 '모든 것을 뿌리 뽑고 모든 것을 파괴했다'. 고대의 묘사는 현대의 핵폭발 목격담만큼이나 생생하고 정확하다. 그 '무시무시한 무기들'이 하늘에서 발사되자 엄청난 빛이 생겨났다. 한 문서는 이렇게 적었다.

그 무기들은 무시무시한 광선을
땅의 네 지점을 향해 뿌렸다.
불처럼 모든 것을 태워버렸다.

니푸르에 대한 또 다른 애가는 '번쩍이는 섬광 속에서 생겨난 폭풍'을 회상했다. 그러고는 '어둠을 가져오는 짙은 구름'인 원자구름이 하늘로 솟았다. 그 다음에는 '일진광풍(一陣狂風)'이 일었다. '미친 듯이 하늘을 삼켜버리는 폭풍'이었다. 그리고 서쪽에서 동쪽으로 부는 탁월풍이 메소포타미아 쪽으로 퍼져 나가기 시작했다.

하늘에서 어둠을 드리우는 짙은 구름이
그 어두움을 이 도시에서 저 도시로 실어 날랐다.

치명적인 구름을 실어 나른 이 재앙의 바람이 기억할 만한 어느 날의 거대한 폭발로 일어났음은 한 개가 아닌 여러 개의 문서들이 입증하고 있다.

그날
하늘이 무너지고
지구가 부서졌을 때
그 소용돌이 속에서 표면이 쓸려나갔다.
하늘이 어두워지고
그늘로 뒤덮였을 때였다.

애가 문서들은 그 무시무시한 폭발의 장소를 '서쪽에 있는' '바다가 쑥 들어온 부분' (시나이 반도의 지중해 해변 만곡 부분을 회화적으로 묘사한 것이다) 부근이라고 밝히고 있다. '산속에 있는' 평원, '무자비의 평원'으로 묘사된 곳이다. 그곳은 이전에 발사장으로 쓰였다. 거기서 신들은 아누가 있는 곳을 향해 하늘로 올라갔다. 게다가 이 장소 설명에는 산도 하나 나온다. 「에르라 서사시」에는 '위대한 자들이 하늘로 올라가는 곳' 부근에 있는 산이 '최고봉'으로 불린다. 어떤 애가에서는 이 산이 '울부짖는 동굴의 산'으로 불린다. 이 마지막 통칭은 「피라미드 문서들」에서 이집트 파라오들이 내세를 찾아 여행하는 과정에 나오는, 경사진 지하 통로가 있는 동굴 뚫린 산을 떠올리게 한다. 우리는 「틸문, 그리고 하늘에 이르는 계단」에서 그것이, 길가메쉬가 시나이 반도에 있는 로켓 우주선의 땅으로 가는 여정에서 찾아갔던 산임을 밝힌 바 있다.

한 애가 문서에 따르면 이 폭발로 생겨난 치명적인 구름은 탁월풍에 실려 동쪽으로 옮겨져 자그로스 산맥에 있는 '안샨 경내까지' 이르렀다. 남쪽의 에리두로부터 북쪽의 바빌론까지 수메르 전역을 오염시킨 것이다. 이들도 보도 못한 죽음은 수메르 상공을 천천히 움직였다. 그것이 지나가는 데는 24시간, 곧 하루낮과 하룻밤이 걸렸고, 그것은 애가에 남아 있다. 니푸르의 한 애가에는 이렇게 되어 있다.

> 그날 낮에, 그 하루낮에
> 그날 밤에, 그 하룻밤에 (…)
> 번쩍이는 섬광에서 만들어진 폭풍이
> 니푸르 사람들을 쓰러뜨렸다.

「우루크 애가」는 신들과 주민들 모두가 겪은 혼란을 생생하게 묘사하고 있다. 이 문서는 아누와 엔릴이, 핵무기를 사용한다는 '합의안을 마련'한 엔키와 닌키의 결정을 무효화했으며, 어떤 신도 그 무시무시한 결과를 예견하지 못했다고 주장했다. 그 폭발에서 나온 '엄청난 광선이 천상까지 닿고 땅속 깊은 곳까지 흔드는' 것을 보고 '높은 신들은 그 어마어마함에 놀라 창백해졌다'.

이 재앙의 바람이 '그물처럼 산들로 퍼지기' 시작하자 수메르의 신들은 자신들의 소중한 도시들로부터 도망치기 시작했다. 「우르의 파괴에 관한 애가」로 알려진 문서는 수메르의 도시들과 거대 신전들을 '바람의 처분에 내팽개친' 모든 높은 신들과 그들의 주요 자녀들을 나열한다. 「수메르와 우르의 파괴에 관한 애가」라는 문서는 이렇게 서둘러 버리고 간 일들에 대해 흥미진진한 세부 내용들을 덧붙인다. 예컨대 닌하르삭은 이신에서 도망칠 때 '피눈물을 흘렸고', 난쉐(Nanshe)는 '그녀의 소중한 거처가 재난에 빠지게' 되자 '오, 부서져 버린 나의 도시여' 하고 울부짖었다. 인안나(이쉬타르)는 서둘러 우루크를 떠나 '잠수함'을 타고 아프리카로 갔는데, 보석과 다른 재산들을 놓고 왔다고 투덜거렸다. 인안나는 자신이 지은 우루크를 위한 애가에서 '갑작스럽게, 눈 깜짝할 사이에 산속에서 생겨났고' 손쓸

방도도 없는 재앙의 바람 때문에 자신의 도시와 신전이 황폐화된 것을 슬퍼했다.

재앙의 바람이 다가오면서 신들과 인간들이 모두 겪은 공포와 혼란에 대한 숨 막히는 묘사는 몇 해 뒤 복구의 시기에 쓰인「우루크 애가」문서에 나와 있다. '우루크의 성실한 주민들이 공포에 사로잡히자' 우루크에 살면서 그 도시의 행정과 복지를 책임지고 있던 신들은 경보를 발령했다. 그들은 '일어나라!' 하고 소리치며 밤중에 사람들을 소집했다. 달아나서 '초원에 숨어라!' 하고 그들은 사람들에게 명령했다. 그러나 그런 뒤에 이 신들 자신들은 그리로 가지 않았다.

그 신들은 달아났다. (…)
그들은 전혀 다른 길로 갔다.

이 문서는 음울하게 말한다.

이렇게 모든 신들은 우루크에서 철수했다.
그들은 거기서 떠났다.
그들은 산속에 숨었다.
그들은 멀리 떨어진 평원으로 도망쳤다.

우루크에서는 주민들이 지도자도 없고 의지할 데도 없이 혼란에 빠졌다.

우루크에서는 집단 공황이 생겨났다. (…)
그 분별력은 일그러졌다.

사람들이 의문을 품으면서 사당은 파괴되었고 그 안에 있던 물건들도 내팽개쳐졌다.

어째서 신들은 자비로운 시선을 거두었는가?
누가 그런 근심과 비탄을 만들어냈는가?

그러나 그들의 의문에 대답은 없었다. 그리고 재앙의 바람은 지나갔다.

사람들이 산더미처럼 쌓였다. (…)
침묵이 외투처럼 우루크를 덮었다.

「에리두 애가」를 보면 닌키는 그녀의 도시에서 빠져나와 아프리카의 피난처로 갔다.

그곳의 위대한 귀부인 닌키는
새처럼 날아 그녀의 도시를 떠났다.

그러나 엔키는 재앙의 바람 진로에서 벗어나는 데 충분할 만큼만 에리두에서 벗어났다. 그 운명을 볼 수 있을 정도로 가까운 거리였다.

그곳의 주인은 그의 도시 바깥에 머물렀다. (…)
아버지 엔키는 그 도시 바깥에 머물렀다. (…)
부서진 그의 도시가 맞이한 운명에
그는 피눈물을 흘리며 울었다.

엔키의 많은 충성스런 백성들이 그를 따라 그곳의 변두리에서 야영을 했다. 하루낮과 하룻밤 동안 그들은 폭풍이 에리두를 '괴롭히고 있는 것'을 보았다.

'재앙을 가져오는 바람이 도시를 빠져나가 시골을 휩쓴' 뒤 엔키는 에리두를 살펴보았다. 도시는 '침묵에 싸여 있었고 (…) 그 주민은 시체 더미가 되어 있었다'. 살아남은 사람들은 그에게 한탄을 했다. 그들은 이렇게 울부짖었다.

오, 엔키시여.
도시는 재앙을 만났습니다.
낯선 땅처럼 되어버렸습니다!

그리고 그들은 자신들이 어디로 가야 할지, 무엇을 해야 할지 계속 물어 댔다. 재앙의 바람이 지나갔지만 그곳은 여전히 안전하지 않았고, 엔키는 '그 도시가 낯선 곳이라도 되는 것처럼 자기 도시 밖에서 머물렀다'. 엔키는 '에리두의 집을 버리고' '에리두에서 쫓겨난 사람들'을 사막으로, '척박한 땅으로' 데리고 갔다. 거기서 그는 자신의 과학적 능력을 발휘해 '열매 없는 나무'에 열매를 맺게 했다.

재앙의 바람 영향권의 북쪽 가장자리인 바빌론에서 걱정에 빠진 마르둑이 자기 아버지인 엔키에게 급한 전갈을 보냈다. 치명적인 구름이 그 도시로 다가오고 있었던 것이다. '제가 어떻게 하면 좋을까요?' 하고 그는 물었다. 엔키는 그 도시를 떠날 수 있는 사람은 모두 떠나되 꼭 북쪽으로 가라고 조언했고, 이런 얘기는 마르둑이 받아들여 추종자들에게 전달해 주었다. 그리고 두 조사관이 로트에게 했던 조언과 마찬가지로 바빌론에서 도망치는 사람들에게는 '돌아서거나 뒤돌아보면 안 된다'는 경고가 주어졌다. 그들은 또한 먹을 것이나 마실 것도 전혀 갖고 가지 말라는 얘기를 들었다. 그러다가 '유령에게 붙잡힐' 수 있다는 것이었다. 도망칠 수 없다면 지하에 숨으라고 엔키는 충고했다. '지하실의 어둠 속으로 들어가' 재앙의 바람이 지나갈 때까지 숨어 있으라는 것이었다.

폭풍의 전진이 느렸기 때문에 일부 신들은 지체하다가 값비싼 대가를 치렀다. 라가쉬에 있던 '바우 여신은 그녀의 거룩한 신전과 그녀의 도시 때문에 통곡을 했다'. 남편인 닌우르타가 달려갔지만 그녀를 떠나게 할 수 없었다. 떠나지 않고 남아서 '오, 나의 도시여. 오, 나의 도시여' 하며 계속 울부짖었다. 그렇게 지체하는 바람에 그녀는 거의 목숨을 잃을 뻔했다.

그날 그 귀부인을
폭풍이 그녀를 채갔다.
바우가 인간이라도 되는 것처럼
폭풍이 그녀를 채갔다.

여러 애가(그중 하나는 닌갈이 직접 지었다)를 보면 난나르와 닌갈이 우르의 종말을 피할 수 없다는 말을 믿지 않았음을 알 수 있다. 난나르는 자기 아버지 엔릴에게 길고도 감동적인 호소를 해서 참화를 면할 수 있는 방법을 찾고자 했다. 그러나 운명은 변경될 수 없다고 '엔릴은 그 아들 신(난나르)에게 대답했다'.

우르에는 왕권이 주어졌다.
그러나 영원한 지배권이 주어지지는 않았다.

옛날 수메르가 세워졌을 때로부터
사람들이 여러 배로 늘어난 지금까지
영원히 지배하는 왕권을 본 자가 있는가?

난나르가 호소하는 동안 '폭풍은 계속 앞으로 치고 나와 그 울부짖음이 모든 것을 압도했다'고 닌갈은 그녀의 장시(長詩)에서 회상했다. 재앙의 바람이 우르에 도달한 때는 낮이었다. 닌갈은 이렇게 썼다.

나는 아직도 그날을 기억하고 있지만
우리는 그날의 고약한 냄새로부터 벗어날 수 없었다.

밤이 되자 우르에서는 '통한의 소리가 새어나왔다'. 그러나 난나르와 닌갈은 거기에 머물러 있었다. '그날 밤의 고약함을 떨칠 수 없었다'고 닌갈은 말했다. 그리고 고통이 우르의 거대한 지구라트에 닥쳤고, 닌갈은 난나르가 '재앙의 폭풍에 휘말렸음을' 깨달았다.

닌갈과 난나르는 지구라트 안의 '흰개미의 집'(지하실)에서 악몽의 밤을 보냈다. 닌갈은 그것을 잊지 않겠다고 맹세했다. 이튿날 '폭풍이 그 도시에서 옮겨가고' 나서야 '닌갈은 그녀의 도시에서 떠나기 위해 (…) 허겁지겁 옷을 걸쳤다'. 그러고는 축 처진 난나르와 함께 그들이 그렇게 사랑했던 도시를 떠났다.

그들은 떠나면서 죽음과 폐허를 보았다.

사람들이 깨진 그릇처럼 도시를 채웠다.
그들이 산책하곤 했던 도시의 높다란 문에는

시체들이 널려 있었다.
축제가 열렸던 한길에도
시체들이 흩어져 있었다.
그들이 산책을 하곤 했던 도시의 모든 거리에는
시체들이 널려 있었다.
그 땅의 축제가 열렸던 곳들에는
사람들이 무더기로 쌓여 있었다.

시체들은 묻을 수가 없었다.

죽어 넘어진 시신들은
햇볕 아래 놓인 기름 덩어리처럼
저절로 녹아내렸다.

그리고 닌갈은 한때 장엄한 도시였고 수메르의 으뜸 도시였으며 제국의 수도였던 우르를 위한 자신의 구슬픈 애가를 들려준다.

오, 우르에 있는 신(Sin)의 집이여,
너의 황폐함이 심하기도 하구나. (…)
오, 자신의 땅을 잃어버린 닌갈이여,
그대의 마음을 물처럼 만들라!
그 도시는 낯선 도시가 되었으니
이제 어찌 사람이 살 수 있으랴?
그 집은 눈물의 집이 되었으니

그것이 내 마음을 물처럼 만든다. (…)

우르와 그 신전들은

바람에 날아가 버렸다.

남부 메소포타미아 전역이 거기에 굴복했다. 그곳의 땅과 물은 재앙의 바람으로 오염되었다.

티그리스와 유프라테스 강둑에는

허약한 식물들만이 자랐다. (…)

늪에서는 악취에 썩은 갈대만이 우듬지가 꺾인 채 차란다.

과수원과 정원에서는 새로운 식물이 자라지 못하고

금세 황폐해져 간다. (…)

논밭에서는 쟁기질이 멈춰

땅에 씨가 뿌려지지 않고

들에 농부가가 울려 퍼지지 않는다.

시골에서는 짐승들 역시 오염되었다.

초원에서는

크고 작은 짐승들을 보기가 어렵고

모든 생물들이 종말을 맞았다.

길들인 가축들 역시 전멸당했다.

양의 우리는 바람에 날아갔다. (…)

젖 짜는 소리가 양 우리에서 들리지 않는다. (…)

외양간에서는 고기와 우유가 나지 않는다. (…)

닌우르타는 우유가 나는 수메르를 비웠다.

'폭풍은 땅을 부서뜨리고 모든 것을 쓸어갔다.'

그것은 큰 바람처럼 땅 위에서 으르렁거렸고

아무도 거기서 빠져나가지 못했다.

도시를 폐허로 만들고 집을 폐허로 만들었다. (…)

아무도 한길로 나가지 못하고

아무도 길을 찾지 못했다.

수메르는 완전히 황폐해졌다.

에필로그

재앙의 바람이 수메르를 휩쓸고 간 지 7년 뒤에 그 땅에 다시 생명이 꿈틀거리기 시작했다. 그러나 수메르 자체는 이제 남을 지배하는 제국이 아니라 복속된 땅이었다. 외형상 남쪽은 엘람인 부대에 의해, 북쪽은 구티움 군인들에 의해 질서가 유지되는 형태였다.

이전에 한 번도 수도였던 적이 없었던 이신이 임시 행정 중심지로 선택되었고, 마리의 이전 지배자를 데려다 그 땅을 다스리도록 했다. 당시의 문서들에는 '수메르의 자손이 아닌' 자가 수메르를 통치한다는 불평이 기록되어 있다. 이쉬비에르라(Ishbi-Erra)라는 그의 셈계 이름에서 드러나듯이 그는 네르갈 추종자였고, 그의 임명은 네르갈과 닌우르타 사이에서 이루어진 협정의 일부였을 것이다.

일부 학자들은 우르 멸망 이후 수십 년 동안을 메소포타미아 역사의 암흑시대로 부른다. 이 고난의 시기에 관해서는 연보에서 주워 모은 것들 외에는 알려진 바가 별로 없다. 이쉬비에르라는 방비를 강화하고 이곳저곳을 복구하며 세속적인 권력을 공고히 하려 노력했다. 그는 우르를 감독하고 있던 외국 주둔군을 내쫓고 도시에 대한 자신의 지배를 확대함으로써 우르 왕들의 후계자임을 주장했다. 그러나 재정착한 도시들 가운데 일부만이 그의 대권을 인정했고, 라르사에서는 강력한 지역 족장이 이따금씩 도전해 오기도 했다.

한두 해 뒤에 이쉬비에르라는 니푸르의 보호자를 자임하고 그곳에 엔릴과 닌우르타의 성스러운 문장(紋章)을 세움으로써 그의 정치권력에 중앙 종교권력을 추가하려 했다. 그러나 이에 대한 승인은 닌우르타에게서만 떨어졌을 뿐, 니푸르의 다른 높은 신들은 여전히 거리를 좁히려 하지 않았다. 다른 신들의 지지를 이끌어내기 위해 이쉬비에르라는 난나르·닌갈·인안나 숭배를 재개하기 위한 남녀 사제들을 임명했다. 그러나 사람들의 마음은 딴 곳에 가 있는 듯했다. 여러 슈르푸('정화') 문서들이 시사하듯이 환자를 치료하고 물을 정화하고 땅에 식용 작물을 다시 자라게 한 것은 엔키와 마르둑이었다. 엔키가 가진 방대한 과학 지식을 활용한 것으로, 그것은 사람들의 눈에 '마법의 힘'으로 비쳤다.

이후 반세기 동안 이신의 이쉬비에르라를 이어받은 두 지배자의 치세를 거치면서 이 땅은 점차 정상을 되찾았다. 농업과 공업이 되살아났고, 내외 교역도 재개되었다. 그러나 니푸르의 신전은 모독이 있은 지 70년이 지나서(나중에 예루살렘 신전의 모독 때에도 이 시간 간격이 똑같이 적용되었다) 이신의 세 번째 왕위 계승자 이쉬메다간(Ishme-Dagan) 때가 되어서야 재건될 수 있었다. 그는 니푸르에 바친 12연(聯)의 장시에서, 니푸르의 부부 신(엔릴과 닌릴)이 도시와 그 거대한 신전을 복구하자는 그의 호소에 어떻게 반응했으며, 이에 따라 어떻게 '니푸르의 토건 공사가 재개되었고' '신의 서판이 니푸르로 돌아왔는지'를 묘사하고 있다.

기원전 1953년, 이 대신전이 엔릴과 닌릴에게 다시 봉헌될 때 그 땅에서는 큰 축제가 벌어졌다. 수메르와 아카드가 다시 사람이 살 수 있는 곳으로 공식 선언된 것이 그때였다.

그러나 공식적인 정상 회복은 신들 사이의 옛 경쟁 관계를 다시 자극하는 역할을 했을 뿐이었다. 이쉬메다간의 후계자는 이쉬타르에게 충성함을 나타내는 이름을 갖고 있었다. 닌우르타는 그의 통치를 단명에 그치게 했고, 이신의 다음 지배자는 그의 추종자 가운데 하나였다. 그는 수메르 이름을 가진 마지막 통치자였다. 그러나 이 복구된 땅에 대한 닌우르타의 권리 주장은 유지될 수 없었다. 결국 그는 간접적이긴 했지만 수메르의 붕괴를 초래했다. 그 다음 계승자의 이름이 시사하듯이 이번에는 신(Sin)이 자신의 권력을 다시 주장했다. 그러나 그와 우르가 지배권을 차지한 시대는 끝이 났다.

그리고 이에 따라 아누와 엔릴은 자신들에게 주어진 권한에 따라 마르둑의 바빌론 대권 주장을 받아들였다. 바빌로니아 왕 함무라비는 자신의 법전 서문에서 이 운명적인 결정을 기념해 이렇게 말했다.

> 천상에서 지구로 온 신들의 주인이신
> 높으신 아누와
> 땅의 운명을 결정하는
> 천상과 지상의 신 엔릴은
> 엔키의 맏아들 마르둑이
> 엔릴을 대신해 모든 인간을 다스리도록 결정했다.
> 그를 감독하는 신들 가운데 가장 높은 자리에 앉히고
> 바빌론의 이름을 높이게 하며
> 그곳을 세계 최고의 도시로 삼도록 했다.

그리고 그 안에 마르둑을 위해
영원한 왕권을 세우도록 했다.

바빌론과 그 뒤를 이어 아시리아가 번성했다. 수메르는 이제 더 이상 존재하지 않았다. 그러나 멀리 떨어진 땅에서는 그 유산의 바통이 아브라함과 그 아들 이사악의 손에서 이스라엘(Isra-El)로 개명한 야콥의 손으로 넘어갔다.

| 지구 연대기 연표 |

I. 대홍수 이전의 사건들

45만 년 전   우리 태양계의 먼 식구인 니비루에서 행성의 대기가 손상됨에 따라 생명체가 서서히 멸종되어 가기 시작함.

아누가 쫓아낸 지배자 알랄루가 우주선을 타고 탈출해 지구에 피신함. 그는 지구에 금이 있고 그것을 니비루의 대기를 보호하는 데 쓸 수 있음을 발견함.

44.5만 년 전   아누의 아들 엔키가 이끄는 아눈나키가 지구에 착륙해 페르시아 만의 물에서 금을 추출하기 위한 지구 기지 1호(에리두)를 건설함.

43만 년 전   지구의 기후가 온난해짐.

더 많은 아눈나키가 지구에 도착함. 그중에는 엔키의 이복누이인 의료 최고책임자 닌하르삭도 포함됨.

41.6만 년 전   금 생산이 지지부진하자 아누가 적통 승계권자 엔릴과 함께 지구에 도착함. 절실한 이 금을 남아프리카 광산에서 채굴을 통해 얻기로 결정함. 제비뽑기를 통해 엔릴이 지구 미션의 지휘를 맡게 되고, 엔키는 아프리카로 좌천됨.

아누가 지구를 떠날 때 알랄루의 손자로부터 도전을 받음.

40만 년 전   남부 메소포타미아에 일곱 개의 기능별 정착지가 건설됨. 우주공항은 시파르에, 비행통제센터는 니푸르에, 야금센터는 바드티비라에, 의료센터는 슈루팍에 건설됨.

광석이 아프리카로부터 배편으로 도착함. 정련된 금속은 이기기가 근무하고 있는 궤도선으로 올려지고 거기서 다시, 니비루에서 정기적으로 오는 우주선으로 옮겨짐.

38만 년 전	알랄루의 손자가 이기기의 지원을 얻어 지구의 통제권을 잡으려 기도함. 엔릴파가 구세대 신들의 전쟁에서 승리함.
30만 년 전	금광에서 고생하고 있던 아눈나키가 폭동을 일으킴. 엔키와 닌하르삭이 원인(猿人)의 유전자 조작을 통해 '일꾼 원시인'을 창조함. 이들이 틀에 박힌 허드렛일들을 떠맡음. 엔릴이 광산들을 급습해 일꾼 원시인들을 메소포타미아의 에딘으로 데려옴. 호모 사피엔스에게 출산 능력이 주어져 번식을 시작함.
20만 년 전	새로운 빙하기 동안 지구 생명체가 감소함.
10만 년 전	기후가 다시 따뜻해짐. 아눈나키(구약의 네필림)가 인간의 딸들과 결혼해 엔릴을 걱정케 함.
7.5만 년 전	'지구의 저주'(새로운 빙하기)가 시작됨. 과거 유형의 인간이 지구를 배회함. 크로마뇽인이 생존함.
4.9만 년 전	엔키와 닌하르삭이 아눈나키 혈통의 인간들을 슈루팍 지배자로 등용함. 엔릴이 화가 나서 인류의 절멸을 계획함.
1.3만 년 전	엔릴은 니비루의 지구 근접 통과가 거대한 해일을 촉발시킬 것임을 알고, 아눈나키에게 임박한 참화를 인간들에게 비밀로 하겠다는 서약을 하도록 함.

II. 대홍수 이후의 사건들

기원전 11000년	엔키가 서약을 깨고 지우수드라(노아)에게 잠수함을 건조토록 지시함. 대홍수가 지구를 뒤덮음. 아눈나키가 궤도 우주선에서 이 총체적인 파괴를 목격함. 엔릴이 살아남은 인간들에게 도구와 종자를 주는 데 동의함. 산악 지역에서 농경이 시작됨. 엔키는 짐승을 길들임.
기원전 10500년	노아의 자손들이 세 구역을 분배받음. 엔릴의 적통 계승권자 닌우르타가 산들 사이에 제방을 쌓고 강물을 뽑아내 메소포타미아를 주거 가능한 곳으로 만듦. 엔키는 나일 강 유역을 간척함.

	대홍수 이후 우주공항을 건설하기 위해 시나이 반도를 아눈나키가 보유함. 통제센터가 모리야 산(미래의 예루살렘)에 세워짐.
기원전 9780년	엔키의 맏아들 라(마르둑)가 이집트의 통치권을 오시리스와 세트에게 나누어줌.
기원전 9330년	세트가 오시리스를 붙잡아 사지를 절단하고 나일 강 유역의 단독 지배권을 확립함.
기원전 8970년	호루스가 제1차 피라미드 전쟁을 일으켜 아버지의 복수를 함. 세트는 아시아로 도망쳐 시나이 반도와 카나안을 장악함.
기원전 8670년	제1차 피라미드 전쟁의 여파로 엔키의 자손들이 모든 우주 관련 시설들을 통제하게 된 것에 반발, 엔릴파가 제2차 피라미드 전쟁을 일으킴. 승리한 닌우르타가 대피라미드의 설비들을 빼냄. 엔키와 엔릴의 이복누이인 닌하르삭이 평화 회담을 소집함. 지구의 분할이 재확인됨. 이집트 지배권이 라(마르둑) 왕가에서 토트 왕가로 옮겨짐. 헬리오폴리스가 대체 등대 도시로 건설됨.
기원전 8500년	아눈나키가 우주 관련 시설들의 관문에 주둔 기지들을 세움. 예리코가 그중 하나임.
기원전 7400년	평화 시대가 지속됨에 따라 아눈나키가 인류에게 새로운 진보를 제공함. 이에 따라 신석기시대가 시작됨. 반신반인들이 이집트를 지배함.
기원전 3800년	아눈나키가 수메르에 에리두와 니푸르를 필두로 옛 도시들을 재건함에 따라 수메르 도시 문명이 시작됨. 아누가 의례적인 방문을 위해 지구에 옴. 그를 기려 새로운 도시 우루크(에레크)가 건설됨. 아누는 그곳의 신전을 그가 사랑하는 손녀 인안나(이쉬타르)의 거처로 삼음.

III. 지구의 왕정

기원전 3760년	인간에게 왕권이 주어짐. 키쉬가 닌우르타의 후원 아래 첫 수도가 됨. 니푸르에서 책력이 만들어짐. 수메르(제1구역)에서 문명이 피어남.
기원전 3450년	수메르의 통치권이 난나르(신)에게 넘어감.
	마르둑이 바빌론을 '신들의 관문'으로 선언함.
	'바벨탑 사건'이 일어남. 아눈나키가 인간의 언어를 혼란시킴.
	쿠데타에 실패한 마르둑(라)이 이집트로 가서 토트를 쫓아내고 인안나와 약혼한 동생 두무지를 사로잡음.
	두무지가 사고에 의해 사망함. 마르둑이 산 채로 대피라미드에 갇혔다가 비상 갱도를 통해 풀려나 추방됨.
기원전 3100년	멤피스에서 이집트의 첫 파라오가 즉위하면서 350년간에 걸친 혼란기가 끝남.
	제2구역에서 문명이 일어남.
기원전 2900년	수메르의 왕권이 에레그로 옮겨짐.
	인안나가 제3구역의 통치권을 부여받음. 인더스 강 유역의 문명이 시작됨.
기원전 2650년	수메르의 왕도가 옮겨 다님. 왕권이 약화됨.
	엔릴이 통제하기 어려운 인간 대중에 대한 인내심을 잃음.
기원전 2371년	인안나가 샤르루킨(사르곤)과 사랑에 빠짐. 그가 새 수도 아가데(아카드)를 세우고 아카드 제국을 출범시킴.
기원전 2316년	네 지구의 통합 지배를 노리고 사르곤이 바빌론에 있는 신성한 흙을 가져옴. 마르둑과 인안나의 갈등이 다시 불붙음. 이 사태는 마르둑의 동생 네르갈이 남아프리카에서 바빌론으로 달려와 마르둑에게 메소포타미아를 떠나도록 설득한 뒤 마무리됨.
기원전 2291년	나람신이 아카드 왕위에 오름. 호전적인 인안나의 지시를 받은 그는 시나이 반도를 가로질러 이집트를 침공함.
기원전 2255년	인안나가 메소포타미아의 권력을 찬탈함. 나람신이 니푸르를 모독함.
	고위 아눈나키가 아가데를 멸망시킴. 인안나가 도망침. 수메르와 아카드가 엔릴과 닌우르타에 충성하는 외국 군대에 의해 점령됨.
기원전 2220년	수메르 문명이 라가쉬의 개명된 지배자 통치 아래서 새로운 단계로

	올라섬. 토트가 구데아 왕을 도와 닌우르타를 위한 지구라트 신전을 세우게 함.
기원전 2193년	아브라함의 아버지 테라가 니푸르에서 왕가 사제 집안의 후예로 출생.
기원전 2180년	이집트가 분열됨. 라(마르둑) 추종자들이 남부를 차지하고 그에 반대하는 파라오들이 하이집트 왕권을 차지함.
기원전 2130년	엔릴과 닌우르타가 점차 자리를 비움에 따라 메소포타미아의 중앙 권력도 약화됨. 에레크로 왕권을 되돌리려는 인안나의 시도가 단명으로 끝남.

IV. 운명의 세기

기원전 2123년	아브라함이 니푸르에서 태어남.
기원전 2113년	엔릴이 셈 땅을 난나르에게 맡김. 우르가 새 제국의 수도로 천명됨. 우르남무가 왕위에 오르고 '니푸르 수호자'의 이름을 얻음.
	니푸르의 사제였던 아브라함의 아버지 테라가 신전과 궁정 사이의 연락을 위해 우르로 이주함.
기원전 2096년	우르남무가 싸움터에서 죽음. 사람들이 그의 비명횡사를 아누와 엔릴의 배신 때문으로 여김.
	테라가 가족을 데리고 하란으로 떠남.
기원전 2095년	슐기가 우르의 왕위에 올라 제국의 중앙집권을 강화함. 제국이 번성하면서 슐기가 인안나의 매력에 빠지고 그녀의 연인이 됨.
	외인부대를 보내준 대가로 라르사를 엘람인들에게 내줌.
기원전 2080년	라(마르둑)에 충성하는 테베 왕자들이 멘투호텝 2세의 지휘 아래 북쪽을 압박함.
	마르둑의 아들 나부가 서아시아에서 자기 아버지의 지지자들을 끌어모음.
기원전 2055년	난나르의 명령을 받은 슐기가 카나안 도시들의 소요를 진압하기 위해 엘람인 부대를 파견함. 엘람인들이 시나이 반도와 그곳에 있는 우주공항 관문에 도착함.

기원전 2048년	술기가 죽음.
	마르둑이 히타이트 땅으로 옮겨감.
	아브라함이 정예 기병 부대와 함께 남부 카나안으로 가도록 명령받음.
기원전 2047년	아마르신(구약의 암라펠)이 우르의 왕이 됨.
	아브라함이 이집트로 가서 5년 동안 머물다가 더 많은 부대를 이끌고 돌아옴.
기원전 2041년	인안나의 지휘를 받은 아마르신이 동부 왕들의 동맹군을 결성해 카나안과 시나이로 군사 원정을 떠남. 그 지휘자는 엘람의 케돌라오메르였음.
	아브라함이 우주공항 관문에서 이들의 전진을 저지함.
기원전 2038년	제국이 분열되면서 아마르신의 뒤를 이어 슈신이 우르 왕위에 오름.
기원전 2029년	입비신이 슈신의 뒤를 이음.
	서쪽 지방들이 갈수록 마르둑 편으로 기울어짐.
기원전 2024년	마르둑이 지지자들을 이끌고 수메르로 진군해 스스로 바빌론의 옥좌에 오름. 전투가 중앙 메소포타미아로 확산됨.
	니푸르의 지성소가 모독됨. 엔릴은 마르둑과 나부의 처벌을 요구함. 엔키는 이에 반대했으나 그의 아들 네르갈은 엔릴 편에 섬.
	나부가 우주공항을 점령하기 위해 카나안의 추종자들을 집결시키자 고위 아눈나키가 핵무기 사용을 승인함. 네르갈과 닌우르타가 우주공항과 반역한 카나안 도시들을 파괴함.
기원전 2023년	방사능 구름이 바람에 실려 수메르까지 미침. 사람들이 처참하게 죽고 짐승들도 죽었으며, 물이 오염되고 토양도 메말라감.
	수메르와 그 찬란한 문명이 붕괴함. 그 유산은 아브라함이 100살 때 낳은 적통 후계자 이사악을 통해 그 후손에게로 넘겨짐.

| 주요 신들의 가계도 |

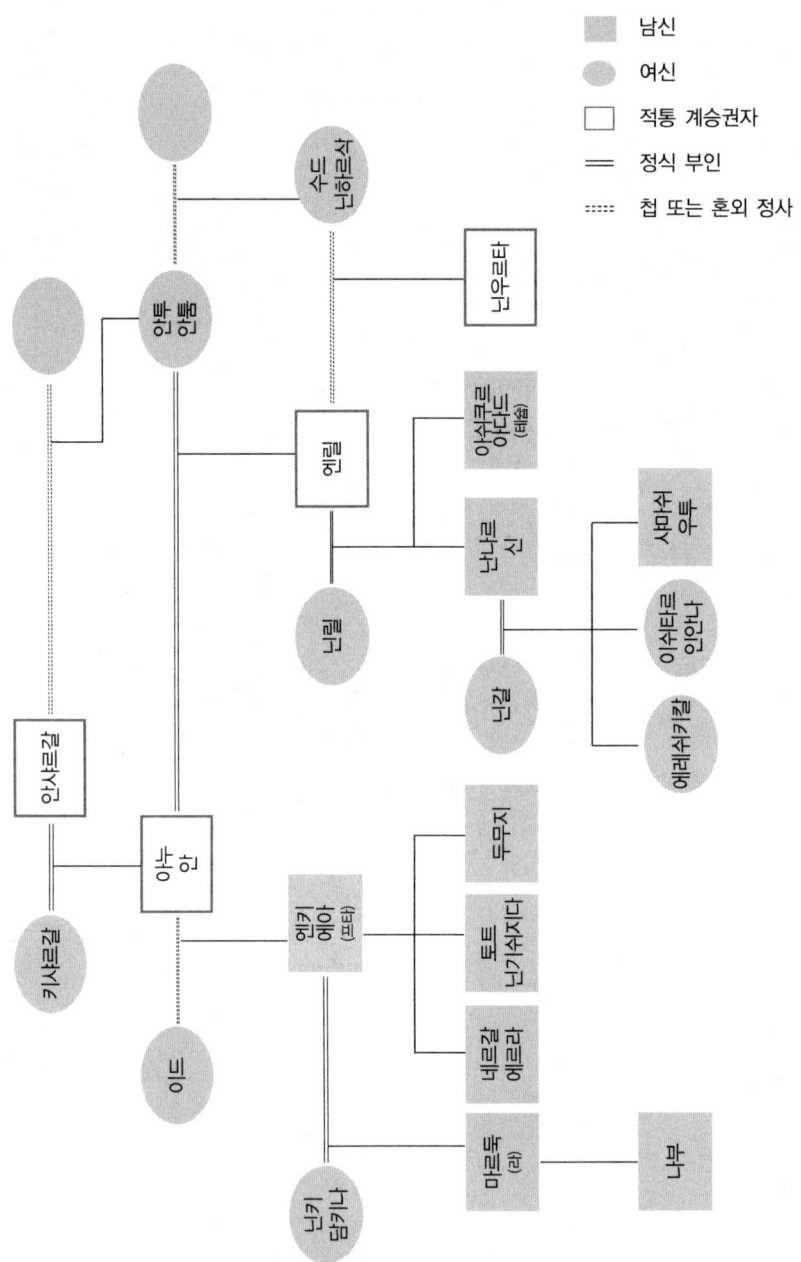

| 역자 후기 |

이 책은 지구와 인류의 역사에 대해 새로운 주장을 제기하는 시친의 '지구 연대기' 시리즈 중 세 번째 책인 『The Wars of Gods and Men』을 번역한 것이다.

이미 번역 출간된 앞의 두 권을 읽은 독자들은 잘 알겠지만, 시친은 우리 교과서에는 나오지 않는 태양계의 한 행성에서 온 우주인들이 지구에 내려와 인간을 창조하고 인류 역사의 초기를 이끌었다고 주장한다. 처음 듣는 사람에게는 매우 낯설 수밖에 없는 발상이다. 시친은 처음 두 권을 통해 아주 먼 옛날에 우주선을 타고 태양계를 돌아다닌 존재들이 있었음을 입증하려 한다. 그러나 이런 생각은 워낙 우리 상식과 동떨어진 얘기여서 심리적인 장벽을 허물기가 쉽지는 않다.

그런 면에서 이 세 번째 책은 시친이 얼마나 '과학적'이냐를 가늠해 볼 수 있는 좋은 시험대가 될 수 있으리라고 생각된다. 앞의 두 책이 상식과 전혀 다른 새로운 주장을 입증하기 위해 그 주장 주위에서 맴돌았기 때문에 심하게 얘기해서 '옳으냐 그르냐'가 아니라 '믿느냐 안 믿느냐'가 되어 버릴 소지가 있었다면, 이 책은 이미 해당 연구가 축적된 역사 분야를 본격적으로 다루고 있어 좀 더 객관적인 비교가 가능한 것이다.

이 책이 주로 다루는 것은 기원전 10000년 전후부터 기원전 2000년 무렵까지의 세계사다. 다소 후대인 것으로 생각되는 중국 고대 문명이 빠져 있긴 하지만 메소포타미아 문명을 중심으로 나일 강과 인더스 강 문명 등 세계 3대 시원 문명 발상지를 모두 포괄하고, 시기도 그 문명들의 발상 전후를 다루고 있어 '세계사'라는 이름에 손색이 없다.

물론 시친의 대전제는 외계 우주인이 지구 문명을 건설했다는 것이기 때문에, 그 내용은 기성의 세계사에서 얘기하는 것과 사뭇 다를 수밖에 없다. 그는 우주인들의 모(母)행성 니비루가 지구에 근접했던 기원전 11000년 무렵에 유대-기독교 경전에서 말하는 것과 같은 대홍수가 일어났고, 이후 그 행성의 지구 근접 주기인 3,600년 간격으로 신석기 문명(기원전 7400년경)과 수메르 문명(기원전 3800년경)이 일어난 것으로 파악한다. 니비루가 지구에 근접할 때마다, 그들의 결정에 따라 문명이 한 단계씩 업그레이드되었다는 것이다.

수메르 문명 이전에는 신들이 지구의 땅덩이를 나누어 직접 통치했다는 것이 시친의 관점이다. 인간에게 통치를 위임했을 때도 신들이 통치자를 선택하고 그들에게 지시를 내리는 등 적극적으로 개입했다고 한다.

그 신들은 일사불란한 단일체가 아니라 권력을 차지하기 위해 서로 다투는 경쟁 체제를 이루었다. 그래서 그들 사이에서 전쟁들이 벌어졌고 여기에는 인간들이 동원되었다. 우리가 교과서에서 본 사르곤 대왕의 정복 활동 등 고대 국가의 흥망 배후에는 신들 사이의 힘겨루기가 있었다. 기독교의 경전인 구약에 유일신 외에 '다른 신'의 존재를 인정하는 구절들이 여럿 나오고 이들이 인간의 숭배를 차지하기 위해 서로 경쟁하며 뒷배를 봐주는 듯이 그려져 있어 의문을 불러일으킨다. 시친의 주장을 따른다면 이 문제도 매끄럽게 이해할 수 있다.

그런 시친판 고대 세계사의 하이라이트는 구약의 소돔·고모라 이야기와 연관된 수메르의 멸망 부분이다. 소돔과 고모라에 쏟아진 불과 유황은 핵폭탄이었으며, 카나안 남부와 시나이 반도에서의 핵폭발로 생긴 방사능 구름이 바람에 실려 메소포타미아로 옮겨지면서 생물체가 죽고 땅이 오염되어 수메르 문명이 붕괴했다는 것이다. 물론 핵폭탄이 터진 사해 부근은 지금까지 오염의 흔적이 남아서 말 그대로 '죽음의 바다'가 되어버렸고, 시나이 반도는 항공사진에서 아직도 볼 수 있을 정도로 '흉터'를 가지고 있다고 한다.

시친은 이런 모든 이야기들을, 수메르 점토판을 비롯한 각종 옛 문서들을 종횡무진 인용하며 입증하려 한다. 특히 구약 자료의 이용은 주목할 만하다. 그는 구약의 기록들을 여러 메소포타미아 문서들과 꼼꼼히 대조하며 그 정확성(유일신 개념은 빼고서)을 주장하고 있다. 구약은 바로 역사 기록이라는 얘기다. 「창세기」와 「출애굽기」에 나오는 연도를 끝자리까지 계산해 연도 비정을 하는 것을 보면서, 이렇게까지 정밀하게 얘기할 수 있나 하는 아슬아슬함이 느껴질 정도다.

기원전 2000년 이전이라는 시간대를 감안하면 이 '세계사'에서 연속적인 사건보다는 단편적인 사실들의 나열밖에 만나지 못할 것이라고 생각할 수 있다. 그러나 이 책은 예상을 완전히 뒤엎는다. 기원전 11000년 무렵에 일어난 대홍수 이전과 이후의 상황을 연속된 사건들로 정리하고 있으며, 기원전 9000년을 전후해 일어난 두 차례의 세계대전이 서로 연관된 것임을 이야기하고 있다. 기원전 3800년 이후의 수메르 시대에 일어난 여러 사건들은 말할 것도 없다.

이 책에는 그 수천 년 동안의 일들이, 마치 한 편의 역사소설이라도 되는 듯이 서로 긴밀하게 얽혀서 정리되어 있다. 소설이라면 사건 자체가 허구이기 때문에 아무리 먼 옛날로 거슬러 올라가도 그런 얽힘이 불가능할 게 없다. 그러나 역사는 그렇지 않다. 그리고 시친은 분명히 소설을 썼다고는 하지 않았다.

고대사의 재구성은 남아 있는 기록들과 유물들이 종합되어 이루어진다. 그러나 단편적인 생활상이 아니라 과거에 일어났던 연속적인 사건들의 줄거리를 이해하려면 기록이 중심이 될 수밖에 없다. 이 기록은 고대로 갈수록 기하급수적으로 줄어든다. 우리나라의 경우 기원전 시기의 기록은 전무해서 그 시기에 일어났던 사건을 연속적으로 정리하기란 불가능하다. 중국은 우리보다 수백 년 정도 끌어올릴 수 있을 뿐이다. 이집트와 메소포타미아는 그보다 조금 더 올라간다. 그러나 이 책이 다루고 있는 시간대라면 이런 정도의 연속성은 입이 딱 벌어질 정도로 놀라운 일이다.

우리는 이제껏 이런 부류의 이야기들을 '신화'로 치부해 왔다. 상상의 산물이라는 것이다. 그러나 시친은 이를 모두 '역사'로 '격상'(어폐가 있는지 모르지만)시키고 있다. 사실 '신(神)'이라는 것도 그리스인들이 과거 선진 문명지였던 이집트에 가서 고도의 과학기술을 지닌 외계 우주인들 이야기를 주워듣고 그들을 '신'이라는 개념으로 정리한 것이라고 한다. 신화는 다름 아닌 신들(지구에 내려온 외계 우주인들)의 이야기고 지구 초창기의 역사라는 것이다. 그래서 신화는 바로 역사가 된다.

시친이 소설을 쓴 것일까? 이에 대한 해답은 그가 메소포타미아 문서들과 구약을 꼼꼼하게 대조하며 제시한 증거들을 비판적인 눈으로 검토해 보면 나올 것이다. 한 가지 문제는, 구약에 비해 메소포타미아 문서들은 우리에게 다소 멀리 있다는 점이다.

앞서 말한 대로 이 책은 시친의 '지구 연대기' 시리즈 제3권이다. 1권과 2권은 각기 『수메르, 혹은 신들의 고향』과 『틸문, 그리고 하늘에 이르는 계단』이라는 제목으로 번역·출간된 바 있다. 같은 저자의 이야기이기 때문에 용어나 표기 등이 통일되는 것이 이상적이겠지만, 번역자가 다르고 또 그 사이 몇 년의 세월이 흘렀기 때문에 통일시키는 데 한계가 있었다. 그런 사정을 감안하고 읽어주시기를 바란다.

2009년 11월
옮긴이 이재황

| 참고 문헌 |

1. 잡지, 논문 및 연구서

Abhandlungen der Deutschen(Preussichen) *Akademie der Wissenschaften zu Berlin*(Berlin)
Abhandlungen der Deutschen Orient-Gesellschaft(Berlin)
Abhandlungen der Heidelberger Akademie der Wissenshaften, Philo. -hist klasse (Heidelberg)
Abhandlungen für die Kunde des Morgenlandes(Leipzig)
Acta Orientalia(Oslo)
Acta Societatis Scientarium Fennica(Helsinki)
Aegyptologische Forschugen(Hamburg-New York)
Der Alte Orient(Leipzig)
Alter Orient und Altes Testament(Kavalaer/Neukirchen-Vluyn)
Altorientalische Bibliothek(Leipzig)
Altorientalische Furschungen(Leipzig)
Altorientalische Texte und Untersuchungen(Leiden)
Altorientalische Texte zum Alten Testament(Berlin and Leipzig)
American Journal of Archaeology(Concord, Mass.)
American Journal of Semitic Languages and Literature(Chicago)
American Oriental Series(New Haven)
American Philosophical Society, Memoirs and Transactions(Philadelphia)
Analecta Biblica(Rome)
Analecta Orientalia(Rome)
Anatolica(Istanbul)
Anatolian Studies(London)
Annual of the American Schools of Oriental Research(New Haven)
Annual of the Palestine Exploration Fund(London)
The Antiquaries Journal(London)
Antiquités Orientales(Paris)
Antiquity(Gloucester)

Archiv für Keilschriftforschung(Berlin)
Archiv für Orientforschung(Berlin)
Archiv Orientalni(Prague)
The Assyrian Dictionary(Chicago)
Assyriologische Bibliothec(Leipzig)
Assyriological Studies(Leipzig)
Ausgaben der Deutschen Orient-Gesellschaft in Assur(Berlin)
Babyloniaca(Paris)
Babylonian Expedition of the University of Pennsylvania : Cuneiform Texts(Philadelphia)
Babylonian Inscriptions in the Collection of J. B. Nies(New Haven)
Babylonian Records in the Library of J. Pierpont Morgan(New Haven)
Beiträge zur Assyriologie und semitischen Sprachwissenschaft(Leipzig)
Berliner Beiträge zur Vor-und Frühgeschichte(Berlin)
Berliner Beiträge zur Keilschriftforschung(Berlin)
Biblica et Orientalia(Rome)
The Biblical Archaeologist(New Haven)
Biblical Archaeology Review(Washington)
Bibliotheca Mesopotamica(Malibu)
Bibliotheca Orientalis(Leiden)
Bibliothèque de l'École des Hautes Études (Paris)
Boghazköi-Studien(Leipzig)
Die Boghazköi-Texte im Umschrift(Leipzig)
British Schools of Archaeology in Egypt : Egyptian Research Account Publications (London)
Bulletin of the American Schools of Oriental Research(Jerusalem and Baghdad ; Baltimore and New Haven)
Bulletin of the Israel Exploration Society(Jerusalem)
Calcutta Sanskrit College Research Series : Studies(Calcutta)
The Cambridge Ancient History(Cambridge)
Chicago University Oriental Institute, Publications(Chicago)
Columbia University Oriental Studies(New York)
Cuneiform Texts from Babylonian Tablets in the British Museum(London)
Cuneiform Texts from Nimrud(London)
Découvertes en Chaldée(Paris)
Deutsche Orient-Gesellschaft, Mitteilungen ; Sensdschriften(Berlin)
Deutsche Morgenlandische Gesellschaft, Abhandlungen(Leipzig)
Egypt Exploration Fund, Memoirs(London)
Eretz-Israel : Archaeological, Historical and Geographical Studies(Jerusalem)
Ex Oriente Lux(Leipzig)
Expedition : The Bulletin of the University Museum(Philadelphia)
Forschungen und Fortschritte(Berlin)

France : Délégation en Perse, Mémoires(Paris)
France : Mission Archéologique de Perse, Mémoires(Paris)
Handbuch der Archäologie(München)
Handbuch der Orientalistik(Leiden/Köln)
Harvard Semitic Series(Cambridge, Mass.)
Hebrew Union College Annual(Cincinnati)
Heidelberger Studien zum Alten Orient(Wiesbaden)
Hittite Texts in Cuneiform Character from Tablets in the British Museum(London)
Invenaires des tablettes de Tello(Paris)
Iran(London)
Iranica Antiqua(Leiden)
Iraq(London)
Institut Français d'Archéologie Orientale : Bibliothèque d'Étude, Mémoires(Cairo)
Israel Exploration Journal(Jerusalem)
Israel Oriental Studies(Jerusalem)
Jena University : Texte und Materielen, Frau Prof. Hilprecht Sammlung(Leipzig)
Jewish Palestine Exploration Society, Bulletin(Jerusalem)
Journal of the American Oriental Society(New York and New Haven)
Journal of the Ancient Near Eastern Society of Columbia University(New York)
Journal Asiatique(Paris)
Journal of Biblical Literature and Exegesis(Middletown, Conn.)
Journal of Biblical Literature(Philadelphia)
Journal of Cuneiform Studies(New Haven)
Journal of Egyptian Archaeology(London)
Journal of Jewish Studies(Oxford)
Journal of Near Eastern Studies(Chicago)
Journal of the Palestine Oriental Society(Jerusalem)
Journal of the Royal Asiatic Society(London)
Journal of Sacred Literature and Biblical Record(London)
Journal of Semitic Studies(Manchester)
Journal of the Society of Oriental Research(Chicago)
Journal of the Transactions of the Victoria Institute(London)
Kadmos(Berlin)
Keilinschriftliche Bibliothek(Berlin)
Keilschrifttexte aus Assur historischen Inhalts(Leipzig)
Keilschrifttexte aus Assur religiösen Inhalts(Leipzig)
Keilschrifttexte aus Assur verschiedenen Inhalts(Leipzig)
Keilschrifturkunden aus Boghazköi(Berlin)
Keilschrifttexte aus Boghazköi(Leipzig)
Königliche Museen zu Berlin : Mitteilungen aus den Orientalischen Sammlungen(Berlin)
Königliche Akademie der Wissenschaften zu Berlin : Abhandlungen(Berlin)

Leipziger Semitischen Studien(Leipzig)
Mémoires de la Délégation archéologique en Iran(Paris)
Mesopotamia(Copenhagen)
Mitteilungen der Altorientalischen Gesellschaft(Berlin)
Mitteilungen der des Instituts für Orientforschung(Berlin)
Mitteilungen der vorderasiatisch-aegyptischen Gesellschaft(Berlin)
The Museum Journal(Philadelphia)
Museum Monograms, the University Museum(Philadelphia)
Old Testament and Semitic Studies(Chicago)
Oriens(Leiden)
Oriens Antiquss(Rome)
Oriental Institute Publications(Chicago)
Orientalia(Rome)
Orientalische Literaturzeitung(Berlin and Leipzig)
Oxford Editions of Cuneiform Texts(Oxford)
Palestine Exploration Quarterly(London)
Proceedings of the American Philosophical Society(Philadelphia)
Proceedings of the Society of Biblical Archaeology(London)
Publications of the University of Pennsylvania, Series in Philosophy(Philadelphia)
Qadmoniot(Jerusalem)
The Quarterly of the Department of Antiquities in Palestine(Jerusalem)
Reallexikon der Assyriologie und Vorderasiatischen Archäologie(Berlin and Leipzig)
Reallexikon der Vorgeschichte(Berlin)
Recueil de travaux relatifs à la philosophie et l'archéologie(Paris)
Rencontres Assyriologique Internationales(Varous Venues)
Revue Archéologique(Paris)
Revue d'Assyriologie et d'archéologie orientale(Paris)
Revue biblique(Paris)
Revue hittite et asiatique(Paris)
Revue de l'Histoire des Religions : Annales du Musée Guimet(Paris)
Sächsische Akademie der Wissenschaften : Berichte über die Verhandlungen(Leipzig)
Sächsonische Gesellschaft der Wissenschaft, philo. -hist. Klasse(Leipzig)
Studia Orientalia(Helsinki)
Studia Pohl(Rome)
Studia Semitici(Rome)
Studies in Ancient Oriental Civilizations(Chicago)
Sumer(Baghdad)
Syria(Paris)
Tel-Aviv(Tel-Aviv)
Texte und Materialen der Frau Prof. Hilprecht Collection(Leipzig and Berlin)
Textes cuneiformes(Paris)

Texts from Cuneiform Sources(Locust Valley, N. Y.)
Transactions of the Society of Biblical Archaeology(London)
Universitas Catolica Lovaniensis : Dissertations(Paris)
University Museum Bulletin(Philadelphia)
University Museum, Publications of the Babylonian Section(Philadelphia)
Untersuchungen zur Assyriologie und Vorderasiatischen Archäologie(Berlin)
Ur Excavations(London)
Ur Excavations Texts(London)
Ugarit Forschungen(Münster)
Ugaritica(Paris)
Vetus Testamentum(Leiden)
Vorderasiatisch-Aegyptischen Gesellschaft, Mitteilungen(Leipzig)
Vorderasiatische Bibliothek(Leipzig)
Vorläufiger Bericht uber die Ausgrabungen in Uruk-Warka(Berlin)
Die Welt des Orients(Wuppertal/Guöttingen)
Wissenschaftliche Veröffentlichungen der Deutschen Orient-Gesellschaft(Berlin and Leipzig)
Yale Near Eastern Researches(New Haven)
Yale Oriental Series, Babylonian Texts(New Haven)
Yerushalayim(Jerusalem)
Zeitschrift für die altestamentliche Wissenshaft(Giessen/Berlin)
Zeitschrift für Assyriologie(Berlin/Leipzig)
Zeitschrift der Deutschen Morgenländischen Gesellschaft(Leipzig/Wiesbaden)
Zeitschrift für Keilschriftforschung(Leipzig)

2. 개인적인 저서 및 연구

Alster, B. : *Dumuzi's Dream*(1972).
Amiet, p. : *Elam*(1966).
_____ : *La Glyptique Mesopotamienne Archaique*(1961).
Andrae, W. : *Das Gotteshaus und die Urformen des Bauens im Alten Orient*(1930).
Barondes, R : *The Garden of Gods*(1957).
Barton, G. : *The Royal Inscriptions of Sumer and Akkad*(1929).
Baudissin, W, W, von. : *Adonis and Eshmun*(1911).
Bauer, J. : *Altsumerische Wirtschafttexte aus Lagasch*(1972).
Behrens, H. : *Enlil and Ninlil*(1978).
Berossus. : *Fragments of Chaldean History*(1828).
Borchardt, L. : *Die Entstehung der Pyramids*(1928).

_____ : *Einiges zur dritten Bauperiode der grossen Pyramide*(1932).
Borger, R. : *Babylonisch-assyrische Lesestücke*(1963).
Bossert, H, T. : *Das Hethitische Pantheon*(1933).
Breasted, J, H. : *Ancient Records of Egypt*(1906).
Brinkman, J, A. : *A Political History of Post Kassite Babylon*(1968).
Bruchet, J. : *Nouvelles Recherches sur la Grande Pyramide*(1965).
Brunton, P. : *A Search in Secret Egypt*(1936).
Buccellati, G. : *The Amorites of the Ur III Period*(1966).
Budge, E, A, W. : *The Gods of Egyptians*(1904).
_____ : *A History of Egypt*(1909).
_____ : *Osiris and the Egyptian Resurrection*(1911).
Budge, E, A, W. and King, L, W. : *Annals of the Kings of Assyria*(1902).
Cameron, G, G. : *A History of Early Iran*(1936).
Castellino, G. : *Two Shulgi Hymns*(1972).
Chiera, E. : *Sumerian Epics and Myths*(1934).
_____ : *Sumerian Lexical Texts from the Temple School of Nippur*(1929).
_____ : *Sumerian Temple Accounts from Telloh, Jokha and Drehem*(1922).
_____ : *Sumerian Texts of Varied Contents*(1934).
Clay, A, T. : *Miscellaneous Inscription in the Yale Babylonian Collection*(1915).
de Clerq, H, F, X. : *Collection de Clerq*(1885~1903).
Cohen, S. : *Enmerkar and Lord of Aratta*(1973).
Contenau, G. : *Manuel d'archéologie orientale*(1927~1947).
_____ : *Umma sous la Dynastie d'Ur*(1931).
Cooper, J, S. : *The Return of Ninurta to Nippur*(1978).
Craig, J. : *Assyrian and Babylonian Religious Texts*(1885~1887).
Cros, G. : *Nouvelles Fouilles de Tello*(1910).
Davidson. D. and Aldersmith, H. : *The Great Pyramid : Its Divine Message*(1924, 1940).
Deimel, A. : *Schultexte aus Fara*(1923).
_____ : *Sumerisches Lexikon*(1925~1950).
_____ : *Veteris Testamenti : Chronologia Monumentis Babyloniaca-Asyrii*(1912).
_____ : *Wirtschaftstexte aus Fara*(1924).
Delaporte, L. : *Catalogue des Cylindres Orientaux*(1920~1923).
Dijk, J, Van. : *Le Motif cosmique dans le pensée Sumeriénne*(1965).
_____ : La sagesse suméro-accadienne(1953)
Dussaud, R. : *Les Découvertes des Ras Shamra(Ugarit) et l'Ancien Testament*(1937).
_____ : *Notes de Mythologie Syrienne*(1905).
Ebeling, E. : *Die Akkadische Gebetsserie "Handerhebung"*(1953).
_____ : *Der Akkadische Mythus vom Pestgotte Era*(1925).
_____ : *Keilschrifttexte aus Assur religiösen Inhalts*(1919, 1923).
_____ : *Literarische Keilschriftexte aus Assur*(1931).
_____ : *Der Mythus "Herr aller Menschen" vom Pestgotte Ira*(1926).

_____ : *Tod und Leben nach den Vorstellungen der Babylonier*(1931).
Edwards, I, E, S. : *The Pyramids of Egypt*(1947, 1961).
Edzard, D, O. : *Sumerische Rechtsurkunden des Ⅲ Jahrtausend*(1968).
Erman, A. : *The Literature of the Ancient Egyptians*(1927).
Fairservis, W, A, Jr. : *The Roots of Ancient India*(1971).
Fakhry, A. : *The Pyramids*(1961).
Falkenstein, A. : *Archaische Texte aus Uruk*(1936).
_____ : *Fluch über Akkade*(1965).
_____ : *Die Inschriften Gudeas von Lagash*(1966).
_____ : *Literarische keilschrifttexte aus Uruk*(1931).
_____ : *Die neu-sumerischen Gerichtsurkunden*(1956~1957).
_____ : *Sumerische religiöse Texte*(1950).
Falkenstein, A. and von Soden, W. : *Sumerische und Akkadische Hymnen und Gebete*(1953).
Falkenstein, A. and van Dijk, J. : *Sumerische Gotterlieder*(1959~1960).
Farber-Flügge, G. : *Der Mythos "Inanna und Enki"*(1973).
Ferrara, A, J. : *Nanna-Suen's Journey to Nippur*(1973).
Festschrift für Herman Heimpel(1972).
Forrer, E. : *Die Boghazköi-Texte in Umschrift*(1922~1926).
Fossey, G. : *La Magie Syrienne*(1902).
Frankfort, H. : *Cylinder Sels*(1939).
_____ : *Gods and Myths on Sargonic Seals*(1934).
_____ : *Kingship and the Gods*(1948).
Frankfort, H. et al. : *Before Philosophy*(1946).
Friedrich, J. : *Staatsverträge des Hatti Reiches*(1926~1930).
Gadd, C, J. : *A Sumerian Reading Book*(1924).
Gadd, C, J. and Kramer, S, N. : *Literary and Religious Texts*(1963).
Gadd, C, J. and Legrain, L. : *Royal Inscriptions from Ur*(1928).
Gaster, Th. : *Myth, Legend and Custom in the Old Testament*(1969).
Gelb, I, J : *Hittite Hieroglyphic Monuments*(1939).
Geller, S. : *Die Sumerische-Assyrische Serie Lugal-e Me-lam-bi NIR. GAL.*(1917).
Genouillac, H. de : *Fouilles de Tello*(1934~1936).
_____ : *Première recherches archéologique à Kish*(1924~1925).
_____ : *Tablettes de Dréhem*(1911).
_____ : *Tablettes sumériennes archaique*(1909)
_____ : *Textes economiques d'Oumma de l'Epoque d'Our*(1922).
_____ : *Textes religieux sumériens du Louvre*(1930).
_____ : *La trouvailles de Dréhem*(1911).
Genoville, H, de. : *Textes de l'époque d'Ur*(1912).
G?tze, A. : *Hattushilish*(1925).
_____ : *Hethiter, Churriter und Assyrer*(1936).
Graves, R. : *The Greek Myths*(1955).

Grayson, A, K. : *Assyrian and Babylonian Chronicles*(1975).
_____ : *Babylonian Historical-Literary Texts*(1975).
Green, M, W. : *The Uruk Lament*(1984).
Gressmann, H. and Ungnad, A. : *Altorientalische Texte und Bilder zum Alten Testament* (1909).
Gurney, O, R. : *The Hittites*(1952).
Gurney, O, R. and Finkelstein, J, J. : *The Sultantepe Tablets*(1957~1964).
Güterbock, H, G. : *The Deeds of Suppiluliuma*(1956).
_____ : *Die historische tradition bei Babylonier und Hethitern*(1934).
_____ : *Hittite Mythology*(1961).
_____ : *Siegal aus Boghazkoy*(1940~1942).
_____ : *The Song of Ullikumi*(1952).
Hallo, W, W. : *Women of Sumer*(1976).
Hallo, W, W. and Dijk, J, J, van. : *The Exaltation of Inanna*(1968).
Harper, E, J. : *Die Babylonische Legenden*(1894).
Haupt, P. : *Akkadische und sumerische Keilschrifttexte*(1881~1882).
Hilprecht, H, V. : *Old Babylonian Inscription*(1893~1896).
Hilprecht Anniversary Volume(1909).
Hinz, W. : *The Lost World of Elam*(1972).
Hooke, S, H. : *Middle Eastern Mythology*(1963).
Hrozny, B. : *Hethitische Keischrifttexte aus Boghazköy*(1919).
Hussey, M, I. : *Sumerian Tablets in the Harvard Semitic Museum*(1912~1915).
Jacobsen, Th. : *The Sumerian King List*(1939).
_____ : *Towards the Image of Tammuz*(1970).
_____ : *The Treasures of Darkness*(1976).
Jastrow, M. : *Die Religion Babyloniers und Assyriers*(1905).
Jean, C, F. : *La religion sumérienne*(1931).
_____ : *Shumer et Akkad*(1923).
Jensen, P. : *Assyrisch-Babylonische Mythen und Epen*(1900).
_____ : *Der I(U)ra-Mythus*(1900).
_____ : *Die Kosmologie der Babylonier*(1890).
_____ : *Texte zur Assyrisch-Babylonischen Religion*(1915).
Jeremias, A. : *The Old Testament in the Light of the Ancient Near East*(1911).
Jirku, A. : *Die älteste Geschichte Israels*(1917).
_____ : *Alorientalischer Kommentar zum Alten Testament*(1923).
Jones, T, B. and Snyder, J, W. : *Sumerian Economic Texts from the Third Ur Dynasty*(1923).
Josephus, Flavius. : *Against Apion*.
_____ : *Antiquities of the Jews*.
Kärki, I. : *Die Sumerische Königsinschiften der Frühbabylonischen Zeit*(1968).
Keiser, C, E. : *Babylonian Inscriptions in the Collection of J. B. Nies*(1917).
_____ : *Patesis of the Ur-Dynasty*(1919).

_____ : *Selected Temple Documents of the Ur Dynasty*(1927).
Keller, W. : *The Bible as History in Pictures*(1963).
Kenyon, K. : *Digging Up Jerusalem*(1974).
King, L, W. : *The Annals of the Kings of Assyria*(1902).
_____ : *Babylonian Boundary Stones*(1912).
_____ : *Babylonian Magic and Sorcery*(1896).
_____ : *Babylonian Religion and Mythology*(1899).
_____ : *Chronicles Concerning Early Babylonian Kings*(1907).
_____ : *Hittite Texts in the Cuneiform Characters*(1920~1921).
Kingsland, W. : *The Great Pyramid in Fact and Theory*(1932~1935).
Knudtzon, J, A. : *Assyrische Gebete an den Sonnengott*(1893).
König, F, W. : *Handbuch der chaldischen Inschriften*(1955).
Köppel, R. : *Die neuen Ausgrabungen am Tell Ghassul im Jordantal*(1932).
Kramer, S, N. : *Enki and Ninhursag*(1945).
_____ : *Lamentation Over the Destruction of Ur*(1940).
_____ : *From the Poetry of Sumer*(1979).
_____ : *Poets an Psalmists*(1976).
_____ : *Sumerian Literature*(1942).
_____ : *Sumerian Texts in the Museum of the Ancient Orient, Istanbul*(1943~1949).
_____ : *Sumerische Literarische Texte aus Nippur*(1961).
Kramer Anniversary Volume(1976).
Labat, R. : *Manuel d'Epigraphie Akkadienne*(1963).
Lambert, W, G. : *Babylonian Wisdom Literature*(1960).
Lambert, W, G. and Millard, A, R. : *Atra-Hasis, the Babylonian Story of the Flood*(1969).
Langdon, S. : *Babylonian Liturgies*(1913).
_____ : *Babylonian Wisdom*(1923).
_____ : *"Enuma Elish"-The Babylonian Epic of Creation*(1923).
_____ : *Excavations at Kish*(1924).
_____ : *Historical and Religious Texts*(1914).
_____ : *Semitic Mythology*(1964).
_____ : *Sumerian and Babylonian Psalms*(1909).
_____ : *The Sumerian Epic of Paradise*(1915).
_____ : *Sumerian and Semitic Religious and Historical Texts*(1923).
_____ : *Sumerian Liturgical Texts*(1917).
_____ : *Sumerian Liturgies and Psalms*(1919).
_____ : *Sumerians and Semites in Babylon*(1908).
_____ : *Tablets from the Archives of Drehem*(1911).
_____ : *Tammuz and Ishtar*(1914).
Langdon, S. and Gardiner, A, H. : *The Treaty of Alliance*(1920).
Legrain, L. : *Historical Fragments*(1922).
_____ : *Royal Inscriptions and Fragments from Nippur and Babylon*(1926).

_____ : *Les Temps des Rois d'Ur*(1912).
_____ : *Ur Excavations*(1936).
Lepsius, K, R. : *Denkmäler aus Aegypten*(1849~1858).
Luckenbill, D, D. : *Ancient Records of Assyria and Babylonia*(1926~1927).
_____ : *Hittite Treaties and Letters*(1921).
Lutz, H, F. : *Selected Sumerian and Babylonian Texts*(1919).
_____ : *Sumerian Temple Records of the Late Ur Dynasty*(1912).
Mazar, B. : *The World History of the Jewish People*(1970).
Mencken, A. : *Designing and Building the Great Pyramid*(1963).
Mercer, S, A, B. : *The Tell el-Amarna Tablets*(1939).
Mortgat, A. : *Die Enstehung der sumerischen Hochkultur*(1945).
_____ : *Vorderasiatische Rollsiegal*(1940).
Müller, M. : *Asien und Europa nach Altaegyptischer Denkmälern*(1893).
_____ : *Der Bündnisvertrag Ramses Ⅱ und der Chetiterkönigs*(1902).
Müller-Karpe, H. : *Handbuch der Vorgeschichte*(1966~1968).
Nies, J, B. : *Ur Dynasty Tablets*(1920).
Nies, J, B. and Keiser, C, E. : *Historical, Religious and Economic Texts and Antiquities*(1920).
Oppenheim, A, L. : *The Interpretation of Dreams in the Ancient Near East*(1956).
_____ : *Mesopotamian Mythology*(1950).
Oppert, J. : *La Chronologie de la Genèse*(1895).
Otten, H. : *Mythen vom Gotte Kumarbi*(1950).
_____ : *Die Überlieferung des Telepinu- Mythus*(1942).
Parrot, A. : *The Arts of Assyria*(1961).
_____ : *Sumer-the Dawn of Art*(1961).
_____ : *Tello*(1948).
_____ : *Ziggurats et Tour de Babel*(1949).
Paul Haupt Anniversary Volume(1926).
Perring, J, E. : *The Pyramids of Gizeh From Actual Survey and Measurement*(1839).
Petrie, W, M, F. : *The Pyramids and Temples of Gizeh*(1883~1885).
_____ : *Researches on the Great Pyramid*(1874).
_____ : *The Royal Tombs of the First Dynasty*(1900).
Poebel, A. : *Historical Texts*(1914).
_____ : *Miscellaneous Studies*(1947).
_____ : *Sumerische Studien*(1921).
Pohl, A. : *Rechts-und Verwaltungsurkunden der Ⅲ Dynastie von Ur*(1937).
Price, I, M. : *The Great Cylinder Inscriptions of Gudea*(1927).
Pritchard, J, B. : *The Ancient Near East in Pictures Relating to the Old Testament*(1969).
_____ : *Ancient Near Eastern Texts Relating to the Old Testament*(1969).
Quibell, J, E. : *Hierkanopolis*(1900).
Radau, H. : *Early Babylonian History*(1900).

_____ : *NIB-IB, The Determiner of Fates*(1910).
_____ : *Sumerian Hymns and Prayers to the God Dumuzi*(1913).
_____ : *Sumerian Hymns and Prayers to the God Ninib*(1911).
Rawlinson, H. : *The Cuneiform Inscriptions of Western Asia*(1861~1909).
Rawlinson, H, G. : *India*(1952).
Reiner, E : *Shurpu, A Collection of Sumerian and Akkadian Incantations*(1958).
Reisner, G. : *Sumerisch-Babylonische Hymnen*(1896).
_____ : *Tempel-urkunden aus Telloh*(1901).
Renger, J. : *Götternamen in der Altbabylonischen Zeit*(1967).
Ringgren, K, V, H. : *Religions of the Ancient Near East*(1973).
Roberts, J, J, M. : *The Earliest Semitic Religions*(1972).
Roberts, A. and Donaldson, J. : *The Ante-Nicene Fathers*(1918).
Roux, G. : *Ancient Iraq*(1964).
Rutherford, A. : *The Great Pyramid Series*(1950).
Saggs, H, W, F. : *The Encounter with the Divine in Mesopotamia and Israel*(1976).
_____ : *The Greatness That Was Babylon*(1962).
Salonen, A. : *Die Landfarhrzeuge des Alten Mesopotamien*(1951).
_____ : *Nautica Babyloniaca*(1942).
_____ : *Die Waffen der Alten Mesopotamier*(1965).
_____ : *Die Wasserfahrzeuge in Babylon*(1939).
Sayce, A, H. : *The Ancient Empires of the East*(1884).
_____ : *The Religion of the Ancient Babylonians*(1888).
Schmandt-Besserat, D : *The Legacy of Sumer*(1976).
Schnabel, P. : *Berossos und die Babylonisch-Hellenistische Literatur*(1923).
Schneider, N. : *Die Drehem-und Djoha-Texte*(1932).
_____ : *Die Götternamen von Ur Ⅲ*(1939).
_____ : *Götterschiffe im Ur Ⅲ-Reich*(1946).
_____ : *Die Siegellegenden der Geschäfts-urkunden der Stadt Ur*(1950).
_____ : *Die Zeitbestimmungen der Wirtschaftsurkunden von Ur Ⅲ*(1936).
Schrader, E. : *The Cuneiform Inscriptions and the Old Testament*(1885).
_____ : *Die Keilinschriften und das Alte Testament*(1902).
Schroeder, O. : *Keilschrifttexte aus Assur Verschiedenen Inhalts*(1920).
Scott, J, A. : *A Comparative Study of Hesiod an Pindar*(1898).
Sethe, K. H. : *Amun und die Acht Urgotten von Hermopolis*(1930).
_____ : *Die Hatschepsut Problem*(1932).
_____ : *Urgeschichte und älteste Religion der Aegypter*(1930).
Sjöberg, A, W. : *Der Mondgott Nanna-Suen in der Sumerischen Überlieferung*(1960).
_____ : *Nungal in the Ekur*(1973).
_____ : *Three Hymns to the God Ningishzida*(1975).
Smith, S. : *A History of Babylon and Assyria*(1910~1928).
Smith, C, P. : *Our Inheritance in the Great Pyramid*(1877).

Soden, W, von. : *Sumerische und Akkadische Hymnen und Gebete*(1953).
Sollberger, E. : *Corpus des inscriptions "royales" présargoniques de Lagash*(1956).
Speiser, E, A. : *Genesis*(1964).
_____ : *Mesopotamian Origins*(1930).
Studies Presented to A. L. Oppenheim(1964).
Tadmor, H. and Weinfeld, M. : *History, Historiography and Interpretation*(1983).
Tallqvist, K, L. : *Akkadische Götterepitheta*(1938).
_____ : *Assyrische Beschwörungen, Series Maqlu*(1895).
Thompson, R, C. : *The Devils and Evil Spirits of Babylonia*(1903).
_____ : *The Reports of the Magicians and Astrologers of Nineveh and Babylon*(1900).
Thureau-Dangin, F. : *Les cylindres de Gudéa*(1925).
_____ : *Les inscriptions de Shumer et Akkad*(1905).
_____ : *Recueil des tablettes Chaldéennes*(1903).
_____ : *Rituels accadiens*(1921).
_____ : *Die sumerischen und akkadischen Königsinschriften*(1907).
_____ : *Tablettes d'Uruk*(1922).
Ungnad, A. : *Die Religion der Babylonier und Assyrer*(1907).
Vian, F. : *La guerre des Géants*(1952).
Walcot, P. : *Hesiod and the Near East*(1966).
Ward, W, H. : *Hittite Gods in Hittite Art*(1899).
Weber, O. : *Die Literatur der Babylonier und Assyrer*(1907).
Weither, E, von. : *Der Babylonische Gotte Nergal*(1971).
Wheeler, M. : *Early India and Pakistan*(1959).
_____ : *The Indus Civilization*(1968).
Wilcke, C. : *Das Lugalbanda Epos*(1969).
_____ : *Sumerische literarische Text*(1973).
Wilson, J, V, K. and Vanstiphout, H. : *Genealogy and History in the Biblical World*(1977).
Winckler, H. : *Altorientalische Forschungen*(1897~1906).
_____ : *Altorientalische Geischichts-Auffassung*(1906).
_____ : *Sammlung von Keilschrifttexten*(1893~1895).
Wiseman, D, J. : *Chronicles of Chaldean Kings*(1956).
Witzel, M. : *Keilinschriftliche Studien*(1918~1925).
_____ : *Tammuz-Liturgien und Verwandtes*(1935).
Woolley, C, L. : Abraham : *Recent Discoveries and Hebrew Origins*(1936).
_____ : *Excavations at Ur*(1923).
_____ : *Ur of the Chaldees*(1930).
_____ : *The Ziggurat and Its Surroundings*(1939).
Zimmern, H. : *Sumerische Kultlieder aus altbabylonischer Zeit*(1912~1913).
_____ : *Zum Babylonischen Neujahrfest*(1918).

신들의 전쟁, 인간들의 전쟁

초판 1쇄 인쇄 2009년 11월 20일
초판 1쇄 발행 2009년 11월 25일

지은이 제카리아 시친
옮긴이 이재황
기획   이근영, 이재영, 전미영

펴낸이 김환기
펴낸곳 도서출판 AK

주소   서울시 마포구 마포동 324-3번지 경인빌딩 3층
전화   02-3143-7995
팩스   02-3143-7996
등록   제 395-2009-000037호
이메일 book@booksorie.com
블로그 http://blog.naver.com/akbooks

ISBN   978-89-962449-7-4 03900
        978-89-962449-4-3 (세트)